S

L'Histoire de la musique POUR LES NULS

Du Moyen Âge aux musiques actuelles

Olivier Carrillo
Professeur agrégé d'éducation musicale
Jean-Clément Jollet
Maître de conférences en musicologie

FIRST Editions

L'Histoire de la musique pour les Nuls

60, rue Mazarine
75006 Paris – France
Tél. 01 45 49 60 00
Fax 01 45 49 60 01
Courriel : firstinfo@efirst.com
Internet : www.pourlesnuls.fr

ISBN : 978-2-7540-1151-8
Dépôt légal : novembre 2011
Imprimé en France par Hérissey à Évreux (Eure) - N° 117580

Directrice éditoriale : Marie-Anne Jost-Kotik
Éditrice junior : Charlène Guinoiseau
Correction : Émeline Guibert
Dessins humoristiques : Marc Chalvin
Mise en page et couverture : CK
Fabrication : Antoine Paolucci
Production : Emmanuelle Clément

À propos des auteurs

Jean-Clément Jollet et **Olivier Carrillo**, respectivement maître de conférences et professeur agrégé au département de musique et musicologie de l'université François-Rabelais de Tours, ont mis en commun leur complicité artistique et pédagogique ainsi que la complémentarité de leurs compétences pour écrire cet ouvrage à quatre mains.

Quatrième partie : La musique au XIXe siècle *181*

Introduction

À qui s'adresse cet ouvrage ?

Amis spécialistes passez votre chemin (ou mettez des lunettes, car vous n'avez pas bien lu le titre…), cet ouvrage n'est pas pour vous ! Ici, point de polémiques (sans doute utiles par ailleurs), ni de révélations.

Vous tous, amis mélomanes, oyez donc ceci. Dans cet ouvrage on prend son temps, le temps de découvrir – sans bagage ou connaissance préalable – beaucoup de trésors musicaux, du Moyen Âge à nos jours, trésors qui feront vibrer vos oreilles de plaisir quand vous aurez appris à les amadouer. Certains sont tout simplement évidents et font l'unanimité : un air d'opéra de Mozart transporte immédiatement quiconque a le bonheur d'avoir ses oreilles chatouillées par les mélodies sorties tout droit du cerveau et du cœur bouillonnants du divin compositeur. D'autres trésors sont plus sauvages et ne se laissent domestiquer qu'après s'être donné le temps de comprendre leur langage.

Vous aimez le *Requiem* de Mozart (nous aussi !), mais vous aimeriez en savoir davantage sur le compositeur et son époque ? Vous aimez *Carmen* (nous aussi, là encore !), mais vous aimeriez entrer plus en profondeur dans l'histoire de l'opéra sans pour autant lire une encyclopédie entière ? Ce livre est pour vous.

Vous vous êtes déjà surpris à vouloir acheter un CD de musique classique sans oser demander un conseil au vendeur de crainte qu'il vous regarde de haut ? Ce livre vous est destiné !

Vous n'osez pas parler musique en public de crainte que l'on démasque vos lacunes en la matière ? Vous avez fait le bon achat.

Votre univers est plutôt celui des musiques actuelles et vous vous doutez qu'il est improbable que les générations précédentes aient été moins douées que la vôtre ? Ce livre est fait pour vous.

Quant à vous qui ne comprenez pas comment ces « jeunes » peuvent prendre du plaisir à écouter de telles horreurs à la radio ? Lisez donc ce livre jusqu'au bout.

« La musique classique, ce n'est pas pour moi »

Le fait que vous lisiez ces lignes prouve le contraire : vous êtes curieux. C'est une qualité essentielle pour commencer à apprécier la musique. Pas de grands mots pompeux pour commencer. Le vocabulaire dont vous aurez besoin pour comprendre et apprécier la musique vous sera distillé au compte-gouttes.

Le minimum syndical

Les auteurs ont été amenés à faire des choix, parfois douloureux, afin de condenser dans ces quelques pages ce qu'ils considèrent comme le minimum à connaître. Les spécialistes n'y trouveront pas leur compte. Les amateurs de tel ou tel compositeur trouveront assurément que toutes ses œuvres majeures n'ont pas été suffisamment évoquées. Les fans de tel compositeur ou de tel interprète considéreront probablement que nous devrions pouvoir mesurer le talent de leur idole à l'aune du nombre des pages qui lui sont consacrées, et qu'elles sont ici trop peu nombreuses.

Les auteurs n'évoquent pas dans le présent ouvrage les débats passionnés (et passionnants !) entre musicologues. Ils ont tenté, pour rendre la lecture plus « digeste » aux néophytes, de présenter les points de vue les plus courants passant volontairement sous silence les différences d'opinions des divers courants de la musicologie.

Comment ce livre est organisé

Bien sûr les parois qui séparent artificiellement les différentes époques de l'histoire de la musique sont poreuses mais ce découpage, malgré tous ses défauts, a le mérite de permettre une vue d'ensemble et de picorer à souhait selon l'humeur.

On appelle communément « musique ancienne » la musique décrite dans les deux premiers chapitres. Pourquoi ancienne ? La musique romantique n'est-elle pas elle aussi « ancienne » ? À partir de combien d'années, de siècles, la musique est-elle considérée comme ancienne ? C'est pourtant souvent dans le même bac « musique ancienne » (quand il y en a un chez le disquaire) que vous trouverez un CD de Machaut (Moyen Âge), de Janequin (Renaissance), et de Vivaldi (baroque).

Première partie : Moyen Âge et Renaissance

Des premiers chants des moines monodiques – et sublimes ! – aux extraordinaires et luxuriantes polyphonies du XVIe siècle, que de chemin parcouru, que d'innovations apportées par des générations de génies !

Deuxième partie : La musique baroque

Vous connaissez forcément l'immense Jean-Sébastien Bach dont les œuvres aussi complexes que géniales sont pourtant tellement évidentes à l'oreille que les publicitaires ou les réalisateurs (certains avec goût, d'autres non...) n'hésitent pas à les utiliser comme bandes son pour des spots publicitaires ou des films. Vous découvrirez bien d'autres génies, qu'ils soient allemands, français, italiens ou anglais.

Troisième partie : La période classique

Retour à l'inépuisable *Requiem* de Mozart. C'est ici qu'il s'inscrit, chef-d'œuvre de la période classique illustrée par la trilogie viennoise Haydn-Mozart-Beethoven. La « musique classique » pour un musicologue est bien celle de cette période.

Quatrième partie : La musique au XIXe siècle

Après la domination italienne (période baroque) puis la domination viennoise (période classique), c'est la musique allemande qui, de Mendelssohn et Schumann à Brahms et Mahler, est le principal véhicule du romantisme en musique. Mais on n'oubliera pas l'opéra italien (de Rossini à Puccini).

Cinquième partie : La musique des nations et la musique des pays d'un siècle à l'autre

Avec les grandes écoles nationales (Europe de l'Est, Espagne) et la musique française (de Berlioz à Dutilleux), ce n'est plus de la musique, c'est de la géographie musicale !

Sixième partie : Pistes musicales au XXe siècle

Pour beaucoup d'auditeurs, dès qu'une œuvre est tant soit peu dissonante, c'est du Schoenberg ou du Boulez ! Le XXe siècle est, certes, celui de la rupture, voire des ruptures successives. Comme partout ailleurs, la musique de ce siècle recèle des trésors, des œuvres incontournables ou à découvrir, des démarches insolites mais pas forcément éphémères. Et puis, il n'y a pas que Schoenberg et Boulez dans cette période foisonnant d'une telle multiplicité de langages. Vous découvrirez des étrangetés, des expériences sans suite, mais surtout vous serez invités à suivre des pistes enthousiasmantes.

Septième partie : Les musiques actuelles

Nous traiterons ici de nombreux styles de musique populaire. Bref ce qui occupe 90 % d'espace sur les radios et la télévision : jazz, rock, blues, gospel, soul, R'n B, reggae, rap, musiques électro, etc.

Nous aurions aimé aborder toutes les facettes des musiques de traditions orales et des musiques non européennes, mais l'étagère sur laquelle vous déposerez ce précieux ouvrage ne résisterait pas à son poids. C'est bien la preuve que le sujet est inépuisable. Nous vous proposons un voyage en 80 titres en guise de mise en bouche à un achat ultérieur.

Huitième partie : La partie des Dix

Bibliographie, festivals, filmographie, *playlists* : nos *best* et nos *must*.

Annexes

Le glossaire permet de retrouver les définitions des termes les plus usuels. Enfin, les index permettent une consultation rapide et efficace.

Les icônes utilisées dans ce livre

Les icônes sont les petits dessins que vous apercevrez dans les marges de ce livre. Elles balisent les informations que vous devez connaître absolument, celles dont vous aurez peut-être besoin, et celles que vous trouverez intéressantes même si elles ne sont pas cruciales.

Les points qu'il est indispensable d'assimiler pour parfaire votre culture musicale.

On peut très bien avoir une bonne vue d'ensemble sans lire les passages indiqués par cette icône. Cependant, pour les plus courageux d'entre vous qui souhaiteraient aller plus loin et entrer davantage au cœur de la musique et de la technique, la lecture de ses paragraphes devrait vous contenter.

Les petites histoires qui pimentent la grande histoire de la musique.

Ce n'est pas un best-of, seulement une sélection d'œuvres phares que les auteurs estiment tout à fait accessibles aux néophytes.

Des œuvres cinématographiques, des reportages ou des concerts filmés apportant un éclairage complémentaire au contenu musical.

Le signe ⏵ renvoie aux playlists conçues pour cet ouvrage et dont les titres sont consultables librement sur internet. Les adresses sont indiquées pages 399-400.

Première partie

Moyen Âge et Renaissance

Dans cette partie...

Les moines du Moyen Âge subliment les Saintes Écritures par le chant. De la monodie du chant grégorien médiéval à la polyphonie franco-flamande de la Renaissance, c'est l'histoire des fondements de la culture musicale occidentale qui vous sera contée dans cette partie. De l'amour courtois des trouvères et des troubadours à la musique mesurée à l'antique des humanistes de la Pléiade, que de chemin parcouru.

Chapitre 1

Sur la Terre comme au Ciel

Dans ce chapitre :

- Découvrez le chant grégorien
- Assistez à un concert céleste
- Laissez-vous conter les aventures musicales de Pythagore

Tour d'horizon

Quelques amalgames courants

L'expression « Moyen Âge » évoque souvent tout un univers imaginaire nourri par de vieux souvenirs d'école, de contes, également par de nombreux films grands publics plus soucieux d'images marquantes que de vérité historique : moines gras ivrognes et lubriques, paysans miséreux édentés baignant dans une bêtise crasse, ménestrels affublés de héripipions (chapeaux mous en pointe) et de braies (pantalons amples) aux couleurs criardes faisant la cour à une dame au teint diaphane juchée en haut d'une tour ! Quelques évènements historiques réels et marquants – guerres sanglantes, famines, peste – achèvent de noircir ce sinistre tableau.

Cette vision fait sourire (ou plutôt soupirer) les historiens qui n'ont toujours pas fini de combattre tant de siècles de mépris pour une période pendant longtemps jugée si peu digne d'intérêt qu'elle a été qualifiée d'âge « moyen ». Nos amis anglo-saxons ont parfois un autre terme pour nommer cette période : *dark ages*. Des siècles de ténèbres ? C'est pourtant pendant le Moyen Âge que des inventions, des innovations, des courants de pensée ont changé pour des siècles le visage de l'Occident. Le codex, les cathédrales, l'université et l'écriture musicale datent de cette période.

Pourquoi tant de haine ?

L'homme de la Renaissance considère les arts et les lettres de l'Antiquité comme des modèles absolus qu'il était impératif d'imiter. De son point de vue, l'homme du Moyen Âge lui semble maladroit car ne réussissant pas à égaler le modèle antique. Pourtant, l'homme médiéval porte lui aussi dans ses bagages culturels la connaissance d'écrits et d'arts antiques, mais il les utilise pour suivre son propre chemin. Ce malentendu perdurera jusqu'au XIXe siècle.

Soulignons enfin que, comme toutes les périodes y compris la nôtre, le Moyen Âge a eu son lot de misères, de guerres et d'horreurs. Si nous étions amenés à rencontrer nos descendants, nous serions nous-mêmes perplexes de les entendre dans quelques siècles limiter le XXe siècle aux atrocités des deux guerres mondiales et des autres.

Le Moyen Âge en deux pages

Plus d'un millénaire résumé en deux mots « moyen », « âge », ça fait beaucoup pour ne pas faire d'amalgames ou d'anachronismes ! On appelle couramment Moyen Âge toute la période située entre l'Antiquité et la Renaissance.

- **Avant le Moyen Âge : l'Antiquité tardive**

  Du début de notre ère jusqu'au IIIe siècle, diverses formes de chants, hérités de la psalmodie juive, naissent en Europe pour embellir les Saintes Écritures du christianisme naissant. Dans les catacombes, certains textes des Écritures et l'homélie sont lus, les psaumes sont chantés par un soliste (c'est la *psalmodie).* Au début du IVe siècle, les chrétiens sont libres de pratiquer leur culte (édit de Milan en 313) et n'ont plus besoin de se cacher. L'Église s'organise en paroisses, et l'assemblée des fidèles chante en répondant au soliste : la psalmodie devient *responsoriale.*

- **Le haut Moyen Âge ou la période franque**

  Ces expressions désignent les trois siècles qui séparent la chute de l'Empire romain (Ve siècle) de l'arrivée au pouvoir des Carolingiens (milieu du VIIIe siècle). C'est l'époque des invasions et de la fin de l'Empire romain. Les jeunes monastères deviennent les foyers de la culture en Europe (jusqu'au XIIe siècle) dans lesquels se développera la musique. L'assemblée qui répond au soliste est composée de moines : la psalmodie alterne entre deux chœurs (c'est la *psalmodie antiphonée*). Un nouveau genre apparaît, qui encadre le psaume : l'*antienne* chantée pour l'instant par un soliste.

- **La Renaissance carolingienne**

  Les historiens d'art nomment souvent ainsi les deux siècles suivants (milieu du VIIIe siècle au milieu du Xe siècle). C'est l'époque d'un renouveau de la culture en Occident, impulsé par les Carolingiens dont la figure emblématique est Charlemagne. L'uniformisation des pratiques religieuses et musicales (le chant grégorien), la formation des hauts dignitaires du royaume dans des écoles où l'on réapprend le latin classique, et la création d'une monnaie unique sont certains des moyens mis en œuvre pour unifier l'Empire. La musique joue un rôle politique de premier ordre. C'est également l'époque des premières notations musicales et des premières polyphonies.

- **L'âge féodal**

  La période qui débute au milieu du Xe siècle et s'achève au XIIIe siècle est riche en innovations musicales : le système de notation devient de plus en plus efficace. Aux XIe et XIIe siècles, la musique sacrée poursuit son essor : la polyphonie se complexifie. Certains historiens emploient le terme de seconde Renaissance pour désigner le XIIe siècle qui voit se développer dans les cours une musique profane monodique en langue vernaculaire, destinée cette fois à un auditoire : c'est l'époque des trouvères, des troubadours et de l'amour courtois. Les foyers de la connaissance migrent progressivement des monastères aux villes : dans les écoles des cathédrales et dans les jeunes universités au sein desquelles la musique joue un rôle majeur dans le cursus des études. Au XIIIe siècle, le rythme est dompté, et l'école de Notre-Dame rayonne sur toute l'Europe avec ses polyphonies savoureuses.

- **XIVe siècle : le *trecento*, l'*Ars Nova***

  Les XIVe et XVe siècles sont en Europe, une période de famines, de guerres et d'épidémies. Les clichés que nous évoque le Moyen Âge sont souvent en rapport avec des faits marquants qui se sont déroulés pendant cette période : peste noire, climat plus froid, famines et rapines. Cela n'a pas empêché les arts de se développer – on pense par exemple au *trecento* (XIVe siècle) et au *quattrocento* (XVe siècle) italiens – et, en ce qui concerne la musique, de très subtile manière : c'est l'*Ars Nova* que le Pape Jean XXII considère comme une musique procurant trop de plaisirs et n'encourageant pas la dévotion. Guillaume de Machaut en est son représentant emblématique. La finalité théologique de la musique s'estompe progressivement. À son tour, la musique profane savante devient polyphonique.

- **Après le Moyen Âge : la Renaissance, les XVe et XVIe siècles**

  Le XVe siècle, principalement dans le domaine de la musique et des arts, n'est pas l'apanage des médiévistes. Il est aussi étudié par les spécialistes de la Renaissance. Les meilleurs artistes de l'époque, peintres, musiciens et compositeurs, gravitent autour de riches mécènes. Le langage musical se renouvèle avec les compositeurs franco-flamands. C'est l'époque de Josquin Desprez puis de Roland de Lassus. Dans les cours cultivées, la musique profane prend des formes diverses et variées. L'humanisme marque progressivement la musique de son empreinte, les réformes religieuses également. L'imprimerie musicale accélère la diffusion des œuvres musicales.

Des moines qui prient et qui chantent

Il convient de garder à l'esprit que la société médiévale est profondément marquée par le christianisme. La musique jusqu'aux premiers troubadours du XIe siècle n'est pas jouée en concert sur scène devant un public comme aujourd'hui, mais elle est destinée à chanter les louanges de Dieu pendant l'office. C'est le rôle des moines qui, à l'écart du monde, prient dans les monastères pour le salut de l'humanité. Pour les faire monter plus vite au Ciel, certaines prières sont chantées par les chantres.

La cantillation et la psalmodie

Entre déclamation et chant, la *cantillation* permet de donner du poids à la parole lors des célébrations religieuses (lectures bibliques de la messe par un prêtre ou un diacre, ou prières des offices par un moine). Le principe est simple et terriblement efficace : le débit de la *lectio* (la lecture cantillée) suit celui des ponctuations du texte et des accents de la langue latine selon des codes très précis appris par les novices dès l'enfance. Le texte est récité sur une seule note (la *corde de récitation* ou *teneur*) qui est atteinte en début de phrase par une courte montée. Une petite chute vient ponctuer la fin des phrases. Des signes utilisés comme moyens mnémotechniques sont parfois inscrits au-dessus du texte et rappellent au lecteur les mouvements mélodiques à interpréter.

POUR LES VIRTUOSES

La psalmodie est une cantillation répétitive plus élaborée du chant des psaumes. Le même schéma est utilisé pour tous les versets du psaume. Ce n'est plus le célébrant qui récite en parlé-chanté, mais un chantre. Ces psaumes peuvent être encadrés par une brève introduction et une conclusion appelées *antiennes*, ou bien voient l'un de leurs versets devenir un refrain (le *répons*) entonné par le chœur des moines qui répond aux versets chantés par le soliste.

Grégoire-le-Grand

Les racines des chants de l'Église primitive sont hébraïques : les premiers chrétiens suivaient le culte à la synagogue, il est normal que les premiers chants s'inspirent de la tradition juive des psaumes chantés. Différentes liturgies et donc différents répertoires chantés avec des couleurs locales naissent et se développent : la liturgie romaine (à Rome), ambrosienne (à Milan), gallicane (en Gaule), mozarabe (en Espagne) et celte (en Irlande). Ces différents plains-chants (de *cantus planus*, des chants pas trop ostentatoires) ont pour but de soutenir l'Écriture sainte.

À partir du VIIIe siècle, les Carolingiens, qui souhaitent se rapprocher politiquement du pape, adoptent le chant romain dans leur liturgie et l'imposent progressivement dans tout l'Empire. Une subtile alchimie se produit, un mariage arrangé mais heureux entre la tradition gallicane qui s'était développée en Gaule avec les chantres francs, et la tradition romaine importée : c'est le *chant grégorien*.

La visite d'une colombe musicienne...

Pourquoi parle-t-on de chant « grégorien » ? La légende veut qu'une colombe ait soufflé les mélodies de plain-chant à l'oreille du pape Grégoire Ier (pape de 590 à 604, c'est-à-dire environ un siècle avant les faits que nous venons d'évoquer !), dit saint Grégoire-le-Grand. D'où l'appellation de chant grégorien. Mais si ce pape n'a pas inventé le chant grégorien comme on l'entend souvent, il n'a pas usurpé son épithète de Grand : c'était un fin réformateur et c'est bien lui qui, entre autres réformes capitales, a établi l'ordre (*l'ordo*) dans lequel se succèdent les pièces dans l'office.

Les racines meurent...

Les successeurs de Grégoire Ier entreprennent de répertorier et de codifier le répertoire romain. Il existe bien quelques hiatus entre la théorie musicale et les pratiques régionales déjà en place. Des ajustements, bien connus des musicologues actuels, sont effectués afin d'uniformiser le répertoire : un seul répertoire pour une seule Église.

Suite à l'adoption par les Carolingiens du chant grégorien, toutes les traditions des autres chants de l'Église d'Occident s'éteignent peu à peu. Le gallican d'abord, puis le mozarabe, enfin le répertoire romain au XIIIe siècle. Seul le chant ambrosien survivra quelque temps.

La règle de saint Benoît

Jusqu'au XIIe siècle, le lieu de création et d'interprétation de la musique en Europe est le monastère. Loin des villes appauvries et des troubles, les monastères bénédictins deviennent de véritables îlots de culture. L'enseignement hérité de l'ancien Empire romain y subsiste dans les livres patiemment traduits et recopiés. La règle de vie instaurée par saint Benoît (480-547) est progressivement adoptée par tous les ordres monastiques en Europe (elle sera adaptée par la suite).

Que contient cette règle de saint Benoît ? C'est un traité de vie parfaite précisant les règles de communauté à observer au sein du monastère, et les trois vertus que le moine doit cultiver : le silence, l'obéissance et l'humilité.

Cette règle est divisée en soixante-treize petits chapitres. Pas moins de douze concernent la liturgie. Ce qui n'est pas surprenant puisque l'activité principale des moines consiste à célébrer l'office. La façon de chanter et de réciter les psaumes, les antiennes et les répons y est décrite.

Les moines et le pouvoir

Par leurs prières et leurs chants, les moines sont à même de se rapprocher de Dieu. Pour la société médiévale, cette fonction est primordiale. Pour honorer les saints ou les morts, les cérémonies sont célébrées avec faste, c'est-à-dire en musique. Les nombreux seigneurs détenant le pouvoir se sentent le devoir de subvenir aux besoins matériels des moines. Ils n'hésitent pas à fonder leur propre monastère, augmentant ainsi leurs chances de gagner le paradis. Dans ce dessein, ils confient aux moines certains de leurs fils dès l'enfance afin qu'ils reçoivent une éducation très poussée.

Au milieu du IXe siècle, le renouveau de la culture impulsé par les Carolingiens ne résiste pas longtemps aux pillages des monastères et des cités. Au Xe siècle, les seigneurs, dont les terres sont morcelées, entretiennent des armées. L'argent manque, c'est déjà la première crise du mécénat.

Pendant des siècles, la culture est préservée des guerres et des invasions grâce aux monastères. Mais au XIIe siècle, les cités prennent le pas sur les campagnes. Le pouvoir s'exerce dès lors dans les villes que l'abondance agricole fait prospérer. Les lieux de création artistique et culturelle suivent. Désormais, c'est dans les écoles cathédrales et dans les universités que la musique religieuse se développe.

Les gardiens de la culture en Occident

Les études et la culture des moines et des clercs ont un but unique : emprunter le chemin qui mène à Dieu. Saint Augustin (354-430) adapte le cursus d'études hérité des Grecs dans ce but : ce sont les sept *arts libéraux* qui seront pleinement rétablis en Occident sous les Carolingiens mais christianisés. La maîtrise de ces arts libéraux permet d'accéder à l'étude de la philosophie puis enfin, stade ultime de la connaissance, à la théologie.

Grammaire, rhétorique et dialectique forment un premier groupe appelé *trivium*. Elles ont pour but d'appréhender les différentes strates de la parole divine, le texte sacré de la Bible. Astronomie, arithmétique, géométrie et musique forment le second groupe : le *quadrivium*. Elles permettent aux Grecs de comprendre les phénomènes naturels.

Les moines qui les étudient ont d'autres objectifs. Ils doivent se repérer dans le calendrier liturgique chrétien comprenant des fêtes mobiles dont la date varie d'une année sur l'autre en fonction de la position des astres (il faut savoir prédire les équinoxes et les phases de la lune pour situer la fête de Pâques).

Plus que la géométrie et l'arithmétique, la musique est le vecteur permettant de goûter à l'harmonie qui régie l'ordre de la Création.

Une vie rythmée par le soleil et les saisons

Comme dans les calendriers de nombreuses autres civilisations, le cycle des mouvements apparents du soleil autour de la Terre est associé à une divinité. Le calendrier catholique est articulé autour de deux pôles rappelant la vie du Christ : sa naissance (Noël fêtée le 25 décembre, c'est-à-dire au moment de l'année où les jours commencent à s'allonger), et sa résurrection (Pâques, fête mobile). Il est rythmé par de nombreuses fêtes qui célèbrent les saints et les martyrs.

Toute l'année, le moine prie au nom de tous les hommes, et chante nuit et jour au rythme des *heures* (c'est-à-dire des moments liturgiques dédiés principalement au chant des psaumes) qui encadrent la cérémonie essentielle de la journée, la *messe*.

Des chants et des lectures psalmodiées servent d'écrin au moment important de la messe : l'*eucharistie*, rappel du dernier repas du Christ (la Cène) et de son sacrifice.

La messe

Certains textes varient en fonction du calendrier liturgique : c'est le *Propre* dont l'interprétation des mélodies est réservée aux chantres expérimentés. D'autres textes ne changent jamais : c'est l'*Ordinaire*.

Déroulement de la messe

Propre	**Ordinaire**
Introït : chanté	
	Kyrie : chanté
	Gloria (pas utilisé pendant l'Avent) : chanté
Collecte : psalmodiée	
Épître : psalmodiée	
Graduel : chanté	
	Alléluia (refrain) : chanté
Alléluia (verset) : chanté	
Évangile : chanté	
	Credo : chanté
Offertoire : chanté	
Secrète : psalmodiée	
Préface : psalmodiée	
	Sanctus : chanté
	Canon : psalmodié
	Agnus Dei : chanté
Communion : chantée	
Post-communion : psalmodiée	
	Ite missa est ou Benedicamus Domino : chanté

Les 8 heures (ou offices)

La journée commence au milieu de la nuit par les Matines. Suivent Laudes, Prime, Tierce, Sexte, None, Vêpres (en fin d'après midi) et Complies.

Ce ne sont pas moins de cent cinquante psaumes (l'intégralité du psautier) qui sont chantés chaque semaine pendant les heures qui rythment la journée du moine.

Les heures sont composées de lectures de la Bible qui sont prolongées par des chants (les répons), ainsi que d'une hymne (une mélodie simple utilisée pour plusieurs strophes).

Une mémoire d'éléphant

Il faut une mémoire peu commune pour être capable de chanter par cœur tous les chants des célébrations liturgiques, et ce pendant des heures. Ce sont pourtant les prouesses qu'accomplissent les chantres à qui l'on transmet ce savoir oralement, en tout cas jusqu'au IXe siècle. Une dizaine d'années d'assimilation et de répétitions est nécessaire pour parvenir à un tel résultat.

L'instruction des novices n'est pas de tout repos. Ils doivent tout d'abord mémoriser l'intégralité du psautier en latin (qui n'est pas leur langue maternelle) et le prononcer parfaitement (c'est la *dictio*) en respectant l'accentuation de la langue et le sens des mots. Au bout d'environ trois années de dur labeur, ils apprennent à le cantiller selon des formules mélodiques imposées par la tradition. La *lectio* et la *dictio* maîtrisées, le plus dur reste encore à venir. Les pièces plus ornées leur sont apprises selon la méthode dite *viva voce* qui consiste à faire répéter l'exemple donné jusqu'à la restitution parfaite. Cette répétition laborieuse et monotone, extrait par extrait, verset par verset, psaume par psaume, porte toujours ses fruits, mais elle est extrêmement chronophage. En tout cas jusqu'à l'invention géniale d'un certain Gui d'Arezzo (voir le chapitre 2) au XIe siècle.

Le chœur des anges

Les situations décrites dans certains contes, comme celui du petit Poucet (c'est un conte plus tardif, mais l'histoire aurait tout aussi bien pu se dérouler au Moyen Âge), sont finalement assez proches de la réalité pour nombre de familles. Il n'est pas rare de trouver des enfants abandonnés parce que leurs parents ne peuvent subvenir à leurs besoins matériels. Parmi eux, les jeunes garçons qui semblent posséder quelque don pour le chant peuvent avoir la chance d'intégrer des écoles de chantres. Encouragées par les papes, elles se développent à Metz, Rome et Tours : ce sont les *Scholae Cantorum,* miroir sur Terre du chœur des anges dont l'iconographie médiévale est friande. Les enfants, et parmi eux tous les futurs compositeurs, y apprennent la musique. Ils y sont également formés aux arts libéraux hérités de l'Antiquité évoqués précédemment. On imagine aisément ces voix pures et aériennes se mêler à celles des moines pendant les célébrations liturgiques.

Quand la créativité s'en mêle

Comment composait-on ces chants grégoriens ? Il ne faut pas imaginer un compositeur la plume à la main attendant l'inspiration pour noircir une partition ! L'oralité est la source du geste musical. Lorsque la liturgie romaine est importée dans l'Empire carolingien, les chantres francs font montre de créativité pour l'adapter à leurs coutumes et à leur savoir-faire musical. Pour ce faire, un peu comme les jazzmen des siècles plus tard, le chantre utilise un collage de formules toutes faites, les *centons* (ce terme désignait un vêtement cousu à partir de bouts d'étoffes disparates. Par analogie, il fut par la suite appliqué aux chants liturgiques construits à partir de formules musicales préétablies) qu'il choisit instinctivement dans tout un éventail de formules apprises par cœur.

Certaines compositions tirent leurs origines d'antisèches : il est difficile de mémoriser les très longues mélodies mélismatiques (le *jubilus)* qui ornent le *a* final de l'alléluia. Pour soulager leur mémoire, certains chantres ont l'idée de composer des textes dont chaque syllabe peut se chanter sur chaque note de ces mélodies appelées *séquences.* Elles prennent par la suite tellement d'ampleur qu'elles n'ont bientôt plus de lien avec l'alléluia et deviennent indépendantes.

Des textes de la messe comme le *Kyrie* peuvent servir de prétextes pour innover. L'insertion d'un nouveau texte littéraire glosant celui dans lequel il s'intercale permet la création d'un nouveau genre : le *trope.* Ces tropes peuvent revêtir trois aspects : une glose mélodique (on parle de *mélisme*), l'ajout d'un nouveau texte en proses ou en vers porté par une mélodie préexistante ou un nouveau texte porté par une mélodie totalement nouvelle.

Certaines fêtes importantes comme Noël ou Pâques sont embellies pendant l'office ou avant la messe par l'ajout de dialogues chantés, parfois théâtralisés, contant une courte histoire tirée de la Bible ou de la vie des saints : ce sont les *drames liturgiques.* D'abord interprétés en latin par les moines dans l'église, ils sont progressivement interprétés par des musiciens professionnels laïcs sur les places publiques et même en langue vernaculaire.

Le concert céleste

Pythagore fait encore des siennes...

Sacré Pythagore... Ce philosophe grec de l'Antiquité, dont le fameux théorème continue à causer tant de tourments à nos chères têtes blondes, est incroyable : même en balade, il pense aux mathématiques ! La légende veut qu'en se promenant près d'une forge, il perçoit des sons très agréables dans les harmonies émises par quatre marteaux frappant une enclume, alors qu'il aurait pu s'attendre à un affreux tintamarre. Pour découvrir la cause d'un tel prodige, il pèse les quatre marteaux : 6, 8, 9 et 12 livres.

Il s'aperçoit que les marteaux de 6 et 12 livres frappés simultanément produisent une harmonie merveilleuse à entendre (l'intervalle d'*octave*). Fin mathématicien, il simplifie cette relation : 12/6 = 2/1. Il teste toutes les autres combinaisons envisageables avec les quatre marteaux. 9 livres avec 6 ou bien 12 livres avec 8 donnent *la quinte* (9/6 = 12/8 = 3/2). 8 livres avec 6 ou bien 12 livres avec 9 donnent *la quarte* (8/6 = 12/9 = 4/3). Et 9 livres avec 8 donnent *le ton*.

Fort de cette expérience, il énonce cette loi : plus le rapport numérique est simple, plus le son est beau ! Pour Pythagore, la musique est *le nombre rendu audible*.

Lettrines musicales

Ces divines proportions qui entrent dans une oreille du moine à l'office ne ressortent pas par l'autre. Au contraire, il peut les utiliser pour concevoir les magnifiques lettrines et enluminures des psautiers.

Le monocorde

Imaginez un violon de forme oblongue, sans manche et avec une seule corde tendue entre deux sillets et pincée à l'aide du doigt ou d'un stylet, vous serez assez proche de la réalité.

Quoique fréquemment représenté dans l'iconographie médiévale, cet instrument atypique n'était pas utilisé pour faire de la musique. La tradition en attribue la paternité à Pythagore. C'est un instrument à vocation pédagogique qui permet de repérer tous les intervalles en déplaçant un chevalet mobile sur une règle graduée selon les proportions décrites par l'illustre grec barbu (enfin, il est représenté barbu dans les manuscrits médiévaux, le sage porte toujours la barbe, c'est bien connu) : 2/1 pour l'octave, 3/2 pour la quinte, etc.

Vous voulez goûter à la divine harmonie produite par un intervalle de quinte ? Rien de plus facile ! Faites résonner la corde à vide en la pinçant. Puis souvenez-vous de l'expérience de Pythagore : la quinte était obtenue avec un rapport de 3 contre 2. Appelez « 3 » le son que vous venez d'entendre. Pour « 2 », il vous suffit de ne faire vibrer que les 2/3 de la corde en déplaçant un sillet mobile. Le résultat est loin de vous faire venir les larmes aux yeux ? Soit, c'est seulement un instrument pédagogique. Mais écoutez les dix premières secondes du motet de *Sederunt principes* de Pérotin (l'interprétation par l'ensemble Hilliard est remarquable) : une simple quinte (et une octave), et pourtant... effet grisant garanti. Merci Pythagore !

Le philosophe, le théoricien, le poète et les forgerons.

Figure 1-1 : Jean d'Afflighem, *De musica* (1225-1230)

Vous aurez reconnu le vénérable philosophe grec observant les forgerons. Le théoricien en bas à gauche utilise un monocorde sur lequel est inscrite la lettre *gamma* Γ (la première note utilisée pour diviser la corde) et la désignation de l'instrument (« *hoc est monocordum* »). Le harpiste chante un vers de Léonin (le grand compositeur du XIIe siècle) inscrit dans la marge à droite. Mais sa harpe est bien étrange : les cordes sont montées horizontalement. Ce n'est pas une erreur de l'enlumineur, mais un rappel d'un modèle pédagogique à 19 lignes utilisé dans les traités.

Boèce et la musique des sphères

La théorie musicale de Pythagore est connue du philosophe Boèce (début du Ve siècle). Il l'adapte à la pensée chrétienne. Son point de vue marquera l'histoire de la musique pendant des siècles.

La Création est organisée selon des lois de proportions mathématiques. Dieu a créé le monde « selon mesure, nombre et poids » est-il écrit dans la Bible (*Livre de la Sagesse*, 11, 20). La musique est une science des proportions qui permet de percevoir ce que nos oreilles ne peuvent entendre : les chants de louange des anges dans le ciel, l'alternance des saisons, la musique produite par le mouvement des planètes. C'est la *musique des sphères,* celle des sept planètes que l'homme voit tourner autour de la Terre (s'inspirant de Pythagore, Platon en parle dans *La République* et dans son fameux *Timée* sur lequel l'homme du Moyen Âge fonde son éducation). Les théoriciens l'appellent la *musica mundana*, le plus haut degré de la musique. Le degré inférieur est appelé *musica humana :* c'est la musique produite par les rapports entre l'âme et le corps. Elle habite l'âme et le corps de tout homme. Enfin, le dernier degré est appelé *musica instrumentalis :* c'est la musique produite par la voix ou les instruments. C'est la seule musique audible.

La musicothérapie médiévale

De nombreux traités de médecine de l'époque préconisent l'écoute de la musique pour réparer les désordres du corps ou de l'âme. Ces thèses peuvent nous sembler fantaisistes, mais il faut reconnaître que dans l'esprit de l'homme médiéval, cela pouvait sembler logique. Si le corps ou l'âme sont malades parce que les quatre humeurs qui les composent (lymphatique, colérique, mélancolique, sanguin) ne sont plus équilibrées, la musique que produisent ces humeurs (*musica humana*) doit être assez dissonante. Faire entendre au « patient » une musique très harmonieuse (*musica intrumentalis*) peut donner accès à la musique du niveau supérieur et la réaccorder. En tout cas moins néfaste qu'une saignée !

Figure 1-2 : *Liber Magnus Organi*, Notre-Dame-de-Paris (XIIIe siècle)

Les trois niveaux de musique sont représentés sur cette enluminure par la figure allégorique de Musica.

Chapitre 2

Des premières partitions (IXe siècle) à l'imprimerie musicale (XVIe siècle)

Dans ce chapitre :

- Restez en admiration devant des manuscrits médiévaux
- Découvrez les premières partitions imprimées

Notation moderne VS notations médiévales : qui gagne ?

Des utilisations différentes

Les premières traces de notations musicales peuvent nous sembler étranges si on les compare avec nos partitions modernes. Leur utilisation est radicalement différente de celle que nous en faisons de nos jours. Ce ne sont pas des outils que l'on utilise pour composer. Contrairement à aujourd'hui, au Moyen Âge, le répertoire musical est déjà créé lorsqu'il est couché sur le parchemin. Les premières notations musicales ne servent que d'aide-mémoire à des pratiques transmises oralement.

Les partitions modernes : la panacée ?

Figure 2-1: L. van Beethoven, *Sonate pour piano op. 109*

Une partition comme celle-ci, ou comme toutes celles que vous avez déjà croisées, permet de coucher précisément sur papier un certain nombre de paramètres musicaux. La position verticale d'une note indique sa *hauteur* et sa forme précise sa *durée*. La représentation de *l'intensité* nécessite l'ajout de signes supplémentaires indiquant les *nuances*. Quant au *timbre*, il n'est pas possible, si ce n'est en précisant un nom d'instrument et en ajoutant des phrases parfois obscures, de le symboliser. (À partir de la seconde moitié du XXe siècle, des compositeurs soucieux d'inventer de nouveaux langages vont créer leurs propres systèmes de notation.)

Les premières notations musicales ne permettent pas non plus de transcrire tous les paramètres musicaux, mais elle recèle une quantité impressionnante d'indications précieuses pour l'interprète que l'on ne peut transcrire avec notre notation moderne.

Introït de la messe de minuit

Une écoute et une quadruple lecture de cet extrait vous permettra de comprendre que, loin d'être une écriture simpliste par rapport à une portée moderne, les premiers signes musicaux sont le reflet de l'interprétation complexe que donnaient les chantres. Tout en suivant des yeux les différents types de notation, écoutez les moines de l'abbaye de Solesmes chanter l'introït de la messe de minuit à Noël. Avec le temps, nous avons gagné en précision concernant la notation de la hauteur des notes et du rythme mesuré, mais les autres indications musicales sont bien simplifiées dans la dernière version. Les musiciens noteront au passage que la dernière partition, la plus habituelle à nos yeux, comporte quelques écarts grossiers par rapport au support utilisé par les moines de Solesmes qui restituent parfaitement toutes les subtilités du chant grégorien originel.

Figure 2-2 : Évolution de la notation musicale

De l'oral à l'écrit

Les neumes : les inflexions de la voix couchées sur parchemin

Le lecteur attentif se demandera à la lecture du titre de ce paragraphe pourquoi des moines dotés de mémoires prodigieuses ont-ils eu besoin de transcrire la musique sur parchemin alors que nous avons insisté dans le chapitre précédent sur l'importance de la transmission orale dans l'apprentissage des chants. C'est oublier que diverses traditions de plain-chant existent en Occident.

N'OUBLIEZ PAS

Les Carolingiens veulent imposer rapidement la tradition romaine importée à tout leur Empire : à l'orée du IXe siècle, apparaissent les premiers signes de notation musicale qui aident les chantres gallicans à s'approprier plus rapidement le nouveau répertoire. Ces premiers signes musicaux appelés *neumes* indiquent seulement la direction des mouvements mélodiques. Ils se complexifient par la suite pour indiquer des mouvements mélismatiques plus précis ainsi que des informations d'interprétation d'ornements, de prononciation et de rythme.

Différentes notations neumatiques

Diverses notations musicales sont envisagées. La plupart ne rencontrent pas de succès et sont vite abandonnées, mais d'autres évoluent et sont améliorées. Les premières notations paléofranques disparaissent assez vite mais en inspirent d'autres, elles aussi fondées sur la représentation graphique des inflexions de la voix : la notation bretonne, la notation aquitaine (dans le Limousin et le Sud-Ouest de la France) et la notation messine (région de Metz, en Lorraine et à Laon). Les moines de l'abbaye de Saint-Gall (non loin du lac de Constance en Suisse actuelle) tentent de fixer les moindres nuances d'interprétation et créent une quantité impressionnante de signes musicaux. Certes l'indication des hauteurs reste approximative et ne permet pas un déchiffrage sans l'aide d'un tiers qui ne connaisse déjà la mélodie, mais les informations écrites sont tellement nombreuses et précises, que notre notation « moderne » ne permettrait d'en retranscrire qu'une petite partie !

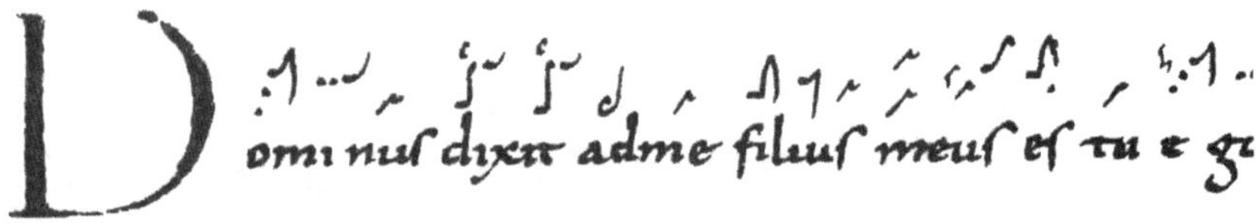

Figure 2-3 : Notation messine (xe siècle)

Les « c » (« *celeriter* ») placés au-dessus des neumes sont des indications rythmiques.

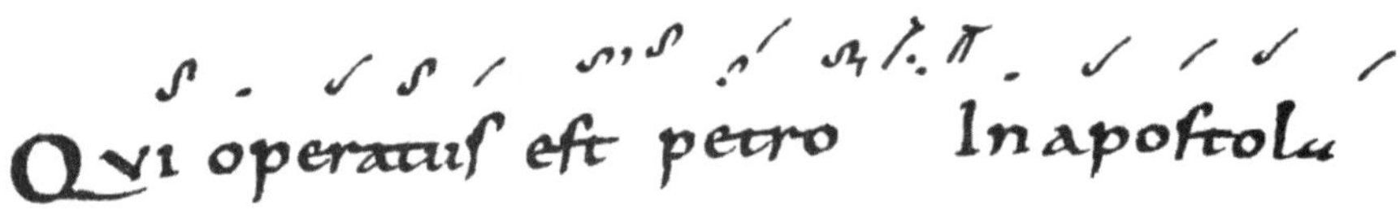

Figure 2-4 : Notation sangallienne (xe siècle)

De la lecture à la musique, de la grammaire aux neumes

Les moines qui lisent les Évangiles à haute voix utilisent des aide-mémoire leur indiquant les accents toniques : prononcer le latin correctement ne s'improvise pas quand ce n'est pas sa langue maternelle…

C'est donc tout naturellement que les chantres s'inspirent de ces signes grammaticaux et les adaptent pour décrire les mouvements des mélodies à retenir. Ils utilisent :

- l'accent aigu pour indiquer un intervalle ascendant (*virga*) ;
- l'accent grave qui se penche (*tractulus*) et raccourcit jusqu'à devenir un point (*punctum*) pour un intervalle descendant ;
- l'accent circonflexe qui donne le signe (*clivis*) pour deux notes descendantes ;
- l'accent anti-circonflexe devient le signe (*pes*) pour deux notes ascendantes ;
- le point d'interrogation pour symboliser la modulation musicale similaire à celle d'une phrase interrogative : (*quilisma*).

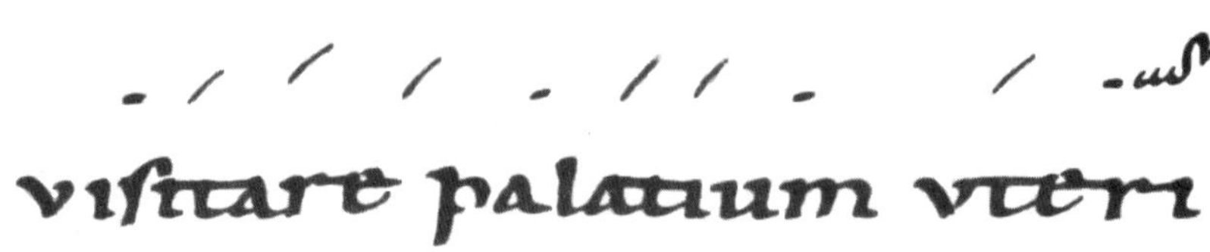

Figure 2-5 : *Visitare palatium uteri* (v. an 1000)

Vous reconnaîtrez aisément les ancêtres de nos signes de ponctuations modernes : ici, la *virga* ⁄ et le *tractulus* ▬ sont bien les lointains cousins des accents aigu et grave. Ils indiquent des inflexions ascendantes ou descendantes.

Au XIIe siècle, les moines changent leur façon de tailler les plumes. La mode est à la taille en biseau, ce qui donne une écriture plus épaisse. La forme des neumes va se modifier jusqu'à donner la *notation carrée* (ou *notation grégorienne*) dont est issue celle que nous utilisons encore de nos jours.

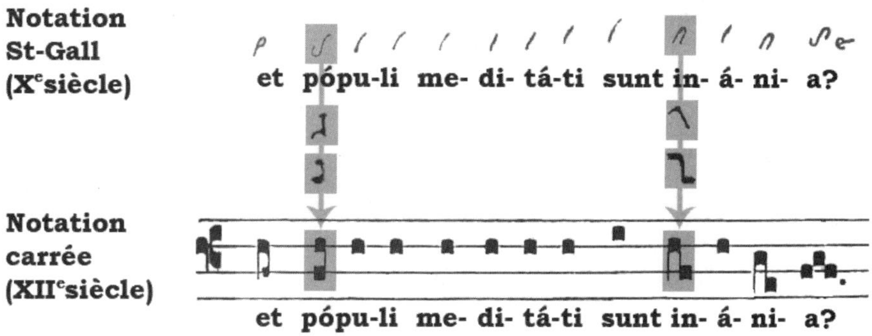

Figure 2-6 : De la notation sangallienne à la notation carrée

Observez l'évolution d'écriture de cet extrait de l'introït de la messe de minuit à Noël.

L'invention de la portée

Indication précise des hauteurs : des essais infructueux

Ces signes de notations musicales inventés par les chantres facilitent l'écriture et la lecture mais présentent un défaut majeur : ils n'indiquent que des hauteurs relatives, ce qui peut porter à confusion. Il est impossible de déchiffrer de manière acceptable un *graduel* ou un *antiphonaire* nouveau.

Les chantres s'inspirent de la théorie musicale grecque et ajoutent de nouveaux symboles permettant de connaître précisément les hauteurs : chaque note de la gamme est représentée par une lettre.

La notation alphabétique héritée des Grecs

La gamme musicale des Grecs est composée de quinze notes (le « grand système parfait ») désignées par les lettres de l'alphabet (qui correspondent à l'*ambitus* parcouru par les notes de *la* à *la* sur deux octaves) :

A B C D E F G a b c d e f g aa

Les musiciens médiévaux y ajoutent un *sol* grave et lui donnent le nom de Γ (*gamma* d'où vient le nom de *gamme*). Ces lettres sont placées au-dessus du texte liturgique pour indiquer les notes. C'est la notation double (alphabétique et neumatique) de ce manuscrit de Montpellier

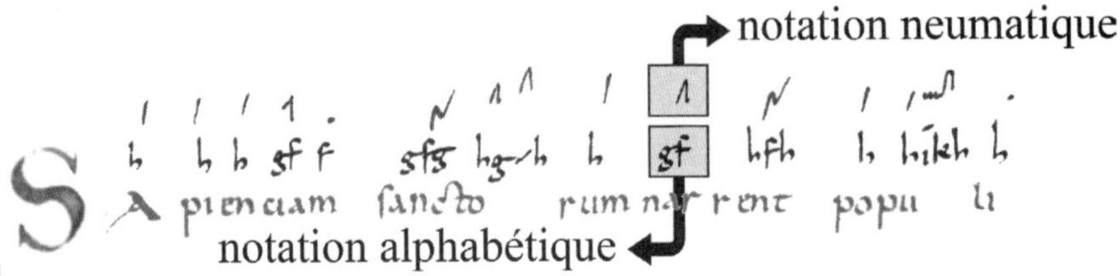

Figure 2-7 : Notation alphabétique et notation neumatique (XIe siècle)

Vous reconnaîtrez dans les cadres, les deux notations symbolisant deux notes ascendantes. Le neume *clivis* en notation neumatique ou les lettres *g* et *f* (sol et fa) en notation alphabétique.
Les théoriciens inventent toutes sortes de notations musicales bien plus précises, mais beaucoup trop compliquées pour un usage quotidien.

- La notation *dasiane* proposée dans les traités *Scholia Enchiriadis* et *Musica Enchiriadis* (IXe siècle) permet un relevé très précis des hauteurs grâce à des lignes horizontales formant une portée.
- La notation d'Hermann Contract (XIe siècle) ajoute aux neumes des indications d'intervalles symbolisées par des lettres.

La notation dasiane, précise mais peu pratique.

Ce système de notation est judicieux. Toutes les notes de la gamme sont symbolisées par des signes dérivés du signe grec *daseïa* (d'où son appellation). Les syllabes sont placées entre des lignes – jusqu'à seize ! – formant une portée et indiquant les hauteurs précises grâce aux lettres clés. Un système de lettres complémentaires lève toute ambigüité en précisant les intervalles entre chaque note : « t » pour *tonus* (ton) ou « s » pour *semitonus* (demi-ton).

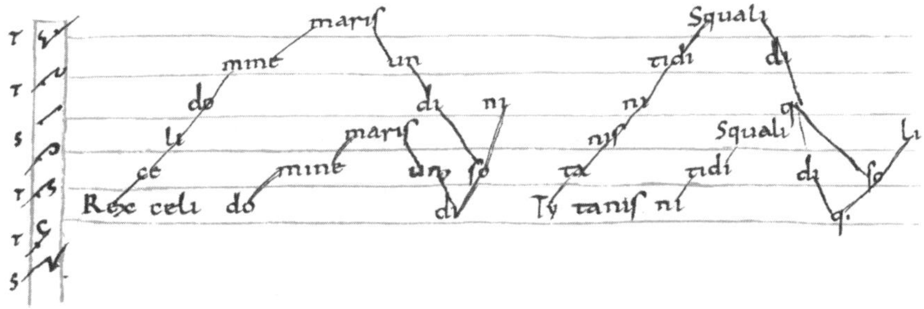

Figure 2-8 : *Musica Enchiriadis* (IXe siècle).

La figure 2-8 est en notation dasiane. C'est le plus ancien exemple de polyphonie notée.

La révolution de Gui d'Arezzo

Au IXe siècle, les copistes désirent placer les neumes de façon lisible et tracent des lignes horizontales à la pointe sèche. Les lecteurs trouvent bien pratique l'usage de ces repères horizontaux. Pourquoi dès lors ne pas les tracer à l'encre ? C'est chose faite au XIe siècle. S'inspirant des tentatives précédentes, un moine de l'abbaye de Pompose, **Gui d'Arezzo** (v. 992-1050) invente un système de notation des hauteurs aussi précis que ceux imaginés par ses prédécesseurs théoriciens mais surtout, pratique à utiliser. Au XIIe siècle, cette écriture sur portée sera adoptée et utilisée dans tous les manuscrits. C'est l'ancêtre de nos portées modernes.

D'Arezzo utilise un système de lignes horizontales précédées de lettres clés symbolisant les notes. L'emploi de la couleur se révèle judicieux : une ligne rouge indique la place de la note F (*fa* moderne), une ligne jaune celle de la note C (*do*) et une ligne verte celle du B (*si*). Ce sont les premières portées. Pour éviter toute équivoque, il indique les lettres en face de chaque ligne. Ce sont les ancêtres de nos clefs modernes. Avec un peu d'imagination, on devine la filiation qui existe entre un G et une clé de sol (𝄞).

Cette invention est révolutionnaire puisque les hauteurs ne sont pas étagées par ligne, mais par ligne et interligne. Quatre lignes suffisent alors pour noter les mélodies.

L'origine du nom des notes

D'Arezzo, soucieux de transmettre son savoir de manière efficace, invente une méthode de solfège révolutionnaire : la *solmisation*. Cette méthode permet de se souvenir des différentes successions d'intervalles en donnant aux notes de l'hexacorde (un fragment de la gamme qui ne contient qu'un demi-ton) un nom tiré de la première syllabe de chaque vers d'une hymne connue de tous les chantres à l'époque, l'hymne de saint Jean-Baptiste issue des Vêpres du 24 juin :

> ***Ut*** *queant laxis*
>
> ***Re****sonare fibris*
>
> ***Mi****re gestorum*
>
> ***Fa****muli tuorum,*
>
> ***Sol****ve polluti*
>
> ***La****bii reatum,*
>
> ***S****ancte* ***J****oannes.*

(Traduction : « Afin que puissent résonner dans les cœurs détendus les merveilles de tes actions, absous l'erreur de la lèvre indigne de ton serviteur, ô saint Jean »).

La mélodie fut-elle inventée pour l'occasion ? Peu importe. Le résultat est là.

ANECDOTE

En France, les notes de la gamme ont conservé les noms donnés par d'Arezzo. Ce n'est que bien plus tard (au XVIIe siècle) que le *si* fit sont apparition (en utilisant les deux lettres acrostiches du dernier vers de l'hymne : **S**aint **J**ean-Baptiste). La note *ut*, assez difficile à articuler en solfiant perdit son nom de jeune fille pour devenir *do* dès le XVIe siècle. Depuis Jean-Jacques Rousseau, il a souvent été rapporté que cette syllabe était en l'honneur d'un certain Giovanni Battista **Do**ni, né bien après les premières apparitions de la note *do*. Le mystère reste entier. Les titres d'œuvres, encore actuellement, gardent une réminiscence de ces temps anciens en conservant l'appellation *ut* : il serait de mauvais goût de parler d'une « symphonie en do majeur » ! Dîtes, plutôt « symphonie en ut majeur » pour ne pas courir le risque de passer pour un débutant.

Chez nos amis d'outre-Manche, d'outre-Atlantique et d'outre-Rhin, les notes portent toujours les noms des lettres issues du système antique modifié par les théoriciens médiévaux. La lettre B désigne pour les Anglo-saxons le *si naturel*. Les Allemands utilisent la lettre B pour désigner le *si bémol* et ont ajouté la lettre H pour le *si naturel*.

L'évolution du rythme et sa notation

Le rythme

Nous l'avons déjà souligné dans le chapitre précédent, le texte, reflet du Verbe divin, a une importance toute particulière. Le moine doit le comprendre et savoir le déclamer. Au début, le rythme de la musique découle tout naturellement de celui qui est induit par les accents de l'Écriture sainte déclamée.

Par la suite, le rythme est inspiré par la métrique de la poésie, construite à partir de valeurs longues et de valeurs brèves. Au fur et à mesure de la théorisation de la musique au XIIIe siècle, le rythme devient plus abstrait et la technique prend le pas sur la finalité métaphysique. Des signes graphiques permettent de représenter des durées précises. La mesure du temps rend possible l'évolution de polyphonies de plus en plus complexes (deux voix, trois voix puis davantage) : c'est la *musica mensurabilis*. Le découpage temporel permet de tracer les contours d'une carte imaginaire sur laquelle les différentes voix peuvent enfin prévoir les chemins à emprunter pour se rencontrer de manière harmonieuse, c'est-à-dire en créant des intervalles agréables – des *consonances* – à des moments-clés.

Deux valeurs rythmiques, la *longue* et la *brève* deux ou trois fois plus courte, servent d'unités de base. S'inspirant des six pieds de la métrique antique, les théoriciens créent six combinaisons d'enchaînements de ces valeurs : les six *modes* rythmiques.

Tous ces rythmes sont ternaires. La référence à la symbolique de la Sainte Trinité est évidente. La juxtaposition de plusieurs de ces rythmes forme un *ordo parfait* s'il se termine par un silence, ou un *ordo imparfait* dans le cas contraire.

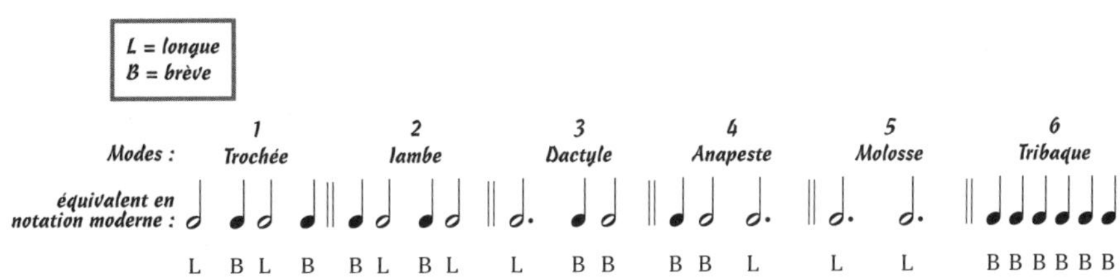

Figure 2-9 : Les six modes rythmiques

Graphiquement, ces modes sont représentés par des successions ligatures (plusieurs notes représentées dans le même signe).

Au XIVe siècle, le siècle de *l'Ars Nova*, les combinaisons rythmiques se multiplient. La longue pourra se diviser en deux ou en trois brèves (cette division s'appelle le *mode*). La brève se divise en deux ou trois semi-brèves (cette division s'appelle le *temps*, qui est dit *imparfait* dans le premier cas, ou *parfait* dans le second). Enfin, la semi-brève se divise en deux ou trois minimes (cette division s'appelle la *prolation* qui est dite *mineure* dans le premier cas, ou *majeure* dans le second).

Figure 2-10 : Les quatre combinaisons du temps et de la prolation

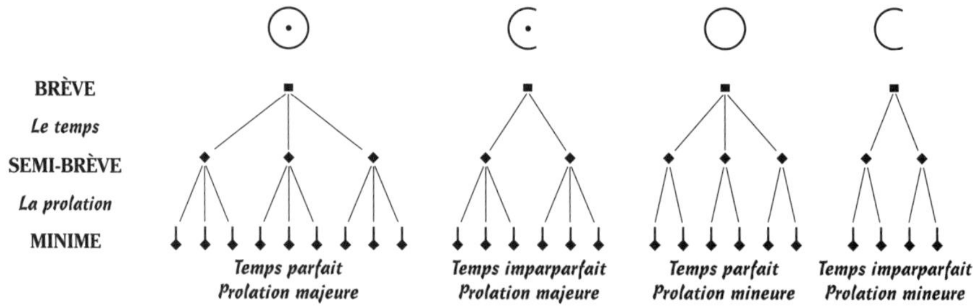

Ces divisions sont symbolisées par des changements de couleur – on passe alors du noir au rouge – lorsqu'elles sont provisoires, et par des signes de « mesure » pour les passages plus longs. Le cercle indique la *perfection* du *temps* (c'est-à-dire trois semi-brèves pour une brève) et un demi-cercle son *imperfection* (deux semi-brèves par brève). Le point indique la *prolation majeure* (soit 3 minimes pour une semi-brève) et son absence, la *prolation mineure* (2 minimes pour une semi-brève).

ANECDOTE

Le lecteur musicien reconnaîtra aisément le signe C d'indication de mesure (plutôt que la lettre C, il faut y lire un cercle non fermé) qui symbolise toujours sur nos partitions la mesure à 4/4. Encore une survivance de nos lointains prédécesseurs.

POUR LES VIRTUOSES

L'isorythmie (talea et color structurent le discours musical)

La plupart des motets de Machaut (voir le chapitre 4) sont construits sur une structure isométrique. Le compositeur fait répéter plusieurs fois la même mélodie (on parle de *color*) tout en utilisant plusieurs fois le même enchaînement de rythmes (le *talea*). Le procédé est astucieux puisque le compositeur utilise des *colores* qui ne comportent pas le même nombre d'éléments que les *taleae*. La première note de chaque *color* est chantée à chaque reprise de la structure sur un rythme différent, jusqu'à ce que les deux structures se rencontrent enfin comme au début.

Des manuscrits aux imprimés

Le codex

Les moines, ne se contentent pas d'exceller dans l'art du chant. Dans le scriptorium de leur abbaye, armés de leur calame ou d'une plume d'oie, ils recopient des textes – principalement la Bible – sur des feuillets de parchemin (de la peau de veau, de chèvre ou de mouton savamment traitée) puis plus tard de papier, qui seront compilés et reliés en *codex*.

L'invention du codex est d'une importance capitale puisque contrairement au rouleau, il permet une consultation pratique et judicieuse : les textes de la Messe sont regroupés dans le *Missel* et ceux des Heures dans le *Bréviaire*. La musique de la Messe est compilée dans le *Graduel* et celle des Heures dans *l'Antiphonaire*. À partir du XIIIe siècle, les aristocrates voudront eux aussi posséder des livres de dévotion comme des *psautiers* richement décorés.

ANECDOTE

Le codex est un livre très onéreux. Pas moins d'une quinzaine de peaux de veau ou de mouton sont nécessaires pour un livre « ordinaire ». Entre le temps nécessaire au parcheminier pour traiter une peau et celui du copiste et de l'enlumineur pour le couvrir patiemment d'encre, une année entière peut s'avérer nécessaire pour achever un seul volume. On devine que le coût de leur fabrication atteint des sommes astronomiques. Un troupeau de plus de cinq cents têtes a été nécessaire pour copier la Bible du *Codex Amiatinus*...

Une bibliothèque virtuelle

Vous avez toujours rêvé de vous glisser dans la peau de *l'armarius* (le frère bibliothécaire qui était responsable du scriptorium de l'abbaye) et d'avoir accès aux plus beaux manuscrits ? Certains des plus beaux manuscrits médiévaux sont numérisés et consultables gratuitement sur Internet.

- Manuscrits en notation sangallienne

  `www.cesg.unifr.ch/fr/index.htm`

  manuscrit n° 359 (Cantatorium de Saint-Gall) : début du Xe siècle

  manuscrits n°390-391 (antiphonaire) : vers l'an 1000

  manuscrit n° 339 (graduel) : XIe siècle

- Manuscrit en notation neumatique laonnoise

  `http://manuscrit.ville-laon.fr/`

  manuscrit n° 239 (graduel) : vers 930

- Manuscrit en notation neumatique et alphabétique

  http://manuscrits.biu-montpellier.fr

  manuscrit n° H.159 (graduel) : XIe siècle

L'interprétation du chant grégorien du Moyen Âge au XXIe siècle

La tradition d'interprétation du chant grégorien s'est perdue au fil des siècles. Au XVIe siècle, le répertoire grégorien est sévèrement modifié pour être mis au goût du jour. Une opération de chirurgie esthétique ratée… Les modes passent, les réformes également. Au début du XVIIIe siècle, le chant grégorien subit en France d'autres outrages. Une modification malvenue est imposée : le chant grégorien devient le *chant néo-gallican*. Au XIXe, les moines ne savent plus lire les neumes de leurs lointains aînés. Leur interprétation est musicalement bien éloignée de celle du Moyen Âge. Heureusement, à partir de 1850 les bénédictins de l'abbaye de Solesmes, notamment sous l'impulsion de Dom Guéranger, permettent par leurs recherches et leurs publications de retrouver les clés de lecture de la notation en neumes.

Leurs enregistrements font aujourd'hui référence, mais ne vous privez pas des interprétations de certains ensembles professionnels qui, à l'instar des moines de Solesmes, font l'effort de lire les partitions dans leur version neumatique d'origine et non pas une retranscription moderne qui en appauvrit le contenu. À l'écoute, la différence est de taille !

Croyants ou non, n'hésitez pas un jour à faire un détour si votre chemin vous mène près de Solesmes, dans le Maine-et-Loire, pour assister à l'office dans la petite église de l'abbaye et goûter aux délices du *jubilus*. Dépaysement et frissons garantis !

ÉCOUTEZ ÇA

Voici une liste (non exhaustive) d'ensembles qui proposent des interprétations que vous pourrez vous amuser à comparer pour trouver celle qui vous fera vibrer :

- Le chœur des moines de l'abbaye St-Pierre Solesmes (dir. Dom Jean Claire)
- Schola Gregoriana Pragensis (dir. D. Eben)
- Nova Schola Gregoriana (dir. A. Turco)
- Ensemble Organum (dir. M. Pérès)
- Chœur Grégorien de Paris (dir. X. Chancerelle – Fr. Polgar)
- Scola Metensis (dir. M.-R. Demollière)

De grands changements depuis le XVe siècle

Si vous avez la bonne idée d'aller assister à un concert de polyphonie franco-flamande de la Renaissance, plusieurs détails différeront probablement par rapport à l'exécution originelle. Tout d'abord le contexte. Vous assistez à un concert, il y a un public et une scène. À l'époque, c'est une célébration liturgique : pas de public mais une assemblée de fidèles, pas de scène mais les chantres qui chantent dans le chœur de l'édifice. Ensuite, vous verrez le dos du chef de chœur, et les têtes et les yeux des interprètes inclinés vers leur partition (pas trop si c'est un ensemble chevronné) dont chacun possède un exemplaire. Au XVe siècle, les yeux des chantres et du maître de chant sont tous dirigés vers l'unique lutrin supportant l'énorme manuscrit. Enfin, la disposition des voix écrites est différente. Sur le manuscrit, en haut de la page de gauche la partition de la voix la plus aiguë, le *superius* (ou *cantus* ou *discantus*). En dessous la voix de *tenor*. En haut de la page de droite, la voix de *contratenor* (voix d'alto, ou *contra*). En dessous, la voix de *bassus*.

Figure 2-11 : J. Ockeghem dirige ses chantres (enluminure du XVIe siècle)

Du noir au blanc

Au XVe siècle, le parchemin est remplacé par le papier, moins onéreux, qui permet de créer de grands formats. Plus fragile, l'encre le traverse aisément. Les copistes trouvent plus commode de ne plus remplir l'intérieur de la tête des notes avec de l'encre. Ils ne laissent que le contour. C'est la *notation blanche* qui donnera, en s'arrondissant, la notation actuelle. Le passage du blanc au noir représente alors une valeur inférieure.

Figure 2-12 : J. Ockeghem, *Kyrie Missa mi-mi* (XVe siècle)

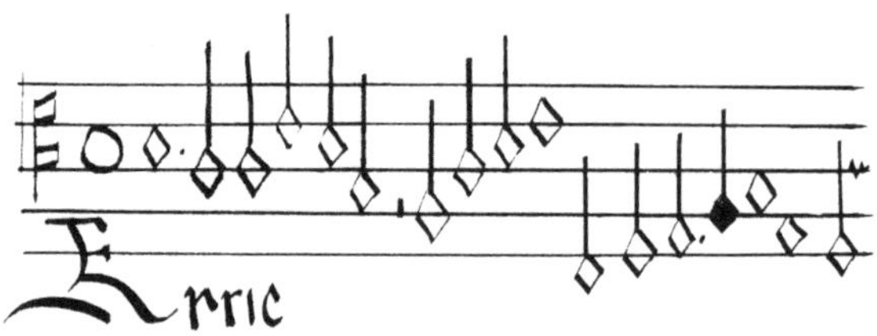

On reconnaît dans cet exemple la semi-brève ◊, ancêtre de la ronde 𝅝 moderne, et la minime blanche ◊, ancêtre de la blanche 𝅗𝅥 moderne. Dénigrée, la minime devient noire ◆, ancêtre de la noire 𝅘𝅥 moderne.

Un retour provisoire au noir

À la mort du très estimé compositeur Jehan Ockeghem en 1497, son plus talentueux successeur Josquin Desprez met en musique une élégie en son honneur : *Nymphe des bois*. Le texte présente les contemporains du maître dans un état d'extrême affliction. La partie de ténor exécute la mélodie grégorienne issue de l'introït de la messe des morts. Détail original sur les manuscrits, les notes elles-mêmes sont en deuil : elles sont toutes noires (rappelons que toutes les notes sont blanches au XVe siècle) !

De précieux manuscrits…

Les énormes manuscrits liturgiques utilisés par les membres des chapelles (on appelle ainsi l'ensemble des chantres qui assurent le service musical de la liturgie dans une chapelle privée) sont parfois attachées au lutrin avec une grosse chaîne pour dissuader les voleurs de dérober les précieux ouvrages. Certains sont richement enluminés et servent de présents pour un monarque. Le contenant doit être à la hauteur du contenu (des pièces musicales très appréciées) et surtout du destinataire !

Le vélin, le fin du fin

Le matériau le plus noble utilisé comme support est le vélin, de la peau de veau mort-né, qui une fois travaillée permet d'obtenir une page d'une douceur exceptionnelle et d'un blanc immaculé dont on peut admirer des siècles plus tard le parfait état de conservation. Rien à voir avec nos papiers modernes qui jaunissent en quelques années !

Le copiste le plus talentueux de son temps est **Pierre Alamire** (v.1470-1536). Tous ses manuscrits, certains destinés à d'illustres souverains comme Marguerite d'Autriche ou le futur Charles Quint, sont de véritables merveilles.

L'espion d'Henry VIII

Entre 1515 et 1518, Alamire est missionné par le roi d'Angleterre Henry VIII pour espionner le prétendant au trône, Richard de la Pole, qui réside sur le continent. La couverture du célèbre enlumineur est plausible : marchand de manuscrits et musicien. On comprend la colère d'Henry VIII découvrant que son rival de la Pole est le vrai patron d'Alamire. Après cette mésaventure, l'agent double ne remettra jamais les pieds en Angleterre. Et peu de compositeurs d'outre-Manche sont représentés dans ses manuscrits. *Surprising ?*

Les chansonniers

Les manuscrits musicaux ne contiennent pas uniquement de la musique religieuse. Le répertoire savant profane y figure également. Les nobles et les bourgeois en sont férus. Au XVe siècle, aux œuvres liturgiques ils préfèrent les chansons françaises. Les manuscrits en compilant sont appelés *chansonniers*. Celui de Marguerite d'Autriche est passé à la postérité.

Le chansonnier cordiforme

Jean de Montchenu est un homme d'église aux goûts très sûrs. Dans le chansonnier qu'il s'est fait copier, on trouve uniquement des pièces des meilleurs compositeurs de l'époque. L'originalité de ce magnifique ouvrage tient à sa forme : il est découpé en cœur, d'où son nom : le *chansonnier cordiforme*. On devine aisément le sujet des chansons contenues dans le manuscrit…

Figure 2-13 : Chansonnier cordiforme (2e moitié du XVe siècle)

Les riches bourgeois interprètent eux-mêmes la musique, chantent et/ou jouent des instruments. Autour de la table familiale, il est plus commode pour chaque interprète de lire sur sa propre petite partition : ils utilisent des chansonniers en *parties séparées* (chacune comportant uniquement une voix).

L'imprimerie musicale

À l'orée du XVIe siècle, une innovation technique accélère la diffusion des œuvres à travers l'Europe : l'imprimerie musicale. En 1501, le premier imprimé de musique polyphonique est édité à Venise par Petrucci : l'*Harmonice musices odhecaton A* (« Offrande en cent chansons A »). Les partitions se démocratisent chez les bourgeois. Les éditeurs Susato, Phalèse, Attaignant et Moderne lui emboîtent le pas à Anvers, Louvain, Paris et Lyon.

Souvent publiées en parties séparées, les pièces contenues dans ces partitions font la part belle aux illustres compositeurs franco-flamands dont on parlera en détails dans les chapitres 4 et 5. On y trouve des messes, des motets, des chansons et du répertoire régional comme des madrigaux en Italie.

Figure 2-14 : Cl. de Sermisy, *Vous perdez temps* (XVIe siècle)

Jacques Moderne publie des chansons françaises dans un format permettant aux quatre interprètes de lire sur une partition unique, deux couples se faisant face.

Chapitre 3

Les premières polyphonies, du IXe au XIIIe siècle

Dans ce chapitre :

- Assistez à la naissance de la polyphonie
- Laissez-vous envoûter par la musique des cathédrales

À plusieurs voix, c'est plus joli !

Comment créer le faste qui sied aux fêtes liturgiques ? Les moines ont intuitivement trouvé un moyen très efficace : entre les murs des monastères du IXe siècle vibrent les premières polyphonies.

L'organum

Le procédé est simple. Vous l'avez sans doute expérimenté maintes fois sans le savoir. Souvenez-vous du dernier anniversaire que vous avez passé en famille, et plus précisément du rituel tant attendu des bougies. La lumière s'éteint, surgit de la cuisine un magnifique gâteau paré de mille flammes. C'est une charmante attention de vous rappeler le temps qui passe. Mais le pire reste à venir. Sauf si vous vous appelez J.F. Kennedy, vous n'aurez pas la chance d'entendre Marilyn Monroe vous chanter *Happy birthday*. En lieu et place de la belle blonde, c'est votre belle-mère (mais c'est tout aussi touchant) qui entonne la fameuse chanson de sa voix nasillarde et haut perchée, soutenue par le reste de la famille chantant la même mélodie, avec les mêmes intonations, mais décalée dans le grave par rapport à la vieille dame qui a déjà pris le large avec conviction. Consolez-vous, vous venez néanmoins de vivre une expérience unique : vous avez entendu de la *polyphonie*, et plus précisément un *organum* venu de la nuit des temps (pas cette chanson… le procédé !). JFK, lui, n'avait entendu que de la *monodie*, le pauvre !

Encore faut-il, pour obtenir un résultat agréable, que l'écart (on parle d'*intervalle*) entre les deux mélodies parallèles soit bien choisi. Nos oreilles contemporaines apprécient particulièrement les intervalles de *tierce*.

Nos ancêtres médiévaux appréciaient plutôt des *organa* (c'est le pluriel d'*organum*) basés sur des intervalles de *quarte* ou de *quinte*. Souvenons-nous de Pythagore – qui est une référence au Moyen Âge – et de son expérience dans la forge : les intervalles de quarte, de quinte sont à son goût.

La polyphonie de l'*organum* est créée en superposant note contre note une mélodie parallèle à la mélodie initiale.

Mr gymel, le cousin d'outre-Manche

Nos amis anglais aiment à se démarquer des mœurs continentales depuis toujours. Quand les oreilles françaises appréciaient les intervalles de quarte ou de quinte, ils leur préféraient des intervalles de tierces (ou de sixtes) pour construire leur superposition de mélodies parallèles. On ne parle plus d'*organum* mais de *gymel*.

Un organum plus élaboré

Cette mise en polyphonie intuitive, basée sur le parallélisme de 2 voix, s'appelle *organum*. Même si l'on n'en trouve pas de témoignage écrit avant le IXe siècle (nul besoin de la noter puisqu'elle est aisément exécutable !), cette technique était probablement utilisée bien avant, notamment en France. Un second type d'*organum* improvisé, un peu plus subtil, accorde une importance toute particulière au début et à la fin de la phrase. Cela consiste à faire commencer la seconde voix (appelée *vox organalis*) à l'unisson de la voix principale (*vox principalis*) avant de poursuivre à la quarte inférieure parallèlement à la voix principale, puis de la rejoindre à nouveau en fin de phrase.

Ces brèves incursions dans d'autres contrées acoustiques donnent aux chantres le goût de l'expérimentation musicale : au XIe siècle, des solistes improvisent de manière beaucoup plus libre et la voix organale se retrouve par moment au-dessus de la voix principale.

Le diable s'habille en... musique !

Ces pratiques peuvent générer, souvent en fin de phrase, un intervalle banni en musique, le triton « diabolique » : la quarte augmentée (fa-si en est l'exemple le plus courant). Lorsqu'ils rencontrent des passages aussi scabreux, les chantres improvisent sur d'autres intervalles, brisant la ligne parallèle pour préserver leurs oreilles chastes et pures du diable en musique. D'Arrezzo théorise ces pratiques naissantes dans son traité, le *Micrologus*, et indique précisément les intervalles que l'on peut utiliser pour éviter de tirer le diable par la queue... Le triton est depuis souvent associé à l'instabilité ou au mal. Il est encore employé aujourd'hui dans des compositions de hard rock aux ambiances macabres. Ces musiciens l'utilisent volontiers pour évoquer (à défaut d'invoquer) le démon.

L'école dite de Saint-Martial-de-Limoges

Au XIIe siècle, dans tout le Sud-Ouest de la France, en Angleterre et en Espagne, les chantres improvisateurs se trouvent tellement à l'aise pour chanter au-dessus de la voix principale qu'ils y restent. Étaient-ils grisés par l'altitude qu'ils prenaient par rapport à la voix de plain-chant initiale ? Une certitude : la ligne mélodique de la voix principale (elle est alors reléguée au second plan) n'est plus assez longue à leur goût pour leur permettre d'exprimer toutes leurs idées musicales. Ils décident d'en étirer les durées. Ce stratagème leur permet de chanter jusqu'à une vingtaine de notes (des *mélismes*) pendant que les autres chantres les soutiennent sur une seule des longues notes de la voix du plain-chant. C'est *l'organum mélismatique.*

La voix principale des premiers *organa* devient secondaire et sert de support aux exubérances de la voix organale. Le terme *principale* devenant obsolète, on parle dorénavant de *tenor.* Mais il n'y a qu'un rapport lointain avec le regretté ténor italien Pavarotti ! Ce terme ne désignait pas une tessiture vocale comme ce sera le cas quelques siècles plus tard mais une fonction : c'est la voix qui « tient » (du latin *tenere*), bref qui soutient la seconde.

Tandis que cet *organum* devient luxuriant, se développe au XIIe siècle une autre technique appelée le *déchant.* Le « note contre note » des premiers *organa* est toujours de rigueur (en tout cas au début), mais le parallélisme est passé de mode. On lui préfère dorénavant les mouvements contraires (quand l'une des voix monte, l'autre descend) et les croisements (la voix organale passe au-dessus de la voix principale). Quant au choix des intervalles à privilégier entre la voix fixe – qui sert de trame – et la voix nouvellement créée, il est toujours dicté par les préceptes pythagoriciens : les octaves, quintes et quartes sont considérées comme agréables (ce sont des *consonances*).

Les autres intervalles sont considérés comme dissonants et les chanteurs n'aiment pas trop s'y attarder.

L'ensemble *Organum* (dir. M. Pérès) propose un panorama de ces *organa* magnifiquement interprétés sur le CD *Polyphonie aquitaine du XIIe siècle.*

L'école Notre-Dame

Des monastères aux cathédrales

Dès la seconde moitié du XIIe siècle, les intellectuels et les artisans habiles migrent vers les villes d'où jaillissent de hautes cathédrales à l'architecture complexe et où se concentrent dorénavant l'essentiel des richesses. Les architectes talentueux rivalisent d'audace et de génie pour faire s'élever ces grands vaisseaux de pierre et de verre qui doivent être plus grands, plus hauts, plus lumineux que ceux des cités voisines. L'enseignement et la culture ne sont plus l'apanage des monastères. Dans les nouvelles universités, les maîtres (qui peuvent être amenés à diriger les maîtrises des cathédrales) et les étudiants continuent de se référer à Boèce (voir le chapitre 1) et se gavent de traités de mathématiques, de physique et de scolastique.

À Paris, la cathédrale Notre-Dame n'est pas encore envahie par des touristes armés d'appareils photo et de caméscopes, mais plutôt par des maçons, des tailleurs de pierre, des sculpteurs, des charpentiers, des menuisiers, des verriers. Les plus grands esprits de l'époque viennent des quatre coins de la chrétienté pour profiter du plus important foyer culturel d'Occident qu'est devenue Paris. Les rues grouillent de visiteurs, d'artisans et d'étudiants qui n'hésitent pas à parcourir des distances impressionnantes pour bénéficier de cet élan culturel. Au milieu de tout ce tintamarre, aux pieds des murs de la cathédrale Notre-Dame en construction (1163 – v.1250), un architecte d'un autre genre révolutionne la musique : Léonin. Il va, à sa manière, apporter sa pierre à l'édifice : sa musique, à l'image des voûtes gothiques qui atteignent presque les nuages (trente-trois mètres sous voûtes, ce n'est déjà pas si mal !), est majestueuse, imposante, élégante et lumineuse.

Maître Léonin et l'école Notre-Dame

À la fin du XIIe siècle, **Maître Léonin** (probablement né à Paris vers 1135) commence à dompter le rythme. Son talent surpasse celui de ses contemporains qui gravitent autour de la cathédrale Notre-Dame. Peu de détails nous sont parvenus sur sa vie. On sait qu'il fait ses études à l'école de la cathédrale Notre-Dame puis devient maître en arts libéraux. Il est chanoine de Saint-Benoît puis de Notre-Dame de 1180 à sa mort, vers 1210. Léonin maîtrise parfaitement la technique de *l'organum*, et est l'auteur d'un grand ouvrage, le *Magnus liber organi*, utilisé à Notre-Dame pour sublimer le service divin jusqu'à ce que Pérotin ne le surpasse. Outre ses compositions, ses poèmes étaient, semble-t-il, également très appréciés en son temps.

Les pratiques musicales de l'école dite de Notre-Dame sont remarquables et inédites. Elles vont vite irradier toute l'Europe grâce aux intellectuels voyageurs fortement impressionnés par les charmes de cette nouvelle musique qu'ils découvrent lors de leur séjour à Paris. Ils iront en chanter les louanges de retour dans leur patrie et recopieront ses œuvres. C'est un grand changement par rapport aux pratiques déjà aguerries et virtuoses des chantres improvisateurs d'Aquitaine évoquées au chapitre précédent : le rapport au temps évolue. Le temps subjectif, celui les heures qui se distendent en même temps que les jours au fur et à mesure des saisons, fait place à un temps objectif et mesurable. Le plain-chant utilisait deux valeurs rythmiques, la *brève* et la *longue* qui n'ont pas de valeur absolue et dont la durée dépend de l'humeur, des circonstances, et des usages. Avec la musique de Léonin, il en est tout autre.

L'architecte du sonore

Tel l'architecte traçant ses épures dans du plâtre frais, le compositeur de l'école Notre-Dame dessine à l'avance les courbes qui seront empruntées par toutes les voix de son *organum*. Son gabarit à lui, sa quine (sa canne de bâtisseur), c'est le premier mode rythmique (voir le chapitre précédent). Finie l'austérité magnifique des voûtes romanes qui virent naître l'*organum* mélismatique et le déchant. Place ici aux voûtes en croisée d'ogives récemment achevées dans le chœur de la cathédrale. Adieu les étroites ouvertures romanes par lesquelles entrent de rassurants filets de lumière suggérant le divin. Bonjour les immenses fenêtres et rosaces grâce auxquelles la lumière inonde cet immense édifice de pierre, de bois et de verre. La nouvelle musique de Notre-Dame se déploie ici sans se sentir à l'étroit, pelotonnée dans une acoustique majestueuse et nouvelle.

Pérotin

Pour les connaisseurs, s'il reste aujourd'hui un nom sur toutes les lèvres lorsqu'on évoque l'école parisienne de Notre-Dame, c'est celui de **Pérotin** (mort v.1238). Il va sublimer les œuvres de son illustre prédécesseur. Selon un historien anglais du XIIIe siècle pudiquement appelé « Anonyme IV » par les musicologues, personne ne peut rivaliser avec lui dans la composition d'*organa*. Il le surnomme d'ailleurs « le Grand ».

Ses œuvres parisiennes sont tellement appréciées au Moyen Âge qu'on en trouve des copies de Tolède en Espagne jusqu'à St Andrew en Écosse. Dans certaines de ses pièces, ce ne sont plus deux mais trois et parfois quatre voix qui se mêlent dans des *organa* s'étirant sur de très longues minutes. Une durée bien plus longue que celle du chant grégorien qui a servi de matériau de base à cette construction raffinée. Ce n'est plus la transcription de pratiques improvisées mais de véritables compositions créées par un esprit génial pour qui la mesure du temps n'a plus de secret.

Dans ses *organa*, les voix supérieures sont construites à partir de petits groupes de notes auxquelles il impose un rythme (l'un des six modes rythmiques évoqués au chapitre précédent). Écoutées séparément, le résultat se révélerait banal, mais leur savante superposition, ancrée solidement sur la mélodie grégorienne chantée en valeurs très longues (la « teneur »), rend le mélange savoureux et aérien. Là où Léonin n'utilisait qu'un mode rythmique, Pérotin utilise les six.

La mesure du temps, un voyage musical au XIIIe siècle

Si grâce à l'horloge, la mesure du temps permettra aux marins, des siècles plus tard, de se positionner et de s'éloigner des côtes, elle permet déjà aux chanteurs improvisateurs du XIIIe siècle (bientôt compositeurs au sens moderne du terme) de prendre le large et d'explorer eux aussi de nouveaux horizons. Leur horloge à eux, ce sont les « modes rythmiques » (un paragraphe leur est consacré dans le chapitre 2).

Viderunt et *Sederunt* de Pérotin sont les premiers exemples connus en Occident de polyphonie à quatre voix. Même si l'enregistrement date de 1988, l'interprétation de ces deux *organa* par l'ensemble Hilliard reste encore une référence absolue. Les couleurs très différentes proposées par l'ensemble Gilles Binchois dans leur interprétation du *Sederunt* en font une version tout aussi subtile et enivrante. Et puisque, poussé par la curiosité, vous êtes maintenant chez votre disquaire ou dans votre médiathèque préférée avec ces deux excellents CD, profitez-en pour vous procurer une version du *Viderunt* interprété par les moines de l'abbaye de Solesmes. Vous pourrez faire à moindre frais un excellent voyage du roman au gothique.

Est-ce pour autant que toute la musique chantée à l'époque dans la cathédrale Notre-Dame était polyphonique et que l'on abandonne le plain-chant ? Non, évidemment. La polyphonie, tout comme les *organa* primitifs, est uniquement employée pour magnifier les fêtes religieuses importantes.

Le conduit

L'école de Notre-Dame ne nous a pas légué que des *organa*. Les *conduits* sont des chants de procession entonnés lors des déplacements des moines dans l'église ou pour accompagner la montée du prêtre à l'autel. Monodiques ou polyphoniques, ils ne sont pas construits à partir d'une mélodie grégorienne, mais sont librement composés (texte et musique). Après leurs frères aquitains, les chantres de Notre-Dame en font l'une de leurs spécialités, universellement appréciée.

Le motet : des clercs qui se dévergondent…

En contact avec le monde profane, les clercs étudient à l'université. Et comme tout étudiant qui se respecte, ils se divertissent parfois comme des potaches. Certains s'amusent à changer les paroles des *organa* en inventant un texte (ce procédé rappelle la technique du trope évoquée au premier chapitre) tout en conservant la musique. Le *motet* (« petit mot ») est né et ne demande qu'à se développer. À la voix supérieure, des textes en latin commentent celui de la teneur issue du répertoire grégorien.

Le motet devient LE genre à la mode au XIIIe siècle. Il est très apprécié des savants clercs et de la haute société (bourgeoisie lettrée et noblesse courtoise), baignée elle aussi de culture scolastique. L'inventivité des compositeurs n'a plus de limites. Les teneurs peuvent à présent être issues du répertoire grégorien ou de la lyrique courtoise, et il n'est pas rare de les soutenir à l'instrument. On y superpose une deuxième (le *motetus* ou *duplum*), une troisième (le *triplum*) voire une quatrième voix (le *quadruplum*), et il arrive que les voix soient écrites sur des textes en langues différentes (latin, langue d'oïl) se glosant les unes les autres. Une joyeuse pagaille pour nos oreilles modernes ? À la première audition, c'est certain. Mais en prenant le temps de bien lire les textes, et en laissant flâner ses oreilles d'une voix à l'autre, on découvre de bien subtiles compositions créées par de fins lettrés. Ces clercs mélangent avec brio la grâce contemplative et raffinée qui les touchent pendant le service liturgique, avec la frivolité parfois la plus crue qu'ils côtoient dans la rue.

Un berger tout nu

« *Par un matinet l'autrier / He, sire ! Qui vous vantez / He, bergier ! Si grant envie / Eius* »
Il faut prendre une longue respiration pour prononcer cet enchaînement qui n'est autre que le titre du motet. Chaque voix chante un texte différent. Le titre correspond à l'*incipit* (le début) de chacune. Il est ici question d'un berger frivole dans le plus simple appareil, étendu dans les bras de son amie… Si vous êtes curieux de connaître la suite (curiosité purement musicologique, il va sans dire…), vous trouverez une interprétation convaincante de ce motet dans le CD *Les Escholiers de Paris*, par l'ensemble Gilles Binchois.

Un cœur qui soupire

Dans le motet « *Que ferai biaus sire Dieus / Ne puet faillir a honour / Descendentibus* », la teneur sert de colonne vertébrale à l'édifice musical. C'est un mélisme issu du répertoire grégorien (donc en latin). Deux autres voix (*motetus* et *triplum*) plus volubiles papillonnent tout autour sur des textes en français. L'une incarne le narrateur qui se meurt d'amour à la vue de sa belle : « *Le regard de ses yeux verts me tue…* ». L'autre, proverbiale, loue les vertus de l'amour. L'alchimie créée par la superposition de ces différents textes (et sujets) est savoureuse.

Si vous souhaitez ajouter au plaisir de l'ouïe celui de la vue, une simple connexion Internet suffit ! Le manuscrit de Montpellier qui recèle des trésors de motets dont celui-ci, est consultable en ligne : `http://manuscrits.biu-montpellier.fr` (entrez simplement « polyphonie » comme critère musical de recherche. Le manuscrit porte le numéro 196).

D'une musique fonctionnelle à une musique spéculative

Le motet qui tirait ses origines de la liturgie va progressivement rompre ses liens avec elle. Il est représentatif de l'évolution que prendra une partie de la musique au XIIIe siècle : si au début du XIIIe siècle tout oppose la polyphonie religieuse et la polyphonie profane (fonctions, techniques et auditoire), à la fin du XIIIe siècle le motet compile avec succès des éléments de techniques de la polyphonie religieuse, des textes et des mélodies issus du répertoire profane. Enivré par cette liberté nouvelle, le compositeur est plus préoccupé par des expérimentations techniques que par la fonction liturgique de la musique. Dès le milieu du XIIIe siècle, certains ordres monastiques s'opposent à l'exécution des motets dans les murs de leurs monastères qu'ils veulent protéger de la corruption du monde extérieur. En 1324, le pape Jean XXII, tente de réglementer l'usage de la musique dans la liturgie et s'en offusque dans sa décrétale *Docta Sanctorum patrum* : « La dévotion est ridiculisée, et la corruption est propagée ». Il déplore l'utilisation des innovations récentes (le polylinguisme, les techniques nouvelles) : au lieu de servir d'écrin au Verbe, elles en travestissent le sens. Peine perdue, les nouvelles techniques de composition se complexifient pour le plus grand bonheur des compositeurs et théoriciens du XIVe siècle. L'un d'eux intitule son traité sur les nouvelles techniques de composition *Ars Nova*. Par extension, cette expression désignera la musique du XIVe siècle. Une page de l'histoire de la musique se tourne.

Chapitre 4

La musique profane dans les cours des princes

Dans ce chapitre :

- Entrez dans la peau d'un troubadour et d'un trouvère
- Faites la connaissance de Guillaume de Machaut
- Tout ce que vous voulez savoir sur la chanson franco-flamande
- Découvrez des instruments de musique étonnants

Troubadours et trouvères

Les troubadours

De la fin du XIe siècle au XIIIe siècle, des nobles au sud de la Loire mettent en musique des poèmes de leur cru. En langue d'oc, ils sont destinés à être interprétés lors de *performances* devant une cour restreinte réunie autour du seigneur. Ces troubadours (du verbe *trobar* = trouver) chantent eux-mêmes leurs compositions s'inspirant de la modalité grégorienne. Plus rarement, ce sont les simples interprètes d'œuvres dont ils ne sont pas l'auteur : on les appelle alors des *jongleurs*. S'accompagnaient-ils d'instruments ? Ajoutaient-ils quelque polyphonie ? Les musicologues ne sont pas unanimes. La transmission orale du répertoire et le faible nombre de chansons parvenues jusqu'à nous et parfois notées à la hâte par un auditeur ne permet pas de donner de réponse définitive.

Les troubadours transposent les idéaux d'honneur chevaleresque dans des poèmes amoureux destinés à une dame de haut lignage et inaccessible (d'autant plus qu'elle est d'un rang supérieur, souvent mariée et parfois au seigneur lui-même !). La hiérarchie féodale y transparaît en filigranes : la dame y est comparée à un suzerain. Tel un vassal, le troubadour promet une soumission sans condition et lui jure fidélité jusqu'à la mort. C'est la *fin' amor.* D'aucuns y voient la possibilité pour un noble d'obtenir les faveurs d'un seigneur plus puissant en flattant son épouse. Cet amour courtois, à la fois sensuel et douloureux, sera par la suite symboliquement transposé à la Dame mystique parfaite : la Vierge.

Un amour de loin (amor de lonh)

La légende prête une fin romanesque au troubadour aquitain Jaufré Rudel, prince de Blaye. Il tombe éperdument amoureux de la lointaine princesse de Tripoli, fille du roi de Jérusalem, à la simple audition de son panégyrique. Il lui voue dès lors un amour intense et sans espoir (un *amour de loin*) qui le mènera à sa perte. Il meurt dans ses bras à leur première rencontre au cours de la deuxième croisade.

La croisade des Albigeois (1208-1229), même si tous les troubadours ne sont pas cathares, sonne le glas de ces magnifiques compositions amoureuses occitanes dont les plus fameux représentants sont Guillaume IX, duc d'Aquitaine (1071-1126), Marcabru (première moitié du XIIe siècle), Jaufré Rudel (v.1113-v.1170), Bernard de Ventadour (seconde moitié du XIIe siècle), ou Arnaut Daniel (1135-1210).

Le plagiat récompensé par Richard Cœur de Lion

Admiré par Dante et Pétrarque, le troubadour Arnaut Daniel a gagné un concours de composition organisé par Richard Cœur de Lion, mais par des procédés peu recommandables. Ne pouvant se concentrer sur sa propre composition à cause de la voix puissante de son concurrent, il décide de présenter au roi l'œuvre du jongleur en s'en attribuant la paternité. Le roi surpris d'entendre deux versions identiques, décerna le prix au plagiaire !

Les trouvères

Le mécénat d'Aliénor d'Aquitaine, tour à tour épouse du roi de France et du roi d'Angleterre, favorise l'introduction de la lyrique occitane en pays d'oïl. Sa fille Marie de Champagne s'entoure à son tour des meilleurs *trouveurs*. Ces descendants des troubadours sont appelés *trouvères* (on les appelle *Minnesänger* en Allemagne). Leurs plus fameux représentants sont Gace Brulé (1159-inconnue), Gautier de Dargies (v.1165-apr.1236), Thibaut IV de Champagne, roi de Navarre (1201-1253), Richard de Fournival (1201-1259), Colin Muset (XIIIe siècle), et Guillaume d'Amiens (fin du XIIIe siècle), sans oublier Richard Cœur de Lion (1157-1199), auteur lui-même de plusieurs compositions.

Chançon ferai car talent m'en est pris de Thibaut de Champagne.
Imitant d'abord leurs homologues occitans, ils trouvent progressivement leur propre style. Un répertoire plus populaire se développe : des chansons à danser (rondet de carole, rondeau, ballette, ballade et virelai), les chansons de femme (chanson d'aube, d'amis, de toile), les pastourelles (dialogues avec une bergère). Des pièces de circonstances parfois satiriques sont composées dans les villes qui continuent à se développer.

Adam de la Halle, dit « Le Bossu », (v.1240-50-1288 ou 1306) est représentatif du chemin qu'emprunte la musique profane au XIIIe siècle. Ce clerc est l'auteur des plus anciennes pièces de théâtre profane en langue d'oïl, *Le Jeu* *de Robin et Marion* et *Le Jeu de la feuillée* dont sont friands les bourgeois d'Arras. On lui doit de nombreuses chansons monodiques qui s'intègrent naturellement dans les motets polyphoniques dont il est l'auteur.

L'Ars Nova : la nouvelle musique du XIVe siècle

Musique et politique : un mélange productif

Les lieux d'innovations musicales changent à nouveau. Jadis dans les murs des monastères, puis des cathédrales, ils se déplacent au XIVe siècle dans les cours des rois et des princes qui engagent des musiciens dans leurs chapelles sur le modèle de la chapelle pontificale du pape. Beau paradoxe, après avoir voulu interdire cette nouvelle pratique musicale, les papes d'Avignon comme Clément VI seront les mécènes les plus zélés, et contribueront au développement de l'*Ars Nova* en s'offrant les services des plus grands musiciens du moment.

Pouvoir spirituel et temporel s'affrontent sur un nouveau champ de bataille : celui de la culture. Les cours d'Italie du Nord, de Prague, de Paris veulent rivaliser avec les papes, et engagent les meilleurs chantres. L'excellence de leur chapelle devient le symbole de leur pouvoir. Le prince doit être cultivé et entretenir une cour prestigieuse pour briller face à ses pairs. Le mécénat est un moyen de montrer sa puissance. Tout comme la poésie, la polyphonie dans le style nouveau devient un luxe indispensable que les puissants – souvent fins mélomanes – doivent faire exécuter dans leurs murs.

La musique n'est plus dans les Cieux mais sur la Terre

Qu'en est-il de la *musica mundana* chère à nos premiers théoriciens ? Elle n'a plus le vent en poupe. La musique, jadis gouvernée par la théologie, n'a plus comme finalité que le plaisir des sens. L'homme regarde de moins en moins les Cieux pour se situer dans le temps : il le domestique, le fractionne même depuis peu avec les premières horloges. En musique aussi le temps est dompté. C'est la caractéristique principale de l'*Ars Nova* : le temps est divisé en valeurs quantifiables et mesurables (*musica mensurabilis*). Le chant grégorien avec son écoulement fluide et irrégulier semble soudain bien loin… La musique n'est plus la même, sa fonction non plus. Dieu était au centre mais commence à laisser place à l'homme.

Philippe de Vitry (1291-1364)

Ce poète, compositeur, et théoricien français tient à juste titre une place de choix au Panthéon des musiciens européens. Ce grand intellectuel (Pétrarque le qualifie de « poète unique ») est l'auteur présumé du traité *Ars nova* répertoriant et explicitant les nouvelles techniques d'écriture musicale du XIVe siècle. Il appuie sa démonstration sur des motets de sa composition.

Célébré en son temps pour ses qualités de poète (malheureusement seules quelques rares ballades sans musique nous sont parvenues) et de compositeur (il ne reste que quelques motets), il eut une vie politique intense : secrétaire de Charles VI, au service du duc de Normandie (le futur Jean le Bon) et diplomate pour le roi lors d'une mission auprès du pape en Avignon en 1350. Il est nommé évêque de Meaux en 1351.

Le Roman de Fauvel : du recyclage musical au service du subversif

Au XIVe siècle, on n'hésite plus à attaquer l'Église et les grands de ce monde. Le *Roman de Fauvel*, long poème attribué à Gervais du Bus avec des ajouts de Raoul Chaillou de Pesstain, est une satire acide des dérives des hommes de pouvoir. Le personnage principal, un cheval, symbolise les vices attribués aux rois et aux papes. Son nom est l'acrostiche de : **F**latterie, **A**varice, **V**ilenie, **V**ariété, **E**nvie et **L**âcheté. Sa couleur « fauve » (roux) est de mauvais augure. Ce roman célèbre a connu des ajouts de musiques religieuses et profanes adaptées pour permettre de gloser le texte original. Ce sont des motets du début du XIIIe siècle (donc antérieurs d'un siècle à la compilation) et des motets isorythmiques de Philippe de Vitry dans le nouveau style de l'*Ars Nova* contemporain. Un panorama idéal pour se faire une idée de l'évolution de la musique entre la fin du XIIe siècle et le début du XIVe siècle.

Un rébus qui cache le nom de l'auteur

L'auteur du Roman de Fauvel devait craindre – à raison – les foudres des monarques ridiculisés dans son ouvrage. Il a camouflé son nom grâce à un astucieux rébus en utilisant les anciens noms des lettres *d*, *b* et *s* (« doi », « boi » et « esse ») et en jouant sur les graphies identiques des lettres *u* et *v*.

Ge rues doi v boi v esse
(Gervais du Bus)
Le nom et le sournom confesse
(Confesse le nom et le surnom)
De celui qui a fet cest liure
(De celui qui a fait ce livre)
Diex de cez pechiez le deliure
(Que Dieu le sauve de ses péchés)

Guillaume de Machaut (1300-1377), poète et compositeur génial

Machaut symbolise à lui seul l'évolution de la musique au XIVe siècle. Ses compositions et ses poèmes sont tenus en très grande estime de son vivant. Sa situation est également hors normes : c'est un clerc qui a reçu les ordres, mais il compose plus de musique profane que de musique religieuse. Il supervise lui-même la compilation de ses œuvres. Son immense talent lui fait côtoyer les plus grands monarques : il entre au service des rois de Bohême, de Navarre, de Chypre et du duc de Berry et devient l'un de leurs confidents les plus intimes. Paradoxalement, ce Français né près de Reims ne servira jamais le roi de France.

Au service du roi de Bohême : un traitement de faveur

Des études littéraires brillantes lui permettent d'accéder au grade de maître ès arts. À 23 ans, il entre au service du futur roi de Bohême, Jean de Luxembourg. Son talent lui permet de gravir rapidement les échelons. De simple aumônier, il devient secrétaire puis notaire. Le roi devait être très satisfait de son talent puisqu'il interviendra en personne auprès du pape Jean XXII (celui-là même qui se plaignait de l'évolution de la fonction de la musique) pour lui faire obtenir de grands avantages financiers (des bénéfices de canonicats). En échange de sa présence dans une église et des tâches qu'il doit y accomplir, un clerc peut être rétribué. À talent exceptionnel, traitement exceptionnel pour Guillaume de Machaut : nul besoin pour lui d'exercer ces tâches dans les églises de Verdun et d'Arras, puis de Saint-Quentin et de Reims (où il mourut) pour être rémunéré (cette pratique deviendra courante au XVe siècle pour rétribuer les musiciens talentueux). À la mort héroïque de son employeur lors de la bataille de Crécy (1346), il entre pour quelques années au service de sa fille, Bonne (morte en 1349), épouse du futur roi de France.

Les monarques dans son œuvre littéraire

Intégré dans les plus grandes cours qui sont alors les centres les plus actifs de la culture en Europe, il écrit et compose pour ce nouveau public féru de poésie et de musique. Les monarques à côté de qui Machaut déploie tous ses talents d'auteur apparaissent dans ses œuvres littéraires et notamment dans ses *dits*, des hommages en vers non destinés à être chantés. Jean de Luxembourg est décrit comme héroïque dans le *Dit dou Lyon*. Charles de Navarre, qui s'attache ses services en 1349, apparaît dans le *Jugement dou roy de Navarre*, et le duc de Berry dont il est le secrétaire dans *La Fontaine amoureuse*. Les 9 000 vers de la chronique *La Prise d'Alexandrie* célèbrent son employeur depuis 1364, Pierre 1er de Lusignan, le roi de Chypre.

Le coquin !...

Sentant sur lui le poids des années, notre clerc se retire dans un canonicat de sa Champagne natale, loin des tumultes et des intrigues des cours princières. Une vie sage et bien rangée ? Pas si sûr… C'était sans compter sur le charme d'une jeune et belle admiratrice, Péronne d'Armentières, à qui il apprit l'art de la poésie et de la musique. Mais n'hésitant pas à donner de sa personne malgré son grand âge, le sexagénaire lui enseigne également les jeux de l'amour… Amour consommé ou platonique ? Guillaume a emporté son secret dans la tombe, mais il nous reste un bien beau roman épistolaire, le *Voir Dit*. Malheureusement on le sait, « les histoires d'amour finissent mal, en général », la jeune Péronne se maria, mais pas avec notre infortuné conteur.

Les 23 motets de Machaut

Les compositeurs du XIIIe siècle avaient fait du motet leur sujet de prédilection pour tenter des expériences musicales. Il eut été surprenant que le si talentueux Machaut ne s'y essayât. Sur les traces de ses prédécesseurs, dix-neuf de ses motets sont à trois voix (avec teneur en valeurs longues, double et triple). Et il va au-delà en ajoutant une quatrième voix (une *contreteneur*) dans les quatre autres motets.

Comme ses maîtres, il aime créer de subtils niveaux d'écoute en mariant et mélangeant des langues différentes. En voici un petit aperçu. Dans son motet *Libera me / Corde mesto / Helas ! Pour quoy*, plusieurs niveaux de perceptions se mélangent. La teneur implore Dieu en chantant en latin un extrait de la Bible sur un répons en valeurs longues. La voix de double s'adresse à *Fortune*, le destin personnifié, et se lamente de son sort en latin. La voix de triple se consume d'amour en français pour sa belle, un thème cher à l'amour courtois.

Libera me / Corde mesto / Helas ! Pour quoy de Machaut
Écoutez un passage[1] de ce motet (la version interprétée par l'ensemble *Musica Nova* est remarquable). Vous découvrirez que chaque mot vibre par sympathie au contact des textes des autres voix et prend mille saveurs différentes à chaque écoute.

1 Début du passage à 1 minute 20 dans l'enregistrement proposé.

TENEUR	DOUBLE	TRIPLE
Libera me	*Et obrisum Malis ;*	*Las ! Elle het mon preu et ma santé,*
(Délivre-moi)	(Et tu fais bon visage aux mauvais ;)	(Hélas ! Elle hait mon bonheur et ma santé)
	Malis ;	*Pour ce que j'aim s'onneur et sa biauté,*
	(mauvais)	(Parce que j'aime son honneur et sa beauté)
	sed a bonis	*Et si la serf de cuer en tel cremour*
	(mais aux bons)	(Ainsi, je la sers d'un cœur sincère, mais avec une crainte telle)
	Tollis risum	*Que nulle riens ne le pri, eins l'aour.*
	(Tu enlèves le rire)	(Que je le lui demande rien, sinon de l'aimer)

Les formes lyriques : « ancienne forge » et « nouvelle forge »

Machaut est l'auteur de 250 poèmes lyriques sans musique (lais, ballades, rondeaux, complaintes, virelais) et illustre musicalement les formes lyriques suivantes :

- 33 virelais (25 à une voix, 7 à deux voix et 1 à trois voix), et 19 lais (distincte du lai sans musique ci-dessus) dans l'ancien style qu'il qualifie lui-même d'« ancienne forge ».
- 42 ballades (1 monodique, 15 à deux voix, 19 à trois voix et 7 à quatre voix) et 21 rondeaux (7 à deux voix, 12 à trois voix, et 2 à quatre voix) dans un style nouveau qu'il qualifie de « nouvelle forge ».

Une énigme...

L'esprit facétieux de Machaut est perceptible dans le rondeau à 2 voix *La fin est mon commencement / Et mon commencement ma fin.* L'une des deux voix n'est pas écrite. Le titre est la solution de l'énigme, un palindrome musical : il suffit de lire la même voix en commençant par la fin en effectuant un mouvement rétrograde.

La Messe Notre-Dame : la première messe composée par une même main

Machaut a écrit davantage d'œuvres profanes que religieuses. Mais ses œuvres religieuses sont d'une aussi grande qualité. L'une d'elles est à citer parmi les plus grands chefs-d'œuvre de l'Histoire de la musique occidentale, la *Messe Notre-Dame*. Elle est la première messe à être composée par une seule personne. Avant Machaut, on piochait dans des répertoires d'origines diverses pour chanter les différentes parties de la messe (*Kyrie*, *Gloria*, *Credo*, *Sanctus*, *Agnus*).

La *Messe Notre-Dame* fut composée entre 1362 et 1363 en l'honneur de la Vierge Marie. Elle est construite sur une écriture à quatre voix à la manière d'un motet (parfois même isorythmique) donc résolument contrapuntique (chaque voix paraissant indépendante rythmiquement vis-à-vis des autres) dans le *Kyrie*, le *Sanctus* et l'*Agnus*. Son écriture est plus verticale (les voix se meuvent ensemble sur des rythmes souvent identiques) dans le *Gloria* et le *Credo*, rendant intelligibles ces textes longs. Les *Amen* qui ponctuent ces deux dernières parties de la messe sont bien plus développés rythmiquement. Machaut y emploie la technique du *hoquet* : deux voix se répartissent la mélodie en chantant une note à tour de rôle.

Cette messe a peut-être également été composée pour servir de messe votive à Guillaume et à son frère Jean, lui aussi chanoine de Reims. Ils furent enterrés ensemble près de l'autel dédié à la Vierge, là où la *Messe* devait probablement être interprétée après leur mort pour les aider à entrer au paradis.

De triste cuer

La crème des poètes et des musiciens du XIVe siècle ! Nous ne résistons pas au plaisir de vous proposer la lecture de quelques mots du maître. Ils sont extraits d'une de ses plus célèbres ballades (3 textes simultanés). Le texte en vieux français est caractéristique du sujet qu'affectionnent particulièrement ses contemporains, un amour inaccessible et douloureux. Guillaume lui-même semble se dévoiler sous ces mots :

De triste cuer faire joyeusement,
(Composer des chansons joyeuses avec un cœur triste.)

il mest avis que cest chose contraire.
(voilà qui est paradoxal)

Mais cils qui fait de joieus sentement,
(Celui qui écrit tout en étant joyeux,)

je di quil doit plus joyeusement faire.
(il me semble qu'il sera capable d'exprimer des choses joyeuses)

Et pour ce sont mi chant de rude affaire
(Et c'est pourquoi mes chants semblent rudes)

quil sont tuit fait dun cuer plus noir que meure.
(car ils sont tous inspirés par un cœur plus noir que la mûre.)

Triste dolent qui larmes de sanc pleure.
(Un cœur triste et affligé pleurant des larmes de sang)

Les cours italiennes

Le trecento : l'Ars Nova en Italie

En Italie, les mécènes sont les princes des grandes villes du nord comme Vérone, Milan ou Florence. La musique prend une place importante dans l'éducation du gentilhomme qui n'hésite pas à s'entourer des meilleurs musiciens et des meilleurs compositeurs.

L'influence de l'Ars Nova français est palpable mais les Italiens créent leur propre style. Si la teneur sert de trame à la polyphonie française, c'est bien la mélodie supérieure qui est primordiale pour les compositeurs transalpins rompus à l'exercice de l'improvisation mélodique. Les textes mis en musique sont ceux des plus grands auteurs italiens du siècle comme Pétrarque ou Boccace.

Le madrigale, la caccia et la ballata

Trois genres principaux et typiquement italiens se développent. Les musiques italiennes qui sont monodiques avant le XIVe siècle deviennent polyphoniques. Trois genres principaux se développent :

- le *madrigale* (à prononcer à l'italienne) est en langue vernaculaire et se chante à deux (rarement à trois). C'est le descendant des chansons monodiques italiennes qui étaient probablement accompagnées par un instrumentiste improvisant. Deux (ou trois) groupes de trois vers de onze syllabes suivis par un groupe de deux vers. Des compositeurs comme Jacopo da Bologna et Giovanni da Cascia en ont composés de fameux.
- la *caccia* est une forme descriptive très plaisante et ludique à l'audition. Elle est souvent parsemée d'onomatopées et de cris favorisant une description réaliste de scènes : chasse (d'où son nom), marché, pêche, campagne, etc. C'est un canon à deux voix chantées soutenues par une troisième voix, la plupart du temps instrumentale.
- la *ballata* tire ses origines de chansons à danser. D'abord monodique, elle devient polyphonique (2, parfois 3 voix) à partir de 1370. Landini en est le plus célèbre compositeur.

Francesco Landini (1330-1397)

Les cercles de l'élite culturelle florentine l'adorent ! Certains affirment que même les oiseaux se taisaient quand Francesco jouait des chansons d'amour. Aveugle de naissance, il joue de divers instruments avec une virtuosité sans égale, notamment de l'orgue. Son handicap ne l'empêche pas de construire lui-même l'orgue de la cathédrale de Florence. Plus de 150 compositions nous sont parvenues, essentiellement des *ballate*.

ÉCOUTEZ ÇA

Vous aimez le soleil, le raffinement et la volupté italienne ? La *ballata Fortuna ria* de Landini interprétée par l'ensemble *Mala Punica* (dir. P. Memelsdorf) dans l'album *D'Amore ragionando* vous comblera. Fermez les yeux, vous êtes à Florence !

Les chants de carnaval à Florence au XVe siècle

Laurent de Medicis dit le Magnifique s'entoure des meilleurs musiciens, et pas seulement italiens, Heinrich Isaac et Alexandre Agricola notamment. Les Florentins apprécient particulièrement les *canti canascialeschi* (chants de carnaval), des chants simples d'inspiration populaire, interprétés pendant le carnaval. Laurent le Magnifique en a écrit quelques-uns, mis en polyphonie par ses compositeurs préférés comme Isaac.

Malheureusement, un grand nombre de manuscrits contentant ces chants sont brûlés sur les « bûchers des vanités » (1497 et 1498) allumés par le moine fanatique Savonarole pendant le carnaval. Condamné par l'inquisition, ce dernier subira le même sort que les précieux ouvrages…

Les frottole à Mantoue

Grâce à son mécénat très actif, Isabelle d'Este, humaniste d'une extraordinaire culture, donne ses lettres de noblesse à un genre italien d'origine populaire : les *frottole*. Elle commande des poèmes d'une très grande valeur littéraire destinés à être chantés à plusieurs voix ou par un soliste accompagné au luth ou au clavier. Le plus fameux de ces compositeurs-interprètes est le luthiste Trombocino.

Le madrigal au XVIe siècle

À partir des années 1520-1530, de fins lettrés s'inspirent de la poésie de Pétrarque et s'associent avec des compositeurs habiles pour créer un genre nouveau : le *madrigal*. Cette musique est réservée à des connaisseurs, aristocrates ou bourgeois cultivés. Cette *musica reservata* fait la part belle à l'expression. Tous les moyens sont bons pour susciter des émotions. Le texte poétique est mis en valeur, souligné par des figuralismes (des artifices musicaux descriptifs). Des dissonances peuvent accentuer des mots tragiques, et des chromatismes descendants peuvent exprimer une plainte ou les larmes.

Les premiers madrigalistes, Jacques Arcadelt et Philippe Verdelot, sont des *oltramontani* (non italiens) rompus à la technique franco-flamande, mais ils s'inspirent également de la tradition des *canti* locaux. Après eux, Adrian Willaert, Cyprien de Rore, Philippe de Monte, Giovanni Pierluigi da Palestrina et Roland de Lassus composent de véritables bijoux que seuls les initiés peuvent apprécier. Jamais une symbiose si parfaite n'avait été réalisée entre le texte et la musique.

ANECDOTE

Le prince meurtrier

Le prince de Venosa, *Carlo Gesualdo* (1566-1613) est célèbre pour ses madrigaux et pour sa vie mouvementée. Après avoir tué sa femme et l'amant de celle-ci dans des circonstances macabres, il sera soupçonné d'avoir étouffé son jeune fils. Il considère la mort de son second fils comme une punition divine et passe le reste de ses jours à expier ses fautes en se flagellant. C'est de cette façon qu'il trouva la mort. Pas étonnant que ses madrigaux, magnifiques et troublants, portent en eux la marque de la colère, du chagrin et du désespoir.

ÉCOUTEZ ÇA

Les Larmes de Saint Pierre

L'écoute des *Larmes de Saint Pierre* de Lassus devrait vous en faire verser quelques-unes. Cet ensemble de 21 madrigaux, véritable chant du cygne du génial compositeur, vous fera vivre le désarroi du premier disciple de Jésus après l'avoir renié. Toute la technique sophistiquée du madrigal au service d'un sujet religieux. Ce sont des *madrigaux spirituels*. Sans doute parmi les plus beaux jamais composés. À la fin de la Renaissance, quelques liens étroits existent encore entre sacré et profane.

La chanson française

La chanson au XVe siècle : pour voix et instruments

Sur quelques points, les chansons du XVe siècle restent fidèles à la tradition des siècles précédents. Dans le nouveau style franco-flamand du XVe siècle, elles mettent en musique de la poésie courtoise basée sur les formes fixes telles que *rondeau* (qui rencontre le plus de succès), *ballade* (qui disparaît au cours du XVe), *virelai* et *bergerette*. Souvent, seule la voix supérieure, le *cantus*, est pourvue de paroles. Elle est soutenue par deux voix secondaires, *tenor* et *contratenor*, jouées par des instruments. Les compositeurs sont les polyphonistes franco-flamands qui composent beaucoup de musique religieuse et sur lesquels nous reviendrons en détail au chapitre suivant.

ÉCOUTEZ ÇA

Aux rythmes dansants et aux textes souvent guillerets des rondeaux de **Guillaume Dufay** comme *Ce moys de may soyons liés et joyeux*, **Jean Ockeghem** préfère des textes plus plaintifs, avec une pulsation moins franche, tel son magnifique *D'un aultre aimer mon cuer s'abeseroit* ou son émouvant *Ma maîtresse et ma plus grant amye*. Mais celui qui a construit sa renommée sur ses chansons reste **Gilles Binchois**. Il choisit des textes sublimes pour ses compositions (comme pour son célèbre *Triste plaisir et douloureuse joye*). Sa soixantaine de chansons sont d'un esprit courtois, souvent mélancoliques, et ont beaucoup de succès à l'époque et pas seulement à la cour de Bourgogne où il passe la majorité de son existence : *Comme femme déconfortée* sera souvent reprise par ses successeurs dans leurs œuvres religieuses.

La chanson évolue au XVIe siècle : Josquin Desprez

Le XVIe siècle voit se renouveler en France la chanson polyphonique qui supplante les chansons héritières de la lyrique courtoise. **Josquin Desprez** (v.1450-1521) prend très tôt des libertés avec les modèles précédents. Même dans ses chansons dans le style du XVe siècle, les voix utilisées forment une trame contrapuntique originale. Progressivement, tout en utilisant une technique de composition élégante et très savante, il se libère des sujets chers à ses prédécesseurs. Il n'hésite pas à emprunter une mélodie à caractère populaire : c'est la *chanson rustique*.

Il n'est pas l'initiateur de cette technique (Ockeghem avait déjà utilisé le thème – le *timbre* – de *Petite camusette*), mais c'est bien lui qui porte le plus haut l'étendard de cette nouvelle manière de composer. Les voix se questionnent entre elles, s'imitent, et sont très vite considérées sur un pied d'égalité. Elles sont toutes destinées à être chantées. Leur nombre augmente : 4 voix est bientôt la norme, mais on voit apparaître de nombreuses chansons à 5, 6 voix, voire plus. Les défis techniques, comme les *canons* initiés par les maîtres du XVe siècle, ne sont pas abandonnés. Comme dans les œuvres religieuses, on les retrouve dans certaines chansons.

ÉCOUTEZ ÇA

Si vous souhaitez entrer dans la peau d'un empereur, laissez-vous bercer par la chanson favorite de Charles Quint écrite par Josquin : *Mille regretz*. Elle inspirera au compositeur espagnol Cristobal de Morales (1500-1553) sa magnifique messe éponyme.

Les successeurs de Josquin : la chanson franco-flamande

Josquin Desprez a ouvert la voie. Des musiciens, principalement flamands, suivent ses pas : Nicolas Gombert (v.1500-1556), Arcadelt, Clemens non Papa (v.1510-1558), de Monte, et Lassus. Ils composent des chansons en français dans le style décrit précédemment. C'est la *chanson franco-flamande.*

La chanson parisienne

Parallèlement au succès de la chanson franco-flamande, des musiciens français tels **Clément Janequin** (v.1485-1558) ou **Claudin de Sermisy** (v.1490-1562) mettent en musique des textes de Clément Marot dont les sonnets sont célèbres. C'est la *chanson parisienne*. Elle est souvent chantée à quatre voix, à domicile autour de la table, sur des textes très courts dont les sujets sont plus populaires, à l'image de ceux à la mode à la cour de France. L'amour y est moins maniéré, plus direct, plus coquin, et parfois franchement obscène.

Interdit aux moins de 18 ans !

Le lecteur porté sur la chose se délectera de la lecture des textes très crus des chansons *Au joli jeu du pousse avant* ou *Ung mari voulant se coucher* de Janequin. Nous conseillons aux plus prudes lecteurs de s'en abstenir…

Janequin est l'auteur de grandes fresques descriptives bien connues aujourd'hui par les ensembles vocaux et les chorales : *Le Chant des oiseaux, Les Cris de Paris, La Guerre, le Caquet des femmes* qui décrivent avec finesse et force répétitions le mélodieux chant des oiseaux ou le vacarme des rues de Paris, d'une bataille, et des bavardages féminins. Les deux maîtres du genre, Janequin et Sermisy, sont très vite édités et leurs compositions rencontrent un franc succès.

L'humanisme en musique : la musique mesurée à l'antique

À la fin du XVIe siècle, des compositeurs comme **Claude Le Jeune** (v.1530-1600) gravitent autour des poètes humanistes de la Pléiade, et tentent des expériences originales. Ils fondent l'*Académie de poésie et de musique* et marient les mots avec la musique en utilisant la métrique héritée de la poésie de l'Antiquité.

Ailleurs en Europe

Angleterre

Henry VIII a mauvaise réputation mais n'en était pas moins un homme de goût, amateur de chansons (*songs*) de Taverner ou de Fayrfax. Il en compose lui-même d'excellentes et la légende lui attribue la paternité de la célèbre chanson *Greensleeves*, qui aurait été écrite en l'honneur d'Anne Boleyn.

S'inspirant des expériences expressionnistes italiennes, les Anglais créent des genres typiquement anglais. **Thomas Morley** (1557-1602) invente le *madrigal anglais*. **John Dowland** (1563-1626) excelle dans la composition d'*ayres*. Et les masques mêlent danse et musique scénique dans des pièces de Shakespeare (voir le chapitre 9).

Espagne

En Espagne, les *villancicos* (chansons en espagnol inspirées de thèmes populaires) et *canciones* (chansons à refrain basées sur des thèmes poétiques) de **Juan del Encina** (1468-1533) font le bonheur du roi d'Espagne Ferdinand d'Aragon et de la reine Isabelle de Castille.

Les instruments de musique

Une connaissance partielle

Malheureusement, peu d'instruments antérieurs au XVIe siècle ont traversé les siècles pour parvenir jusqu'à nous. Les seuls indices permettant de découvrir l'instrumentarium médiéval sont trompeurs, et s'attachent plus à une représentation symbolique qu'à une réalité organologique. L'iconographie, les sculptures lapidaires ou sur bois, les vitraux, et la littérature sont prolixes en descriptions d'instruments de musique mais apportent souvent plus de questions que de réponses.

Notre connaissance du répertoire instrumental, transmis oralement et souvent improvisé, est tout aussi fragmentaire puisqu'il n'est pas noté.

Les « hauts instruments »

Les *hauts instruments* (ceux qui jouent fort), trompettes, chalémies (ancêtre du hautbois), bombardes, saqueboutes, sont joués par des musiciens professionnels qui égayent les festivités des cours princières ou royales par leurs improvisations. Ils mettent en musique et en scène les « entrées » des rois ou des princes dans les cités. Le timbre des trompettes notamment est en parfaite adéquation avec la solennité et la puissance militaire souhaitées par le monarque. Ce sont des instruments de propagande parfaits : par leur forme allongée, les trompettes se transforment en porte-étendard !

Au XVe siècle, les cours italiennes rivalisent entre elles par le faste de la représentation. Les joueurs de hauts instruments musiciens y sont appelés *piffari* et sont rémunérés à la hauteur de leur talent. La puissance de leurs instruments leur permet de jouer en extérieur, mais ils interviennent également lors d'intermèdes musicaux dans des comédies classiques données dans la cour ferraraise d'Hercule Ier.

Cors et trompettes permettent d'assurer un service quotidien dans les villes au XVIe siècle. Les musiciens qui sonnent le couvre-feu ou les fêtes sont des employés municipaux. Les corporations ou de riches particuliers peuvent engager des musiciens pour célébrer des occasions.

Les « bas instruments »

Les *bas-instruments*, luths, harpes, étaient parfaitement adaptés aux ambiances plus intimistes d'intérieur. Au Moyen Âge, les cours se divertissent grâce aux jongleurs, ces professionnels itinérants, conteurs qui récitent des poèmes, chantent et s'accompagnent avec des instruments. Les princes sont alors spectateurs. Aux XIIe et XIIIe siècles, les trouvères et les troubadours semblent accompagner leurs compositions avec des instruments à cordes ou à vent.

Aux XVe et XVIe siècles, les princes eux-mêmes s'adonnent à la pratique instrumentale qui fait partie intégrante de l'éducation du gentilhomme. À Mantoue, Isabelle d'Este chante et joue merveilleusement de la harpe, et Laurent le Magnifique est un admirable chanteur et violiste. Un manuel du parfait courtisan, le *Livre du courtisan* de Baldassar Castiglione publié en 1528 rencontre un succès immédiat dans les cours européennes. Il servira de modèle à nombre d'aristocrates (Charles Quint en avait fait l'un de ses livres de chevet), et préconise une pratique quotidienne de la musique. Les hauts instruments, qui déforment le visage de leurs utilisateurs, ne leur sont pas conseillés.

Des bourgeois instrumentistes

Au XVIe siècle cependant, l'exécution instrumentale n'est plus l'apanage des professionnels ou de quelques nobles. L'imprimerie musicale dès 1501 permet une large diffusion des œuvres musicales dans la couche bourgeoise de la société qui goûte en amateur aux plaisirs d'une musique domestique, et apprécie les compositions à jouer en famille ou entre amis mélomanes autour de la table. Les premières compositions sont empruntées au répertoire vocal. Ce sont des transcriptions de polyphonie franco-flamande (messes, motets, chansons françaises ou madrigaux). Les éditeurs publient par la suite des pièces prévues pour être jouées : le *ricercar* (ou *ricercare*, du verbe « rechercher »), le prélude et la fantaisie. Des systèmes de notation appelés *tablatures* (pour luth, orgue, etc.) permettent une lecture plus intuitive pour les instrumentistes. Parmi les instruments polyphoniques, on trouve des clavecins, des orgues positifs ou des luths. La grande famille des flûtes à bec permet de jouer toutes les voix d'une polyphonie de la plus grave à la plus aiguë.

Le répertoire

La transmission orale du répertoire permet seulement d'émettre des hypothèses. Il n'existe pas de répertoire écrit pour des formations particulières. Les instruments des troubadours sont peut-être utilisés comme doublure de la voix, en teneur, ou en ponctuation des interventions vocales. Les premières pièces musicales, les *estampies*, sont destinées à être dansées sur un rythme soutenu vigoureusement par une battue au pied.

Les *chansons françaises* du XVe siècle, appelées *chansons bourguignonnes* (même si elles ne sont pas toujours composées à la cour de Bourgogne), sont à trois voix. La première est chantée, les deux autres sont jouées par des instruments.

À partir du XVe siècle, d'abord tributaire de la musique vocale, le répertoire instrumental est basé sur des *transcriptions* des œuvres vocales. Les instruments peuvent être joués en *consort*, des ensembles d'instruments de la même famille : avec des consorts de flûtes à bec, de violes ou de luth, des particuliers jouent le répertoire vocal savant à domicile. Des mélanges d'instruments de familles différentes (*concerts brisés*) sont courants.

Au XVIe, les transcriptions (pour luth, orgue, vihuela) ne suffisent plus à satisfaire l'appétit des musiciens dilettantes, nobles ou bourgeois. Un répertoire spécifiquement instrumental se développe, encouragé par les éditeurs de musique qui, face à une demande croissante, y voient une source de profit considérable.

Les *frottole* italiennes sont publiées sous la forme de trois ou quatre parties vocales, ou avec une seule partie écrite, les autres parties étant réduites en tablatures pour luth.

Le *ricercare* (Francesco da Milano, Albert de Rippe) connaît une version française appelée *fantaisie* (Eustache Du Caurroy). C'est un genre se basant sur le contrepoint imitatif franco-flamand, mais inventé spécifiquement pour les instruments. L'orgue, le luth, la vihuela, sont des instruments polyphoniques et peuvent jouer seul. Mais ce genre musical peut être interprété par des ensembles instrumentaux (en *consort* ou en *concerts brisés*).

À Venise, une composition instrumentale similaire se nomme *canzona*. **Giovanni Gabrieli** (1557-1612), organiste à la basilique Saint-Marc, est connu pour le gigantisme de ses *canzone* à 12 voix destinées à être jouées pendant des cérémonies publiques ou liturgiques. Il y mêle cornets à bouquin, sacqueboutes et instruments à cordes.

L'art de la diminution

Les instrumentistes plus aguerris ne se contentent pas de jouer leur partie telle qu'elle se présente sur leur partition. Ils ajoutent des ornements, des *diminutions* afin de densifier le discours musical.

Les instruments vus par l'Église

L'Église se méfie d'abord des instrumentistes, des jongleurs et des ménestrels. Ils doivent porter des vêtements bigarrés ou rayés indiquant leur statut social inférieur et incitant le bon chrétien à ne pas se mêler à eux. Les instruments, faits de la main de l'homme, sont considérés comme inférieurs au chant humain.

Les chouchous

Pendant longtemps, seuls l'*orgue*, le *psaltérion* et la *cithare* ont droit de cité dans les murs de l'église. Les clercs considèrent l'orgue comme un digne intermédiaire permettant l'accès à la musique des sphères. Cet instrument porte en lui la conception pythagoricienne de l'univers par les savants calculs nécessaires à sa conception (pour trouver la longueur des tuyaux). Le psaltérion est très apprécié et est souvent assimilé à l'auteur des psaumes, le roi David (lui même préfigurant le Christ) ; les dix cordes du psaltérion rappellent les dix commandements. Autres attributs du roi David, la cithare et la harpe ont de fortes connotations symboliques.

Les instruments à vent peuvent trouver grâce aux yeux des enlumineurs qui associent souvent le souffle et l'Esprit. On trouve de nombreuses représentations d'anges musiciens jouant de la *flûte*, de l'*olifant* (sorte de cor en corne d'animal), de la *chalémie*, ou même de la *buisine* (long tuyau conique droit en laiton) pouvant symboliser les trompettes de l'Apocalypse.

Les mal-aimés

D'autres instruments médiévaux sont mal considérés par l'Église et souvent utilisés par les enlumineurs pour symboliser la bestialité de l'homme. Ils peuvent être représentés dans les mains d'animaux ou de grotesques, renforçant le message moralisateur et leur symbolique négative. La *cornemuse* par sa forme rappelant les organes génitaux masculins est fort peu appréciée des ecclésiastiques qui la considèrent comme un symbole de la luxure ou de la folie (deux anges représentés sur une voûte de la cathédrale du Mans en jouent cependant).

Les percussions, construites avec des peaux animales, ont souvent une connotation négative comme dans les représentations de charivaris (celle du Roman de Fauvel déjà cité est fameuse). Ces tintamarres sont organisés par une partie de la société qui montre sa désapprobation à propos d'un mariage hors normes (comme un vieillard avec une jeune fille) en utilisant des instruments très sonores.

Le XVIe siècle

Au XVIe siècle, les polyphonies religieuses pouvaient être interprétées en mêlant chanteurs et instrumentistes. Les *cornets à bouquin* ou les *cornets muets*, avec leur timbre se rapprochant de celui de la voix humaine, mais aussi les différentes *sacqueboutes* et *violes* permettent de doubler ou de remplacer certaines parties vocales.

Figure 4-1 : Denijs van Alsloot, *Procession* (1616)

De droite à gauche : sacqueboute ténor, bombarde en sol, chalémie, cornet à bouquin, bombarde en sol, doulciane.

La cloche

Ce n'est pas un instrument à proprement parler mais son importance est primordiale dans la société médiévale. Rythmant la journée, elle indique aux chrétiens le temps de Dieu, celui des heures de l'office. Elle avertit des dangers, sonne les grands événements et accompagne les morts avec le glas. Dans les enluminures, les jeux de cloches frappées symbolisent les notes de musique et représentent les attributs de *Musica* (la musique personnifiée), de Pythagore ou du roi David.

Les danceries

Les danses de cour se développent dans les cours des princes italiens du *quattrocento*. Les *maîtres à danser* tels Domenico da Piacenza (ca.1390-1470) enseignent aux nobles l'art de la « basse danse » et de la *alta danza*. Lors de fêtes, les aristocrates s'adonnent aux plaisirs des bals. Pas question cependant de briser les règles de la bienséance. La condition de gentilhomme impose des règles : on se doit, en présence de dames, de « danser par terre », c'est-à-dire de ne pas effectuer des sauts trop hauts. La « danse haute » est réservée aux hommes et les mouvements sont codifiés de façon à respecter la convenance que l'étiquette l'exige.

Les danseurs sont accompagnés par des musiciens, les *ménétriers* qui se transmettent oralement le répertoire de danceries. Au XVIe siècle (surtout en France), ils utilisent aussi des recueils de danses imprimés. Accompagnent-ils les bals seulement de monodies ou bien par des polyphonies ? Une chose est certaine : ils connaissent le répertoire par cœur, et surtout, ils improvisent, provoquant ou suivant les élans créés par la dynamique du groupe des danseurs. Hautbois, sacqueboutes, cornets à bouquin, flûtes à bec, cistres et luths vibrent au rythme des pas.

Les ménétriers enchaînent différents types de danses : danses collectives (*branles*) ou danses en couples (*pavanes*, *saltarelles, gaillardes*, *allemandes*, *courantes, voltes*). Les *gaillardes* ont une fonction particulière : elles permettent aux plus démonstratifs de montrer leurs talents d'improvisateurs à toute la cour réunie.

Les couples paradent en faisant le tour de la salle en dansant la solennelle pavane (ne dit-on pas encore de nos jours « se pavaner » ?). La lenteur permet à tous de voir et d'être vus. Les branles forment une ronde ou une chaîne de danseurs progressant lentement de côté. Les pas de base sont simples (les plus agiles ajoutent cependant nombre d'élégants *découpements*), ludiques, et permettent à tous, quelque soit le sexe, de participer.

L'Orchesographie

L'Orchesographie de Thoinot Arbeau décrit avec force détails les mouvements à effectuer : pieds joints, pieds en l'air, sauts, cabrioles et autres ruades. Un site remarquable lui est consacré. Très complet, il vous permettra de devenir un expert en danses de la Renaissance : http://www.graner.net/nicolas/arbeau/

Chapitre 5

La musique religieuse à la Renaissance

Dans ce chapitre :

- Goûtez aux charmes des messes et des motets de la Renaissance
- Suivez les traces de Josquin Desprez...
- ... et de Roland de Lassus

La Renaissance : continuité ou rupture ?

Du Moyen Âge à la Renaissance

Placer une frontière bien définie entre Moyen Âge et Renaissance a toujours été problématique pour les historiens, et plus encore dans le domaine des arts. Pendant longtemps, suivant le point de vue des hommes du XVIe eux-mêmes, on a vu dans la Renaissance une seconde naissance, un retour à la culture antique galvaudée après des siècles de décadence. La simple écoute d'un motet de Pérotin ou d'une ballade de Machaut achèvera de vous convaincre, au contraire, de la richesse de la culture médiévale.

Quand commence la Renaissance ? Ce retour à la culture antique prise comme modèle absolu à imiter commence dès le XIVe siècle en Italie et se poursuit en Europe aux XVe et XVIe siècles. Un retour à la musique antique ? Non, même si on en trouve quelques délicieuses tentatives au XVIe siècle comme la *musique mesurée à l'antique*. C'est plutôt un changement de point de vue : l'homme se recentre sur lui (c'est l'humanisme). La musique n'est pas immédiatement touchée par ce changement (alors que ce sera très tôt le cas en littérature, puis en peinture). Il n'y pas de rupture franche qui permettrait de retenir facilement et de classer de manière scolaire les différentes périodes en retenant quelques dates. La réalité est bien plus complexe et bien plus intéressante. Les innovations stylistiques sont nombreuses. La place et la fonction de la musique, ses interprètes, son auditoire évoluent au gré des lieux et des circonstances. Enfin, l'imprimerie musicale accélère au XVIe siècle la transmission du répertoire dans la plupart des couches sociales.

L'artiste et ses œuvres

L'artiste du XVe siècle, qu'il soit peintre, architecte ou compositeur, cherche à imiter la beauté de la nature en utilisant des proportions savamment choisies. Le style qualifié de « franco-flamand » (à partir des compositeurs nés environ au début du XVe siècle), inspiré par les agréables sonorités anglaises (la *contenance angloise*) est international. Les chantres compositeurs franco-flamands essaiment leurs savoirs dans toute l'Europe (Bourgogne, France, Italie, Angleterre, Espagne) en louant leurs services à des mécènes puissants. Leurs œuvres circulent par le biais de manuscrits et se répandent dans tous les centres culturels européens.

Le contrepoint imitatif sur lequel nous reviendrons par la suite, permet au compositeur franco-flamand de jouer à l'apprenti sorcier. Il unifie ses œuvres (comme les messes) et tente de surpasser les prouesses techniques de ses maîtres en s'imposant des règles (des canons) toujours plus contraignantes. Malgré ces artifices, sa musique conserve toujours un caractère évident et simple d'écoute. Les voix (souvent 4 pour les messes, puis de plus en plus) sont progressivement toutes traitées sur un pied d'égalité. Elles se répondent entre elles en s'imitant les unes les autres. Telles sont les caractéristiques principales de la musique de la Renaissance.

N'OUBLIEZ PAS

Les caractéristiques principales de la musique de la Renaissance sont :

- l'influence progressive de l'humanisme,
- l'utilisation de proportions choisies (imitation de la nature),
- le style international : contrepoint franco-flamand,
- le contrepoint progressivement imitatif,
- l'unification du style des œuvres,
- l'utilisation courante de canons,
- la disparition progressive de la hiérarchie entre les voix.

La piété intériorisée : le requiem et la déploration

À la Renaissance, la piété s'intériorise. La recherche de Dieu se fait dans l'intimité. Les messes peuvent être célébrées à la mémoire d'un défunt, les *missae pro defunctis* « messes pour les morts », mieux connues sous le nom de *requiem* (voir l'encadré dans le chapitre 20).

La plus ancienne mention de *requiem* est celui de Dufay, hélas perdu. Celui d'Ockeghem est le plus ancien jamais conservé. Il est tout à fait dans l'esprit qui anime les héritiers de la *devotio moderna*. Sans artifice, ce requiem est d'une admirable sobriété, tant au point de vue de l'effectif (le plus souvent à 3 voix) que du traitement du *cantus firmus* placé au *superius* et accompagné par les deux autres voix pratiquement en homorythmie.

Un message personnel à l'au-delà.
Le compositeur Dufay avait demandé dans son testament l'exécution de son motet *Ave Regina cœlorum* pour accompagner ses dernières heures sur Terre. Un texte particulier est ajouté à l'antienne : « Miserere tui labentis Dufay Ne peccatorum ruat in ignem fervorum » (« Prends pitié de ton pauvre Dufay qui s'en va »).

Portrait-type d'un compositeur talentueux de la Renaissance

Les compositeurs des XVe et XVIe siècles passés à la postérité ont de multiples points communs. Sans prétendre appliquer ce portrait robot à tous les compositeurs du XVe (c'est moins le cas au XVIe), force est de constater qu'il pourrait correspondre, au moins en partie, à bon nombre d'entre eux.

Deux stars universelles, dont les œuvres sont encore aujourd'hui des tubes dans le répertoire choral, sont à retenir : **Josquin Desprez** (1440-1521) et **Roland de Lassus** (1532-1594). Mais cela ne doit pas occulter d'autres compositeurs au talent indéniable : **Guillaume Dufay** (ca.1400-1474), **Gilles Binchois** (ca.1400-1460), **Antoine Busnois** (ca.1430-1492), **Jehan Ockeghem** (première décennie du XVe siècle-1497), Heinrich Isaac (ca.1450-1517), Jacob Obrecht (1457-1505), Pierre de la Rue (1460-1518), Adrien Willaert (ca.1490-1562), Nicolas Gombert (1500-1557), Philippe de Monte (1521-1603), et **Giovanni Pierluigi da Palestrina** (1525-1594).

Ses origines et son statut social

Souvent originaire du Nord de la France ou des Flandres, parfois anglais, il est formé dès sa plus tendre enfance dans une maîtrise rattachée à une cathédrale (comme Notre-Dame de Cambrai) ou à une collégiale (comme Saint-Donatien de Bruges). Il y apprend à chanter, seul et en chœur, à improviser, à composer. On lui enseigne très tôt l'art d'interpréter le chant grégorien dont la pratique lui est quotidienne lors des offices. Il peut ensuite poursuivre une formation universitaire et devenir clerc, s'acquittant dans ce cas de toutes les fonctions inhérentes à sa charge ecclésiastique.

Au XVIe siècle, son statut social évolue. Le chantre / compositeur n'est plus nécessairement un clerc. Un laïc peut tout à fait devenir le maître de chapelle d'une cour prestigieuse (comme Isaac de celle des Habsbourg).

Ses voyages

Il n'hésite pas à voyager et à offrir ses services aux ducs, princes, rois ou papes qui souhaitent créer ou entretenir de prestigieuses chapelles de cour. C'est l'occasion pour lui de rencontrer ses contemporains, de connaître leurs œuvres et de s'en inspirer. Si son timbre de voix est exceptionnel, il y est employé comme chantre, et interprète le chant grégorien ou la polyphonie pendant les célébrations liturgiques. S'il excelle dans l'art de la composition, ses polyphonies (messes, motets) seront utilisées pour des occasions importantes. Célébrer la grandeur de son employeur en chansons ou de manière subtile dans une messe, est l'occasion d'entretenir des relations durables et lucratives avec son généreux protecteur.

Le nom du duc dissimulé dans la musique

Dans une messe en l'honneur du duc de Ferrare Hercule Ier, Josquin Desprez dissimule habilement le nom de son employeur dans le *cantus firmus*. Il utilise la technique du *soggetto cavato* (« thème extrait ») qui consiste à utiliser les notes dont l'assonance se rapproche de celle des syllabes des mots à camoufler : « Hercules dux Ferrariae » (Hercule duc de Ferrare).

HER-	CU-	LES	DUX	FER-	RA-	RI-	AE
ré	*ut*	*ré*	*ut*	*ré*	*fa*	*mi*	*ré*

Il n'hésite pas à changer d'employeur en fonction des circonstances ou des occasions. À la fin de sa vie, il peut avoir fait partie de plusieurs chapelles prestigieuses comme celle du pape, d'un prince du Nord de l'Italie, du duc de Bourgogne, du roi de France, etc. Dufay, par exemple, fut au service de nombreuses cours italiennes, de la chapelle papale, de la cour de Savoie et a fini ses jours dans sa région natale à Cambrai. Son contemporain Binchois fait figure d'exception puisqu'il passa la grande majorité de sa carrière à la cour de Bourgogne.

Son salaire

En échange de ses bons et loyaux services, un salaire conséquent lui est alloué, souvent en rapport avec le talent qu'on lui reconnaît. Il perçoit aussi d'autres rémunérations, parfois colossales, par le système des canonicats : son employeur peut faire appel au pape pour demander un avantage financier destiné à son protégé. Il est alors nommé chanoine d'une cathédrale, et y accomplit certaines tâches comme les célébrations liturgiques en échange d'une rente appelée prébende. S'il réside loin du lieu lié à sa charge de chanoine ou s'il est le bénéficiaire de plusieurs canonicats, il sous-traite son activité qui reste cependant extrêmement lucrative pour lui.

Le pape se réserve de quoi tenir son rang

Le pape Sixte (1471-1484) veut entretenir une chapelle digne d'un souverain pontife. Il désire employer les meilleurs chanteurs du moment. Il est très vexé d'apprendre que le duc de Milan, Galeazzo Maria Sforza, s'est déjà constitué la meilleure équipe de chantres que l'on puisse rêver à l'époque. Afin de rétribuer ses propres flamands, il refuse de nombreux canonicats demandés par son rival pour rétribuer ses chanteurs, tout en lui promettant avec diplomatie de lui en accorder quelques-uns quand ils seraient disponibles. Il profite de la disparition de Galeazzo Maria Sforza pour débaucher certains des anciens chantres du duc. C'est de bonne guerre !

Ses œuvres (messes, motets, chansons) et leur diffusion

Ses compositions religieuses et profanes lui survivent et sont recopiées dans de luxueux manuscrits enluminés ou dans des imprimés (à partir du XVIe siècle).

Le chansonnier de Marguerite d'Autriche.

La pauvre Marguerite d'Autriche (1480-1530), fille de l'empereur Maximilien Ier et de Marie de Bourgogne, n'a pas eu une vie très joyeuse. Accablée par une vie de répudiation et de veuvages successifs, elle a développé un goût immodéré pour les chansons mélancoliques. Les plus belles à son goût sont compilées dans un extraordinaire chansonnier contenant des chefs-d'œuvre des meilleurs compositeurs de l'époque : De la Rue, Desprez, Isaac, Compère, Obrecht, van Ghizeghem, Alexandre Agricola, Ockeghem, Antoine Brumel.

Compétition musicale

Toujours soucieux de surpasser techniquement ses maîtres, tout en leur rendant hommage, il aime ajouter des voix supplémentaires à des compositions de ses pairs. Il aime aussi s'imposer des règles très strictes et toujours dépasser en difficultés techniques celles inventées par ses prédécesseurs. Sa musique étant l'apanage d'une élite cultivée, il s'amuse aussi à laisser des instructions énigmatiques aux interprètes de véritables rébus musicaux.

Certaines messes d'Ockeghem sont de fameux défis techniques. La *Missa cujusvis toni* est conçue pour être chantée dans quatre versions différentes avec une seule partition. En lieu et place des clés, les chanteurs ne trouveront qu'un point d'interrogation au début de leur portée. Dans sa *Missa prolationum*, deux voix se partagent la même portée écrite, mais la lisent avec des rythmes différents indiqués par un rébus musical. Avoir l'honneur de chanter de tels chefs-d'œuvre, ça se mérite !

Sa postérité

Il aime souvent revenir dans son pays natal pour y mourir. Ses collègues qui l'admirent peuvent composer en son honneur une épitaphe musicale appelée *déploration* et tentent, à leur tour, de le surpasser. À la mort de Binchois (1460), Ockeghem lui compose un hommage. Et c'est un concert de lamentations qui s'élève à la mort de ce dernier en 1497. Des hommes de lettres comme Érasme, Molinet ou Crétin, et le compositeur Josquin Desprez dans sa *Déploration sur la mort d'Ockeghem*, pleurent la disparition d'un des plus talentueux compositeurs de son temps.

Josquin Desprez (1440-1521) : la musique au superlatif

Admiré de son vivant, il est le meilleur compositeur de son temps. Il intègre très jeune une maîtrise ecclésiastique de sa région natale, la Picardie. Formé au contrepoint franco-flamand, il devient clerc et chantre.

Il débute sa carrière en tant que chanteur du dôme de Milan (1459-1472). Il intègrera par la suite les plus prestigieuses chapelles de l'époque, celles :

- du duc de Milan Galeazzo Maria Sforza en 1474,
- d'Ascanio Sforza à Milan et à Rome de 1479 à 1486,
- du pape à Rome de 1486 à 1494 (au moins),
- d'Hercule Ier à Ferrare en 1503.

De nombreuses zones d'ombre jalonnent sa biographie. Entre son séjour à Rome et son emploi de maître de chapelle à Ferrare, il semble être rentré en Flandres pour recruter des chanteurs : il fréquente les cours de France et de Bourgogne entre 1500 et 1503.

En 1504, il regagne son pays d'origine où il est nommé chanoine de Notre-Dame de Condé-sur-l'Escaut et prévôt de la collégiale. Il y décède le 27 août 1521.

Son œuvre, d'une exceptionnelle qualité mélodique, est composée de messes, de motets, de chansons et de *frottole*.

ÉCOUTEZ ÇA

Sa formation ecclésiastique et ses liens avec des cours profanes sont palpables dans nombre de ses œuvres. Son *Stabat Mater* est construit sur un *cantus firmus* de la chanson *Comme femme desconfortée* de Binchois.

Des voyageurs au service des cours prestigieuses

Un souffle nouveau venu des Flandres

Au XVe siècle, Paris n'est plus la capitale culturelle qu'elle a jadis été. La terrible guerre de Cent Ans épuise la France et l'Angleterre. D'autres territoires comme la Bourgogne se développent ; la vie culturelle y croît très rapidement grâce une activité économique florissante. Les meilleurs chantres et compositeurs sont originaires d'une région qu'occupe à peu près aujourd'hui le Nord de la France, la Belgique, les Pays-Bas et le Luxembourg actuels. Ils sont formés dans les meilleures écoles comme Cambrai ou Bruges et y apprennent l'art du chant et de la composition. Toute l'Europe s'arrache leurs talents : on les appelle à l'époque les flamands (on préfère aujourd'hui le terme franco-flamand). Ce sont les contemporains des grands peintres flamands comme van Eyck, Memling ou van der Weyden.

POUR LES VIRTUOSES

S'inspirant des goûts anglais pour des intervalles les plus doux que sont la tierce et la sixte (John Dunstable en est friand), des compositeurs continentaux (franco-flamands) nés à l'orée du XVe siècle comme Dufay créent un nouveau style : « la frisque contenance angloise ».

Les villes flamandes sont très prospères. Bruges, sous domination bourguignonne au XVe siècle, en est l'exemple le plus marquant. La plus grande ville commerciale d'Europe est aussi la plus riche, et devient vite la capitale culturelle (ce sera au tour d'Anvers au XVIe siècle). La musique y est omniprésente. La grande collégiale Saint-Donatien peut s'enorgueillir de compter d'éminents compositeurs parmi ses membres (Dufay, Binchois et Obrecht).

La Bourgogne

Les Flandres sont sous domination bourguignonne au XVe. Par un jeu d'alliances, de mariages et de conquêtes, les ducs de Bourgogne tels Philippe le Bon et Charles le Téméraire sont bien plus puissants que le roi de France (La Bourgogne est alors bien plus riche et bien plus étendue que le royaume de France). Et ils tiennent à le faire savoir ! Pour célébrer l'office à la cour, les compositeurs et les chantres les plus talentueux, franco-flamands bien sûr, sont rémunérés à prix d'or. Ils composent d'admirables messes et des chansons profanes, et chantent divinement bien. L'éclat de ses deux prodigieux centres musicaux, Dijon et Bruges, va éblouir plus d'un monarque et susciter les convoitises. Les princes, les ducs italiens, les rois, le pape veulent très vite rivaliser avec la Bourgogne, et montrer ainsi leur puissance.

Après la Bourgogne, les Habsbourg

Quand Charles le Téméraire meurt en 1477, une nouvelle dynastie ravit aux ducs de Bourgogne le titre de plus grands mécènes. Sa fille de vingt ans, Marie de Bourgogne, est un beau parti : elle est l'héritière du plus puissant duché d'Europe, le duché de Bourgogne. En épousant Maximilien Ier de Habsbourg, elle permet à son mari, le futur empereur du Saint-Empire germanique d'agrandir son territoire et son influence. Au XVIe siècle, c'est la dynastie des Habsbourg, dont l'empire s'étend de l'Espagne à l'Autriche, qui joue un rôle majeur en Europe dans le développement du mécénat musical. Les chantres-compositeurs franco-flamands sont toujours les plus recherchés. La fameuse *capilla flamenca* de Charles Quint en Espagne en est le signe le plus évident. Mais les empereurs engagent aussi quelques musiciens du cru : des musiciens espagnols sont recrutés dans la seconde chapelle de Charles Quint.

Les cours italiennes

Les cours des grandes villes du Nord de l'Italie sont gouvernées par d'illustres familles toutes férues de musique : les Visconti puis les Sforza à Milan, les d'Este à Ferrare, les Gonzague à Mantoue, les Medicis à Florence. La Sérénissime République de Venise n'est pas en reste et entretient une prestigieuse vie musicale digne de la chapelle du Doge de la basilique Saint-Marc. À Rome, le pape (avec sa chapelle pontificale, l'actuelle chapelle Sixtine) et les cardinaux (avec leurs propres chapelles) tiennent leur rang en engageant des chanteurs de renom.

Dans les années 1470, nombre de chapelles de cour se créent ou s'agrandissent. C'est le reflet des rivalités entre princes italiens cherchant à surpasser leurs voisins par la magnificence de leur train de vie, dont l'excellence de la musique liturgique et de circonstances sont un des éléments les plus visibles. Eux aussi font des ponts d'or aux chantres et aux compositeurs franco-flamands. L'Italie, qui avait une culture musicale propre au XIVe siècle a donc adopté le style international des flamands au XVe siècle, mais elle conserve toute son indépendance en peinture, en sculpture et en architecture.

La dream team de Galeazzo Maria Sforza

La chapelle la plus prestigieuse du Nord de l'Italie est incontestablement au moins pendant quelques années celle du duc de Milan, Galeazzo Maria Sforza qui dépense sans compter pour engager les meilleurs musiciens du moment comme Josquin Desprez, Loyset Compère ou Johannes Martini. À la mort du duc en 1476, les stars de cette véritable *dream team* ne restent pas longtemps au chômage. Ils sont très vite employés par les cours concurrentes, trop contentes de pouvoir s'offrir leurs services

Une querelle qui aurait pu mal finir

En 1475, Charles le Chauve se voit contraint d'arbitrer un conflit diplomatique entre Galeazzo Maria Sforza et le roi Ferrante de Naples qui se disputent l'emploi d'un excellent chanteur, Jean Cordier. Charles tranche en faveur du duc de Milan et évite qu'on en vienne aux armes. C'est dire l'importance de la musique pour les princes italiens. Le salaire de ce Jean Cordier était aussi extravagant que ceux des joueurs de football actuels : le duc de Milan n'a pas hésité à lui verser 100 ducats par mois, une somme colossale pour l'époque.

La France

Au XVe siècle, le véritable centre culturel de la France n'est pas Paris. Après la guerre de Cent Ans qui s'achève en 1453, les rois préfèrent résider dans les magnifiques châteaux de la Vallée de la Loire. Ils se déplacent de château en château, accompagnés par leur cour, leur suite, et leurs musiciens tel Ockeghem qui sert presque exclusivement les rois de France successifs à partir de 1451 et sera la figure de proue de la polyphonie franco-flamande en France dans la seconde moitié du XVe siècle.

Roland de Lassus (1532-1594) : le musicien international

Si l'on ne devait retenir qu'un nom de compositeur du XVIe siècle, ce serait celui de Roland de Lassus. Compositeur et chanteur hors pair à Mons dans le Hainaut, c'est en Italie qu'il poursuit sa formation et débute sa carrière (Palerme, Milan, Naples). Le jeune homme parcourt l'Europe (France, Angleterre, Pays-Bas) et accède à des postes prestigieux. Il est maître de chapelle de la basilique Saint-Jean-de-Latran à Rome, puis intègre la cour du duc Albert de Bavière à Munich où il demeure le restant de ses jours malgré de nombreux autres voyages comme à Prague, Paris (le roi Charles IX tenta sans succès de s'attacher ses services), Vienne, Francfort ou en Italie. Fait rarissime pour un musicien, il est anobli par l'empereur Maximilien II (1570) et fait chevalier par le pape Grégoire XIII.

Son œuvre est colossale (plus de 2 000 opus) et éclectique : motets, messes, requiem, passions, psaumes, offices, magnificat, hymnes, madrigaux italiens, chansons françaises et allemandes (*lieder*).

La légende veut que Lassus échappe dans sa jeunesse à diverses tentatives d'enlèvements fomentées par des mélomanes émerveillés par la beauté exceptionnelle de sa voix.

Le répertoire religieux : messes et motets

Les messes sont considérées par le grand théoricien Johannes Tinctoris comme les compositions les plus nobles (« *cantus magnus* »). Bien plus dignes que les autres musiques religieuses et bien loin devant la musique profane.

Les messes cycliques

Avant le XVe siècle, pour préparer la liturgie, le maître de chapelle piochait les différentes parties de la messe dans le corpus de compositions à sa disposition. À partir du milieu du XIVe siècle, on commence à trouver les cinq parties compilées dans un seul manuscrit. Elles n'ont pas de lien musical entre elles (la plus ancienne est la *Messe de Tournai*) et sont d'origines et de styles disparates. Ce sont les *messes cycliques*.

Les messes unitaires

Au XVe siècle, les compositeurs ressentent le besoin de tisser des liens entre les différentes parties du commun de la messe (ce qui n'est pas le cas de la messe de Machaut). On parle de *messes unitaires*. La première est l'œuvre d'un compositeur anglais anonyme : c'est la *Missa Caput* qui servira de modèle à Ockeghem et Obrecht pour leurs propres *Missae Caput*. Elle a une grande influence sur les compositeurs du XVe siècle qui trouvent d'habiles façons d'unifier les cinq parties de la messe : le *cantus firmus* et des motifs de têtes (le début des phrases musicales) récurrents. Dunstable et Dufay furent parmi les précurseurs.

Les messes sur cantus firmus

Au XVe siècle, les compositeurs reprennent parfois, dans chacune des parties de la messe, une mélodie grégorienne, profane ou inventée. Elle est utilisée comme trame, et est chantée à la partie de ténor en étirant considérablement les valeurs rythmiques. Deux et plus souvent trois autres voix (plus tard davantage) sont conçues autour de cette teneur en valeurs longues.

Le *cantus firmus* le plus répandu est la teneur « l'homme armé », probablement empruntée à une chanson populaire relatant les faits d'armes de Charles le Téméraire. On a retrouvé plus de 40 messes « l'homme armé ». Les compositeurs aiment se confronter à leurs maîtres, suivre leurs pas, et créer des œuvres encore plus fouillées, plus complexes. Pendant un siècle et demi, les plus grands compositeurs se sont affrontés dans de véritables joutes musicales, rivalisant d'originalité, de prouesses techniques et de musicalité : Dufay, Ockeghem, Busnois, Josquin (il en a écrit deux), Brumel, Obrecht, Matthaeus Pipelare (v.1450-ca.1515), Pierre de La Rue, Cristóbal de Morales, Francisco Guerrero (v.1525-1599), Palestrina, ont tous composé des messes sur « l'homme armé ». Au XVIIe siècle, **Giacomo Carissimi** (1605-1674) composera la sienne (à 12 voix). Plus récemment, Peter Maxwell Davies s'approprie certaines techniques du passé dans sa *Missa super l'homme armé* (1968).

Un crabe qui recule...

Les compositeurs franco-flamands comme Dufay adorent proposer des énigmes musicales à la hauteur de leur haute maîtrise du contrepoint. Une curieuse surprise attend le chantre à qui revient le rôle d'interpréter la partie de ténor de la *Messe l'homme armé* de Dufay, à l'approche du dernier *Agnus Dei*. En lieu et place de sa partie, n'est écrite que la phrase suivante : « *Cancer eat plenus sed redeat medius* » (« Que le crabe progresse en valeurs pleines, mais qu'il s'en retourne en valeurs moyennes »). Vous avez trouvé la clé de l'énigme ? Pas facile... Le chanteur doit d'abord chanter le *cantus firmus* qu'il a interprété précédemment mais comme un crabe : à l'envers (on parle de mouvement rétrograde). Puis il doit le reprendre à l'endroit, mais avec des valeurs rythmiques diminuées de moitié. Il faut être au moins aussi malin qu'un crustacé pour éviter une terrible cacophonie !

Les messes « paraphrase », « parodie » et « libre »

Les compositeurs prennent de plus en plus de libertés avec la mélodie empruntée (*cantus firmus*). Si le *cantus firmus* du début du XVe siècle permettait d'unifier les différentes parties de la messe, un nouveau pas est franchi lorsque les autres voix s'inspirent de la voix de ténor. Toutes les voix se questionnent et se répondent en utilisant des motifs issus de la mélodie empruntée. Toutes les voix sont bientôt traitées sur un pied d'égalité (comme la *Missa Pange lingua* de Josquin). C'est ce qu'on appelle des *messes paraphrase*.

Au XVIe siècle, on ne choisit plus seulement une monodie comme base, mais une polyphonie. C'est la *messe parodie* dont le traitement est en adéquation avec l'esprit de l'homme de la Renaissance. Le modèle admiré est imité (*imitatio*) et surpassé (*emulatio*).

Les compositeurs savent aussi s'affranchir de tout matériel musical préexistant. La *Missa mi mi* d'Ockeghem en est un savoureux exemple.

Le motet : une appellation, trois réalités

La musique religieuse n'est pas l'apanage de la messe : le terme « motet » est employé au début du XVe siècle pour désigner trois types de compositions distinctes :

- le motet isorythmique ;
- le motet cantilène ;
- le motet libre.

Le motet isorythmique

L'ancien motet dans le style du XIVe, construit sur l'isorythmie (voir le chapitre 2), existe encore. Religieux à ses origines (fin XIIe, début XIIIe siècles), religieux ou profane aux XIIIe et XIVe siècles, il redevient religieux au XVe siècle, notamment avec Dufay.

L'architecture et la musique

Nuper rosarum flores, l'un des fameux motets de Dufay, est interprété lors de la consécration de la cathédrale Santa Maria del Fiore à Florence par le pape Eugène IV, le 25 mars 1436. Dufay a réussi à mettre en musique les proportions utilisées par le génial architecte Brunelleschi pour construire le magnifique dôme de la cathédrale. Le *cantus firmus* est conçu pour être chanté avec quatre indications rythmiques différentes, 3/2, 2/2, 2/4, 3/4 représentant respectivement les proportions de la nef, du transept, de l'abside, et enfin du dôme dont les Florentins sont toujours aujourd'hui – et à juste titre – si fiers. D'aucuns ont vu également dans ce motet des allusions au *Duomo* dissimulées avec l'utilisation de la gématrie (une valeur numérique est attribuée à chaque lettre de l'alphabet). Hypothèse tentante mais difficile à vérifier.

Le motet cantilène

Le motet a suivi la même évolution – au moins au début – que la messe polyphonique. Pour les heures de l'office, on compose des psaumes et des hymnes à partir d'une voix empruntée, chantée par le *superius*. C'est le *motet cantilène*.

Le motet libre

D'abord composé sur *cantus firmus* puis, parfois en paraphrase, le motet est ensuite librement inventé. Josquin ouvre la voie à une émancipation complète de l'écriture du motet. Sans *cantus firmus*, la trame utilisée par le compositeur pour tisser, broder, ses différentes voix n'est plus musicale : c'est le texte qui devient la matière première à partir de laquelle il pourra laisser libre cours à son imagination. Après lui, Clemens non Papa, Philippe de Monte et Roland de Lassus en sont les représentants les plus emblématiques. Mais cette évolution n'est pas linéaire. De nombreux motets de ce XVIe siècle, comme certains titres de Willaert, continuent à prendre racine sur un *cantus firmus*.

La musique au service des religions

Au XVIe siècle, les partisans de la Réforme et du catholicisme s'affrontent dans de terribles guerres de religion. Leur reflet musical est heureusement moins meurtrier.

Réforme

Soucieux de rendre les chants liturgiques intelligibles et de les faire interpréter par toute l'assemblée des fidèles, Luther (1483-1546) marque de son empreinte la musique allemande pour des siècles. Il crée des mélodies facilement mémorisables sur lesquelles on adapte des psaumes en langue vernaculaire. Ce sont les *chorals* qui permettent au nouveau culte réformé de posséder sa propre musique et de faire participer les fidèles.

De sensuelles chansons se sont retrouvées transformées en *chansons morales* (ou *chansons spirituelles*) par des Huguenots qui appréciaient la musique du compositeur, mais beaucoup moins les paroles qui heurtaient leurs chastes oreilles. Le principe de ces *contrafacta*, est simple : on garde la musique tout en changeant les paroles. La chanson spirituelle *Suzanne un jour* connut un grand succès (on doit à Lassus une magnifique version à 5 voix, ainsi qu'une messe parodie). La chaste Suzanne, dont il est question dans la chanson, résiste aux assauts de deux vieillards concupiscents.

Contre-Réforme : l'empire catholique contre-attaque

Face au développement du protestantisme, l'Église catholique réagit : c'est la Contre-Réforme. S'inspirant des propositions du Concile de Trente (1545-1563), elle ramène la musique religieuse dans ses girons. *A cappella*, souvent à 5 ou 6 voix, cette musique adopte une attitude plus contenue. Les madrigaux profanes, par leur richesse contrapuntique, rendent le texte inintelligible. Loin de ces exubérances, la nouvelle musique religieuse sert sobrement le texte en latin, qui reste intelligible grâce à l'emploi de rythmes réguliers.

N'OUBLIEZ PAS

Palestrina est le champion toutes catégories de ce style qualifié d'*école romaine*. Les papes successifs qui l'emploient au sein de la chapelle pontificale ne tarissent pas d'éloges à son égard. Son œuvre comporte plus de 450 motets, une centaine de messes, des madrigaux sacrés et profanes ainsi que des lamentations, des hymnes et des offertoires.

En Espagne, Morales, Guerrero et **Tomás Luis de Victoria** (v.1548-1611) sont eux-aussi les hérauts de la musique sacrée catholique.

Le dolby surround de la Renaissance

L'agencement original des tribunes de la basilique Saint-Marc à Venise permet, à l'heure où la perspective fait une entrée fracassante dans le monde de la peinture, d'ajouter à la musique la notion d'espace lors du service religieux. Willaert, puis Giovanni Gabrieli font se répondre plusieurs chœurs. La basilique se transforme en véritable *home cinema*, avec parfois quatre chœurs auxquels des instrumentistes peuvent se joindre. Les effets acoustiques produits (échos, voyage d'une mélodie d'un chœur à l'autre à travers la basilique, etc.) participent au faste des cérémonies vénitiennes.

L'Angleterre

En 1575, la jeune reine Elisabeth reçoit en cadeau un recueil de *Canciones sacrae* de la part de **Thomas Tallis** (1505-1585) et de son élève **William Byrd** (1543-1623). Impressionnée par leur talent, elle les autorise à écrire la musique de leur choix, même celles interdites par les lois du Royaume. Mais intégrés à la chapelle royale, ils doivent participer à l'élaboration du répertoire musical du service religieux du nouveau culte anglican. C'est ainsi que le fervent catholique Byrd deviendra la figure de proue de la musique anglicane.

À l'inverse, le plus digne représentant de la musique catholique anglaise du début du XVIe siècle, **John Taverner** (1495-1545), à qui l'on doit de somptueuses messes polyphoniques, finira ses jours comme agent inquisiteur au service de Cromwell.

Le motet *Spem in Alium* de Tallis vous plongera dans un espace sonore délicieux. Pas moins de 40 voix indépendantes sont disposées autour de l'auditeur.

Deuxième partie

La musique baroque

Dans cette partie…

Après les polyphonies luxuriantes de la Renaissance, la voix supérieure, vecteur de sentiments exacerbés, prend de l'importance. Cette nouveauté en provenance d'Italie gagne toute l'Europe et est adaptée aux goûts locaux.

Chapitre 6

En coulisses : accordons-nous

Dans ce chapitre :

- Comprenez la musique baroque
- Pratiquez la basse continue

Accordons-nous sur le sens

Vous avez dit « baroque » ?

Les musiciens du XVIIe siècle et de la première moitié du XVIIIe siècle ne considèrent pas leur musique comme « baroque ». Ce terme péjoratif est alors synonyme d'étrangeté et d'excentricité. Aujourd'hui, il a perdu toute connotation négative et désigne la période délimitée par deux dates symboliques qui, pour artificiel que soit leur choix, ont le mérite d'être facilement mémorisables : 1600 (le premier opéra qui nous soit parvenu : *Euridice* de Peri) et 1750 (mort de Bach).

Accordons-nous sur l'essentiel

S'il n'y a pas d'homogénéité stylistique ou géographique absolue pendant ce siècle et demi, on peut distinguer plusieurs fils de trame autour desquels s'entrecroiseront des éléments musicaux contrastant avec ceux en usage précédemment :

- **La représentation des passions**

  À l'époque baroque, la représentation des mots devient une priorité : le recours à des solistes permet, avec force ornements vocaux, instrumentaux ou gestuels, d'éblouir et de frapper l'imagination en figurant toute une gamme de sentiments exacerbés (colère, amour, désespoir etc.), les passions.

- **L'éclosion de nouveaux genres**

  L'opéra est la trouvaille géniale qui permet de mettre en musique ces passions, relayée aussitôt dans la musique sacrée par l'oratorio. De son côté, la musique instrumentale (non vocale) s'enrichit de deux genres nouveaux, la sonate et le concerto, qui vont irriguer l'Italie puis l'Europe, et s'y développer jusqu'à nos jours.

- **Une nouvelle distribution du rôle des voix**

  Dans l'architecture sonore de l'époque baroque, les voix ne sont plus traitées sur un pied d'égalité :

  - Objet de toutes les attentions, **la voix principale** (le « dessus ») est la plus aiguë. Elle coiffe l'édifice d'un chapiteau instrumental ou vocal orné.
  - Supportant tout l'ouvrage, **la basse** sert de fondation et de murs porteurs sur lesquels s'appuie la voix principale.
  - Les instruments **des parties intermédiaires** occupent l'espace entre les deux voix extrêmes pour compléter l'harmonie.

- **Progressivement, la tonalité remplace la modalité**

  Cette conception s'oppose à celle des siècles précédents. L'harmonie ne résulte plus de la superposition de plusieurs lignes mélodiques – vocales ou instrumentales – d'importance égale (polyphonie de la Renaissance), mais de la suprématie d'une voix, soutenue par une ligne mélodique et une architecture harmonique. De nombreuses expériences seront menées au XVIIe siècle avant d'être théorisées au début du XVIIIe siècle par Rameau (voir le chapitre 8).

- **Des couleurs précises**

  Pensées indifféremment pour une exécution vocale ou instrumentale, les voix sont interchangeables à la Renaissance. À l'époque baroque, le compositeur conçoit la ligne mélodique différemment en la destinant à une voix ou un instrument précis. Il prend en compte les possibilités et les particularités techniques de l'exécutant. La musique pure se développe.

- **Une nouvelle conception du rythme**

  Le rythme n'est plus assujetti à une battue régulière de la main (c'est le *tactus* des deux siècles précédents représentant l'unité de mesure du temps) et à ses subdivisions calculées avec des rapports de proportion. À l'instar de celui de la parole, le rythme peut être totalement libre ou, au contraire, sous l'influence de la danse, il peut être étalonné par une battue mécanique régulière à vitesse réglable : le *chronomètre*, ancêtre du métronome utilisé pour la danse baroque, est inventé à la fin du XVIIe.

Accordons les instruments

Rendez-vous au point d'orgue (mais si les autres finissent avant toi, ne joue pas les notes qui te restent)

Quiconque a déjà eu le bonheur d'assister à un concert de musique ancienne aura remarqué que l'accord des musiciens est assez long et parfois répété avant chaque œuvre. Une célèbre boutade de musicien ne dit-elle qu'il est nécessaire de s'accorder soigneusement pour pouvoir jouer faux avec la conscience tranquille ? Il y a un peu de vrai dans cette recommandation malicieuse. Non pas que les baroqueux (surnom affectif donné aux musiciens spécialisés dans la musique ancienne) soient moins doués que les autres (nous avouons au contraire notre admiration pour nombre de leurs représentants), mais la facture de leurs instruments et la manière de les utiliser sont différentes de celles des musiciens plus « classiques ».

Les cordes baroques à tout crin

Les instruments baroques n'étaient pas de moindre qualité : on pense aux célèbres Stradivarius, perfection absolue en matière de violons qui datent de cette époque. Sans entrer dans des détails organologiques complexes, précisons simplement que le matériau utilisé pour les cordes, le boyau est – à l'inverse des cordes en acier utilisées de nos jours pour les violons – très sensible aux variations de température et d'hygrométrie et se désaccorde facilement.

ANECDOTE

Miaou – Meow…

Contrairement à ce qu'une rumeur tenace laisse entendre, aucun chat n'a servi de matière première à la confection des cordes, alors que nombre d'innocents moutons finissent sur les manches. Sachant qu'en anglais, corde en boyau se dit *catgut*, ne doit-on pas cette légende à la pratique approximative de l'anglais de certains de nos compatriotes ?

Le vent dans les « sol »

Les instruments à vent des XVIIe et XVIIIe siècles, s'ils ressemblent fort par leur aspect à leurs descendants modernes, n'en ont pas moins des timbres très différents : plus doux pour les bois (on pense au *traverso*, en bois, ancêtre de la flûte traversière moderne, en métal), plus perçants pour les cuivres ; les spécificités de leurs couleurs sont magnifiquement employées par les compositeurs.

Les mauvaises langues diront qu'ils sont plus « faux » que leurs équivalents modernes utilisés aujourd'hui. Il est vrai que, sans pistons et avec moins de clés, ils sont plus difficiles à jouer. Mais il serait surprenant que des mécènes aux goûts très sûrs, possédant des toiles de maîtres et tenant la musique en haute estime, aient toléré une quelconque médiocrité de la part des musiciens qu'ils employaient. Les virtuoses étaient légions. Aujourd'hui, les nombreux musiciens contemporains jouant à la perfection achèvent de convaincre les plus récalcitrants de la beauté du son de ces antiquités.

Figure 6-1 : Cornet à bouquin (Valentin de Boulogne, *Le concert*)

Le *cornet à bouquin* occupe une place à part. En bois, percé de sept trous, il est joué avec une embouchure comme les cuivres. Suivant une forme conique et courbe, il est recouvert de parchemin ou de cuir. Avec son timbre riche comme la voix humaine, et ses attaques précises comme une trompette, il est l'instrument idéal pour les parties de « dessus » virtuoses et raffinées.

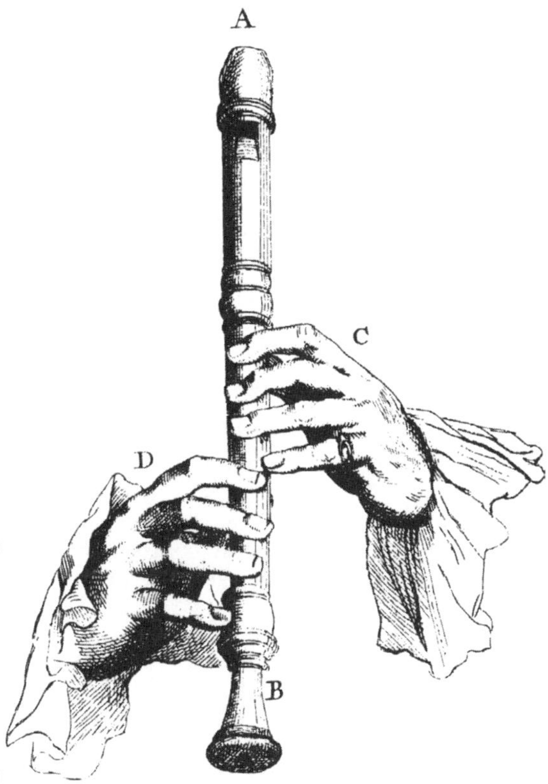

Figure 6-2 : Flûte à bec (Jacques-Martin Hotteterre, *Principes de la flûte*)

De la flûte à bec au pipeau

On doit rendre justice à la flûte à bec. Ce magnifique instrument qui a connu de nombreux virtuoses à l'époque baroque a vu son image ternie en France auprès du grand public actuel par des considérations budgétaires : des jouets en plastique aux qualités sonores effroyables (en comparaison, on imagine avec horreur le son que produirait un violon en plastique vendu en grande surface au rayon gommes…) ont été choisis pour dispenser un enseignement approximatif et collectif de la pratique instrumentale en collège pendant des générations. Heureusement pour nos chères têtes blondes, cette époque est révolue. Trop tard ! En France, flûte à bec = pipeau.

Des pieds et des mains

S'il n'est pas manchot, il est possible pour le claveciniste d'utiliser les deux claviers de son instrument de facture française. Quant à l'organiste, il ne se prive pas d'ajouter les pieds (sur le pédalier destiné à cet effet, pas sur les claviers. On dirait alors qu'il joue comme un pied…). Ajoutons pour clore ce paragraphe consacré aux extrémités que le terme « pied » à une signification particulière pour un organiste : il désigne la hauteur du plus grand tuyau d'un jeu. Un jeu en 8 pieds (1 pied = 32,4 cm) sonne une octave plus haut qu'un jeu en 16 pieds.

N'OUBLIEZ PAS

Les interprètes ajoutent de nombreux ornements qui varient en fonction des goûts et des époques (les *diminutions*).

Une sténo musicale

Héritée d'une technique organistique du XVIe siècle consistant à doubler les parties extrêmes d'une polyphonie, **la basse continue** (*continuo*) est une pratique typiquement baroque. Son rôle est fondamental : elle soutient harmoniquement la mélodie.

POUR LES VIRTUOSES

Sur les partitions, une seule portée lui est réservée (voir la figure 6-3). Elle est *réalisée* par un ensemble d'instruments (également appelé *continuo* dont la composition est à la discrétion des interprètes) se répartissant deux rôles :

- **La ligne de basse :** elle est jouée par des instruments monodiques graves (violoncelle, basse de viole, basson, contrebasse, etc.).
- **Les accords :** les notes qui composent ce soutien harmonique indispensable ne sont pas écrites. Le musicien les réalisant (organiste, claveciniste, théorbiste, luthiste, harpiste, guitariste, etc.) ne se contente pas d'être un bon instrumentiste, il doit posséder une oreille harmonique très sûre pour servir au mieux la mélodie principale. Dans certains cas, ces accords peuvent être symbolisés par des chiffres inscrits au-dessus de la portée (voir la figure 6-4). On parle de *basse chiffrée*.

Figure 6-3 : Monteverdi, *Orfeo* (1607)

Au-dessus, la portée avec la mélodie chantée. En dessous, la portée de basse continue.

Figure 6-4 : Campra, *Idoménée* (1712)

Au-dessus, la portée du chant avec les paroles. En dessous, la portée du *continuo* avec des indications chiffrées sur la nature des accords à exécuter.

On vous donne le « la » ?

Pour s'accorder, plusieurs instrumentistes souhaitant jouer ensemble doivent convenir de la hauteur exacte d'une note de référence, le LA. C'est le *diapason* dont la hauteur est mesurée en hertz (Hz). Si cette valeur est depuis quelques décennies majoritairement jouée 440 Hz (certains montent aujourd'hui jusqu'à 442 Hz) pour l'interprétation de la musique classique et à 415 Hz pour la musique ancienne, il n'en a pas toujours été ainsi. À l'époque baroque, elle variait en fonction du pays (voire de ville en ville) et du répertoire. Ceci explique que vous puissiez entendre plusieurs versions d'une même œuvre à diverses hauteurs : entre une interprétation à 440, à 415, ou au diapason historique exact pour lequel l'œuvre a été composée, vous entendrez des couleurs instrumentales bien différentes.

POUR LES VIRTUOSES

Heureuses les oreilles relatives, le royaume de la musique baroque leur appartient

« Facile pour lui, il a l'oreille absolue ! » Ce superlatif fait saliver d'envie ceux qui ne possèdent pas cette capacité à « entendre » le nom des notes sans se reporter à un diapason. Qu'ils soient rassurés : cette « oreille absolue » est un parangon limité aux musiques jouées à tempérament égal (ce qui exclut une majorité d'œuvres de l'histoire de la musique et toutes les musiques extra-européennes). Dans toutes les autres circonstances, c'est un handicap puisque tout semble joué faux ou dans des tonalités improbables. Heureusement, avec de l'entraînement, les possesseurs d'oreilles en or consentiront à écouter de manière relative et goûter aux joies de la musique baroque.

Il faut un sacré tempérament pour jouer de la musique baroque

Un dernier élément peut surprendre un auditeur peu habitué au répertoire baroque et lui faire croire que l'ensemble joue faux : les hauteurs des notes ne sont pas exactement identiques à celles auxquelles nous sommes habitués depuis deux siècles.

Les pièces baroques ont été conçues pour sonner dans des *tempéraments* que l'uniformisation du *tempérament égal* ne peut… égaler : les couleurs des intervalles sont variées, les cordes peuvent résonner par sympathie, certaines harmoniques sont amplifiées, etc.

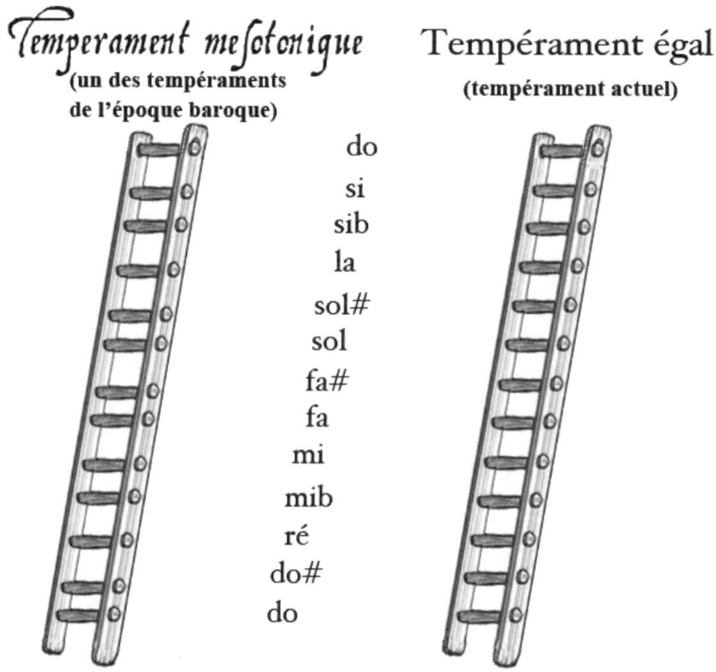

Figure 6-5 : Comparaison de deux tempéraments

Remarquez par exemple sur ce schéma que le do# est plus bas dans le tempérament mésotonique que dans le tempérament moderne.

Ne nous accordons pas sur la meilleure interprétation

C'est dans les vieux pots…

Depuis la redécouverte de la musique baroque dans les années 1960, de nombreuses approches interprétatives se confrontent. Aujourd'hui, les inestimables recherches musicologiques ont permis d'approfondir la connaissance de ce répertoire et d'en affiner l'interprétation. Des institutions prestigieuses de recherches musicologiques et/ou de formations de musiciens et chanteurs spécialisés (le Centre de Musique Baroque de Versailles, le CNSMD de Lyon, le conservatoire de musique de La Haye…) permettent d'approcher au plus près le son original.

Crêpage de perruques

Est-ce à dire que, hors le respect absolu du degré d'hygrométrie d'un 26 avril 1658, et hors la connaissance de la couleur de la culotte des musiciens ce jour précis, il n'existe point de salut pour une bonne interprétation ? Ou au contraire qu'il n'est pas nécessaire d'avoir des notions d'organologie baroque pour interpréter Bach à la guitare électrique ? Vous n'avez pas encore d'opinion sur la question ? Tant mieux, entre ces deux positions extrêmes (que ne partagent d'ailleurs pas les excellents chanteurs et interprètes formés dans les institutions citées), vous découvrirez de nombreux trésors d'interprétations.

Barock attitude : d'un extrême à l'autre

Amateur d'authenticité ?

Laissez-vous étonner par les premières expériences de redécouvertes des couleurs historiques par l'ensemble *Concentus Musicus Wien* (N. Harnoncourt), ou séduire, plus récemment, par celles du *Bach Collegium Japan* (M. Suzuki). Leurs instruments sont des originaux de l'époque baroque ou des copies à l'identique.

Aficionados d'instruments modernes ?

Ne manquez sous aucun prétexte les interprétations pianistiques d'œuvres conçues pour le clavecin : les *Variations Goldberg* de Bach par Glenn Gould ou, plus récemment, de *Suites* de Rameau par Alexandre Tharaud.

Glandes lacrymales sensibles ?

Versez une larme (d'émotion) avec l'interprétation de *Didon et Énée* de Purcell que donne l'ensemble *Les Arts Florissants* (W. Christie) ou versez-en d'autres (de rire) en visionnant l'interprétation de *Le roi Arthur* du même par le *Concert Spirituel* (H. Niquet), rejoint par les comiques Shirley & Dino.

Chapitre 7

Acte I, la voie italienne

Dans ce chapitre :

- Assistez à la naissance des premiers opéras
- Claudio Monteverdi et son *Orfeo*
- Si vous avez le temps, écoutez les 555 sonates de Domenico Scarlatti
- Redécouvrez les concertos d'Antonio Vivaldi

Cantare

Naissance de l'opéra

Finie la musique à la papa (lestrina)

À la fin du XVIe siècle, d'étranges incantations s'échappent par les fenêtres d'un palais florentin où se retrouvent des artistes et des aristocrates. Ce cénacle d'érudits (la *camerata*) réunis autour des comtes Giovanni Bardi puis Jacopo Corsi tente une expérience incroyable : ressusciter la musique de la tragédie grecque. S'ils ne l'ont jamais entendue, ils en admirent les principes : le mot et son rythme priment sur la musique. Après quelques essais, ces alchimistes de la langue trouvent une solution pour le moins radicale : ne plus faire supporter le texte par plusieurs voix (la polyphonie franco-flamande), mais par une seule.

N'OUBLIEZ PAS

« Prima le parole, dopo la musica » : *la naissance de l'opéra*
Ce nouveau *stile rappresentativo* (« style représentatif ») permet aux chanteurs d'exprimer des passions bien plus extrêmes et contrastées que celles qui étaient prisées par leurs prédécesseurs de la Renaissance. Libérés des contraintes et des règles de compositions du contrepoint franco-flamand, **Jacopo Péri** (1561-1633, *Dafne*, *Euridice*) et **Giulio Caccini** (1551-1618, *Euridice*) composent la musique des premiers opéras. À la genèse de ce genre, les opéras sont parfois intitulés *favole in musica* (« fables en musique »), ou plus communément *dramme per musica* (« drames musicaux ») : la voix, soutenue par le continuo, y oscille entre le parlé et le chanté (*recitar cantando*, « récitatif chanté »).

De l'Orfeo en barre

L'Orfeo de Monteverdi est le premier chef-d'œuvre du genre. Créé en 1607 à la cour de Mantoue, cet opéra est un mariage parfait entre l'héritage du passé (chœurs, madrigaux, danse) et les idées nouvelles (*recitar cantando*, arioso, air pour soliste). Les airs – ceux d'Orphée – chantés par un castrat, sont remarquables et l'utilisation originale de l'instrumentation de l'orchestre permet de peindre avec efficacité les passions successives qui animent les protagonistes. Les récitatifs de leur côté offrent un suivi de l'action inégalé.

Les castrats (couic-couic)

Les ecclésiastiques italiens raffolent des voix aiguës des enfants, parfaites pour rappeler celles des anges. Mais elles sont éphémères et se brisent avant d'acquérir une solide technique vocale.

Au milieu du XVIe siècle, il est interdit aux femmes d'intégrer le chœur. Une solution saugrenue est alors expérimentée : priver les meilleurs chanteurs préadolescents de leurs parties intimes avant la mue. Si le petit infortuné survit à la douloureuse opération, il conserve des petites cordes vocales toute sa vie – donc une voix aiguë – et allie le son cristallin d'une voix d'enfant à la puissance d'une voix d'adulte.

Les castrats peuvent devenir de véritables stars et se produisent partout en Europe. Des opéras de Monteverdi à ceux de Haendel, certains des meilleurs rôles (masculins ou féminins) d'opéra sont réservés à ces *prime uome*, adulés par leurs fans. Seuls les Français répugnent à employer ces voix troublantes et préfèrent, pour les rôles masculins nécessitant des voix aiguës, des ténors appelés *hautes-contre* (voir le chapitre 8).

Le film *Farinelli* (Gérard Corbiau) s'inspire de la vie du célèbre castrat. C'est une pure fiction historique qui fut l'occasion d'une expérience originale visant à imaginer ce qu'était une voix de castrat : en collaboration avec l'IRCAM, les ingénieurs du son ont savamment mixé les timbres d'une soprano colorature et d'un contre-ténor.

Aujourd'hui, certains contre-ténors, tel Philippe Jaroussky interprètent avec brio le répertoire des castrats. Coupons court (si l'on peut dire…) à toute idée fausse : une maîtrise parfaite de leur voix de tête leur permet d'atteindre des notes aiguës habituellement réservées aux voix féminines ou enfantines, tout en préservant leur virilité.

Opéra romain

Une vingtaine d'années après la naissance de l'opéra à Florence, les aristocrates du clergé romain imitent les cours florentines et mantouanes. Eu égard à leurs fonctions dans l'Église, on ne s'étonnera pas qu'ils affectionnent particulièrement les thèmes sacrés. Mais qu'on ne s'y trompe pas, ces opéras sont avant tout des divertissements réservés à une élite souhaitant se distraire : Landi et Rossi y intègrent des scènes comiques, des ballets et des airs à danser, des chœurs et des airs solistes pour mettre en valeur la virtuosité des chanteurs, notamment des castrats.

L'opéra pour tous (ou presque…)

Venise

Pas question de laisser de tels délices aux seuls princes et à leur cour ! La petite noblesse et les riches bourgeois vénitiens, bientôt imités à Hambourg et Londres, sont prêts à payer pour goûter de tels spectacles. En 1637, avec l'ouverture du Théâtre San Cassiano, l'opéra commercial vient de naître à Venise.

Si, dans un opéra de cour, le monarque ne regarde pas à la dépense pour se distraire, une production commerciale doit être rentable. Les orchestres sont fortement réduits. Il en est de même pour les chœurs, moins prisés des citadins qui leur préfèrent des chanteurs solistes virtuoses, castrats ou *prime donne* aux salaires astronomiques. Leur timbre de voix et leur technique époustouflante est très appréciée dans des airs (Cavalli, *La Didone* ; Cesti, *La Dori*) qui contrastent de plus en plus avec les récitatifs hérités des *dramme* florentins. Avec ce style ostentatoire et précieux, le bel canto, la musique reprend le pas sur le texte.

Un public bruyant…

Si aujourd'hui un opéra se déroule dans un silence religieux à peine perturbé par quelques toussotements, sonneries de portable, discrets ronflements et nombreux applaudissements enthousiastes, à l'époque baroque, il faut parfois tendre l'oreille pour entendre les chanteurs : le public échange ses impressions à haute voix en sirotant un verre, et harangue parfois les interprètes avec un vocabulaire fleuri.

… et bigarré

On vient à l'opéra autant pour voir que pour être vu. Les meilleures places sont situées dans des loges louées à l'année et réparties sur plusieurs rangs. Les personnalités les plus prestigieuses se distinguent en occupant les loges face à la scène et éloignées de l'agitation de la plèbe. Les moins fortunés profitent aussi du spectacle (sur scène et dans la salle…), mais se contentent des sièges du parterre et sont rappelés à l'ordre en cas de débordement.

ANECDOTE

Une loge pour une toge chez le doge… Les loges servent parfois de monnaie d'échange pour effacer une ardoise trop conséquente chez l'épicier ou le tailleur.

Restons sérieux…

Vers la fin du siècle, dès lors que le public se déplace pour applaudir les stars au moins autant que les compositions, l'opéra précise ses conventions. Deux types d'opéras se définissent : l'*opera seria* et l'*opera buffa* qui, curieusement, en dérive.

L'*opera seria* s'appuie sur des sujets tirés de l'antiquité ou de la mythologie, en respectant la règle « des trois unités » : unités de temps, de lieu et d'action. La fin préfère l'exaltation morale à la tragédie.

Pour attirer le public, les intrigues qui se nouent dans les opéras vénitiens deviennent de plus en plus improbables. Ce n'est pas du goût des librettistes **Apostolo Zeno** (1669-1750) et **Pietro Metastasio** (ou Métastase, 1698-1782) qui réforment le genre en cantonnant les scènes comiques dans des intermèdes intercalés entre les actes.

La structure de l'*opera seria* devient immuable : une ouverture instrumentale (*sinfonia*) suivie de trois actes dans lesquels alternent des récitatifs secs et des airs, presque toujours des *arias da capo* virtuoses dont les principaux sont dévolus à la *prima donna* et au *primo uomo* à raison d'un par acte, enfin une sortie (applaudissements requis !). Duos et trios sont rares. Le dernier acte se clôt par le chœur dont c'est souvent la seule apparition.

...mais pas trop

Les intermèdes comiques (*intermezzos*) de ces *opere serie* prennent de l'importance jusqu'à devenir des œuvres indépendantes. De l'*opera seria Le Prisonnier superbe* de Pergolese, le public ne retient que l'intermède en deux parties intitulé *La Servante maîtresse* inséré par le compositeur lui-même. Rapidement, ces intermèdes dans lesquels les situations cocasses s'enchaînent avec une tournoyante bouffonnerie prennent du galon et deviennent un genre à part entière : l'*opera buffa*. Les airs y sont plus longs et plus travaillés, les actes se terminent par un « final avec toute la troupe », la musique participe pleinement à souligner la psychologie des chanteurs et l'intensité du livret.

N'OUBLIEZ PAS

Les spécialistes distinguent l'*opera buffa*, issu des épisodes comiques du *dramma per musica* dans l'opéra italien, et l'opéra bouffe, œuvre lyrique légère et parodique plus spécifiquement française, à partir du XIXe siècle (Offenbach en est le héraut).

Parmi les premiers auteurs à avoir enrichi ce répertoire connu parfois sous le nom de « comédie en musique », un certain Leonardo Vinci (*Le Faux Aveugle*) – aucun lien de parenté avec son illustre homonyme – et Pergolèse lui-même (*Il Flaminio*).

Un catalogue imposant

L'héritage que nous lègue **Alessandro Scarlatti** (1660-1725) force le respect. La scène reçoit une centaine d'opéras. Apprécié pour ses opéras napolitains, c'est à Rome que ses plus belles œuvres telles que *Telemaco* ou *La Griselda* sont créées. C'est lui qui initie la présence d'une *sinfonia* en introduction de ses opéras à la structure fixée : vif-lent-vif qui, curieusement, n'a souvent aucun rapport avec l'opéra lui-même. Cette *sinfonia* est à l'origine de la symphonie (voir le chapitre 11). D'autre part, avec plus de 600 cantates de chambre à son actif, il est l'un des compositeurs les plus prolixes dans un genre vocal non scénique réservé à un public de musiciens, poètes et connaisseurs réunis dans les académies.

Claudio Monteverdi (1567-1643)

À cheval sur deux siècles

Le Crémonais Monteverdi est à la fois le dernier représentant du style contrapuntique de la Renaissance et le plus illustre précurseur du nouveau style qui embrase l'Italie puis toute l'Europe à l'aube du XVIIe siècle. Le style de ses neuf *Livres de madrigaux* est représentatif de l'évolution des goûts au tournant des XVIe et XVIIe siècles.

N'OUBLIEZ PAS

Dans son *Cinquième Livre* (1605) puis dans ses *Scherzi musicali*, il revendique une *secunda prattica* (« seconde pratique »), une nouvelle manière de composer par l'apport d'un continuo qui s'impose progressivement dans la musique en Europe.

Talents précoces

Suivant des études musicales auprès du maître de chapelle de la cathédrale de Crémone, Ingegneri, Monteverdi est un élève talentueux et précoce : avec une maîtrise parfaite du contrepoint, il publie ses *Petits Cantiques sacrés* à 15 ans, ses *Madrigaux spirituels* à 16 et ses *Petites Chansons d'amour à trois voix* à 17. À 23 ans, quand est édité son *Deuxième livre de madrigaux* – dans lequel le sublime *Ecce mormorar l'onde* évoque l'état d'âme de son auteur –, sa renommée a déjà dépassé les frontières.

Mantoue

Une telle réputation, doublée d'une solide technique instrumentale et vocale lui permet d'intégrer l'une des cours les plus prestigieuses de l'époque, Mantoue, puis y devient maître de chapelle. Membre de la suite du duc de Mantoue, il a peut-être accompagné son maître à Florence pour le mariage de Marie de Médicis et d'Henri IV, et assisté à la représentation de l'opéra *Euridice* de Péri, donné pour l'occasion.

Opera omnia ?

Si ce drame mis en musique pose les jalons d'un genre dont le succès ne sera pas démenti pendant des siècles, c'est à Monteverdi que revient l'honneur d'être le premier à exceller dans cet art. En 1607, son chef-d'œuvre *Orfeo* marque son temps par la maîtrise des deux styles et par la capacité de son compositeur à traduire les passions en musique.

Lasciatemi morire (« *Laisse-moi mourir* »)

Enthousiasmé par le succès de son *Orfeo*, son employeur le duc de Mantoue lui commande un autre opéra. Le compositeur qui vient de perdre sa femme doit s'exécuter même s'il est ivre de chagrin. De cet opéra, *Ariane*, ne subsiste qu'un fragment, mais non des moindres. C'est l'une des plus belles et poignantes pages de la musique. Comment ne pas verser une première larme en écoutant le *recitar cantando* du *Lamento d'Ariane*, héroïne abandonnée par Thésée sur l'île de Naxos, puis une seconde en réalisant que le reste de l'œuvre est perdu.

Aux commandes de Saint-Marc

Loin d'opposer systématiquement les deux pratiques, le compositeur les synthétise dans le chef-d'œuvre absolu de musique sacrée que sont les *Vêpres de la Vierge*. Après la mort du duc, il se voit confier la charge prestigieuse de maître de chapelle de Saint-Marc à Venise où il demeure jusqu'à sa mort. Il y compose des œuvres religieuses (*Messe à six voix*, *Selva morale e spirituelle, psaumes*), la suite des *Livres de madrigaux* (les *Madrigaux guerriers et amoureux* constituent le 8e), des œuvres profanes, et des œuvres scéniques. De la dizaine d'opéras qu'il compose, trois seulement sont parvenus jusqu'à nous (dont *Orfeo*), tous trois d'une qualité prodigieuse. Les opéras *Le Retour d'Ulysse dans sa patrie* et *Le Couronnement de Poppée*, même si des doutes planent sur la paternité de ces œuvres, sont d'une immense qualité qui que soit leur compositeur.

Manifeste du *stile rappresentativo*, *Le combat de Tancrède et Clorinde* tiré des *Madrigaux guerriers* traduit en musique de multiples passions. Les scènes guerrières sont saisissantes de réalisme grâce à des procédés instrumentaux dont il n'est pas l'inventeur, mais qu'il utilise de manière innovante pour souligner le caractère dramatique : tremolos (répétition rapide d'une note), pizzicati… Les instrumentistes sont si décontenancés qu'ils refusent dans un premier temps de suivre les indications du compositeur.

Sacrée voix !

L'ancienne pratique de la polyphonie est longtemps employée pour la musique sacrée et qualifiée de style « alla Palestrina » ou de *stile antico*. Les nouvelles conceptions musicales sont progressivement intégrées par nombres de compositeurs dans leurs œuvres sacrées : les *Motets à voix seule* d'**Alessandro Grandi** (v.1580-1630) sont conçus pour une voix soliste accompagnée par une basse continue. Parallèlement à la cantate profane se développe une cantate d'église dans laquelle les voix et les instruments dialoguent dans un style *concertato* dont on retrouve l'influence dans des messes telles les *Messes concertantes* de Bartolini, et des psaumes telles les *Psaumes concertants* de Rovetta.

L'oratorio

Parmi tous les genres de musique sacrée qui se développent pendant la période baroque, l'oratorio constitue la principale innovation. Il tient son nom du latin *oratio* « prière », et rappelle la congrégation des Oratoriens fondée par saint Philippe Néri qui, dans la seconde moitié du XVIe siècle, tenait des rassemblements spirituels où la voix parlée (sermons) et la voix chantée faisaient bon ménage. Ces moments spirituels ont rencontré le succès au point de s'institutionnaliser sous le nom d'*oratoire* qui désignait tant le lieu où l'on se réunissait que le genre musical qu'on y donnait. À sa façon, Néri est à l'origine de l'oratorio. La première œuvre spécifique qui nous soit parvenue dans cette mouvance est contemporaine du premier opéra parvenu jusqu'à nous, *La Représentation de l'âme et du corps* de Cavalieri (1600). La musique sacrée suit l'évolution engrangée par l'opéra, en utilisant le langage de l'opéra naissant sur des thèmes bibliques, hagiographiques ou allégoriques, dans des œuvres pour solistes, chœurs et instruments qui ne sont pas prévues pour être mises en scène, contrairement à l'opéra.

Il faut néanmoins attendre le romain **Giacomo Carissimi** (1605-1674) pour toucher des œuvres essentielles. Il en compose onze qui alternent récitatifs, airs, ariosos et chœurs ainsi que des mouvements instrumentaux (prologue, ritournelles). *Job*, *Jonas*, *Jephté*, *Ézéchiel* sont les plus représentatifs.

ANECDOTE

Excès de zèle

L'œuvre de Carissimi est considérée à juste titre comme inestimable par le pape qui en interdit le prêt ou la reproduction. Il confie les précieux manuscrits aux Jésuites. Au siècle suivant, les documents disparaissent lors de la suppression de la Compagnie de Jésus (1773). Paradoxalement, un pan entier de l'histoire de la musique s'efface à cause de la haute estime qu'on lui porte.

Deux pures merveilles parmi tant d'autres

Le sublime *Miserere* d'Allegri pour double chœur a fait l'objet de bien des convoitises. Son exécution était réservée au pape et à ses cardinaux le mercredi et le vendredi de la Semaine sainte, à la fin de l'office des ténèbres. On imagine avec délectation les chanteurs improviser de somptueux ornements pendant que les cierges sont soufflés un à un, plongeant la chapelle Sixtine dans la pénombre.

ANECDOTE

La partition du Miserere d'Allegri est jalousement tenue au secret par le Vatican qui menace d'excommunication quiconque oserait la transcrire ou l'interpréter. Pas besoin de partition pour Mozart qui la retranscrit intégralement, et de mémoire, à l'âge de 12 ans lors d'une visite à Rome.

Des joyaux de musique vocale sacrée accompagnée par des instruments, le *Stabat Mater* de Pergolèse est probablement le plus célèbre. Chant du cygne d'un génie emporté par la tuberculose à 26 ans, il gagne une grande célébrité posthume. Seize ans après sa mort, Pergolèse est malgré lui le déclencheur d'une grande bataille esthétique en France, la querelle des Bouffons (voir le chapitre 12).

Sonare

Du luth au clavier

Ce n'est plus la peine de lut(h)er

En Italie, le luth est l'instrument roi au XVIe siècle. Par ses adaptations instrumentales de polyphonies de la Renaissance, il change peu à peu la perception de la superposition des voix : une écoute harmonique par accord est en gestation. Mais il perd de sa superbe au XVIIe au profit du clavier (clavecin et l'orgue), d'autant que la facture instrumentale italienne est la plus fameuse en Europe durant ce siècle. **Girolamo Frescobaldi** (1583-1643) donne ses lettres de noblesse au clavier – ses œuvres se jouent indifféremment au clavecin ou à l'orgue – avec ses *Ricercares*, *Toccatas* et autres *Caprices*. Son talent va se répandre partout en Europe *via* ses multiples disciples et remonter jusqu'aux oreilles de Bach.

Un napolitain en péninsule Ibérique

Domenico Scarlatti (1685-1757), fils d'Alessandro (voir p. 96), quitte Naples très tôt pour enseigner le clavecin à la fille du roi Jean V du Portugal, Maria Barbara. Lorsqu'elle épouse l'infant d'Espagne, il la suit en terre ibérique où il reste jusqu'à sa mort. C'est pour cette talentueuse musicienne qu'il compose la plupart de ses *555 sonates* pour clavecin, parmi les plus belles et les plus élégantes de l'histoire de la musique.

Le choc des titans

En 1709, dans le palais du cardinal Pietro Ottoboni, un concours amical oppose deux légendes vivantes de la musique : Domenico Scarlatti et Haendel qui reconnaissent leurs talents mutuels à l'issue de la joute. Le premier est déclaré vainqueur au clavecin et le second à l'orgue.

La naissance de la sonate...

La belle histoire

L'imagination créatrice des Vénitiens est sans limite. Après l'opéra, la cité des Doges est le berceau d'une forme instrumentale, **la sonate**. Par étymologie (*sonare*, « sonner »), la sonate est instrumentale en opposition à la cantate (*cantare*, « chanter ») vocale et excluant les œuvres pour clavier pour lesquelles sont composées des toccatas (*toccare*, « toucher »). L'étymologie est parfois contournée. L'appellation sonate désigne une nébuleuse qui va progressivement se décliner en catégories précises. À la fin de la Renaissance, *canzones* (passage à l'instrument de pièces vocales) et *sonates en un mouvement* semblent des titres interchangeables. Dans la période baroque qui nous concerne, la sonate prend le relais de la canzone, et c'est la musique vénitienne qui nous le révèle. Les plus anciens témoignages remontent à Gabrieli qui compose huit sonates réparties dans deux recueils, l'un de musique religieuse – les *Symphonies sacrées* – et l'autre de musique profane. Rapidement, les canaux musicaux de Venise se déversent dans toute l'Italie qui conservera l'exclusivité du genre jusqu'au milieu du siècle, et la sonate, sous des formes variées, devient un genre à part entière très prisé.

Les premières sonates admettent les effectifs instrumentaux les plus divers. Les cahiers de sonates de **Giovanni Legrenzi** (1626-1690) sont prévus pour des formations allant de 2 à 6 parties. Avec lui, les sonates s'étalent sur plusieurs mouvements de tempos différents. Avec **Arcangelo Corelli** (1653-1713), la sonate prend des couleurs plus définitives : il distingue la sonate de chambre (*da camera*) destinée à la cour et traitée comme une suite de danses, et la sonate d'église (*da chiesa*) où s'enchaînent des mouvements de musique « pure », c'est-à-dire émancipés de leurs références à la danse. Dans les deux cas, le compositeur alterne mouvements lents et mouvements vifs, et la tonalité unique sert de fil conducteur à chaque sonate. Son catalogue, c'est curieux pour un Italien, ne comporte rien de vocal : ni opéra ni musique sacrée. Corelli a regroupé ses compositions en six opus de douze sonates chacune : des sonates en trio pour les quatre premiers, des sonates pour violon pour le cinquième (la dernière sonate de recueil exploite le thème de *La Folia*, l'un des thèmes musicaux les plus populaires à l'époque), des concertos grossos pour terminer. Dans tous les cas, ce sont des pièces pour cordes et basse continue.

Avant que Vivaldi et Bach ne s'emparent de la sonate, chacun à sa manière, celle-ci traversera les frontières vers le nord (Biber) et l'ouest (Leclair).

Uno, due, tre, quattro...

Contrairement à ce qu'on pourrait penser, il faut souvent être quatre musiciens pour jouer une de ces *sonates en trio* dont Corelli nous gratifie de beaux exemples. Si les deux parties de « dessus » d'importance égale imposent logiquement deux instruments solistes (cornets à bouquin, violes ou, comme ici, violons), la troisième partie, le continuo, nécessite une basse et un instrument harmonique pour être complète. On peut également interpréter ces sonates en trio avec la formation disponible : d'un seul organiste, interprétant sur ses claviers les deux parties de dessus et la basse continue, à pléthore de musiciens, tout est envisageable.

... et du concerto

Comme pour la sonate, le mot *concerto* reste imprécis avant de connaître des catégories mieux définies. On en distingue trois principales dans lesquelles les compositeurs baroques italiens vont briller : le concerto sacré, le concerto grosso et le concerto de soliste.

Concerto sacré

Dès la fin du XVIe siècle, le goût de plus en plus prononcé pour le contraste est perceptible dans la musique vocale : profitant de l'architecture de la basilique avec ses deux tribunes qui se font face, deux chœurs se répondent à la basilique Saint-Marc de Venise dans les œuvres d'**Andrea Gabrieli** (1510-1586) créant un effet stéréophonique inédit et accentué par l'ajout progressif d'instruments. Le neveu d'Andrea, **Giovanni Gabrieli** (1557-1612), utilise le particularisme de l'architecture de l'édifice pour créer de nombreux effets d'échos et de dialogues entre les ensembles installés sur les deux tribunes : dans ses *Symphonies sacrées* (1597) la plus baroque de ses œuvres, sa musique s'émancipe du style de ses prédécesseurs pour entrer de plain-pied dans la modernité en mettant la musique au service du texte. Certaines de ces pièces sont nommées concertos.

Dans un registre moins clinquant, Viadana compose cinq ans plus tard *Cent concertos pour l'église* pour une ou plusieurs voix et continuo. Le concerto sacré ne connaît pas de grand développement en Italie. Passé en Allemagne, il intègrera des mélodies de *chorals* (on parle de concerto choral ou de concert spirituel) illustrés par Scheidt et surtout Schütz.

Concerto grosso

C'est une forme essentiellement instrumentale, née à la fin du XVIIe siècle. On considère le génois **Alessandro Stradella** (1644-1682) comme précurseur dans ce domaine : dans ses *sinfonie*, il oppose deux ensembles instrumentaux : un grand effectif (*ripieno* ou *concerto grosso*) et un effectif restreint (*concertino*). Il pose les bases d'un genre que Corelli développe à la perfection (son dernier opus dans lequel le n° 6 est bien connu sous le nom *Concerto pour la nuit de Noël*). Dans le concerto grosso italien, il n'y a pas de confrontation entre les deux ensembles : le concertino joue la partition d'un bout à l'autre, et le ripieno le double de temps en temps, créant par là un épaississement sonore dynamique. On attendra Vivaldi pour que le concertino ait une partie réellement plus virtuose à se mettre sous les doigts.

Quand la réalité dépasse la fiction

C'est peu de dire que Stradella aimait les femmes. Cette attirance irrépressible pour le beau sexe lui fut fatale. Certains maris ou amants des nombreuses femmes séduites tentèrent de laver leur honneur dans le sang ; sans succès jusqu'au jour où le Don Juan succomba à la lame du sbire d'un des infortunés cocus.

Concerto de soliste

Giuseppe Torelli (1658-1709) est considéré comme le père du concerto pour soliste. Son opus 8 est constitué de 6 concertos pour deux violons et 6 pour un seul. Au-delà, on lui reconnaît de nombreuses œuvres pour soliste retrouvées manuscrites parmi lesquelles nombre de pièces convoquant en solo la trompette ou le hautbois. Le concerto de soliste dérive du concerto grosso – ici le concertino est limité à un soliste – avant de prendre d'autres proportions dès lors que le soliste se transforme en virtuose. Vivaldi en sera le héraut incontesté. Au-delà de la période baroque, seul le concerto de soliste se maintiendra, alors que les deux autres catégories feront les frais de l'oubli (le concerto grosso retrouvera quelques adeptes au XXe siècle).

Antonio Vivaldi (1678-1741)

Le prêtre roux

Giovanni Battista Vivaldi, bon violoniste nous dit-on, destine très tôt son fils Antonio à une vie religieuse. Le jeune et blond Vénitien est ordonné prêtre à l'âge de 25 ans. Mais d'une santé fragile, il est rapidement contraint de renoncer définitivement aux obligations liturgiques de sa condition ecclésiastique.

Génial avorton

Le musicologue Fétis raconte cette anecdote : « Disant un jour sa messe quotidienne, il lui vint une idée musicale dont il fut charmé ; dans l'émotion qu'elle lui donnait, il quitta sur-le-champ l'autel et se rendit à la sacristie pour écrire son thème, puis il revint achever sa messe. Déféré à l'inquisition, il fut heureusement considéré comme un homme dont la tête n'était pas saine, et l'arrêt prononcé contre lui se borna à lui interdire la célébration de la messe. »

L'environnement idéal

L'Ospedale della Pietà est une institution religieuse vénitienne accueillant des filles abandonnées, orphelines ou illégitimes. Officiellement chargé de l'instruction musicale des pensionnaires, Vivaldi régente dans les faits ce conservatoire de musique dont certaines élèves sont d'excellentes chanteuses et instrumentistes. Les concerts de l'*Ospedale* sont très prisés et la réputation des œuvres que Vivaldi a jouées ou composées à l'intention de ses jeunes interprètes dépasse les frontières. Il est très écouté par les grands de ce monde à qui il dédie plusieurs de ses œuvres.

Le paradoxe vivaldien

D'une renommée internationale de son vivant en tant que violoniste et compositeur (Bach reprendra plusieurs de ses œuvres), fréquentant les puissants, lui qui est né un jour où sa région subissait un terrible tremblement de terre quitte ce monde dans un flou non artistique, lors d'un séjour à Vienne dont on connaît peu de choses – d'ailleurs ce que l'on sait de sa vie reste très lacunaire – non sans avoir bradé les manuscrits de ses concertos pour quelques ducats. Dans ces conditions misérables, sa dépouille est menée au cimetière des pauvres de la capitale autrichienne.

Oublié pendant deux siècles, il est aujourd'hui l'un des compositeurs les plus joués et les plus enregistrés à travers le monde. Son extraordinaire boulimie créatrice et sa tendance à l'auto-plagiat (pratique courante à l'époque) font aussi de lui un compositeur décrié : il est de bon ton de dénigrer le compositeur apprécié du plus grand nombre.

Son catalogue instrumental est impressionnant. Il abandonne progressivement le concerto grosso pour développer le concerto de soliste. Il déloge sans difficulté les habiles compositions de ses prédécesseurs Corelli, Torelli ou Albinoni, et fixe le plan tripartite du concerto qui devient immuable : un mouvement lent encadré par deux allégros. Plus encore, c'est dans la verve jubilatoire de ces mouvements rapides qu'il conquiert le public. On lui reprochera d'avoir très abondamment exploité le filon concertant en composant 500 fois le même. C'est injuste et inexact. Quand on se laisse porter par le talent des interprètes baroques actuels, on sent bien qu'il en est tout autrement.

Sur cinq cents concertos (environ), la moitié est consacrée au(x) violon(s), trente-neuf au basson, trente au(x) violoncelle(s), une soixantaine à des orchestres sans soliste. S'y ajoute une petite centaine de sonates dont certaines sont regroupées par six ou douze sous un même numéro d'opus, comme chez Corelli. Les plus répandus sont les opus 3 (*L'Estro armonico*), 4 (*La Stravaganza*), 8 (*Il cimento dell'armonia e dell'invenzione* dont les quatre premiers constituent *Les Quatre saisons*) et 13 (*Il Pastor fido*).

Ce flot ininterrompu, dont l'exploitation reste à parfaire, fait un peu d'ombre à la production lyrique – une cinquantaine d'opéras dont on a au moins une trace (*Ercole sul Termodonte*, *Orlando furioso*, *La Griselda*) – et de musique sacrée (célébrissime *Gloria*, *Laudate pueri*, *Stabat Mater*).

Chapitre 8

Acte II, l'exception française

Dans ce chapitre :

- Jugez du pouvoir de la musique sous le règne de Louis XIV
- Suivez le feuilleton des relations entre Jean-Baptiste Lully et le pouvoir
- Et vous, scientifiques et mélomanes, appréciez la « sciences des sons » de Jean-Philippe Rameau

À cordes et à cri

Un pincement aux cordes

Luth

Aux XVIe et XVIIe siècles, le luth jouit d'une aura particulière en France : toute éducation digne de ce nom ne saurait se passer de son apprentissage. **Le Vieux Gautier** (v. 1577-1651), luthiste le plus célèbre de son temps, enseigne le raffinement de son art à nombre d'aristocrates. Tandis que des luthistes, tel Mezangeau, occupent des fonctions officielles à la cour, la notoriété de certains autres, tel Charles Mouton, leur permet de poursuivre des carrières indépendantes et de fréquenter les salons littéraires.

Le répertoire de cet instrument est constitué de mélodies qu'il accompagne (*airs de cour*) d'improvisations et de danses. Ces dernières s'inspirent des danses de bal (allemande, courante, sarabande, gigue, etc.) dont elles conservent les caractéristiques musicales. Pour éviter de réaccorder les nombreuses cordes de leur instrument entre chaque pièce, les luthistes prennent l'habitude de regrouper les danses par tonalité, les faisant précéder par une œuvre rythmiquement libre (le *prélude*) leur permettant de parfaire l'accord. Véritables pièces de genre, les mouvements de danses sont souvent parés d'un titre évocateur (*la Pleureuse*, *la Petite bergère*, *la Cascade*…). Hommages à des maîtres estimés ou à des proches disparus, les *tombeaux* sont des œuvres poignantes dans lesquelles luthistes, violistes et clavecinistes font montre d'une affliction tout en délicatesse et en retenue.

Clavecin

Les clavecinistes conservent cette organisation des danses en *suites* appelées *ordres* chez Couperin et ajoutent au toucher propre au clavier, des techniques typiques du luth : des arpèges mêlant accords et mélodie (le style brisé) et des ornements. Si au début du XVIIe siècle, les claviéristes sont polyvalents (clavecinistes et organistes), une véritable école française de clavecin naît avec **Jacques Champion de Chambonnières** (1601-1672) et est portée aux nues par la dynastie des Couperin : **Louis Couperin** (1626-1661), son neveu **François Couperin** (1668-1733) « le Grand » qui mêle avec élégance quelques italianismes à ses compositions. Son traité didactique, *l'Art de toucher le clavecin*, et la méthode innovante de « passage de pouce » de **Jean-Philippe Rameau** (1683-1764), sont les témoins du niveau de sophistication extrême atteint par les interprètes français au début du XVIIIe siècle et de l'évolution de la facture de l'instrument. Témoins de l'expressivité et de l'invention française, les *Pièces de clavecin en concerts* de Rameau constituent certaines des plus belles pages de l'histoire de la musique.

Viole de gambe

Le film *Tous les matins du monde* (Alain Corneau) est un beau succès populaire. Grâce au jeu des acteurs (Jean-Pierre Marielle et Gérard Depardieu) et à la magnifique interprétation à la viole de gambe de Jordi Savall et son ensemble Hespèrion XX, le grand public découvre deux des plus prestigieux violistes français : **Jean de Sainte Colombe** (v.1640-v.1700) et **Marin Marais** (v.1656-1728) qui apportent au répertoire pour viole une palette de couleurs plus large grâce à l'ajout d'une septième corde plus grave.

Figure 8-1 : Viole de gambe (Jean-Martial Frédou, *Portrait de Forqueray*)

French Touch

Tragédix le gaulois

Toute l'Europe est conquise par l'*opera seria* italien. Toute ? Non ! Car une région résiste victorieusement à l'envahisseur. En France, d'irréductibles Gaulois (par naissance ou par adoption) développent un opéra sérieux inspiré de la tragédie classique : la *tragédie en musique* (ou *tragédie lyrique*). Les sujets mythologiques sont l'occasion de louanges au roi, de rebondissements s'achevant avec un dénouement heureux, et de ballets ponctuant l'intrigue avec vraisemblance.

« Ils sont fous ces Italiens ! »

Mais *piano* sur les cocoricos ! Ce genre français a du sang italien dans les veines. Déjà au milieu du XVIIe siècle, les Français préfèrent au bel canto et aux voix de castrats de l'*Orfeo* de Rossi les extraordinaires machineries théâtrales mises au point pour ce spectacle par lescénographe et ingénieur Giacomo Torelli. De même, dans les opéras de Cavalli, la star italienne du moment invitée à Paris, les Français, grands amateurs de spectacles de cour chorégraphiés (*ballets de cour*), n'admirent que les ballets ajoutés par Lully.

Sur la corde raide

Ne vous aventurez pas à prononcer le mot « corde » dans un théâtre ou un opéra ! Vous risqueriez une amende. Cette superstition a été apportée par les premiers machinistes, des marins. Ces experts en cordage n'emploient jamais le mot « corde » pour désigner drisses, écoutes ou amarres de leurs navires, ce terme étant réservé à la corde de la cloche de quart avec laquelle on salue les morts.

Assurancetourix

Les Français ont des goûts particuliers. À la mélodie de la langue italienne, ils préfèrent le rythme de la langue de la « première comédie française en musique », la *Pastorale d'Issy*, du compositeur Cambert et du poète Perrin. Ils goûtent peu à l'interprétation vocale italienne complexe et impétueuse et optent pour la simplicité et la retenue. Le nationalisme français impose à son opéra national des voix différentes de celles employées par son concurrent ultramontain. Contrairement au contre-ténor qui use exclusivement de sa voix de fausset, la haute-contre mixe voix de poitrine et voix de tête afin d'obtenir le timbre typique des rôles de héros de l'opéra français. Le révolutionnaire Rameau fait fi de ces conventions dans son opéra *Platée* (1745). Plus habitué à interpréter de jeunes et virils héros masculins, la haute-contre se voit confier celui d'une nymphe grotesque.

À la cour du roi

Musique et danse au service du pouvoir

Soleil sur scène et sur terre

Tout gentilhomme doit exceller dans l'art de la danse. Divertissement importé d'Italie, les *ballets de cour*, tel *Le Ballet Comique de la Reine* (Lambert de Beaulieu, 1581), sont interprétés par les nobles devant la cour. À 15 ans, Louis XIV, profondément marqué par la Fronde, donne une nouvelle dimension à l'art de la danse et marque les esprits dans le *Ballet de la nuit* (divers compositeurs, 1653). En danseur accompli, il incarne le soleil qui dissipe les ténèbres sur scène au milieu des grands du royaume, contraints de se mettre à ses pieds devant la cour réunie. Sur les planches comme dans la réalité, la hiérarchie de l'État est affirmée avec force.

Figure 8-2 : Louis XIV en costume d'Apollon pour le Ballet de la nuit

ANECDOTE

Au feu ! En 1653, à l'entrée du roi sur scène lors du Ballet de la nuit, une partie du décor s'enflamme. Le jeune roi gagne le respect de ses sujets en faisant montre d'une maîtrise de soi digne d'un grand monarque.

Un décor géant

Louis XIV hérite de la passion de son père Louis XIII pour la musique et la danse, et d'un petit château éloigné du tumulte parisien. Les meilleurs architectes (Le Vau, Hardouin-Mansart), fontainiers (les Francine), jardiniers (Le Nôtre), peintres (Le Brun), musiciens (Lully) et comédiens (Molière) y concentrent leurs talents afin de créer un écrin d'architecture et de verdure pour les somptueuses fêtes royales. Pendant un demi-siècle, la construction du château de Versailles est alors le reflet du long règne du monarque et permet de suivre pas à pas l'évolution d'une musique conçue pour son plaisir.

- Les jardins sont le théâtre de verdure et d'eau de somptueuses fêtes comme *Les Plaisirs de l'Île Enchantée*, successions de joute, carrousels, tournois, festins, bals, spectacles de ballets et de machines, comédies. La musique et la danse y tiennent une place fondamentale et le roi ne regarde pas à la dépense. Il s'agit d'affirmer sa suprématie politique et militaire en donnant de la France une écrasante image de faste aux autres royaumes : la seule fête, *Le Grand Divertissement royal*, représente un tiers de toutes les dépenses de Versailles en 1668.
- Avec l'âge, le roi danseur s'empâte et ne se produit plus sur scène : lors de la deuxième représentation des *Amants Magnifiques*, il se fait remplacer par le comte d'Armagnac et par le marquis de Villeroi. Le roi n'a plus besoin d'incarner Apollon ou Neptune sur scène. La métaphore est devenue réalité : pour tous, il est le plus grand monarque de son temps. Si sa passion pour la danse demeure, c'est côté public qu'il s'assouvit, servi par le génie de Lully et du chorégraphe Pierre Beauchamp. D'outil de propagande politique, la danse devient un divertissement sous la forme de *comédies-ballets* que Lully crée en collaboration avec Molière. Précision : Versailles en travaux n'est pas le théâtre exclusif des festivités. Le théâtre du Palais Royal et les autres châteaux, tel Chambord, accueillent aussi ballets de cours ou comédies-ballets.
- À l'image de la cour de marbre de Versailles qui devient le décor de l'opéra (tragédie lyrique) *Alceste* en 1674, le monopole absolu et inaltérable offert par le roi à Lully fait du compositeur florentin la musique française incarnée jusqu'à sa mort.
- D'un lieu de villégiature conçu pour la fête, Versailles devient en 1682 la résidence permanente d'un roi dont le rayonnement, privé de la vitalité de Lully, perd peu à peu de son éclat en fixant sa cour.
- La construction de la chapelle est le point d'orgue du règne du vieux monarque : après la fougue des opéras appréciés dans sa jeunesse, le *grand motet* (motet à deux chœurs) est le parfait accompagnement musical pour le monarque au crépuscule de sa vie.

Serviteurs du roi

Les arts rythment la vie du souverain (Louis XIII, Louis XIV) et sont la manifestation de sa puissance. Fiers du prestige de leur état de serviteurs qualifiés, les musiciens accompagnent leur roi lors des déplacements dans ses différents châteaux. Ils occupent à la cour des fonctions officielles (des charges qu'ils ont la possibilité de léguer ou de vendre), réparties entre trois départements principaux :

- À ceux de la *Chapelle* (chant, orgues, cordes et cornet) incombe l'exécution quotidienne du service religieux.
- À ceux de la *Chambre* (cordes et flûtes) dirigée par un surintendant (Lully puis De Lalande) est confiée la musique des divertissements commandés par le roi : ballets, bals, concerts. D'abord méprisé car accompagnant la danse, avec les « 24 Violons du roi » ou *Grande bande*, le violon acquiert enfin en France la même considération que les autres instruments.
- À ceux de l'*Écurie* (vents et percussions) revient la responsabilité de la musique d'extérieur et d'apparat.

D'autres plus petits départements, tels les *Petits violons* ou *Petite bande* de Louis XIV, participent à la représentation quotidienne du roi (lever, coucher, etc.). Certains musiciens appartiennent à plusieurs départements à la fois, et tous peuvent être réunis selon les circonstances.

Recueillons-nous

Messe

En France, à l'époque baroque, la messe chantée demeure en plain-chant ou dans un style *a cappella* hérité du siècle précédent. Mais pour le roi, de simples *messes basses* ne peuvent convenir. **Henry Du Mont** (1610-1684) modernise le plain-chant en le mesurant et en l'intégrant dans un contexte tonal (rappelons que le plain-chant originel est libre rythmiquement et modal) : ces nouvelles compositions se nomment *messes basses solennelles*, et les *Messes royales* de Du Mont en sont parmi les plus beaux témoignages. Au delà de leur qualités musicales, les *Messes concertantes* de **Marc-Antoine Charpentier** (1634-1704) par l'emploi d'instruments faisant écho au chœur, sont aussi une réponse française au faste liturgique romain. Louis XIV qui souhaite s'émanciper de Rome ne peut qu'apprécier le symbole.

Leçons de ténèbres

Si on doit à Charpentier et De Lalande de somptueuses *leçons de ténèbres* (voir le chapitre précédent), celles de François Couperin sont considérées comme un sommet de la musique sacrée.

Motet versaillais

Les grands évènements de la vie du souverain (naissances, mariages, décès, guérisons, victoires) sont célébrés avec le faste qui sied à un monarque. Des motets sont commandés pour l'occasion et exécutés à la Chapelle royale – ainsi que dans certaines grandes églises – pendant l'office ou en parallèle, à partir de textes en latin extraits des psaumes ou des cantiques (*Te Deum*, *Magnificat*). Avec Du Mont**,** l'ancien usage d'une interprétation *a cappella* de la musique sacrée est abandonné au profit d'une exécution avec orchestre, double chœur et voix solistes. Ce *grand motet*, genre typiquement français dont le *Miserere* de Lully devient la référence, ainsi que des motets à effectif plus réduit, font la gloire de Charpentier et de **Michel-Richard De Lalande** (1657-1726).

Oratorios

Singulier paradoxe de deux pays voisins éprouvant l'un pour l'autre attirance et répulsion à la fois : dans une France dont le style national est incarné par un Florentin (Lully), c'est un français, Charpentier qui ose importer de la musique italienne. Ce dernier, très inspiré par les œuvres de son maître Carissimi, compose des oratorios en latin et en français.

Le Concert spirituel

Les concerts publics sont réservés à l'Académie royale de musique depuis sa création. À partir de 1725, hormis la chapelle ou l'église, un nouveau lieu permet d'entendre de la musique sacrée : la grande salle du palais des Tuileries. *Anne Danican Philidor* (1681-1728), hautboïste à la Chapelle royale, obtient l'autorisation d'y organiser des concerts payants les jours de fêtes religieuses. Cette concession ne portait aucun préjudice à l'Académie dont les opéras ne pouvaient être donnés en ces occasions. L'organisme qu'il fonde, le *Concert Spirituel*, produit au début des séries de concerts dont le répertoire ne tombe pas sous le privilège de l'Académie : musique sacrée (motets de De Lalande) et musique italienne. La réputation d'excellence des chanteurs et musiciens s'y produisant dépasse les frontières jusqu'à sa fermeture en 1790.

Un Italien à Paris : Jean-Baptiste Lully (1632-1687)

Un caractère complexe – ambitieux, opportuniste, d'une rare capacité à évincer les concurrents – et un immense talent font de Lully la musique française incarnée.

Un Florentin dans l'ombre du Roi Soleil

Le jeune Giovanni Battista Lulli (francisé par la suite en Jean-Baptiste Lully) quitte Florence à 14 ans pour devenir le garçon de chambre de Mlle de Montpensier au palais des Tuileries et se forge une solide culture musicale française. Ses talents de violoniste lui valent d'intégrer les 24 Violons du roi, et ceux de baladin, de danser aux côtés du Louis XIV lors du Ballet de la nuit. Quelques mois plus tard, il est nommé compositeur de la Chambre du roi. C'est le début de l'ascension sociale exceptionnelle d'un homme dont le destin sera lié à celui du roi de France pendant une trentaine d'années.

Le violoniste gagne ses gallons

Il révolutionne la manière de jouer de la Petite bande de violons en imposant une concision rythmique inégalée, faisant de ce département un fleuron de l'interprétation surpassant la Grande bande en prestige. Bénéficiant des faveurs du roi, il est anobli et nommé surintendant de la musique du roi à 29 ans seulement.

Les deux Baptiste : la comédie-ballet

Louis XIV fonde l'Académie royale de danse en 1661, avant l'Académie des lettres ou l'Académie des sciences. C'est le signe de l'attention particulière du monarque pour la danse.

L'argument des ballets de cour ne servait que de prétextes à une succession de nombreux tableaux (*entrées*). Dans les comédies-ballets ▶, Molière intègre les parties musicales et chorégraphiques avec un grand souci de vraisemblance. Entre 1664 et 1671, les deux Baptiste offrent au roi une dizaine de comédies-ballets et une *tragédie en machines*, *Psyché* (participation de Corneille et Quinault) qui marquera la fin de leur collaboration.

Sombres manœuvres

En 1671, le succès de la représentation de l'opéra de Cambert et Perrin *Pomone*, pour l'inauguration de l'Académie d'opéra créée deux ans plus tôt, n'échappe pas à l'ambitieux Lully. Lui qui estimait auparavant que la langue française était inconvenante à l'opéra, écarte ses rivaux et dirige l'Académie royale de musique qui prend le relais de la précédente. Il obtient du roi des privilèges très restrictifs pour ses concurrents et s'acharne sur Molière et sa troupe (interdiction d'employer des danseurs, et pas plus de deux chanteurs et six instrumentistes). Il chasse cette dernière de la salle du Palais royal et obtient de faire imprimer sous son seul nom les comédies-ballets écrites en collaboration avec Molière.

Discret Charpentier pris entre deux feux

Lorsque Lully use de son pouvoir pour imposer une réduction drastique du nombre d'instrumentistes et de chanteurs, Charpentier, à qui Molière a confié la musique de son *Malade imaginaire*, doit revoir sa copie à maintes reprises. Cette fructueuse et éphémère collaboration est brisée par le décès de Molière en 1673.

Opéra à la française : la tragédie lyrique

Lully et son librettiste principal Philippe Quinault font de l'opéra français un outil de propagande politique qui diffère en bien des points de l'opéra italien.

- **Le prologue** : il est l'occasion d'un panégyrique appuyé au souverain, identifié aux héros de l'histoire. Son ouverture dite « à la française » se distingue des ouvertures « à l'italienne » par les volets qui la composent : le premier majestueux et lent avec des rythmes pointés, le second vif et alerte (parfois avec un troisième volet dans l'esprit du premier) contrastent avec l'enchaînement vif-lent-vif en usage en Italie. Par le sujet et le caractère de la musique, ce prologue annonce le drame qui va suivre.
- **La langue française** : très influencées par le théâtre de Corneille ou Racine, ces tragédies lyriques conservent de la tragédie classique la construction en cinq actes. Les récitatifs en sont l'élément principal. Ils permettent de faire avancer l'action et d'exprimer les passions dans un style simple mais subtil, calqué sur la déclamation des acteurs.
- **L'air (et l'arioso)** : les Français préfèrent l'expressivité subtile à la virtuosité fougeuse italienne.
- **La danse :** le goût des Français pour la danse la rend omniprésente avec un ballet intégré dans chaque acte maintenant la cohérence de l'histoire.
- **Les chœurs :** ils incarnent des personnages (furies, peuples divers, etc.) qui commentent l'action ou y prennent part.

Hormis les œuvres de Lully – on peut citer *Alceste*, *Atys*, *Isis* et *Armide* –, vous ne trouverez aucune autre tragédie lyrique jusqu'à sa mort : il était le seul autorisé à en composer, au grand dam des parisiens qui pestaient de ne se voir proposer qu'un opéra annuel.

Erreur de parcours

Toute la cour reconnaît dans les héros des intrigues, des allusions flatteuses à la personne du roi. Il fut normal pour la favorite du moment, Mme de Montespan, de s'imaginer en Junon, femme de Jupiter, lors de la représentation d'*Isis*. Le librettiste Quinault aurait dû prévoir cette éventualité avant de peindre la déesse sous de mauvais atours et de s'attirer les foudres royales.

Sur tous les fronts

Lully ne se contente pas servir le roi avec sa musique vocale profane. Ses grands motets à deux chœurs, notamment le *Miserere* et le *Te Deum* ont la faveur de son souverain. Nombre de témoins en font des critiques élogieuses. On lui doit également des petits motets à trois voix solistes d'inspiration italienne, plus intimistes.

« Comment, un bâton ? »

En janvier 1687, Lully dirige son *Te Deum* avec une vigueur qui lui sera fatale. Il bat la mesure avec une canne et se blesse au pied. La gangrène l'emporte deux mois plus tard. Lui qui dirigeait habituellement un rouleau de partition à la main, pourquoi diable voulut-il donner le rythme à ses musiciens comme à des danseurs ?

Un Bourguignon à Paris : Jean-Philippe Rameau (1683-1764)

Un « pavé » dans la mare

Pour **Jean-Philippe Rameau**, enfant du siècle des Lumières, la raison éclaire la théorie musicale basée sur une approche mathématique. Son *Traité d'harmonie réduite à ses principes naturels* tente de justifier le caractère naturel et raisonné de l'harmonie. Il en déduit des règles d'enchaînements d'accords fondés sur des lois acoustiques.

Mais qu'on ne s'y trompe pas. Si la « sciences des sons » de Rameau semble froide d'extérieur, la musique qu'elle véhicule dépeint à merveille toutes les passions de l'âme.

Ses *Suites de pièces de clavecin* et ses *Pièces de clavecin en concert* montrent que la raison n'est pas l'antithèse d'une musicalité exacerbée, dont l'harmonie et le rythme sont les fondements.

Ramolution

Les œuvres qui feront sa gloire sont composées sur le tard. Il a 50 ans quand son premier chef-d'œuvre, l'opéra (tragédie lyrique) *Hippolyte et Aricie* déclenche une bataille de libelles entre les tenants de l'esthétique de Lully (les « lullistes ») et ceux du style innovant de Rameau (les « ramistes »).

Douze ans plus tard, il est nommé compositeur de la Chambre du roi. Au faîte de sa gloire, il a déjà composé plusieurs œuvres majeures du répertoire lyrique français dont :

- *Castor et Pollux* : fidèle à la tradition de la tragédie lyrique, il respecte le cadre établi par Lully tout en apportant une touche personnelle à l'écriture orchestrale.
- *Les Indes galantes* : dans un opéra-ballet, un thème (ici l'exotisme) sert de fil conducteur à une succession de sujets dans lesquels la danse tient une part importante.
- *Platée* : en filigrane de cet opéra qualifié de *ballet bouffon* à sa création, un autre visage de Rameau apparaît, illuminé d'une inventivité éblouissante et d'une folie débordante.

ANECDOTE

Lors d'une répétition de son opéra *les Paladins*, Rameau intime l'ordre à une des actrices d'accélérer.

– Mais si je vais plus vite, on n'entendra plus les paroles, proteste-t-elle.

– Eh ! Qu'importe ? Il suffit qu'on entende la musique, lui rétorque le compositeur.

L'Opéra-comique de Paris

Chaque année à Paris deux foires se tiennent sans se faire concurrence : au printemps, la foire de Saint-Germain dans un lieu abrité du quartier Saint-Germain-des-Prés et pendant l'été la foire de Saint-Laurent en plein air. S'y côtoient artisans, commerçants, bourgeois, badauds.

À côté des expositions de produits artisanaux se développe tout un art du spectacle. Dans un premier temps, ce sont des spectacles forains comme des marionnettes, des funambules ; mais rapidement se forment des petites troupes de théâtre créant de véritables spectacles dont certains commencent à la foire de printemps pour se terminer à la foire d'été.

La concurrence est rude pour les grands théâtres de Paris. La très officielle Comédie-Française ne goûtant guère cette comédie-là lui fait interdire la production de pièces dialoguées dont elle revendique l'exclusivité. Les forains qui ne manquent pas d'idées composent avec des pièces en monologues, ou bien en dialogues « muets », c'est-à-dire en s'adressant à un partenaire invisible ou muet (parfois même un animal !). Ils instaurent un système d'écriteaux sur lesquels les spectateurs lisent des couplets écrits pour la circonstance et qui s'adaptent à la musique de chansons alors populaires ; et nos rusés forains, ayant décidément plus d'un tour dans leur sac, s'adjoignent quelques musiciens qui accompagnent ces moments de franche rigolade. On passe de petites pièces théâtrales à des pantomimes et des pastiches de scènes lyriques.

Mais tout le monde ne rigole pas. Si la Comédie-Française a obtenu gain de cause, c'est au tour de l'Opéra de Paris – alors nommé Académie royale de musique – qui, seul habilité à produire des spectacles lyriques, tente une opposition juridique. Mais cette maison très honorable étant en proie à des difficultés de trésorerie (phénomène chronique si l'on en croit l'actualité…), deux exploitants forains se voient octroyer le droit de représenter publiquement des scènes musicales.

Ainsi naît, en 1714, l'Opéra-Comique dont les premières années sont marquées déjà par plusieurs fermetures, non par manque de succès mais par jalousie des grandes scènes. En 1762, il fusionne avec les comédiens italiens du Nouveau Théâtre Italien et s'installe à son emplacement actuel, place Boieldieu (Paris, 2e), dans ce qui prendra le nom de « salle Favart » du nom de Charles-Simon Favart, grand auteur à succès du début de l'Opéra-Comique. Il est notre Goldoni et notre da Ponte à nous ! C'est principalement au XIXe siècle que la salle Favart connaîtra ses plus grands succès, autour des compositeurs Adam, Bizet ou Massenet. Pourtant, c'est au cours de ce même siècle que la salle connut deux graves incendies (1838 et 1897) qui nécessitèrent plusieurs années de fermeture.

Signe des temps, au XXe siècle, l'Opéra-Comique a du mal à trouver sa place dans la multiplicité des salles de concert. Fermé en 1971, il cesse toutes ses activités l'année suivante avant de se transformer en 1974 en Opéra-Studio, scène d'apprentissage pour les acteurs. L'expérience tourne court puisqu'en 1978 la salle est confiée à l'Opéra de Paris qui en fait une salle secondaire pour des spectacles nécessitant un espace et des moyens moindres. Enfin, en 1990, la salle Favart redevient l'Opéra-Comique aujourd'hui dirigé par Jérôme Deschamps qui a succédé au génial Jérôme Savary qui, de 2000 à 2007, lui avait fait retrouver l'esprit de la foire d'antan.

Chapitre 9

Acte III, baroque et *so british*

Dans ce chapitre :

- Laissez-vous conter par Henry Purcell l'histoire magnifique et tragique de Didon et Enée.
- *Ha__llelujah* ! voici Georg Friedrich Haendel

La musique baroque en Angleterre est tributaire des vicissitudes politiques du XVIIe siècle. Au milieu du siècle, Cromwell à la tête de la Révolution qui a entraîné la chute et la mise à mort de Charles Ier (1649) devient Lord Protecteur et proclame la République. Après une décennie de sévérité morale sous couvert de puritanisme biblique, le trône est restauré avec Charles II, le fils du précédent monarque. À cet anglican, succèdent le catholique Jacques II mis en fuite lors de la Glorieuse Révolution (1688) – il est « invité » par Louis XIV son cousin à s'installer au château de Saint-Germain-en-Laye, où le rejoignent plusieurs centaines de sympathisants – puis la reine protestante Marie (1689) avec qui la monarchie constitutionnelle prend le dessus sur la monarchie absolue.

La musique va ressentir ces soubresauts. La première moitié du XVIIe siècle est dominée par la musique instrumentale et par un genre scénique particulier, le masque ; la musique de Henry Purcell occupe à elle seule la seconde moitié du siècle, et la traversée de la Manche par Haendel marquera le début du suivant.

La musique instrumentale autour de 1600

Dans les décennies autour de 1600 se développe un répertoire instrumental typiquement anglais autour de deux instruments, le luth et le virginal, et des consorts.

Figure 9-1 : Caravage, *Le joueur de luth*

Depuis la Renaissance, le luth constitue une famille d'instruments dont la facture se développe sans cesse et qui dispose d'un riche répertoire. C'est l'instrument de prédilection de l'époque ; le XVIe siècle est considéré comme son âge d'or sur le vieux continent. En Angleterre, il apparaît plus tard. Les premières traces d'intérêt pour ce bel instrument y remontent à 1563 avec l'édition anglaise d'une tablature du français Adrien Le Roy – c'est une belle chose d'avoir retrouvé cette version, l'original étant perdu – et ce n'est qu'en fin de siècle que paraît un premier recueil anglais. Un nom est indissociable de ce répertoire, celui de **John Dowland** (1563-1626). Il voyage énormément pour l'époque : Paris – il s'y convertit au catholicisme –, l'Allemagne, l'Italie, retour en Allemagne et à l'Église de la Réforme par la même occasion, enfin Copenhague, comme luthiste du roi. Il revient chez lui lors du règne de Jacques Ier dont il devient l'un des luthistes royaux. Il excelle dans les *ayres*, déclinaisons locales des airs de cour français issus de la Renaissance, pour une voix (parfois davantage) soutenue par le luth dans la plupart des cas. Dowland laisse aussi des séries de pièces pour le luth seul et, tel un héritage musical, un recueil d'admirables *Lachrymae* à cinq voix dont le luth, toujours présent dans ses compositions comme dans sa vie d'artiste.

Figure 9-2 : Virginal (Parthenia, ed. 1846)

Vers 1600, le mot *virginal* désigne tous les claviers à cordes pincées avant de s'arrêter sur un instrument particulier distinct du clavecin, constitué d'un coffre rectangulaire et d'un clavier légèrement décalé sur le côté. Si les premiers instruments sont fabriqués aux Pays-Bas, c'est l'Angleterre qui lui donne ses lettres de noblesse. Dans un premier temps, on arrange pour le virginal les œuvres vocales de l'époque. Progressivement, il va se voir dédier une littérature spécifique d'une virtuosité impressionnante. **John Bull** (1562-1628) est le plus brillant virginaliste de son temps. Son parcours est à l'opposé de celui de Dowland : dans un premier temps, il voyage peu et se retrouve musicien officiel de Jacques Ier. Pour des raisons mal définies (*shocking* ! on parle d'adultère), il fuit l'Angleterre pour Bruxelles puis Anvers. Sa grande virtuosité se retrouve dans ses compositions inventives et variées regroupées avec d'autres dans des recueils épars (*Parthenia*, *Fitzwilliam Virginal Book*, *Mulliner Book*).

À quelle heure consort ?

Depuis la Renaissance, les musiciens aiment se regrouper pour jouer au sein de *consort* (ancêtre du concert) qu'il s'agisse de *full consort* dédié à des instruments de même famille ou de *broken consort* pour des formations mixtes. Les compositions préfigurent à leur manière la suite de danses qui se profile. On y croise notamment la fantaisie (*fancy*) qui tout en subissant les influences flamande puis italienne au fil des décennies n'en reste pas moins anglaise dans le ton. À côté de Byrd et Morley, c'est **John Jenkins**

(1592-1678), lui-même virtuose du luth, de la viole et du théorbe, qui laisse le répertoire pour consort le plus conséquent, en plusieurs centaines de partitions qui anticipent Purcell.

Messieurs, la cour !

Café-concert

Au début de ce XVIIe siècle, la vie à la cour de Londres est agrémentée de six consorts : l'orchestre de violons a pour fonction d'accompagner les danses, la fanfare les cérémonies fastueuses, trois ensembles de vents le dîner du roi. Le sixième consort plus virtuose et doté d'un statut spécial est chargé de concerts privés (musique de chambre instrumentale et vocale). Ce déploiement d'orchestres va se rabougrir lorsque Jacques II va regrouper tous les instrumentistes en un orchestre unique, aux possibilités musicales plus étendues (tous les pupitres sont réunis), mais aux débouchés professionnels de plus en plus exigus.

Masques-la-menace

Le *masque* remonte au XVIe siècle, mais c'est principalement au XVIIe qu'il est de mode. La cour anglaise se délecte de ce divertissement qui associe musique, poésie, chorégraphie, costumes et scénographie élaborée. Il est influencé par les intermèdes italiens puis par les ballets de cour français. Le centre en est un trio de danses : entrée, danse principale et sortie, qui illustre une intrigue allégorique ou poétique exécutée par des danseurs masqués (les « masqueurs »). Ces ballets se poursuivent par des « réjouissances » auxquelles sont conviées les belles dames de la noble assistance. C'est l'occasion un peu canaille de faire tomber les barrières entre professionnels qui interviennent dans les prologues, les dialogues, les chants et amateurs (les masqueurs, souvent des courtisans), sans pour autant menacer la paix sociale.

La collaboration entre le poète Ben Jonson et le décorateur Inigo Jones qui met au point un système de changement de décor fait des merveilles. Dans un masque, la musique est permanente. Les partitions des premiers masques sont rudimentaires, souvent limitées à la seule partie mélodique brute – sans indication instrumentale – et sa ligne de basse. Tout porte à croire que la plupart des danses « publiques » sont jouées de mémoire. Au fil du temps, le masque prend une autre consistance. On y insère dès 1609 un *antimasque*, interlude comique composé de chansons, pantomimes, danses et autres dialogues tirés du répertoire populaire. Malheureusement, trop peu de partitions sont intégralement conservées pour nous permettre de juger de l'efficacité de cette musique. On connaît quelques signatures musicales : Alfonso II Ferrabosco (mort en 1628), Nicolas Lanier (1588-1666), les frères Lawes (Henry, 1596-1662 et William, 1602-1645).

Ce genre musical va lentement dévier vers le semi-opéra en perdant sa structure initiale au profit d'une succession moins organisée d'ayres, d'antimasques et autres dialogues, et le banquet final se substitue à la réjouissance. À la Restauration, le masque resurgit çà et là mais dans des structures élargies ; on en trouve aussi sous forme brève en clôture d'un acte dans une pièce de théâtre. Sur la pointe des pieds, le masque tombe pour laisser la place au semi-opéra.

Restauration rapide

L'arrivée de Charles II redonne son lustre à la vie artistique londonienne. Fêtes et cérémonies vont se succéder à nouveau. De son exil, il entretient la nostalgie musicale de Lully qui a constitué autour de Louis XIV un formidable élan musical, sans pour autant parvenir à un résultat équivalent.

Semi-opéra

C'est à visage découvert que se joue ce genre nouveau. Aussi appelé *dramatic opera*, c'est un *mix* entre masque et tragédie lyrique française qui fait alterner textes parlés et chantés. Le livret trouve sa source dans des pièces de théâtre existantes. Shakespeare est souvent « emprunté » (*La Tempête*, *Macbeth*), mais aussi Molière (*Psyché*). La distribution des rôles est originale : les textes parlés sont réservés aux personnages principaux, les passages chantés aux personnages secondaires (fées, sorcières, esprits y ont leur place). Locke en composera plusieurs, mais c'est Purcell qui trouvera le ton juste pour illustrer ce genre unique qui disparaîtra avec lui, d'autant qu'une loi promulguée au début du XVIIIe siècle décidera de la séparation du théâtre parlé et de l'opéra. Parler ou chanter, il faudra choisir.

Henry Purcell (1659-1695), THE baroque anglais

N'OUBLIEZ PAS

Si vous devez citer un seul musicien anglais dans l'histoire, ne cherchez plus, c'est lui… en attendant Britten au XXe siècle.

Sa vie reste encore méconnue. Le voici chantant parmi les douze enfants de la Chapelle royale, que la mue fait quitter en 1673. Le voilà ensuite « conservateur, réparateur, accordeur des orgues, virginals, et instruments à vent de Sa Majesté. » Il succède à Locke comme compositeur en résidence pour les violons de la Chapelle royale, avant d'accéder à la tribune d'orgue de Westminster et de celle de la Chapelle. Compositeur de cour sous Charles II, il le demeure après la Glorieuse Révolution sous Jacques II et Guillaume III. Il est né dans la cour à la Restauration (son père Henry Sr et son oncle Thomas y travaillent), il passe sa vie dans la cour. Peu ou prou, vous savez presque tout de la vie de ce compositeur. C'est bien ailleurs qu'on va trouver notre bonheur.

Clés anglaises

Autant sa vie paraît couler doucement, autant la musique qui coule de sa plume est exceptionnelle. Qu'il s'agisse de musique instrumentale, de musique vocale ou chorale, religieuse ou profane, et de musique scénique, il est le maître anglais.

La musique instrumentale se répartit entre des séries de *Fantaisies* (pour consorts de violes) et de *Sonates à 3 parties* ou *à 4 parties*. Vous voulez en avoir un bel aperçu ? Laissez-vous porter par les audaces harmoniques de l'adagio de la *Sonate à 4* n° 9 « Golden ».

Être anglais

Quelle habileté dans le maniement de la langue anglaise ! Entre une rythmique souvent inédite – marquée par de nombreuses syncopes et des enchaînements « brève-longue » dynamisés par un accent sur la brève – et un tracé mélodique au cordeau, les phrases se déploient sur des harmonies épatantes.

Son œuvre vocale est répartie entre musique religieuse au début de sa carrière et opéra dans les six dernières années de sa vie, *songs* et odes s'étalant sur toute sa trop brève période créatrice.

Purcell nous laisse une bonne centaine d'hymnes religieuses. De ses années passées à chanter à la Chapelle, il se souvient des maîtres élisabéthains. Sa musique en est l'héritière mais pas la copie, l'expressivité baroque italienne est passée par là. L'*anthem* est à Purcell ce qu'est la cantate à Bach. Ses *anthems* sont prodigieux de spiritualité, qu'il s'agisse des *full anthems* chorals (*Thou knowest, Lord*) ou des *verse anthems* avec solistes (*Behold now, praise the Lord*, *O sing unto the Lord*, *Rejoice in the Lord Alway*). C'est dans les parties solistes qu'il se montre le plus inventif, mais ailleurs il fait jubiler le chœur comme pas deux (*Te Deum*, *Jubilate*…).

Par ses fonctions officielles, il compose aussi des odes pour diverses occasions : anniversaires, fête de Sainte-Cécile, etc. Même si ces œuvres sont moins originales, on se laisse emporter (*Come ye sons*, *Hail, bright Cecilia*). Enfin, sa contribution au chant (solo ou duo), souligné d'un discret accompagnement, est essentielle pour bien saisir la prosodie anglaise : on ne se laisse plus emporter, on est carrément chaviré en méditant *O Solitude*.

Remember me

L'opéra et ses dérivés est un autre domaine de pleine réussite. Un seul « vrai » opéra, mais attention ! Chef-d'œuvre absolu ! *Didon et Énée* sur un livret de Nahum Tate est créé dans l'indifférence générale, sans doute en 1689. On ne sait rien de sa conception ni de sa création. La plus ancienne copie connue remonte à la seconde moitié du XVIIIe siècle ; elle est lacunaire. En trois actes et moins d'une heure, tout est dit sur l'amour et la séparation, sur le destin tragique. La mort de Didon qui culmine sur les mots *Remember me* avant de s'épancher sur le chœur final est un grand moment d'émotion.

Le reste de la production scénique est constitué de semi-opéras qui ne sont pas forcément deux fois moins intéressants. *Le Roi Arthur* – dont la partition nous est parvenue très incomplète – en est le plus précieux témoignage.

L'Angleterre au début du XVIIIe siècle

Le XVIIIe siècle s'ouvre avec le règne de Guillaume d'Orange à qui succède la reine Anne. Le traité d'Union (1707) entre l'Angleterre et l'Écosse qui scelle la constitution de la Grande-Bretagne est l'événement historique du moment. La société anglaise subit de profondes transformations, une nouvelle aristocratie argentée est née, qui ne renie pas l'aristocratie traditionnelle. La culture reste l'une de ses préoccupations. Haendel occupe le terrain musical.

Haendel (1685-1759) : Georg Friedrich ou George Frideric ? Et pourquoi pas Giorgio Federico...

Haendel est inclassable, au moins géographiquement. Né en Allemagne, installé et mort à Londres où il compose des dizaines d'opéras italiens. Dans cet ouvrage, les auteurs ont opté pour le passeport britannique, car c'est outre-Manche qu'il composera la très grande majorité de ses œuvres.

Né à Halle, il semble se destiner à une carrière de juriste avant qu'il n'étudie plusieurs instruments de musique (claviers, violon, hautbois). Ses premières activités professionnelles le mènent à Hambourg (il y crée une *Passion selon saint Jean* et un premier opéra *Almina*), puis en Italie (l'occasion de donner beaucoup de musique religieuse plutôt destinée au culte catholique, comme le psaume 110 *Dixit Dominus*, mais aussi l'oratorio *Le Triomphe du temps et de la désillusion* ou une centaine de cantates italiennes profanes). Retour en Allemagne (Hanovre) avant un premier voyage à Londres. Son opéra *Rinaldo*, premier opéra italien composé outre-Manche, est un triomphe. Puis début d'une série de résidences dans ce pays qu'il va finir par adopter définitivement en 1726.

Ici Londres

À Londres, il est au service d'Anne et de son successeur sur le trône George Ier (*Te Deum*, *Musique de l'eau*), puis du duc de Chandos (*Chandos anthems*, l'opéra *Acis et Galatée*, l'oratorio *Esther*). Son activité londonienne est éprouvante. Il prend la direction artistique de la Royal Academy of music, société financée par souscription pour maintenir une saison d'*opere serie* (il en composera une quarantaine, principalement en italien). Pendant neuf saisons éreintantes, il tente de moderniser la conception de l'opéra, mais se heurte au compositeur italien Bononcini – qui paraît bien pâle aujourd'hui – présent lui aussi à l'Academy. On retiendra trois belles réussites de cette période : *Jules César*, *Tamerlan* et *Roselinda*.

L'expression « fair-play » n'est-elle pas traduisible en italien ?

Lors d'une représentation d'*Astianatte* de Bononcini en 1727, en présence du prince de Galles et alors qu'un désordre chaotique s'installe dans la salle, les deux *prime donne*, Francesca Cuzzoni et Faustina Bordoni, stars de l'Academy, en viennent à un crêpage de chignon en règle resté dans les mémoires.

Au bout de neuf ans, la direction de l'Academy jette l'éponge, et Haendel pense avoir les coudées plus franches pour une Academy new look. *Orlando* en sera son grand succès. Mais une entreprise concurrente, *Nobility opera* lui fait de l'ombre en attirant ses meilleurs chanteurs. Les deux maisons vont choir à quatre jours d'intervalle, en 1737.

Ça vaut-y quat'sous ?

En 1728, Haendel se prend au jeu de *L'Opéra du gueux*, satire cruelle dans le texte (de son ami John Gay qui croque la société mondaine anglaise d'une part, l'*opera seria* italien de l'autre) et légère dans sa musique (69 chansons empruntées à tout le monde dont Haendel), avec une ouverture et des arrangements de **Johann Christoph Pepusch** (1667-1752). *L'Opéra du gueux* inspirera deux œuvres au XXe siècle : une réactualisation du livret et de la musique dans *l'Opéra de quat'sous* que Kurt Weill compose sur un texte de Brecht exactement deux siècles plus tard (1928) et une libre adaptation (on devrait plutôt dire une ré-harmonisation) dans *Le Carnaval de Londres* (1937) de Darius Milhaud.

Usé par ces péripéties, il se fait un peu oublier puis revient avec d'autres musiques : *Concertos pour orgue*, *Sonates en trio* alors que ses nouveaux opéras sont reçus *a minima*. Refroidi par cet accueil, il se tourne à nouveau vers l'oratorio qui lui apporte le succès (*Le Messie*, *Samson*) ou la désillusion (*Sémélé*, *Balthazar*). Autour de 1750, Londres le couvre d'honneurs et accueille avec ferveur ses derniers oratorios (*Josué*, *Salomon*) et ses lumineuses *Musiques pour les feux d'artifice royaux*. La fin de sa vie est marquée par la cécité (à partir de 1753) qui l'éloigne des salles de concerts. Lui qui aura donné tout son lustre musical à la capitale anglaise est exaucé de ses vœux en étant enterré à l'abbaye de Westminster.

Un soir, un petit farceur désaccorde les instruments de l'orchestre avant la représentation dirigée par *il maestro.* Der Meister Haendel se venge sur une pauvre contrebasse, une timbale et un violon qui ne survivront pas à la colère du chef qui en perd sa perruque, sous les rires des spectateurs. Et pourtant, le sanguin Allemand est tout aussi capable de conserver un flegme digne de sa patrie d'adoption : le 27 avril 1749, lors de feux d'artifices royaux pour lesquels il compose une musique, un incident provoque l'incendie du bâtiment principal du Green Park et la fuite des spectateurs. Ignorant la panique générale, the Master continue à diriger.

Héritages multiples

Bien qu'ils ne se soient jamais rencontrés et que leurs musiques sont si différentes, Haendel et Bach, son exact contemporain et luthérien comme lui, mènent le baroque à son apogée. Haendel est à la croisée du baroque allemand, italien et anglais. Sa musique d'une extraordinaire fécondité n'est pas aussi inventive que celle de Bach ; par son aisance et sa maîtrise, elle est pourtant d'une réelle richesse que bon nombre de compositeurs doivent envier. Son apport à la musique vocale (opéra et oratorio) et instrumentale est essentiel. Curieusement, peu de ses œuvres sont données. Ses opéras ont du mal à franchir le temps. Le purgatoire dure depuis sa mort, il y a deux siècles et demi. Seuls quelques titres connaissent des résurrections sporadiques rarement réussies. Dans les oratorios, c'est évidemment Le *Messie* dont le succès n'a jamais été démenti qui tient le haut de l'affiche. Le *Dixit Dominus*, les deux musiques royales de plein air et quelques concertos lors de concerts baroques, voilà qui laisse de la place pour une nouvelle et définitive mise en valeur de ce patrimoine original.

Après lui un vide immense s'ouvre dans la création musicale anglaise. Aucun créateur d'envergure n'émerge jusqu'à la fin du XIXe siècle, ce qui ne veut pas dire que l'Angleterre se désintéresse de la musique dans les périodes classique et romantique.

Serial (composer) killer ?

Le monde musical se serait bien passé de John Taylor, ophtalmologue charlatan autoproclamé médecin du roi d'Angleterre et du pape. Son incompétence coûtera la vue (d'aucuns affirment la vie…) à deux compositeurs : non content de charcuter les globes oculaires de J. S. Bach, quelques années plus tard, il réserve le même sort à l'autre génie musical de son temps, Haendel.

Chapitre 10

Acte IV, la musique baroque allemande

Dans ce chapitre :

- Connaissez-vous la belle histoire de Heinrich Schütz, maître de chapelle à la cour de Dresde
- Découvrez LE génie absolu : Jean-Sébastien Bach

Le XVIIe siècle allemand est marqué par la guerre de Trente Ans (1618-1648) qui détruit l'économie et surligne la séparation entre les protestants au nord et les catholiques au sud. Berlin d'un côté, Vienne de l'autre. Autour des grands centres religieux s'organisent l'enseignement et la diffusion de la musique. Le poste prestigieux de cantor qui supervise toutes ces activités (Bach le sera à Leipzig) est envié par les plus grands.

L'Allemagne en ce temps est profondément religieuse, héritière de la Réforme du siècle précédent. La musique en est le reflet. Sans nier l'importance de la musique instrumentale, la musique baroque allemande est avant tout sacrée. Le catalogue de Schütz connaît à peine la musique profane, et les cantates sacrées de Bach sont écrites *Soli Deo Gloria*, « à la seule gloire de Dieu ». On ne trouvera guère d'opéras baroques allemands significatifs ni de divertissements ou de tragédies à la française. Par contre, toutes les formes vocales religieuses vont se développer, et côté instrument : c'est l'orgue le roi et les orgues les reines. Au bilan, on aborde ici la première grande tranche de l'histoire de la musique allemande. Pas moins !

Florilèges

Florilège choral

Le choral est l'apanage des églises de la Réforme – principalement l'église luthérienne – que les compositeurs vont mettre en valeur pendant toute la période baroque. À l'origine, c'est une mélodie de plain-chant interprétée en chœur, mais avec la Réforme, il désigne des cantiques en langue vernaculaire dont les mélodies s'inscrivent rapidement dans la mémoire populaire. Martin Luther lui-même en a composé 36, souvent inspirés d'airs plus anciens.

Le XVIIe siècle voit ce répertoire s'enrichir (Johan Crüger). La musique savante va s'emparer du choral pour l'utiliser en l'état dans des offices religieux ou dans des œuvres plus vastes – ce qui permet à l'assemblée de le chanter – ou les paraphraser pour des œuvres ciselées pour le concert.

Dans un premier temps, le choral est chanté par tous à l'unisson, la chorale du temple local pouvant l'agrémenter d'une harmonie simplement fonctionnelle à 4 parties, la mélodie étant confiée au ténor – héritage de l'antique *cantus firmus*. Vers la fin du XVIe siècle, la mélodie passe au soprano ce qui la rend plus évidente à repérer et donc à répéter. De ce fait, le choral va supporter le soutien instrumental de l'orgue qui double simplement le chœur (premier recueil paru en 1604) avant de se voir attribuer la fonction plus indépendante de continuo, comme dans le recueil d'hymnes *Cantional* de **Johann Schein** (1586-1630) en 1627, auteur par ailleurs d'un remarquable recueil de madrigaux sacrés *Fontaine d'Israël*.

La multiplication des productions va de pair avec un certain appauvrissement musical : si les premiers chorals suivaient de près le rythme de la parole dans un contexte modal antique, ceux de cette période s'installent dans la tonalité et sur une rythmique plus banale. Il faudra attendre le génie de Bach pour donner au choral liturgique près de 400 harmonisations définitives !

Parallèlement à l'usage vocal, l'orgue va se charger de paraphraser le choral sous les formes les plus variées. Par ses jeux de timbres et son utilisation liturgique, l'orgue est l'instrument idoine. Autour du choral, énoncé dès le début ou se faisant attendre, les compositeurs inventent variations et autres fantaisies. De nos jours encore, les meilleurs organistes improvisent des architectures sonores en prenant le choral comme base.

Florilège vocal

Autre signe patent de la musique sacrée allemande, la cantate sacrée, et son développement dramatisé l'oratorio.

La cantate, véritable prédication en musique, suit le culte luthérien. Généralement composée pour soliste(s), chœur et orchestre, elle est construite autour d'une thématique liturgique particulière scindée en plusieurs mouvements : récitatifs et airs (parfois duos) pour les solistes, chœurs, chorals (pour être repris par l'assemblée), l'ensemble étant parfois introduit par un mouvement exclusivement instrumental (*sinfonia*). Le texte prend appui sur la Bible (allemande ici) et ne s'en éloigne guère. Pachelbel et Buxtehude sont les premiers grands représentants, avant que Bach ne s'en saisisse définitivement.

L'oratorio, quant à lui, est de plus vaste dimension, sans usage liturgique, à la dramatisation recherchée. Venu d'Italie (voir le chapitre 7), c'est en Allemagne qu'il va trouver son âge d'or. Les *Passions* de Bach en sont l'archétype génial.

Heinrich Schütz (1585-1672)

Droit ou musique, il faut choisir

Il est le compositeur essentiel du XVIIe siècle en Allemagne. Grâce à sa belle voix, il est repéré à l'âge de 13 ans par le prince Moritz de Hessen qui va pourvoir à son éducation musicale. Pourtant, il entame des études de droit par égard pour sa famille. Son mécène, lui-même bon musicien, ne l'entend pas… de cette oreille et l'envoie auprès de Gabrieli en Italie (1609-1612) d'où il revient fortement influencé par la nouvelle école italienne, mais aussi pour reprendre ses études de droit. La musique vaincra lorsque le prince électeur de Saxe le nomme maître de chapelle à la cour de Dresde, fonction qu'il va conserver plus d'un demi-siècle, avec quelques longues parenthèses pendant la guerre de Trente Ans où il s'éloigne jusqu'à la cour de Christian II, roi du Danemark.

Une théologie musicale

Son catalogue se compose de treize recueils et quelques oratorios tardifs. Aucune pièce instrumentale. Dit comme cela, on peut penser que c'est peu pour un compositeur dont la longévité est remarquable pour l'époque. Mais il n'en est rien car chaque recueil est consistant (on approche au total les 500 numéros) et novateur. Jugez plutôt :

Le *Premier Livre de madrigaux* signe son retour d'Italie. C'est son unique œuvre profane, marquée par la dramatisation vocale et l'expressivité de l'audace harmonique qui n'est pas sans rappeler certains livres de Monteverdi.

Vont s'enchaîner douze recueils de musique sacrée de premier ordre. Schütz, luthérien convaincu, va utiliser les textes bibliques principalement dans la version allemande de Luther. Seuls les *Chants sacrés* et les *Symphonies sacrées* utilisent la version latine, sans doute pour un usage catholique. Musicalement, il illustre plusieurs genres musicaux de ce registre : concerto vocal, motet, madrigal sacré, monodie.

Ses *Psaumes de David* riches d'une écriture luxuriante à huit parties en plusieurs chœurs restent encore marqués par le souvenir de son passage chez Gabrieli. Les *Chœurs sacrés* montrent une maîtrise impeccable et inspirée du contrepoint au service du texte allemand. Et que dire de ces magnifiques *Petits Concerts spirituels* plus intimes, constitués de monodies et d'œuvres concertantes de petite dimension, et de cette *Musique funèbre* (*Musikalische Exequien*) qui fait entendre une surprenante superposition de textes sacrés : alors qu'un premier chœur placé « près de l'orgue » chante le cantique de Syméon (*Nunc dimittis*, « Maintenant, Maître ») tiré de l'Évangile de saint Luc, un autre chœur « plus éloigné » entonne des passages du Livre de la Sagesse.

Les oratorios plus tardifs – hormis *L'Histoire de la Résurrection* remontant à 1623, premier oratorio allemand – sont autant d'œuvres d'importance, tantôt riches d'émotion, tantôt plus austères, qui préfigurent les grands oratorios à venir : *L'Histoire de la Nativité*, *Les Sept Paroles de Jésus-Christ en croix*, trois *Passions* qui n'utilisent aucun soutien instrumental, pas même le continuo, enfin quatre *Magnificat*.

Et un regret : qu'on ait perdu toute trace de son opéra unique *Dafne* qui est le premier opéra allemand.

Pour attendre Bach

On peut penser qu'un fossé sépare Schütz de Bach, celui-ci ignorant quasiment tout du catalogue de son prédécesseur. Un renouveau de la musique instrumentale et de nouvelles œuvres vocales servent de relais.

Musique instrumentale

À tire-larigot

L'orgue devient l'instrument privilégié de cette période si marquée par la religion. La facture d'orgue invente des instruments somptueux, aux sonorités coruscantes.

Figure 10-1 : Orgue Gabler de l'abbaye de Weingarten (XVIIIe siècle)

Deux écoles se confrontent : celle du Nord (les Bataves donnent un sacré coup de main aux Allemands du Nord) à l'architecture solide et austère, et celle du Sud, davantage redevable à la proximité italienne.

La première est initiée par le néerlandais **Jan Pieterszoon Sweelinck** (1562-1621), organiste à l'Oude kerk (« vieille église ») d'Amsterdam où il succède à son père et où son fils lui succèdera. Une affaire de famille, donc. Cette fonction consiste non seulement à tenir l'instrument, mais aussi à composer de la musique liturgique. Sur ce point, il reste fort impressionné par les psaumes calvinistes. C'est son apport au répertoire de l'orgue qui grave son nom dans le marbre de l'histoire. Il se situe sur le gué entre la Renaissance et la période baroque. Pour la première, il participe avec ses variations et ses fantaisies ◉ où le contrepoint fait merveille ; pour l'autre, il offre la synthèse entre l'écriture italienne et le souvenir des virginalistes anglais, avec notamment la première grande fugue pour orgue qui annonce le corpus de Bach. Si son nom apparaît dans le chapitre « allemand », c'est que celui que l'on surnommait l'Orphée d'Amsterdam a pour principaux disciples certains compositeurs nord-allemands comme Michael Praetorius ou Samuel Scheidt. C'est d'autant plus remarquable qu'il n'a jamais quitté son pays !

L'un de ses principaux disciples est donc **Samuel Scheidt** (1587-1654), à qui l'on doit *Tabulatura nova*, le premier grand recueil allemand pour orgue où alternent pièces sacrées et profanes. Cette tradition vivace culmine dans ce siècle avec **Dietrich Buxtehude** (1637-1707), d'origine danoise. Il s'installe à Lübeck où il est nommé à l'église Sainte-Marie en 1678 pour tenir l'orgue, organiser des concerts et développer l'enseignement. C'est dans ce cadre qu'il perpétue les désormais célèbres *Concerts du soir* consacrés, cinq fois l'an, à des programmes de musique sacrée, autour de grandes cantates – qui serviront de matrice à celles de Bach – et de musique instrumentale (œuvres pour orgue ou pour formations de chambre). À côté d'un répertoire choral sacré conséquent, il laisse un corpus pour son instrument riche de près de 90 titres : une grande moitié est composée à partir de chorals (notamment neuf fantaisies bien illustratives du *style fantastique* qui désigne cette écriture virtuose et proche de l'improvisation spécifique au baroque allemand), le reste est d'inspiration libre. Bach le rencontrera, et saura tirer parti de ses compositions tant vocales qu'instrumentales.

L'école du Sud est marquée par deux noms : **Johann Jacob Froberger** (1616-1667), grand voyageur à travers l'Europe, ce qui se retrouve dans ses compositions pour clavier sans préciser s'il s'agit du clavecin ou de l'orgue (*canzones* et *ricercares* hérités de Frescobaldi, *suites* au goût français) dont l'audace impressionne Bach au point que celui-ci en copie et imite les toccatas ; et **Johann Pachelbel** (1653-1706) dont les nombreux déplacements en Allemagne le mènent notamment à Eisenach, patrie de Bach, où il se lie d'amitié avec son père.

Coup de canon

Depuis les années 1960, Pachelbel est bien connu pour son canon. Il s'agit d'une grille harmonique immuable au-dessus de laquelle va s'échafauder une série de 27 variations de plus en plus fournies, créant un crescendo instrumental irrésistible.

Figure 10-2 : J. Pachelbel, *Canon en ré M*

L'apparente simplicité de cet enchaînement sera reprise plus ou moins volontairement par d'autres musiciens. On en retrouve une trace – sans doute fortuite – chez Haydn et Mozart. Par contre, on la retrouve clairement repérable dans bon nombre de chansons comme *Basket Case* de Green Day ou *Fullness Of The Wind* de Brian Eno et notre *Maladie d'amour* de Michel Sardou. Un sacré coup de pub !

Désaccord parfait

Cet engouement pour l'orgue ne doit pas nous faire oublier les exceptionnelles compositions pour violon d'**Heinrich Biber** (1644-1704), qui passe pour être le plus grand virtuose de son temps. C'est dans sa série des *15 Sonates du Rosaire* pour violon et basse continue qui se prolonge par une impressionnante *Passacaille* pour violon solo qu'il se montre le plus original : pour chacune des sonates, l'instrumentiste accorde différemment ses quatre cordes, ce que l'on nomme *scordatura*. Une telle manipulation apporte à chaque pièce sa propre couleur et son propre tempérament. Ce monument de la musique est remarquable en ce qu'il est l'un des rares témoignages de musique sacrée pour le violon. Par ailleurs, c'est à Biber que les spécialistes attribuent la *Missa Salisburgensis* (Messe de Salzbourg) à 53 voix, l'œuvre de la musique baroque allemande la plus fastueuse et luxuriante dans sa démesure.

Petit écran

Parmi les compositeurs les plus productifs de la musique, on ne peut ignorer **Georg Philipp Telemann** (1681-1767) qui annonce lui-même 3 600 titres dont 1 600 nous sont parvenus. Issu d'une famille de pasteurs, il compose son premier opéra à 12 ans, début d'une série impressionnante d'œuvres en tous genres. On le voit dans tous les grands centres musicaux : Eisenach, Francfort, Leipzig, où il est préféré à Bach pour le poste de Cantor. Heureusement pour nous, il ne le pourvoit pas préférant le poste équivalent à Hambourg, mieux rémunéré. C'est là qu'il compose, par devoir plus que par inspiration, ses œuvres religieuses innombrables. Comme Bach, il écrit de nombreux cycles annuels de cantates (une par dimanche sans compter les fêtes) ainsi qu'une *Passion* annuelle. On arrive au chiffre effarant de 1 700 cantates, 40 Passions, 15 messes. Le catalogue instrumental n'est pas moins fécond : plus de 600 suites pour orchestre et on ne sait plus combien d'œuvres diverses. Cette musique est aujourd'hui qualifiée de « composée au kilomètre » et bien peu de titres restent programmés. Mais comment faire ici abstraction de ce compositeur qui était en tête du Top 50 de son temps, largement devant Bach.

ANECDOTE

Tout le monde voulait engager ce compositeur brillant et prolifique, jusqu'à Leipzig. Pourtant, le musicien refuse de travailler pour Leipzig. Sans se décourager, le peuple de la ville décide, faute de pouvoir se payer le meilleur, de s'accommoder des services du médiocre… Jean-Sébastien Bach. Il a fallu un siècle pour que l'histoire universelle renverse la tendance, mais cette fois, c'est définitif.

Jean-Sébastien Bach (1685-1750)

On manque de superlatifs pour parler de ce compositeur unique, au génie incontesté.

Né à Eisenach, d'une lignée de musiciens remontant au XVIe siècle, il apprend la musique avec son père puis son frère aîné. Il entre à 15 ans à la maîtrise de l'église Saint-Michel de Lünebourg où il commence à dévorer la musique en la recopiant et à s'intéresser à l'orgue en s'initiant à sa facture. Après avoir joué du violon, il se tourne vers l'orgue. On est fin 1703, le temps des premières compositions.

Il épouse sa cousine Maria Barbara qui lui donne sept beaux enfants. À sa mort en 1720, il épousera Anna Magdalena qui allait lui en donner treize de plus. Belle santé !

Il court d'une cour à une autre cour

Entre-temps, Bach court d'une cour à l'autre ; d'abord à l'austère Weimar (1708) où il tient l'orgue. Il y compose notamment sa pièce d'orgue la plus célèbre (*Toccata et fugue en ré mineur*) et sa pièce la plus aboutie (*Passacaille et fugue en ut mineur*), ainsi qu'une première série de cantates.

N'obtenant pas le poste de maître de chapelle lors de sa vacance, il quitte la luthérienne Weimar pour la calviniste Köthen (1717). C'est le temps des œuvres instrumentales non religieuses, pour lesquelles il était engagé : la série des *Concertos brandebourgeois*, archétypes géniaux des concertos grossos, des *Sonates et partitas pour violon*, des *Suites pour violoncelle*, des *Sonates* pour flûte ou violon et clavier, des *Concertos* pour clavier ou pour violon, les *Suites anglaises* et *françaises* pour clavier, le premier livre du *Clavier bien tempéré*, etc.

La troisième étape sera la plus longue et la plus riche : il prend le poste de cantor à Leipzig (1723) où il restera jusqu'à sa mort, se partageant entre heures de cours (musique et latin !), charges musicales dans deux églises (Saint-Thomas et Saint-Nicolas), charges plus officielles lors des grandes cérémonies. C'est de ce cantorat que remonte la majeure partie de ses œuvres religieuses, notamment la série des inépuisables cantates : beaucoup nous sont parvenues (199), mais on estime qu'une bonne centaine a disparu. Bach « devait » composer une cantate pour chaque dimanche et pour les fêtes, ce qu'il fit pendant cinq saisons. Les cantates étaient généralement entendues deux fois : le matin à la messe et aux vêpres de l'après-midi, dans les deux églises. Il semble qu'à partir de 1729, il ré-utilise son corpus de cantates qu'il adapte selon les besoins. On ne peut imaginer l'énergie nécessaire à ce travail : trouver le livret en adéquation avec la fête, composer la musique, la faire copier puis répéter (ce qui ne pouvait pas se faire dans la même semaine) ; pendant qu'il en composait une, il faisait répéter la précédente ainsi de suite… pendant cinq ans. Ajoutez à cela les cours et les concerts qu'il continuait à honorer ici ou là, on est en droit de se demander comment il a fait pour faire et surtout élever une flopée de nouveaux petits Bach. Le Vendredi saint 1729, est donnée la *Passion selon saint Matthieu*. Après cette période, les compositions sont plus clairsemées : le 2e livre du *Clavier bien tempéré*, la mise au point définitive de la *Messe en si mineur*, et les œuvres épurées de la fin de la vie : *L'Art de la fugue* et *L'Offrande musicale*.

Play Bach

Voici quelques-uns des motifs les plus répandus de cet infatigable compositeur :

Figure 10-3 : *Toccata et fugue en ré mineur*, BWV 565

Figure 10-4 : *Jésus, que ma joie demeure* (Cantate BWV 147)

Figure 10-5 : *Prélude de la 1re Suite pour violoncelle seul*, BWV 1007

Figure 10-6 : *Air* (*Suite en ré majeur*, BWV 1068)

Source intarissable

La musique de Bach est unique, immédiatement reconnaissable par son architecture implacable. On est frappé par une inventivité intarissable et une homogénéité qui ne renie pas l'évolution au gré des époques.

Il n'a pas révolutionné la musique, il a hérité d'un passé qu'il a accompli en le sublimant. Dans plus de 1 100 numéros répertoriés (restons modeste : rappelons que le catalogue de son contemporain Telemann répertorie 3 600 numéros en estimant que 2 000 sont perdus), il a abordé tous les genres hormis l'opéra, et son génie est si abondant que dans de nombreux cas il a poussé les structures à un tel niveau de perfection que personne après lui n'a osé s'y confronter. Concerto grosso, cantate, suite, canon, fugue, à moindre échelle sonate en trio, il fait le tour de la question. Les pièces pensées comme pédagogiques (pour instrument soliste : violon, violoncelle, luth, clavier) deviennent aussitôt des œuvres magistrales, des cantates travaillées « pour le dimanche suivant » se font entendre aujourd'hui encore, bien au-delà de Leipzig… et tout cela pour le plus grand bonheur des mélomanes.

Musique énigmatique

POUR LES VIRTUOSES

Les dernières œuvres sont plus resserrées et plus austères : elles repoussent les limites du canon autant que faire se peut. Certaines partitions sont éditées sous forme elliptique pour ne pas dire énigmatique. C'est le cas de ce canon pour lequel Bach n'a laissé que ceci :

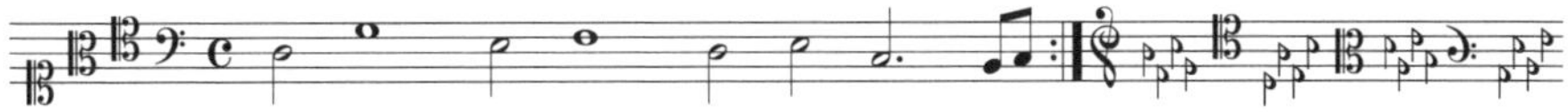

Figure 10-7 : Bach, *Canon à 4*, BWV 1074

Non, le graveur ne s'est pas trompé, certaines clés et certaines armures sont à l'envers. On sait seulement que :

- c'est un canon (donc le même motif va se répéter en escalier) ;
- c'est à 4 (donc à 4 marches d'escalier).

Des musiciens astucieux et férus de cette forme d'ésotérisme ont déduit plusieurs approches. Voici la solution la plus évidente :

La 1re voix utilise la clé la plus à gauche (la 1re note est un sol dans cette clé).

La 2e voix utilise la clé suivante, démarre quand la 1re arrive à sa 2e note, et fait défiler son texte sans bouger les notes sur la portée (la 1re note est un do). Elle est donc décalée dans le temps d'une blanche, et dans la tessiture d'une quinte inférieure.

Ainsi de suite pour les 2 autres voix.

On le répète en boucle *ad libitum*.

Les autres solutions, notamment celles qui utilisent les indications données « à l'envers », sont encore plus subtiles…

Il absorbe tout, il récapitule tout. De la musique telle qu'elle paraît il tire l'essence de ce qu'elle est.

Sa mort marque la fin brutale et inéluctable de la musique baroque. Il n'a pas de descendant musical. Au contraire, la musique qui va le suivre va scruter des pistes radicalement différentes, déjà en germe, mais discrètement, dans l'orchestre de Mannheim dont il sera question dans le chapitre suivant.

ANECDOTE

Une étoile au firmament

En 1977, deux sondes *Voyager* sont lancées par la NASA pour explorer le système solaire. Ayant rempli leur mission première, véritables « bouteilles à la mer interstellaires », elles poursuivent aujourd'hui leur chemin vers l'infini et rencontreront peut-être un jour une intelligence capable de déchiffrer le message dont elles sont porteuses : sur un disque de cuivre plaqué or, des indications sur l'Homme et la planète Terre, et 27 enregistrements d'oeuvres musicales (classique, musiques du monde, pop, etc.) dont des extraits du *2e Concerto brandebourgeois*, du *Clavier bien tempéré* et de la *3e Partita* de Bach. Sa musique brille maintenant au firmament, au sens propre comme au figuré.

Troisième partie

La période classique

Dans cette partie…

Des tubes de Mozart (*Une Petite musique de nuit*, vous connaissez ?) à ceux de Beethoven (*Pom Pom Pom Pom*, vous suivez toujours ?), la période classique s'étale sur un demi-siècle seulement, la deuxième moitié du XVIIIe siècle ; mais quelle révolution musicale ! C'est la grande période viennoise avec trois compositeurs hors du commun, qui font de l'ombre à de nombreux petits maîtres qu'on aurait tort d'ignorer.

Chapitre 11

Le style classique et la musique instrumentale

Dans ce chapitre :

- Classique, vous avez dit classique ?
- Découvrez les nouvelles données de la musique
- Que diriez-vous d'une soirée à Vienne ?

Si l'expression « musique classique » désigne globalement la « musique savante », c'est-à-dire en fait la musique écrite, la dénomination « période classique » désigne la période qui relie les périodes baroque et romantique, du milieu du XVIIIe au début du XIXe siècle.

Il est imprudent de délimiter les périodes historiques. Pour ce qui est de la période classique, il convient d'en dater le début à la mort de Bach (1750) avec des signes avant-coureurs depuis les années 1730 ; mais on ne peut fixer avec netteté la date de fin, car il n'y a pas de fin à proprement parler. Que ce soit à la mort de Haydn (1809) ou à celle de Beethoven (1827), le passage à l'époque suivante se fait dans la continuité, dans un large tuilage. Dès la dernière décennie du XVIIIe siècle, Beethoven est engagé dans une démarche beaucoup plus audacieuse, alors que dans les premières décennies du siècle suivant de nombreux petits maîtres continuent à composer des œuvres au langage nostalgique du siècle précédent. Il faut donc considérer que cette partie consacrée à la musique classique et la suivante à celle du XIXe siècle doivent s'appréhender tel un diptyque.

Musique en trois temps

Le style galant

La première étape est celle des changements stylistiques par l'abandon de quelques spécificités de la musique baroque et l'acquisition de nouveaux éléments du langage musical. Comme souvent en pareil cas, ce n'est pas au premier printemps que surgissent les plus beaux fruits. La musique y est élégante et convient bien aux belles écouteuses et aux apprenti(e)s claviéristes qui se multiplient à cette époque. Mais aussi insouciante qu'elle paraisse, la musique est plus futile qu'utile.

Les premières sonates, les premiers quatuors ou les premières symphonies restent banals. Haydn et Mozart, compositeurs emblématiques de la période classique, n'y coupent pas : certaines de leurs premières œuvres hésitent entre héritage des prédécesseurs et langage personnel qui ne demande qu'à s'affirmer. Leur pugnacité et leur talent vont faire la différence : ils sauront trouver le véritable équilibre qui leur permettra de s'exprimer pleinement en maniant parfaitement des formes bien établies et un langage musical bien installé.

De l'Empfindsamkeit au Sturm und Drang

Deux grands mouvements intellectuels se succèdent en ce milieu de siècle, portés par la littérature et sous la référence spirituelle de Jean-Jacques Rousseau, en réaction contre le rationalisme des Lumières.

Le premier de ces mouvements est l'*Empfindsamkeit* (Sensibilité). La sensibilité sinon la passion doit primer sur la raison. Partie d'Angleterre en 1740, il se déploie rapidement sur la pensée allemande pour plusieurs décennies. En musique, son influence est moindre.

N'OUBLIEZ PAS

On ne doit pas ignorer l'apport indéniable de Carl Philipp Emanuel Bach à la musique par le biais de l'*Empfindsamkeit* dont il est le principal héraut. « La musique doit principalement venir du cœur et toucher celui de l'auditeur », tel était son *credo* ; il insiste dans son *Essai sur la manière de jouer des instruments à clavier* : « Un musicien ne peut émouvoir que s'il est ému lui-même. Il faut jouer avec âme, et non comme un oiseau bien dressé. Certains virtuoses de profession auront beau étonner par l'agilité de leurs doigts, ils laisseront sur leur faim les âmes sensibles de leurs auditeurs. »

Son œuvre pour clavier semble détonner dans la musique de son temps par ses ruptures soudaines, ses sautes d'humeur, ses silences, ses dynamiques, sa prédilection pour des tonalités mineures ou pour des accords tendus. L'intensité de son discours en fait un précurseur inattendu du romantisme.

L'*Empfindsamkeit* prépare le *Sturm und Drang* spécifiquement viennois.

Le Sturm und Drang et déjà les prémices du romantisme

Sturm und Drang (Ouragan et passion) désigne un épisode intellectuel qui a touché la musique viennoise au début des années 1770. Ce courant esthétique prône un rapport étroit à la nature, nouveau modèle de création, dans lequel le sentiment, la sensation, l'individualité l'emportent sur l'esprit et la raison.

Son nom est une reprise du titre du drame éponyme de Klinger à l'origine du romantisme allemand. La jeune génération intellectuelle des Goethe, Lenz, Herder ou Müller, puis Schiller ou le suisse Lavater porte ce mouvement. Leurs références vont de Shakespeare à Percy *via* Rousseau. C'est dans *Les Souffrances du jeune Werther*, le premier roman grandement autobiographique de Goethe, que se concentrent le mieux ces nouvelles orientations. Au théâtre, c'est l'abandon des références aux classiques grecs et latins et aux thèmes mythologiques au profit d'une inspiration populaire, initiatrice d'une nouvelle poésie.

En musique, l'influence est visible à la marge ; elle se limite à Haydn, toujours à l'affût des courants littéraires, principalement les symphonies de la période 1766-1773 (*Symphonies 26e « Lamentations », 44e « Funèbre »* ●, *48e « Marie-Antoinette », 49e « Passion »*). La musique est plus « sérieuse », presque dramatique, souvent en mode mineur ; le compositeur y exprime davantage son for intérieur.

Même si ce mouvement s'essouffle dès la fin des années 1780, il préfigure le romantisme.

Le meilleur du classique

C'est autour des années 1770 que la production de Haydn trouve son meilleur équilibre (sa contribution au *Sturm und Drang*) et que Mozart donne ses premières symphonies significatives. La *25e Symphonie* en est un bon exemple : la forme de chacun des quatre mouvements est clairement déterminée (forme sonate bi-thématique pour le premier, forme lied pour le deuxième, menuet de coupe habituelle pour le troisième et final bi-thématique lui aussi), le choix des thèmes et leur enchaînement sont parfaitement maîtrisés.

Beethoven naît en 1770 alors que le style classique est déjà abouti. Il n'a plus qu'à en récolter les fruits. Si ses premières œuvres sont encore empreintes de l'air du temps, c'est l'aspect sensible qui prendra le dessus pour ne plus le quitter, en témoignent ses admirables sonates pour piano et ses quatuors inspirés.

Éléments du classicisme musical

Nécessité de la rupture

Après Bach, rien n'est plus comme avant. Le génie de Bach est d'avoir sublimé de nombreux éléments musicaux jusqu'à leur apogée, empêchant par là le recours à ces mêmes éléments sans prendre le risque de la fadeur.

Adieu, les belles formes

La fugue, héritage du contrepoint franco-flamand que Bach a portée à son paroxysme à travers d'innombrables compositions, est l'exemple le plus frappant. Haydn, Mozart et surtout Beethoven reprendront cette forme, mais parcimonieusement ; puis elle disparaîtra pratiquement au XIXe siècle, sauf lorsqu'il s'agira de se souvenir de Bach (Mendelssohn). *La suite* instrumentale, orchestrale ou soliste, disparaît pendant plus d'un siècle et demi. *Le concerto grosso* se fera oublier après les *Concertos brandebourgeois*. *Le quatuor à cordes* suppléera la sonate en trio.

La cantate sacrée à usage liturgique dont Bach a laissé près de 200 titres connus ne sera reprise que timidement et sans grand succès. Bach harmonisa *le choral* luthérien avec un talent inégalable à près de 400 reprises : ainsi gravé dans le marbre, il n'y aura guère de renouvellement du choral vocal par la suite. Seul le choral pour orgue, déjà merveilleusement servi par Bach, persistera dans le répertoire spécifique des organistes (Brahms, Franck, etc.) en passant très épisodiquement au piano.

Adieu, les vieux instruments

Plusieurs instruments de musique feront les frais de cette rupture. Bach leur consacra un répertoire d'une telle richesse que, allant de paire avec l'évolution de la facture instrumentale, les compositeurs ultérieurs les éviteront. *Le clavecin*, signature baroque, disparaît lentement pour ne réapparaître que discrètement dans la première moitié du XXe siècle. *Le luth* fera ses adieux définitifs à la scène. *L'orgue*, abondamment présent chez Bach, sera ignoré pendant longtemps, à de belles exceptions près. Enfin, *le violon* et *le violoncelle* pour lesquels Bach composa un corpus soliste inestimable, ne seront plus guère utilisés seuls mais en formations (sonates, trios, quatuors...).

Ce n'est pas seulement la faute à JSB !

Le baroque tardif ne doit pas être limité au seul Bach. Après 1750, Haendel alors en Angleterre continuera à composer des œuvres dans la grande tradition baroque (à partir de 1750 *Le Messie* acquiert à Londres une popularité qui ne s'est jamais épuisée depuis), tandis qu'en France, Rameau composera encore quelques œuvres scéniques d'importance (*Les Paladins*, 1760). Mais rien n'y fera ; le baroque s'éteint inéluctablement.

Un nouveau pôle à explorer, plus au sud

C'est Vienne qui désormais devient le principal pôle musical.

Repenser la musique

Le classicisme n'est pas le seul fait du rejet du baroque. Haendel mort en 1759 ne connaissait pas Haydn – né en 1732, au répertoire déjà conséquent –, ni *a fortiori* Mozart né en 1756. Haydn et Mozart pour leur part ignoraient quasiment tout de la musique de Bach. Si 1750 marque la fin du baroque, la période classique est déjà inscrite dans l'histoire depuis les années 1730, même s'il faudra plusieurs décennies pour installer définitivement le nouveau style.

Il faut instaurer de nouvelles habitudes, créer de nouveaux repères. L'objectif recherché paraît simple : une parfaite limpidité de la musique. *La mélodie* devient l'élément primordial, son accompagnement (*l'harmonie*) est limité à l'essentiel, *la forme* de l'œuvre s'inscrit dans quelques stéréotypes. Simplicité, élégance, musique immédiatement agréable, voilà quelles sont les qualités requises.

Mais cela ne constitue que la première étape de ce nouveau style d'écriture. Cette simplicité apparente se doublera de l'exploration plus ou moins sensible des sentiments propres à chaque créateur. La conjonction des deux, véritable assimilation du style classique, donnera les œuvres essentielles.

Bonjour les belles mélodies

Le premier élément, *la mélodie*, est le plus immédiat. Si l'on entend par mélodie un air (instrumental ou vocal) que l'on peut siffloter en sortant du concert, c'est une notion à peu près absente de la problématique baroque. Ô toi, lecteur assidu et musicien curieux de ce bon XXIe siècle, es-tu capable de siffler une mélodie de Monteverdi ou de Bach? La musique y est ailleurs : on la reconnaît entre mille.

La mélodie devient un thème, principal personnage musical d'une composition qui assez rapidement se confronte à un autre thème qui lui est complémentaire. Les deux thèmes s'organisent, s'emboîtent comme des éléments d'un tout, en paragraphes puis en chapitres qui s'enchaînent dans des formes structurantes. La plupart des mouvements d'une œuvre sont ainsi construits autour de deux thèmes qui sont successivement exposés, développés et réexposés.

Les belles Viennoises sont toujours bien accompagnées...

La mélodie est soutenue par un accompagnement qui doit rester discret. Présent toujours, encombrant jamais !

L'harmonie est prévisible en ce que chaque accord appelle *naturellement* le suivant. C'est rarement de ce côté qu'il faut chercher les surprises. En outre, la fréquence harmonique se raréfie : les accords changent moins souvent, laissant une impression de plus grande stabilité.

La répartition instrumentale de l'harmonie est tout aussi convenue : au clavier solo, la note « la plus à gauche », donc la plus grave, assied la basse de l'accord, les parties intermédiaires jouées dans le haut de la main gauche égrenant des balancements sur deux ou trois notes tirées de l'accord (c'est ce qu'on appelle *la basse d'Alberti*), la main droite se réservant pour la mélodie. À l'orchestre, c'est le violoncelle (associé parfois à la contrebasse) qui assure la note grave de l'harmonie pendant que les autres cordes déroulent des arpèges légers, colorés par les instruments à vent. En cela, les nouvelles formes d'accompagnement anéantissent l'idée de basse continue chère à la musique baroque (même s'il en subsiste dans certaines partitions de cette période classique).

Tout cela est évidemment de l'ordre de la réflexion générale et la tâche du compositeur sera de s'en aviser ou… d'en rire en déjouant les conventions.

... et joliment parées

Un autre élément qui n'est pas négligeable : les partitions sont dorénavant agrémentées d'indications précises concernant *les nuances* (*p, f*), *les attaques des notes* (notes piquées, liées), le mouvement général donnant une indication assez claire sur *le caractère* (andante, allegro) et sur *le tempo*.

N'OUBLIEZ PAS

S'installent rapidement des indications nouvelles telles que *crescendo* ou *decrescendo*, *mezzo forte*, *pianissimo* ou encore *fortissimo*. Dans la musique baroque, les changements étaient soudains. Maintenant, ils sont progressifs, soit par paliers successifs (*piano* puis *mezzo forte* puis *forte*), soit par accroissement régulier de l'intensité.

Genres et formes

Bon chic bon genre

Les genres musicaux déjà existants vont se fixer différemment.

Pour la musique instrumentale, ce sont principalement :

- *la sonate* pour instrument seul (le piano) ou pour deux instruments (la formule *sonate pour piano et violon* est privilégiée) qui supplante les œuvres éparses qui existaient pour ces formations ;
- *le quatuor à cordes* qui supplante la sonate en trio baroque ;
- *la symphonie*, principale héritière des œuvres pour orchestre sans soliste depuis que la musique quitte les églises pour les salles de concert.

Il en est différemment du *concerto de soliste*, celui-ci étant bien présent dans le dernier baroque, particulièrement dans la musique italienne.

Si l'essentiel de la production instrumentale est contenue dans ces quatre genres, cela n'exclut pas que les compositeurs traitent d'autres genres musicaux, d'autres formations instrumentales (trios, quintettes).

De belles formes

L'une des constantes de toute l'histoire de la musique est que la moindre composition est régie par une forme, un plan de l'œuvre qui peut être basé sur un modèle stéréotypé – dans la plupart des cas – ou plus libre, mais toujours existant. Les analystes vous le diront : quand ils s'attèlent à une œuvre, l'une de leurs premières tâches est d'en retrouver le découpage pour mieux la cerner. Cela n'est pas propre à la musique. Un poème, un roman, un tableau, une sculpture possèdent aussi leur structure interne dont la compréhension permet une approche plus approfondie. Mais l'analyse ne s'arrête heureusement pas au simple découpage de la musique. Elle entre dans l'œuvre bien plus subtilement.

Les formes qui caractérisent la musique baroque s'éteignent rapidement. La musique n'en est pas orpheline car déjà de nouvelles structures s'installent. Sonates, symphonies, quatuors et concertos reprennent la forme tripartite héritée du concerto de soliste baroque italien : un premier mouvement vif (parfois entonné par une introduction lente), un deuxième lent et un dernier vif à nouveau. Mais on y ajoute traditionnellement un menuet, réminiscence des suites de danses de jadis avant le mouvement final. Le concerto fait exception : il ne dépasse pas trois mouvements et lorsqu'il y a un menuet, il fait office de final. Comme toujours, nombreuses et riches sont les exceptions.

Petite histoire de la grande symphonie

La symphonie est à l'orchestre ce que la sonate est à l'instrument soliste : une œuvre musicale en plusieurs parties confiée à une formation instrumentale.

À la période baroque, on croise déjà les *Symphonies sacrées* du Vénitien Gabrieli ou de l'Allemand Schütz. Dans l'esprit italien (Gabrieli), la *sinfonia* est une introduction instrumentale – plus rarement une conclusion ou un intermède – à une œuvre vocale. Dès A. Scarlatti, il s'agit plus spécifiquement d'une ouverture d'opéra à la structure fixée : vif-lent-vif qui n'a souvent aucun rapport avec l'opéra lui-même. Elle apporte une couleur brillante, un caractère parfois joyeux qui détonnent complètement avec le drame. Ces pièces autonomes peuvent être utilisées pour plusieurs opéras. Il a suffi de les isoler de l'opéra dans la première moitié du XVIIIe pour créer la symphonie comme nous la connaissons aujourd'hui.

Dans les années 1740, l'orchestre de Mannheim (voir le chapitre 14) reprend le découpage de la *sinfonia* dans lequel viendra s'insérer un *menuet* avant le mouvement terminal ; au XIXe siècle, ce menuet laissera la place au *scherzo*, plus nerveux.

La symphonie, qui permet de développer de grandes intuitions, et la formation orchestrale aux couleurs multiples qui la met en œuvre offrent des possibilités expressives sans limites ; on peut comprendre que tous les grands compositeurs s'en empareront, et cela jusqu'à nos jours.

Le XVIIIe siècle voit fleurir un répertoire pléthorique dans ce domaine. Haydn en compose plus de 100, quand Mozart n'en compose « que » 41. Vaille que vaille, on estime à 15 000 le nombre de symphonies écrites pendant la deuxième moitié du XVIIIe siècle en Europe !

Le XIXe est plus prudent, mais attention, beaucoup de chefs-d'œuvre ! Beethoven, Schubert, Mendelssohn, Berlioz, Schumann, puis Bruckner, Brahms, Dvořák et Mahler, la liste est impressionnante, la qualité tout autant.

Le XXe siècle qui, pourtant, a voulu s'émanciper de certains traits du passé, a honoré tout autant le genre fétiche de la symphonie : Prokofiev, Honegger, Milhaud, Messiaen, Chostakovitch, et, dans les compositeurs encore vivants, Dutilleux ou Penderecki. Mais c'est du grand Nord que nous vient « le meilleur », si l'on peut dire. On connaît Leif Segerstam, un beau gaillard nordique qui ressemble à Brahms à s'y méprendre, comme un chef d'orchestre au grand talent. Tout le monde semble ignorer que nous tenons là le plus torrentiel des compositeurs symphoniques. À ce jour (mai 2011), son catalogue compte 250 symphonies auxquelles s'ajoute un nombre impressionnant d'œuvres symphoniques diverses. Il va rattraper, c'est sûr, l'obscur Rowan Taylor, « le plus prolifique des musiciens » avec ses 265 symphonies, décédé en 2005.

Musiciens en formation

Avec la période classique, les grandes compositions sont réservées au roi piano et à son dauphin le violon, les autres instruments se partageant les miettes souvent succulentes.

C'est encore la faute au facteur

L'évolution des instruments participe pleinement à l'évolution stylistique. La facture instrumentale ne cesse de progresser tout au long du XVIIIe siècle, et les instrumentistes se réunissent en ensembles qui prennent des formes de plus en plus déterminées dont les principales sont le quatuor à cordes et l'orchestre symphonique.

Le roi et ses dauphins

Le piano en est à ses balbutiements. Bartolomeo Cristofori (1655-1731) s'ingénie à améliorer *le piano-forte* qu'il a mis au point dès 1698 : voici enfin un instrument à clavier qui permet de varier l'intensité du son, ce que la facture du clavecin exclut. Le facteur anglais John Broadwood le perfectionne encore en renforçant le toucher et en élargissant l'ambitus jusqu'à 7 octaves (Beethoven en aura profité dans ses dernières œuvres). C'est l'âge d'or du piano-forte avant que, au début du siècle suivant, le piano moderne prenne le relais définitif. Les compositeurs vont consacrer le piano-forte par des œuvres solistes (sonates, divertimentos…) ou de nombreux concertos – sa nouvelle texture sonore fait le poids face à l'orchestre – et en formations de chambre.

Cordes en stock

Les cordes progressent mais de façon moins spectaculaire. L'apport de la période classique à la lutherie des cordes concerne avant tout *le violoncelle* dont la facture permet de plus amples expressions et qui remplace définitivement la viole de gambe chère à la période baroque. Si le baroque a gâté le violon, la période qui nous préoccupe aime la sonorité généreuse du violoncelle (Boccherini en fait un vrai virtuose).

Coups de vent sur Vienne

Les instruments à vent connaissent un essor plus spectaculaire par la mise au point d'instruments permettant des émissions plus aisées, une technique plus performante et des résultats sonores plus justes (par rapport au sens actuel que nous donnons à ce mot).

La flûte revêt son aspect actuel, *le hautbois* acquiert quelques clés supplémentaires. *La clarinette*, née vers 1700, se décline en une famille d'instruments plus ou moins graves. Les problèmes de justesse et d'homogénéité l'éloignent de l'orchestre jusqu'aux années 1770, avec quelques belles exceptions.

La trompette est délaissée par les facteurs. *Le cor* est mieux loti ; les progrès de sa facture lui offrent un rôle permanent à l'orchestre, et il apparaît en soliste chez les Haydn (Joseph et Michael), chez Mozart qui lui réserve quatre grands concertos parmi les plus beaux de sa production ainsi qu'un *Rondo*, enfin chez Beethoven qui lui consacre une *Sonate* avec piano. *Le trombone* est quasiment absent de cette période : on notera toutefois l'utilisation exceptionnelle et visionnaire qu'en fait Mozart dans le *Tuba mirum* de son *Requiem* (pour l'anecdote, on relèvera que le nom latin *tuba* ne veut dire ni tuba ni trombone mais trompette).

Dirigés par un rouleau de papier !

Pendant la période baroque, les ensembles sont dirigés par le *Kapellmeister* depuis le clavier ou le *Konzertmeister* qui dirige à l'archet depuis sa place de violon soliste. Cette habitude se prolongera au début de la période classique, ce qui peut expliquer la présence de parties de clavier incongrues dans les premières partitions orchestrales de la période classique

De battre son bras s'est arrêté

Compte tenu de l'inflation de musiciens dans les orchestres, il est nécessaire de désigner un chef. Dans un premier temps, il dirige avec un bâton (ce qui causa à Lully une gangrène fatale), puis avec un rouleau de papier musique. En 1788, on voit Mozart dirigeant de cette manière une œuvre de Carl Philipp Emanuel Bach.

Chapitre 12

Musique scénique et musique sacrée

Dans ce chapitre :

- Après une soirée à l'opéra…
- …vous serez conviés à une journée à l'église

La musique vocale ne pouvait pas ne pas être touchée par les mutations ambiantes. Deux pistes principales : la musique lyrique et la musique sacrée.

Une soirée à l'opéra

La musique lyrique connaît une évolution que l'on peut mettre en parallèle avec celle qui régit la musique instrumentale. L'*opera seria* italien, lourd de ses thèmes mythologiques et de ses musiques parfois longuettes, va progressivement laisser la place à des œuvres aux livrets moins insaisissables et aux musiques plus légères. Ici aussi, une nouvelle lisibilité s'impose.

Molto serioso

L'*opera seria* reste encore en vogue au milieu du siècle partout en Europe sauf en France qui lui préfère la tragédie lyrique (Lully et Rameau). Cependant, il traverse la période classique en s'affaiblissant. Les nouvelles œuvres se raréfient après avoir connu leur heure de gloire dans les années 1730 grâce à Métastase, l'un des grands poètes et dramaturges de son siècle.

Serioso ma non troppo

Une réflexion fondamentale incite les compositeurs à repenser l'*opera seria*. Les livrets, même s'ils continuent à puiser leur inspiration dans l'histoire ancienne ou mythologique, gagnent en dramatisation.

Alors que dans l'*opera seria* de première génération la fin de l'œuvre est davantage moralisante que tragique, les nouveaux livrets préfèrent clore l'ouvrage sous le signe de la tragédie. L'action apparaît moins discontinue grâce à des enchaînements d'airs et de récitatifs plus travaillés. L'orchestre est davantage sollicité ; l'introduction orchestrale participe pleinement à la tragédie.

C'est Gluck qui en donnera un exemple magistral avec *Orfeo* (voir plus loin). On ne peut oublier l'apport de Mozart dans le domaine de l'*opera seria*. Il en donne quatre : *Mithridate, Roi du Pont* ; *Lucio Silla* ; *Idoménée, Roi de Crète* et *La Clémence de Titus*.

Meno serioso

L'*opera buffa* se développe depuis l'Italie et se décline sous diverses appellations : *farsa*, *burla* (*burletta*), *commedia per musica*, *dramma giocoso*, etc.

Après la querelle des Bouffons (voir encadré ci-après), la compagnie italienne à l'origine bien involontaire de cette histoire prend goût à cette musique et monte d'autres intermèdes de Pergolèse ou de Jommelli qui, s'émancipant de leur cadre original, deviennent des œuvres à part entière mais de moindre ambition littéraire.

Il faudra le talent de **Carlo Goldoni** (1707-1793), vénitien exilé en France, pour donner des livrets de très bonne tenue. Cet auteur au répertoire protéiforme (tragédies, drames, intermèdes, livrets d'opéra ou d'*opera buffa*) saura donner ses lettres de noblesse à ces œuvres entre 1749 et 1762, date de son exil en France.

Coin-coin

On imagine aisément cette période classique comme étant nonchalante et insouciante, à l'image de Haydn, pépère dans son château ou de Mozart, éternel facétieux, avant que l'orage de la Révolution et la déferlante romantique ne viennent assombrir ce tableau idyllique. Mais que non ! En témoigne la querelle des Bouffons :

En 1752, est représentée à Paris *La Servante maîtresse* de Pergolèse, intermède inoffensif avec ses airs simples et légers. Rien ne prédestinait à un éclairage historique aussi violent cette partition produite par une compagnie de seconde zone qui se retrouve sur la scène de l'Opéra de Paris habituellement réservée aux grandes tragédies lyriques de Lully ou de Rameau.

Cette série de représentations révèle deux clans parmi les amateurs d'opéra : d'une part les tenants d'un opéra italien à l'image de celui de Pergolèse, d'autre part les tenants d'un opéra français plus sophistiqué. Querelle de « coins » avec le « coin du roi », pro-français, qui compte dans ses rangs la Pompadour et les musiciens autour de Jean-Philippe Rameau, et le « coin de la reine » avec les encyclopédistes, les intellectuels des Lumières de Rousseau à Diderot ou le baron Grimm – celui qui, quelques années plus tôt, avait fortement critiqué l'opéra français dans sa *Lettre sur Omphale* dans laquelle seul Rameau était épargné. Ce coin-là préfère l'aisance et le naturel des lignes mélodiques italiennes.

Opéra bouffe encore

Après Goldoni, c'est **Lorenzo da Ponte** (1749-1838) qui produit les meilleurs livrets des opéras bouffes italiens de la deuxième moitié du XVIIIe siècle. Les compositeurs sont plus adroits à servir les beaux livrets. Parmi ceux qui honorent les textes de da Ponte, Mozart avec ses trois grands ouvrages italiens *Les Noces de Figaro*, *Don Juan* et *Cosi fan tutte* (« trilogie da Ponte »), sait le mieux en saisir le talent.

Gluck le réformateur

Christoph Willibald Gluck (1714-1787) est un maillon important de l'histoire de l'opéra. Dans un premier temps, une vingtaine d'opéras témoignent de sa notoriété dans l'Europe occidentale, de Naples à Londres ou Copenhague. Il *débarque à Vienne* en1752, année faste qui est aussi celle de son mariage avec une riche veuve qui le soulage de tout tracas financier. C'est à Vienne qu'il va donner ses meilleurs opéras-comiques en français (*Le Cadi dupé*, *Les Pèlerins de la Mecque*). Il va y croiser le librettiste **Ranieri de' Calzabigi** (1714-1795) qui avait vécu la querelle des Bouffons à Paris, avec qui il va tirer l'opéra italien hors de ses conventions.

Parallèlement, depuis les années 1750, une profonde réflexion sur l'opéra est engagée autour de Francesco Algarotti, philosophe italien qui dans son *Essai sur l'opéra en musique* défend la primauté de l'action dans l'opéra : livret, musique, mise en scène, interprétation doivent être mus par la seule action dramatique. Cet essai se clôt par la proposition d'un livret en français, *Iphigénie en Aulide* d'après Racine et Euripide dans lequel l'auteur précise les passages réservés au chœur et au ballet ainsi que des éléments de mise en scène. Le compositeur et son librettiste vont prendre au mot cette réflexion et la mettre en pratique.

Assimilation

Gluck dépouille l'*opera seria* de tout superflu pour le concentrer sur l'action : on se passe des « abus des chanteurs », des personnages inutiles et des récitatifs secs, on privilégie les airs enchaînés de manière plus cohérente, les récitatifs accompagnés qui soulignent davantage la psychologie des personnages, les chœurs qui interviennent quand l'action le nécessite, les passages exclusivement chorégraphiques.

Cette volonté d'associer organiquement poésie, danse – la collaboration avec le chorégraphe Angiolini porte ici ses fruits – et dramaturgie trouve son apogée dans *Orphée et Eurydice* et *Alceste*. Le lien entre la parole et la musique y est intime. L'*opera seria réformé* est né.

Calzabigi va reprendre ces idées dans la préface d'*Alceste*, véritable manifeste pour une refonte de l'opéra italien signée de Gluck mais qui porte l'empreinte du librettiste.

Après Orphée

Invité par Marie-Antoinette à Paris, Gluck applique ses théories à l'opéra français et donne *Iphigénie en Aulide*, *Orphée et Eurydice*, *Alceste* et *Armide*, versions françaises de ses opéras italiens. C'est à la fois un succès et le début d'une nouvelle querelle face aux tenants de la musique italienne menés par Piccinni. Gluck se taille un triomphe parisien avec *Iphigénie en Tauride*, son dernier grand succès.

Opéra bouffe ailleurs

À Paris, l'opéra-comique, pas toujours si drôle

La France connaît des genres lyriques qui lui sont propres. Déjà, elle avait préféré la tragédie lyrique à l'*opera seria*. Elle prend aussi quelques distances avec l'*opera buffa* par l'instauration de l'opéra-comique.

Des vaudevilles musicaux, « comédies mêlées de chants », fleurissent dès 1714. Les musiques y sont souvent limitées à des chansons à la mode sur lesquelles on adapte de nouvelles paroles. Ces vaudevilles se répandent à l'occasion du Théâtre de la Foire, série de manifestations programmées lors des foires de Saint-Germain et de Saint-Laurent, ainsi qu'au Nouveau Théâtre Italien ouvert en 1716 (voir encadré p. 116). Ils retiennent un public nombreux qui préfère cette musique résolument directe aux grands déploiements scéniques de Versailles ou de l'Opéra de Paris. La querelle des Bouffons anéantit cet « opéra-comique en vaudevilles » au profit de l'opéra-comique « pur » composé de dialogues parlés entrecoupés de chansons.

N'OUBLIEZ PAS

Il faut tordre le cou aux étymologistes : malgré son nom, l'opéra-comique fait couler autant de larmes qu'il fait rire. Les livrets ne recèlent pas que des bijoux de littérature, et s'ils comportent des situations légères – on est quand même loin des livrets vraiment cocasses sur lesquels Offenbach va asseoir ses chefs-d'œuvre au XIXe siècle – ils contiennent aussi des pleurnicheries efficaces si l'on en croit la chronique. *Richard Cœur-de-Lion* de Grétry en est un bon exemple.

Le peuple français en est friand. Les compositions se multiplient. Deux compositeurs s'investissent à tel point dans ce genre musical que les autres pans de leur catalogue sont complètement oubliés.

Antoine Dauvergne (1713-1797) et **Pierre-Alexandre Monsigny** (1729-1817) partagent la paternité de l'opéra-comique, même si *Le Devin de village* (1752) de Jean-Jacques Rousseau en est le premier témoignage. Du premier, on ne connaît guère que son succès *Les Troqueurs*, pastiche des Bouffons. Le second se fait connaître du public au travers du Théâtre de la Foire Saint-Germain, par ses *Aveux indiscrets* et *Le Maître en droit*. Mais c'est en association avec le librettiste Sedaine qu'il donne ses principaux succès : *On ne s'avise jamais de rien* et *Le Déserteur*, larmoyant à souhait (pour ne pas dire dégoulinant de tristesse) qui fait beaucoup pour la connaissance de ce genre dans toute l'Europe.

D'autres compositeurs illustreront ce genre musical, sans pour autant délaisser un répertoire plus conséquent dans d'autres domaines : on doit à **François-André Danican Philidor** (1726-1795) une belle inventivité mélodique dans *Le Diable à quatre* ou *Blaise le savetier*, entre autres vaudevilles donnés au Théâtre de la Foire, et par des titres plus aboutis sur des livrets mieux travaillés, comme *La Nouvelle École des femmes* ou *La Nouvelle École des maris* sous-titre de son si évocateur *Mari comme il les faudrait tous*.

Pourtant, c'est **André-Modeste Grétry** (1741-1813), français d'origine belge, qui demeure aujourd'hui le ci-devant de l'opéra-comique français. Sa musique se caractérise par une grande simplicité. Cette musique qui nous paraît d'une tendresse mièvre et d'un humour… disons relatif, correspondait en fait à l'idéal défini par « le coin de la reine » : des mouchoirs pour s'éponger les larmes de joie ou de tristesse. Dans la quarantaine d'ouvrages lyriques qu'il a laissés, *Le Huron* est son premier grand triomphe et l'année suivante *Lucile* connaît un grand succès, laissant l'auditoire en larmes. Ces gueux-là ignoraient encore *Love story* et *Le Titanic*… Heureusement, il a mis son talent au service d'œuvres d'une autre envergure (voir le chapitre 14).

En Angleterre, on parle de ballad opera

Comme l'opéra-comique, la *ballad opera* fait alterner dialogues parlés la plupart du temps satiriques et sections musicales. Celles-ci sont principalement issues d'anciennes ballades que fredonnent sans cesse nos amis anglais, dans des versions brèves (souvent un couplet entre deux refrains).

Après le magistral succès de *L'Opéra du gueux* en 1728 (voir le chapitre 9), la *ballad opera* retrouve des couleurs avec un *Amour au village*, pastiche musical créé en 1762 sur une musique de **Thomas Arne** (1710-1778). Charles Dibdin compose au moins 46 partitions entrant dans cette catégorie : *ballad opera*, pastiches musicaux et *afterpiece*, sortes de pantomimes brèves et humoristiques, données en conclusion des grandes tragédies en cinq actes.

Au XIXe siècle, ce genre musical trouvera des déclinaisons un peu différentes avec un compositeur comme John Barnett.

En Allemagne, l'opéra bouffe du nord

L'année 1752 est décidément une année faste pour l'art vocal. C'est l'année où perce, en Allemagne, la *ballad opera* anglaise *The Devil to pay* écrite et composée par l'Irlandais Charles Coffey traduite en allemand et « remise en musique » par Johann Stanfuss sous le titre allemand *Der Teufel ist los*. Le compositeur substitue aux ballades anglaises des lieder populaires germaniques. C'est la première partition d'importance dans sa catégorie, même si ce compositeur est aujourd'hui totalement oublié.

Les textes sont moins caustiques que de l'autre côté de la Manche. Les sujets y sont plutôt féeriques, magiques, légèrement surnaturels mais pas dénués d'humour. C'est le début du *singspiel*. Dans une première acception, ce mot désigne autant des *opera buffa* italiens que des opéras en langue allemande, parfois sérieux. Ce n'est que plus tard que les historiens consacrèrent le sens que nous connaissons aujourd'hui : opéra-comique allemand, où alternent airs chantés et dialogues parlés à la place des récitatifs. C'est d'Allemagne du Nord que vient Johann Adam Hiller, considéré comme le père du *singspiel* (*La Chasse*, *Le Jubilé de mariage* ou la sans doute irrésistible *Tombe du mufti*). Plus au sud, c'est encore vers Vienne qu'il faut se tourner. Le *singspiel* viennois se déploie à partir des parodies comiques et féeriques improvisées (*la teutsche Comedie*) qui introduisent des chansons populaires. Les plus prolifiques compositeurs de *singspiels* sont Karl von Dittersdorf (*Le Barbier de village*), enfin Wenzel Müller, élève du précédent, au catalogue impressionnant : plus de 250 *singspiels*, pantomimes et autres musiques de scène parmi lesquels *Gaspard le bassoniste* ou *La Cithare magique*.

Le *singspiel* inspire Haydn qui en tirera un spectacle pour marionnettes *Philémon et Baucis*, la seule de ses cinq musiques pour marionnettes qui nous soit parvenue ; le *singspiel* trouve son maître en Mozart. Après *Bastien et Bastienne* et *Zaïde* (inachevé), c'est *L'Enlèvement au sérail* et *La Flûte enchantée* qui marqueront l'apogée du genre et, de fait, le début de son déclin rapide.

En Espagne, castagnettes et mantilles

Comme ailleurs en Europe, l'*opera seria* commence à se faire pesant en Espagne, et le besoin de s'en écarter se fait sentir. L'intermède léger et comique qui agrémentait certaines représentations dramatiques décrète son autonomie. La *tonadilla* (diminutif de *tonada*, chanson) est née. Plus qu'ailleurs, les apports folkloriques de la musique sont prégnants, et les riches danses andalouses, hautes en couleurs, y prennent une place centrale.

Le premier compositeur d'importance à avoir honoré ce genre est Antonio Guerrero, attaché aux théâtres madrilènes dont il devait composer les musiques de scène. L'une des premières tonadillas est *Les Hommes hypocrites*. C'est Luis Misón qui donne les premières lettres de noblesse à ce nouveau genre, typiquement ibérique avec *Une Auberge et un muletier* ou *Les Aveugles*, mais les œuvres les plus abouties sont à mettre au crédit de **Blas de Laserna** (1751-1816), farouche défenseur de la tradition espagnole face au bel canto italien, auteur de plus de 500 tonadillas (certains avancent le chiffre de 700 !) parmi lesquelles *L'Homme gentil et l'Italienne hypocrite* ou *Tirana del Tripili*, célèbre dans toute l'Europe au XIXe siècle. Certains titres sont toujours programmés sur les scènes madrilènes.

On peut voir dans la tonadilla l'un des ancêtres de la zarzuela (voir le chapitre 19).

Une journée à l'église

Toute la période baroque est religieuse, et les créateurs n'ont de cesse dans leurs œuvres de louer le Créateur. On se souvient que Bach dédiait ses cantates à *Soli Deo Gloria*. Ce souci disparaît au milieu du siècle. Les Lumières passent par là. Le siècle se déchristianise, la musique également. Elle se tourne davantage vers l'humain que vers le divin. La musique religieuse devient la portion congrue du répertoire classique.

Pour l'usage paroissial, le choral au temple et le chant grégorien à l'église constituent toujours la base de la musique liturgique, qu'ils soient utilisés tels quels ou paraphrasés dans des compositions chorales ou instrumentales. En France, les instruments sont admis à Notre-Dame de Paris au début du XVIIIe. Certaines grandes cathédrales privilégient jusqu'à la fin du siècle l'usage du double chœur. Pendant ce temps, la Chapelle Sixtine ou la chapelle privée du pape n'admettent aucun instrument, pas même l'orgue.

Que chante-t-on par chez nous ?

Il faut distinguer la musique sacrée donnée hors des situations liturgiques de la musique à usage liturgique. Dans la première catégorie, le Concert Spirituel qui a permis en France l'éclosion de nombreux motets de l'école française dans la première partie du siècle voit son influence régresser, au moins dans le domaine de la musique sacrée qui était sa raison d'être. Jusqu'en 1790, il continue à programmer, les jours des fêtes religieuses, des grands motets qui veulent s'inscrire dans la lignée des De Lalande, Lully et autre Charpentier. Progressivement, le motet évolue vers l'oratorio, et le français remplace le latin. Les tentatives sont louables, mais le talent ne suit pas. Les grands mottetistes du début du siècle peinent à trouver leurs successeurs. Aucun des motets parmi la soixantaine qui ont été proposés au Concert Spirituel pendant la période 1730-1790 ne semble avoir survécu.

Dans les églises françaises est-ce mieux ? On peut en douter, car la Chapelle royale ne trouve pas de successeur digne de Campra (mort en 1744). À Paris comme en province, les maîtres de chapelle des grandes cathédrales comme des paroisses plus modestes composent maintes messes et moult motets occasionnels qui manquent cruellement de souffle. Cette misère qui se poursuit au-delà de ce XVIIIe siècle marque un déclin qui paraît aujourd'hui encore irrémédiable.

Ailleurs en Europe

En Angleterre, c'est la famille Wesley qui entretient le mieux le répertoire liturgique, depuis le révérend anglican John qui redonne leur place liturgique aux psaumes traités sur le modèle des chants populaires. Son frère en compose ou arrange plusieurs milliers. Le fils de John, Samuel, converti au catholicisme, compose généreusement tant en latin qu'en anglais pour ces deux familles de la chrétienté. Dans les concerts de musique sacrée, le pays entier continue de savourer les grandes fresques religieuses de Haendel bien au-delà de la mort du compositeur. Les passages de Mozart à Londres ont une influence considérable sur les compositeurs de musique religieuse locaux, mais les œuvres composées alors ne présentent qu'un intérêt éphémère.

Sur le continent, les fastes liturgiques continuent de se déployer dans les grandes cathédrales catholiques. **Charles Burney** (1726-1824), compositeur et historien de la musique, aimait à voyager d'une cour à l'autre et découvrir les musiques qui s'y donnaient. Il nous narre ainsi quelques notes de voyage à Vienne : « La musique couvre la messe de son manteau merveilleux [...]. La liturgie est comme submergée par cet art et finit par disparaître totalement [...]. L'époque moderne cherche le beau dans l'art, non plus la sainteté. »

Les œuvres d'envergure hésitent entre l'influence italienne, directement issue de l'*opera seria*, et l'influence allemande déjà tournée vers la symphonie. Le chœur y est souligné par l'orchestre dont le rôle se limite souvent à la doublure sonore et au soutien harmonique des voix (solistes ou chorales), à l'image de ce qu'il est dans l'*opera seria*.

À partir des années 1770, le style instrumental symphonique en usage dans les pays germaniques déteint à son tour sur la musique d'église. Il faut dire que le règne de Joseph II a instauré le… joséphisme, ce contrôle par l'État des activités de l'Église catholique en limitant l'influence romaine, en dissolvant les couvents et en interdisant les fêtes religieuses. Musicalement parlant, les compositeurs s'ingénient à oublier autant que faire se peut les influences latines. Les œuvres sont plus approfondies et plus cohérentes. Les parties instrumentales s'émancipent de leur fonction de simple soutien des voix.

Vienne découvre à son tour les fastes de Haendel à partir des années 1780, grâce à Haydn qui les rapporte dans ses malles à l'occasion de ses voyages à Londres. Haydn est le seul compositeur de la période classique qui ait témoigné de sa foi catholique inébranlable tout au long de sa vie (nombre de ses œuvres portent en dédicace *In Nomine Domini*). Son oratorio *La Création* ou ses messes (notamment la *Messe Nelson*) en témoignent.

Dans les cathédrales devenues autant salles de concert que lieux de culte, on peut entendre les grandes messes de Haydn (il y en a quatorze) et de Mozart (une vingtaine, avec pas mal d'autres titres à l'attribution douteuse), mais aussi de Michael Haydn (le frère de l'autre, moins connu mais plus prolifique dans ce domaine : une trentaine de messes) ou Salieri (l'éternel adversaire du deuxième, cinq messes) dont la réputation était alors aussi grande. Le reste de la production pâtit de l'héritage baroque inépuisable. Parmi les autres oratorios à visée liturgique sont écrits dans ce demi-siècle : vêpres, litanies et autres titres isolés et fragments divers par Mozart, *Te Deum* et *Salve Regina* par Haydn, plus tard messes et requiem par **Luigi Cherubini** (1760-1842).

S'il faut retenir un titre, c'est le *Requiem* de Mozart, œuvre ultime et incomplète (bien que le compositeur ait laissé à son élève Süssmayer suffisamment d'indications pour terminer l'œuvre), œuvre emblématique qui, associée à la *Messe en ut mineur* du même compositeur, porte la contradiction au déclin de la musique sacrée. Il faudra attendre la *Missa solemnis* composée par Beethoven une génération plus tard pour trouver une œuvre de ce calibre.

Chapitre 13

Le tiercé viennois

Dans ce chapitre :

- Un trio majeur : Haydn le plus prolifique…
- … Mozart le plus classique…
- … et Beethoven le plus novateur

Joseph Haydn (1732-1809), pas d'enfant mais une belle descendance

Auteur d'un catalogue impressionnant (au moins 1 100 œuvres recensées), Haydn est pourtant rarement programmé sur les scènes lyriques, et à peine davantage dans les programmes symphoniques, les récitals de piano ou de quatuors (quelques titres souvent proposés pour combler des programmes).

Né dans un petit village autrichien, Franz Joseph qui abandonne rapidement son premier prénom, deuxième de douze enfants d'un charron, évolue dans un milieu modeste. Ses premiers apprentissages musicaux remontent aux années passées comme petit chanteur à la cathédrale Saint-Étienne à Vienne où il fait preuve de belles qualités vocales. Pourtant, quand on fait le bilan de sa contribution à l'histoire de la musique, c'est dans le répertoire vocal que ses compositions paraissent les plus laborieuses. Mauvais souvenir de cette maîtrise viennoise dont il est rejeté à la mue ?

La belle vie

Une vie de château

Il se met au service des grands du monde viennois : le baron Fürnberg pour qui il compose ses premiers quatuors, le comte Morzin à l'origine de ses premières symphonies, et surtout la famille Esterházy à partir de 1761. Il restera plus de la moitié de sa vie au service de cette véritable dynastie, notamment pendant la période faste où le prince Nicolas « le Magnifique », général dans l'armée autrichienne et passionné de musique, fit ériger le château Eszterháza qu'il voulait à l'image de celui de Versailles.

Le château contient une salle d'opéra de 500 places ainsi qu'un petit théâtre de marionnettes. La vie artistique est intense : pas moins de deux opéras et deux concerts chaque semaine (rien qu'en 1786, Haydn dirige 126 concerts), sans compter diverses manifestations de musique de chambre dans les appartements. Haydn dispose d'un orchestre permanent composé d'une vingtaine de musiciens. Pendant trois décennies, il ne cesse de composer des opéras italiens et des œuvres instrumentales (la plupart de ses symphonies et de ses quatuors à cordes, ses sonates pour piano datent de cette époque) qui répandront sa réputation dans une bonne partie de l'Europe.

Triomphes londoniens

En 1791, à la mort de son mécène, le compositeur qui se trouve un peu trop éloigné des grandes cités (« Mon malheur est de vivre à la campagne ») rejoint Vienne d'où il partira pour deux voyages essentiels à Londres, la ville où il fallait être, qui le reçoit avec les honneurs (docteur *honoris causa* à Oxford, concerts triomphaux). Cinq ans plus tard, il retrouve la dynastie des Esterházy où Nicolas II, davantage attiré par la musique religieuse que son ancêtre, lui donne l'occasion, lui dont la foi catholique n'a cessé de l'accompagner tout au long de sa longue vie, de composer ses grandes pièces de musique religieuse parmi les plus belles de son catalogue (six *Messes*, *La Création*) et *Les Saisons*, oratorio profane.

La marche de l'Empereur

C'est à Haydn que l'on doit l'hymne allemand. Dans son *Quatuor Hob. III/77*, il reprend dans son mouvement lent l'hymne impérial autrichien qu'il avait écrit après son retour de Londres, thème à l'allure solennelle qui sert de base à une suite de variations.

Figure 13-1 : *Quatuor à cordes Hob. III/77 (op.76, n°3) « L'Empereur »*

Il devenu l'hymne allemand ; l'Autriche adoptera plus tard une musique de Mozart. Ce sont là les très rares cas où la musique d'un hymne est issue d'une grande plume.

ANECDOTE

Se souvient-on que, pendant plusieurs années, le Tchad avait retenu pour chanter les louanges de son pays la musique qu'Henri Salvador composa pour son irrésistible chanson *Le travail c'est la santé* !

Quand Napoléon s'en mêle

Les dernières heures de Haydn sont restées dans l'histoire. En mai 1809, les troupes françaises assaillent Vienne. Un officier des hussards se présente chez Haydn ; mais alors que celui-ci pouvait s'attendre à se faire trucider, notre officier se met à chanter l'un des airs – magnifiques – de *La Création* ! L'émotion est palpable et tellement contagieuse qu'à partir de là, Napoléon Bonaparte installe un piquet d'honneur devant la maison du compositeur. Haydn meurt le dernier jour de mai.

Un legs inestimable

Haydn est né peu après que Bach achève sa *Passion selon saint Matthieu*, il est mort après que Beethoven ait écrit sa *5e Symphonie*.

Son répertoire est considérable : 104 symphonies recensées, 68 quatuors à cordes authentifiés, une soixantaine de sonates pour piano, une douzaine d'opéras, et de grands oratorios.

Même si la réelle paternité du quatuor à cordes semble revenir à Boccherini, c'est Haydn qui en démontre de façon décisive l'importance, enclenchant par là l'abandon de la sonate en trio baroque. Les deux violons et le violoncelle reprennent le rôle des deux dessus et de la basse de l'antique sonate en trio, l'alto comble l'espace harmonique qui sépare le violoncelle des violons et – c'est ici la grande nouveauté – le clavecin disparaît. Il n'y a plus que des cordes frottées, dans une homogénéité sonore épatante.

À l'orchestre, il fixe la nomenclature : alors que jusque là les formations orchestrales revêtaient les aspects les plus divers (les *Concertos brandebourgeois* de Bach), il établit un merveilleux équilibre entre les différentes familles instrumentales déjà en germe depuis l'orchestre de Mannheim. Au quatuor à cordes, colonne vertébrale définitive, il adjoint une ou deux flûtes, deux hautbois, deux bassons et deux cors, parfois deux trompettes et des timbales, plus tardivement deux clarinettes. Cet archétype de l'orchestre sera repris par Mozart puis Beethoven avant d'être épaissi tout au long du XIXe siècle, tout en conservant cette structure de base.

Haydn fixe aussi la structure des œuvres (ce que l'on appelle généralement la forme) : un premier mouvement à l'allure rapide souvent engagé par une introduction lente et solennelle, un deuxième mouvement lent, un menuet comme troisième mouvement, éphémère souvenir de la suite baroque, enfin un dernier mouvement rapide. Plusieurs symphonies n'ont que trois mouvements ; dans ce cas, le menuet peut servir de final. Le concerto est fixé à trois mouvements.

Au-delà de ces conventions, il n'aura de cesse de reprendre ces structures qu'il a affermies et de s'en rire en jouant sur les thèmes, en défaisant légèrement telle forme, en enrichissant subitement l'orchestre, en déviant les tonalités attendues.

Lui qui n'a pas eu d'enfant de son vivant aura vécu une paternité spirituelle qui n'en finit pas de faire des petits. Quel bel arbre généalogique !

Wolfgang Amadeus Mozart (1756-1791), primus inter pares

S'il est un compositeur emblématique de cette période, voire de toute la musique en général, c'est bien Mozart, compositeur précoce et prodigieux. Alors que Haydn, né une génération avant lui et mort une génération après, a besoin de temps pour s'affirmer et pour mûrir son œuvre, Mozart ne perd guère le sien. Il est à la fois le successeur et le prédécesseur de Haydn, les dernières œuvres de celui-ci étant postérieures à la mort de Mozart.

Une vie courte mais bien remplie

Les voyages forment la jeunesse

Avez-vous remarqué que le prénom de Mozart est germano-italien ? Le prénom donné au baptême est *Johannes Chrysostomus Wolfgang Theophilus*. Rapidement, les deux premiers éléments sont abandonnés. Sachant que Theophilus (*Gottlieb* en allemand) signifie « aimé de Dieu », c'est lors de l'un de ses déplacements en Italie qu'il italianise la dernière partie de son nom : Gottlieb devient Amadeo puis Amadeus.

Mozart naît à Salzbourg, capitale d'une principauté du Saint-Empire germanique. À 6 ans, son talent précoce est avéré comme pianiste et violoniste et déjà comme compositeur (même si ses premiers opus nous paraissent aujourd'hui quelque peu banals). C'est en tant qu'instrumentiste qu'il entreprend ses premiers voyages avec son père Leopold. Munich, Vienne, Bruxelles, Paris, Londres, trois grands déplacements en Italie entre 1770 et 1773… au total, il passe près de sept des seize premières années de sa vie hors de Salzbourg.

À chaque étape, il est adulé par les plus grands de ce monde malgré quelques couacs (à Paris). Les cours se le disputent. Outre les avantages matériels, c'est dans les rencontres avec les principaux compositeurs que ces voyages s'avèrent fructueux.

À Paris, il rencontre Johann Schobert, dont on ne connaît plus guère que des sonates pour clavecin, qui aura une emprise importante sur les premières compositions de Mozart pour le clavier. À Londres, il rencontre Jean-Chrétien Bach. Les œuvres composées par Mozart vers 1765 (il n'avait pas encore 10 ans) témoignent de cette influence. Il reprend six des sonates pour clavier de J.-Ch. Bach qu'il retravaille sous la forme de concertos, certes rudimentaires. Ses premières symphonies datent également de ce voyage à Londres. Elles restent dans l'esprit des premières œuvres du genre, proches des ouvertures d'opéra italien : un mouvement lent mélodieux encadré par deux mouvements vifs. Et on compte déjà seize sonates pour violon et clavier (nommées *Sonates pour clavier avec accompagnement de violon* où la discrète partie de violon se glisse dans l'ombre de celle de piano), une dizaine de symphonies, un *singspiel* (*Bastien et Bastienne*), un *opera buffa* (*La Finta simplice*).

Les voyages italiens sont l'occasion de recevoir les premiers lauriers académiques : diplômes à Bologne, Vérone. À Milan, il dirige ses premiers opéras significatifs, *Mithridate*, *Ascanio in Alba*, *Lucio Silla*. C'est lors de son premier voyage à Bologne qu'il travaille avec le *padre* Martini qui aura, à son tour, une forte influence sur son style musical.

Les petits boulots

En 1769, il est nommé *Konzertmeister* de l'archevêque de Salzbourg, c'est-à-dire l'équivalent de violon solo appelé à diriger l'orchestre avec son archet depuis son pupitre. Il conservera ce poste une douzaine d'années avec cependant de grandes parenthèses pour lui permettre de nombreuses escapades. Mais ce poste pourtant stable ne semble pas lui convenir et ses relations avec son mécène sont tendues, surtout depuis que Colloredo occupe le poste de prince-archevêque. Mozart demande un congé qui lui est refusé. Pire : lui et son père sont congédiés. Finalement, seul le fils s'éloigne. Il retrouvera ce poste pour quelque temps après un séjour de plusieurs mois à Paris.

ANECDOTE

Il y a des coups de pied qui se perdent !

L'histoire se souvient que le contrat qui liait Mozart au prince-archevêque Colloredo se termina *pedu militari* à Vienne où s'était installé provisoirement Colloredo. Le comte Arco, intendant de l'archevêque (de nos jours, on le qualifierait de D.R.H.) le congédie en lui bottant les fesses (restons poli). Mozart aura du mal à se remettre de l'affront. « Si je ne suis certes pas comte, j'ai peut-être bien plus d'honneur en moi que bien des comtes ; et valet ou comte, celui qui m'insulte est une canaille. »

La liberté n'a pas de prix

Cet incident saura lui être bénéfique : il le libère d'un emploi et d'un entourage qu'il ne supporte plus. Dorénavant, il subvient à ses besoins vaille que vaille grâce à ses compositions et son enseignement, bien qu'il ne montre aucun goût pour ce gagne-pain.

L'année suivante, il épouse Constance Weber. Tout a été dit sur la vie sentimentale agitée de Mozart avant et après son mariage, et la légende l'a affublé de trop nombreuses aventures. Comme « action de grâce » pour son mariage, il entame la composition de la *Messe en ut mineur* dont on regrettera toujours qu'elle soit incomplète tant les fragments qui nous sont parvenus nous montrent une dimension dramatique et des proportions musicales impressionnantes.

Quel cinéma !

On a tous en mémoire *Amadeus*, le joli film de Miloš Forman. Le compositeur y apparaît souvent comme un fieffé coquin. Même si le film a amené beaucoup de spectateurs à la musique géniale du compositeur et même si ce film se suit encore avec plaisir, il faut considérer avec prudence sa véracité historique.

1782 est marquée par la création du premier des cinq grands opéras, *L'Enlèvement au sérail*, à l'orchestration raffinée, aux mélodies particulièrement séduisantes, à la personnalisation très soignée des rôles principaux. Mozart s'éloigne de l'opéra italien en vogue à ce moment-là, ce qui lui vaut des reproches des chanteurs moins mis en avant et des autorités (l'empereur Joseph II lui dit : « Trop beau pour nos oreilles et beaucoup trop de notes, mon cher Mozart ! »). Pourtant, ce *singspiel*, l'opéra le plus populaire du vivant du compositeur – les délicieuses turqueries étaient à la mode –, reste une pièce maîtresse dans l'œuvre de Mozart.

Les mystères de la numérotation

Lorsque vous lisez une partition de Mozart, vous vous trouvez face à une numérotation parfois énigmatique. Prenez le joli *16e Quatuor à cordes* : il peut être affublé de la référence plutôt absconse Kv 428/421b ! D'autres œuvres sont référencées par des *Anh.* (liste complémentaire établie *a posteriori*).

Mozart avait lui-même commencé à établir un catalogue de ses œuvres, curieusement imprécis. Ludwig von Köchel, écrivain musicologue, mais aussi compositeur et botaniste à ses heures, publie en 1862 un catalogue chronologique des compositions de Mozart aussi précis que possible, compte tenu des connaissances musicologiques de l'époque. Le travail de Köchel est donc considérable et a été amendé à plusieurs reprises, notamment par Alfred Einstein (peut-être le cousin d'Albert !) en 1937 (3e édition), puis par trois musicologues en 1964, 6e édition qui sert encore de référence tant elle est précise et complète. Cette dernière mouture prend acte de nombreuses œuvres, souvent mineures, authentifiées récemment et revoit toute la chronologie. Ainsi donc, après le K15 de la première recension ont été ajoutées 44 pièces numérotées de Kv15a à 15ss ! Les deux séries s'arrêtent au numéro 626 (le *Requiem*), la plus récente ayant collecté plus de 850 titres. Notre *16e Quatuor* référencé 428 dans la 1re mouture de Köchel, est « revu » 421b dans la 6e.

Les années suivantes se passent à Vienne, entre concerts et cours de piano (c'est sa rente la plus sûre). Mozart n'est plus le jeune prodige mais un artiste reconnu, au faîte de son talent. C'est là qu'en 1784, il est initié à la franc-maçonnerie ; Haydn puis son père le suivront l'année suivante. Vienne encore où Haydn, qui vient de découvrir ses quatuors à cordes, reconnaît tout son talent, là enfin où le jeune Beethoven vient brièvement travailler avec lui.

Ses compositions connaissent le succès (*Les Noces de Figaro*, *Cosi fan tutte*), ou au contraire la déception (*Don Juan*). Il est toujours très actif à la fin de sa vie : déplacements, tournées de concerts et emplois de circonstance pour assurer la subsistance de sa famille. L'année de sa mort, *La Clémence de Titus* et *La Flûte enchantée* terminent sa carrière par un double succès. Il n'entendra pas son *Requiem* inachevé.

Une œuvre impressionnante

Une machine à tubes

S'il est un compositeur dont tous les lecteurs de cet ouvrage peuvent chanter au moins un thème mélodique, c'est bien Mozart. De *La Petite Musique de nuit* à *La Marche turque*, de l'un des airs de *La Reine de la nuit* à la *40e Symphonie*, il n'y a que l'embarras du choix. Il s'agit de pièces majeures dans le catalogue, preuve que l'aspect mélodique participe de manière essentielle à la qualité d'une œuvre. C'est bien là l'une des marques tangibles de la musique de la période classique.

Pour les novices curieux, voici à quoi ressemble la partition de quelques tubes. Amusez-vous à les chanter en suivant des yeux la partition. Même sans connaître le solfège, on arrive à suivre le contour mélodique.

Figure 13-2 : *Sérénade « Une petite musique de nuit », Kv 525*

Figure 13-3 : *Alla turca (Sonate en la majeur), Kv 331/300i*

Figure 13-4 : *Air de la Reine de la nuit, La Flûte enchantée, Acte II, Kv 620*

Figure 13-5 : *40e Symphonie en sol mineur, Kv 550*

Ludwig van Beethoven, viennois né à Bonn

Dans notre ouvrage, sa place se situe autant dans cette partie consacrée à la musique classique que dans la suivante qui présente le romantisme. Son apport dans les deux cas est incommensurable. Néanmoins, il est traité en une seule fois, par souci de clarté.

De Bonn à Vienne

Héritage familial et premières études

Dès son plus jeune âge, Beethoven est formaté pour suivre la même carrière que son père, musicien au service de l'archevêque-électeur de Bonn. À 13 ans, il est déjà organiste et répétiteur au théâtre et musicien d'orchestre, tout en assurant des heures d'enseignement.

Il est confié à Christian Neefe qui l'initie à l'écriture pour clavier de Bach et l'incite à composer. Il effectue un premier séjour à Vienne où il rencontre Mozart ; mais la rencontre n'est pas des plus fructueuses. Malgré tout, il quitte définitivement Bonn pour s'installer à Vienne. Rapidement, il tente sa chance auprès de Haydn sans grand succès non plus, bien que Haydn aura une influence incontestable sur ses grandes compositions à venir. En fait, il est plutôt rétif à l'enseignement traditionnel, trop sclérosant à son goût.

Parallèlement, il s'intéresse à la littérature germanique de Goethe (qu'il rencontrera en 1812, lui causant une belle désillusion) à Schiller, les principaux hérauts du *Sturm und Drang* (voir le chapitre 11). La proximité intellectuelle des grands poètes le stimule dans sa démarche créatrice, en ce qu'elle lui révèle son aspiration révolutionnaire. 1789 résonnera longtemps jusque dans ses veines.

Virtuosité et problèmes de santé

À Vienne, il se révèle un pianiste hautement virtuose. Son talent et son tempérament fougueux lui ouvrent les portes de l'aristocratie viennoise, ce qui ne l'empêche pas pour autant de côtoyer des groupes partageant les idées de la Révolution.

Dès 1796, il développe les premiers symptômes de la surdité, espérant une guérison qui ne viendra pas. Il souffrira du bruit des bombes lorsque Vienne est bombardée (1809). La surdité devient un frein à sa carrière de virtuose. Il se consacre dorénavant à ses compositions, se murant peu à peu hors du monde extérieur. Vers la fin de sa vie, il ne peut communiquer que par écrit, en témoignent les 130 cahiers de conversation retrouvés (il y en avait plus de 400 !). Victor Hugo d'une plume inégalable dira : « Il semble qu'on voie un dieu aveugle créer des soleils. »

Dialogue de sourds

On peut imaginer que, parmi toutes les vocations ou les professions que la surdité peut atteindre, celle du compositeur est la plus handicapante. Beethoven est devenu sourd, souffrant d'acouphènes chroniques. Après lui, Smetana (à cause de la syphilis) puis Fauré connaissent un sort identique. Pourtant, ces trois compositeurs n'ont cessé de composer après le déclenchement de leur maladie. Si leurs pathologies sont différentes, le résultat est le même. Le contact avec les sons extérieurs ne se fait plus ; ils vivent un monde sonore exclusivement intérieur. Mais ils ont emmagasiné tellement de sons auparavant que cela suffit à les rendre autonomes face au monde extérieur. L'oreille interne ne semble pas atteinte ; ils peuvent donner libre cours à leur création. Il est difficile de dire si les œuvres ainsi composées souffrent de ce problème. Comme tous les compositeurs au soir de leur vie, les œuvres composées les dernières années de la vie de Beethoven ou de Fauré prouvent une force intérieure tellurique chez le premier, épurée chez le second. On pourrait en dire autant de maints autres grands créateurs, non atteints de surdité ceux-là.

En marge de cela, à noter que la surabondance sonore des grandes œuvres symphoniques des XIXe et XXe siècles entraîne des problèmes identiques chez de nombreux instrumentistes d'orchestre qui évoluent régulièrement dans les grandes formations, notamment ceux qui sont proches des cuivres et des percussions. Cela explique la présence de paravents discrets qui fleurissent parfois çà et là entre certaines familles d'instrumentistes dans les orchestres.

Période héroïque

Au début du siècle, ses œuvres révèlent son penchant révolutionnaire. Sur le manuscrit de la *3e symphonie* dite « héroïque », il inscrit la dédicace à Napoléon. Mais celui-ci se proclame empereur en 1805, ce que ne supporte pas le compositeur qui, pour le coup, déchire la page. L'empereur porte indirectement un autre coup au moral de Beethoven lorsque, à la fin de cette même année, ses troupes entrent à Vienne, retardant puis faisant passer au second plan la création de son opéra *Léonore* qui reçoit un accueil pour le moins réservé. Le compositeur remaniera son unique opéra à trois reprises. Ce n'est que dans sa dernière mouture, terminée en 1814 et devenue *Fidelio*, que l'œuvre connaîtra enfin le succès.

À partir de 1809, Beethoven obtient de plusieurs riches personnalités une rente annuelle sans contrepartie qui lui permet de laisser libre cours à sa passion créatrice. C'est le premier compositeur qui est soutenu par un mécène, tout en restant indépendant et sans avoir de compostions à assurer en retour.

Fin de vie difficile

Son tempérament bouillonnant ou la perte d'amis proches l'isolent des cercles viennois qui goûtent davantage à la savoureuse gouaille musicale de Rossini qu'à la complexité de ses compositions. Après des années de vache maigre s'enchaînent les chefs-d'œuvre de la maturité : la *9e Symphonie* qui lui donna tant de mal (notamment pour *L'Ode à la joie*, le thème principal du final), les ultimes sonates, les derniers quatuors.

Une musique novatrice

Beethoven est un compositeur résolument moderne. Des trois Viennois, c'est incontestablement celui qui laisse l'héritage le plus audacieux.

Il sait plus que tout autre reprendre en les assimilant les bases jetées par Haydn. Qu'il s'agisse des formations instrumentales (le quatuor, l'orchestre) ou des formes musicales (la forme sonate, le découpage d'une symphonie…), il se les approprie pour en enrichir le vocabulaire musical. Le travail sur les thèmes est primordial, les développements s'enhardissent, les harmonies se complexifient, les formes s'élargissent. La durée de chaque pièce croît autant que l'investissement personnel du compositeur, subjectivisme qui sera le signe du romantisme.

Il bénéficie également de l'évolution de la facture instrumentale, notamment de celle du piano qui lui inspire le meilleur de lui-même (avec le quatuor et la symphonie). Son talent est immense, ses ultimes opus visionnaires même s'ils sont reçus, pour la plupart, avec circonspection : Berlioz et Schumann leur préfèrent ses symphonies et ses sonates intermédiaires. Il ne compose plus pour le présent mais pour l'avenir. Assis sur des bases résolument classiques, son langage ouvre grand la porte du romantisme.

L'œuvre pour orchestre

L'œuvre symphonique de Beethoven est sans doute la plus populaire, et cela ne se dément pas depuis deux siècles, la lecture des programmes des phalanges symphoniques et la richesse de la discographie en sont la preuve.

Un monde sépare la *1re Symphonie*, dernier hommage au XVIIIe siècle, encore marquée de l'empreinte de Haydn, de la *9e*, achevée après une longue gestation. Au fur et à mesure des symphonies, l'orchestre s'enrichit d'instruments (vents et percussions), le langage s'étoffe, les couleurs orchestrales se diaprent.

Beethoven laisse sept concertos impérissables (cinq pour piano, un pour violon et un triple pour piano, violon et violoncelle) dans lesquels il a su créer un équilibre nouveau entre le soliste virtuose et l'orchestre dont le rôle ne se limite plus à une simple réplique.

S'il est une œuvre emblématique du « dernier » Beethoven, c'est bien la *Missa solemnis* que l'on associe souvent, avec légitimité, à la *9e Symphonie*. Un chef-d'œuvre de musique sacrée qui l'occupe pendant plusieurs années.

L'œuvre pour piano

C'est le domaine de prédilection du compositeur. Le corpus des *Trente-deux Sonates* reste inégalé à ce jour, à l'image des deux volumes du *Clavier bien tempéré* de Bach. Elles relisent la vie de Beethoven et suivent l'évolution incroyable de son style musical. Chaque sonate est une avancée, aucune ne se répète de près ou de loin, aucune encore n'est indigne d'intérêt, ne montre la moindre faiblesse. Les trois dernières (écoutez la *31e* !), composées parallèlement au monument spirituel qu'est la *Missa solemnis*, sont un défi en réponse à un article paru dans un journal affirmant que le compositeur était mort à la création musicale. Effet d'électrochoc qui donnera cette trilogie-testament ineffable, à l'intérieur de laquelle chacun des trois volets semble inventer une forme nouvelle et dévoiler des états de l'âme du compositeur toujours plus enfouis. Mais comment ne pas citer aussi la *14e* (*Clair de lune*) dont tout le monde peut siffloter le mouvement lent, la *23e* (*Appassionata*) témoin de sa période héroïque, la *26e* (*Les Adieux*, inspirée par son départ de Vienne lors de l'invasion des troupes napoléoniennes), ou encore l'immense *29e* (*Hammerklavier*).

À ces *Trente-deux Sonates*, il faut ajouter les *Variations sur un thème de Diabelli*, ultime grande œuvre pour piano (il n'écrira plus qu'un cahier de *Six Bagatelles*) qui sublime l'art de la variation. Le compositeur nous avait déjà gratifiés de plusieurs recueils de variations pour piano, mais la plupart sont à considérer comme des exercices somme toute mineurs. Avec les *Diabelli*, c'est un monde nouveau et déterminant de la variation qui est mis au jour.

L'œuvre pour quatuor

L'ensemble des *Dix-sept Quatuors* est aussi indispensable que celui des *Trente-deux Sonates*. Leur composition s'étale en trois grandes périodes : dans les dernières années du XVIIIe siècle, six quatuors encore revêtus des influences classiques ; dans les années 1806-1810, cinq numéros beaucoup plus personnels (trop, diront ses contemporains) dans lesquels Beethoven explore une technique d'écriture de haute volée ; à partir de 1822, cinq derniers numéros encore plus fouillés dans leur polyphonie, leur rigueur, leur violence intérieure.

Six+cinq+cinq = seize, or on annonce dix-sept quatuors. Dans sa première version, le *13e Quatuor* se terminait par une fugue à tel point démesurée que le compositeur la remplaça par un final moins ambitieux, en isolant la fugue en un quatuor indépendant appelé *Grande Fugue* ▶.

Chapitre 14

Tour d'Europe

Dans ce chapitre :

- Dégustez un Martini en Italie
- Savourez l'arbre généalogique d'un Bach en Allemagne
- Chantez la romance à Paris

Italie

L'influence de la musique italienne qui a donné toute sa splendeur au baroque se poursuit pendant tout ce siècle et même bien au-delà dans l'art lyrique. L'*opera seria* décline au profit de l'*opera buffa*, mais ce déclin n'est pas définitif. L'opéra italien a encore de beaux jours devant lui.

Les Italiens ne restent pas inactifs face aux compositions instrumentales. On se souvient du corpus incommensurable d'un Vivaldi. La symphonie est née de l'ouverture d'opéra italien (voir le chapitre 11). C'est donc en Italie ou plutôt sous la plume d'Italiens qu'apparaissent les premières symphonies.

Giovanni Battista Sammartini (1700-1775) compose 77 symphonies, dans l'esprit de l'ouverture d'opéra, pour des formations la plupart du temps limitées aux pupitres de cordes rappelant les 44 concertos pour cordes sans soliste de son aîné Vivaldi. Seules quelques partitions intègrent des cors ou des trompettes et, plus tardivement, des hautbois. Les caractéristiques de la symphonie classique y sont incontestablement en germe : trois mouvements (parfois deux, une fois quatre), plan déterminé (forme-sonate des mouvements rapides), thèmes bien ciselés, expressivité des mouvements lents centraux.

Giovanni Battista Martini (1706-1784), moine franciscain bolognais, maître de chapelle à Saint-François de Bologne. Homme de très grande culture, il fréquente les principaux artistes de son époque et de nombreux musiciens, parmi lesquels Mozart, viennent travailler avec lui. Il a laissé de nombreuses compositions religieuses ou profanes, mais son talent de compositeur n'égale pas celui de pédagogue incontestable et d'historien incontesté de la musique.

Plaisir d'amour (deux Martini sinon rien)

On a parfois attribué au père Martini la musique de la romance *Plaisir d'amour* chantée par Yvonne Printemps, Tino Rossi ou Joan Baez (mais oui !). Les paroles auraient-elles fait retourner le moine dans sa tombe ? Rien n'est moins sûr. Ce qui est certain, c'est l'attribution de la partition à Jean-Paul-Egide Martini, de son vrai nom Schwarzendorf (1741-1816), maître de chapelle du Prince de Condé puis inspecteur au conservatoire de Paris. Gageons que ce dernier poste lui fut attribué non pas pour le talent mélodique qu'il déploya dans *Plaisir d'amour*, mais pour des œuvres de plus grande envergure comme ses onze opéras parmi lesquels *Henri IV*, *Le Droit du Seigneur* ou *Sappho*.

Giovanni Paisiello (1740-1816) est un compositeur napolitain, successivement maître de chapelle auprès de Catherine II à Saint-Pétersbourg où il compose ses principaux opéras (*Le Barbier de Séville*) et une *Passion de Jésus-Christ*, Viennois le temps de composer *Douze Symphonies* pour l'empereur Joseph II, puis maître de chapelle de Ferdinand IV à Naples où il compose entre autres *Les Jeux d'Agrigente*, opéra donné pour l'inauguration de la Fenice à Venise (1792). Les aléas politiques l'obligent à quitter l'Italie pour rejoindre Paris, où il reste deux ans et demi au service du Premier Consul. Il revient triomphalement à Naples, mais le retour des Bourbons en 1815 l'écarte de la vie musicale italienne. Son répertoire témoigne d'un compositeur fécond, surtout dans le domaine vocal : une centaine d'opéras, une quarantaine de messes, autant de motets, des oratorios et autres cantates.

Luigi Boccherini (1743-1805) est un violoncelliste virtuose apprécié en son temps, l'un des premiers à avoir constitué un quatuor à cordes. Son parcours le mène à Vienne à trois reprises ainsi qu'à Paris, et surtout à Madrid où il s'installe comme violoncelliste et compositeur de la Chambre de l'infant Don Luis. On ne sait pas grand-chose de la fin de sa vie sinon qu'il y meurt dans la misère. De tous ses contemporains en Italie, c'est Boccherini qui donne le meilleur catalogue pour la musique instrumentale. Son instrument est abondamment servi : onze concertos pour violoncelle, une petite centaine de quatuors, une grosse centaine de quintettes à deux violoncelles et douze à deux altos. Son langage est parfois inspiré par des couleurs issues plus ou moins directement du folklore espagnol.

Domenico Cimarosa (1749-1801) partage avec Paisiello une expérience à la cour de Russie. Son répertoire est pléthorique : plus de 70 opéras (citons surtout *Le Mariage secret* et *Les Horaces et les Curiaces*), quatorze symphonies dont huit pour cordes seules et des dizaines de sonates pour clavier (clavecin au début, piano-forte ensuite) souvent d'un seul tenant, en écriture à deux parties (on retrouve le style de Scarlatti).

Si Cimarosa est davantage connu que les autres compositeurs italiens de son temps, c'est par « son » *Concerto pour hautbois* qui s'est répandu comme traînée de poudre dans les années 1960. Or si la musique est bien de Cimarosa, la substance musicale est tirée de quatre sonates pour clavier que le compositeur australien Arthur Benjamin a remaniées pour hautbois et orchestre en 1942.

C'est dans ce même esprit qu'il convient de parler du célébrissime *Adagio* d'Albinoni. Il est de la plume du musicologue italien Remo Giazotto qui a catalogué l'œuvre d'Albinoni et qui a « bricolé » l'*Adagio* en question en partant d'un fragment d'une œuvre d'Albinoni retrouvé dans les ruines de la bibliothèque de Dresde à la fin de la guerre.

Benjamin et Giazotto ont fait preuve de beaucoup d'abnégation devant d'illustres plumes…

Allemagne

Dans la famille Bach, je voudrais…

Wilhelm Friedemann Bach (1710-1784), « le Bach de Halle », est le fils aîné de Jean-Sébastien et de Maria Barbara, sa première épouse. Il privilégie une vie indépendante faite de cours et de concerts d'orgue dont il est virtuose (c'est le seul grand organiste de la dynastie). Les compositions qui subsistent de lui (une dizaine de symphonies, quelques concertos pour clavecin, des partitions de musique de chambre et quelques pièces de musique sacrée) révèlent un compositeur original, assez visionnaire même quant à la sensibilité qu'il met dans sa musique.

Carl Philipp Emanuel Bach (1714-1788), « le Bach de Berlin et de Hambourg », a déjà été mentionné au chapitre 11 pour sa contribution au mouvement *Empfindsamkeit* qui met en avant la présence du sensible dans l'art. De tous les fils de son père, c'est le seul qui a réussi une grande carrière de son vivant, étant reconnu par ses pairs et financièrement honoré.

Son catalogue est impressionnant : plus de 200 sonates pour clavier ainsi que de nombreuses pièces à visée plus pédagogique. On connaît mieux sa production symphonique (une vingtaine d'œuvres) que sa cinquantaine de concertos pour clavier.

Johann Christoph Friedrich Bach (1732-1795), « le Bach de Bückeburg », élève de son père. On connaît moins sa musique, d'autant qu'une bonne partie de ses vingt symphonies a disparu pendant la Deuxième Guerre mondiale. Sept symphonies restantes et presque autant de concertos, quelques pièces de musique de chambre montrent dans leur conception et leur réalisation une certaine proximité avec Haydn.

Jean-Chrétien Bach (Johann Christian Bach, 1735-1782), « le Bach de Milan et de Londres » est le dernier des fils de Jean-Sébastien et d'Anna Magdalena, la seconde épouse. Attiré par l'opéra italien, il rejoint l'Italie pour travailler avec le père Martini à Bologne. Converti au catholicisme, il est engagé comme organiste à la cathédrale de Milan. On le retrouve en Angleterre dès 1762 comme compositeur pour plusieurs scènes à Londres. Avec Abel, il crée les *Concerts Bach-Abel*, l'une des premières organisations de concerts par abonnement de la capitale anglaise. Son catalogue est riche de quinze opéras, près de 90 symphonies ou ouvertures pour orchestre, une quarantaine de concertos dont 35 pour le clavier et une flopée d'œuvres de musique de chambre.

Un invité dans la famille

P.D.Q. Bach n'est pas de la bonne descendance… Né à Baden Baden Baden (*sic*) en 1807, mort à Leipzig en… 1742. Il est l'auteur d'œuvres aux titres pour le moins significatifs : *Pervertimento* pour cornemuses, bicyclette et ballons, *Concerto pour piano contre orchestre en Sib Majeur* ou de nombreuses cantates, toutes plus hilarantes les unes que les autres. Sous ce pseudonyme se cache le facétieux Peter Schickele, compositeur américain, grand spécialiste par ailleurs de son génial faux-aïeul.

Mannheim

Au milieu du XVIIIe siècle, Mannheim, aujourd'hui deuxième ville du Bade Würtenberg, est gouvernée par le prince électeur Karl Theodor, grand amateur de musique. Cet ami de Voltaire voulait, comme Esterházy en Autriche, ériger un château semblable à celui de Versailles.

C'est dans le domaine orchestral que l'apport de cette cour est inestimable. Vers 1756, son orchestre compte une cinquantaine d'instrumentistes, ce qui est considérable. Tous sont de parfaits virtuoses (« une armée de généraux » pour reprendre la formule de Burney) conférant à l'orchestre une densité notée par tous les contemporains.

N'OUBLIEZ PAS

L'une des caractéristiques de l'orchestre de Mannheim est son potentiel dynamique : *crescendos* et *decrescendos* sont remarquables par l'effet qu'ils créent sur les auditeurs. Il fera dire au poète Schubart que « son *forte* est un tonnerre, son *crescendo* le grondement d'une cascade, son *diminuendo* un fleuve limpide et son *piano* un souffle de printemps. »

Fallait-il encore convoquer de bons compositeurs pour mettre en valeur cette phalange.

Johann Stamitz (1717-1757), violoniste virtuose originaire de Bohême, occupe à Mannheim le poste prestigieux de *Konzertmeister* et de chef de la musique de la cour et de l'église. C'est là qu'il compose la plupart de ses symphonies (une soixantaine recensées). Les symphonies les plus abouties présentent un avant-goût des grandes symphonies à venir : découpe en quatre mouvements – ce en quoi il est le premier (plusieurs symphonies composées en quatre mouvements ont été publiées en trois mouvements, l'éditeur ayant supprimé le menuet de sa propre autorité) –, épaississement de l'orchestre par l'ajout de paires d'instruments à vent, effets spectaculaires dans les progressions de nuances (crescendos et decrescendos).

L'orchestre de Mannheim permit de réunir d'autres compositeurs autour de Stamitz. Richter, Cannabich ou Carl Stamitz, fils de Johann en sont les principaux disciples, chacun laissant des dizaines de symphonies, presque une centaine pour le seul Cannabich, « le plus grand chef d'orchestre de son temps » d'après Mozart.

Paris

Que chante-t-on à Paris ?

Après avoir connu plusieurs querelles intellectuelles comme celle des Bouffons en 1752 et la fin de l'opéra français avec la disparition de Rameau, c'est l'opéra-comique que goûte le public parisien. Les partitions se multiplient, les spectacles se diversifient.

La Révolution française ne voit pas dans l'art lyrique un genre suffisamment « populaire ». Elle met en lumière un genre nouveau en germe depuis quelque temps et qui s'étendra jusqu'au Second Empire : *la romance*. C'est une pièce vocale accompagnée au piano, parfois au clavecin ou à la harpe, naïve et touchante mais non dénuée d'un charme aujourd'hui désuet. Comme le dit Rousseau, « pour chanter la romance, il faut une voix juste, nette, qui prononce bien et qui chante simplement ».

C'est le type même d'une musique qui ne présente aucune aspérité pour l'interprète et pour l'auditeur, une musique de salon par excellence. Le cahier des charges est défini assez tôt : pas plus d'un couplet (deux sont possibles si on alterne mineur et majeur), partant d'un texte sentimental quelque peu larmoyant, développant une mélodie dont chaque note semble découler de la précédente sans aucune surprise ; le texte est servi à la syllabe, sans mélisme, sur un accompagnement qui porte bien son nom : le piano ne participe guère à la mélodie, sa fonction est limitée au soutien harmonique sinon une ritournelle pour amener l'entrée du chanteur, et la technique pianistique ne nécessite aucune virtuosité. Les rares compositeurs qui tenteront des œuvres un peu plus élaborées ne rencontreront pas le succès.

Le marchand de sable

Jusqu'au milieu du XIXe siècle, il sera composé d'innombrables romances et autres bluettes ou bergeronnettes, souvent publiées dans les rubriques de journaux et la plupart du temps dans l'anonymat du texte comme de la musique (ça peut se comprendre !). C'est peut-être là qu'il faut chercher la chanson populaire du moment. Aussitôt composées, aussitôt chantées, rapidement oubliées.

Pourtant la mémoire n'a pas seulement conservé *Plaisir d'amour*. Dans les années 1960, on se souvient tous des aventures de Pimprenelle et Nicolas et de la voix grave de Nounours sur son nuage, souhaitant la bonne nuit aux enfants sages sur une musique douce jouée par des flûtes à bec. Il s'agissait d'une adaptation de *Que ne suis-je la fougère* d'Égide Joseph Albanèse, castrat italien (1729-1800).

La romance connaîtra deux prolongements : la mélodie française à partir de Berlioz, et les romances russes, encore très prisées de nos jours.

À côté de cette musique de salon tout à fait inoffensive, la Révolution française voit naître des chansons plus engagées qui sortent des salons pour se déployer dans les rues. **Claude-Joseph Rouget de Lisle** (1760-1836), violoniste auteur de quelques opéras et de 400 œuvres diverses pour la voix ou l'instrument compose *La Marseillaise*. *Les Émigrants*, *La Carmagnole* et *Le Chant du départ* datent aussi de ces années-là.

Que joue-t-on à Paris ?

Dans un même temps, Paris devient plus attentif à la musique instrumentale. Paris est le passage obligé pour les compositeurs européens, sans pour autant faire naître de grandes vocations compositionnelles dans ce registre. Réputée pour sa grande diffusion de la musique – concerts par abonnement, édition musicale florissante –, la capitale reçoit volontiers tous les courants musicaux de Stamitz à Haydn, de Boccherini à Mozart.

Un genre musical assez éphémère voit le jour à Paris vers 1770 : *la symphonie concertante*, forme hybride entre le concerto et la symphonie. C'est une symphonie d'où émergent des solistes ; elle diffère du concerto en ce qu'il n'y a pas de réel conflit entre soliste et *tutti*, mais plutôt une complémentarité. On est proche du concerto grosso. Très apprécié à Paris en cette fin de siècle, ce genre n'interpellera que très modérément les grands compositeurs. Mozart s'y intéresse au travers d'une *Symphonie concertante pour violon et alto* et d'une *Symphonie concertante pour hautbois, clarinette, cor, basson et orchestre* à l'attribution plus douteuse. Haydn compose une *Symphonie concertante pour violon, violoncelle, hautbois, basson et orchestre en si bémol majeur*, cataloguée par Hoboken comme sa *105e Symphonie*.

Le XIXe siècle connaîtra de belles œuvres qui se rapprochent de ce genre : de Berlioz, *Harold en Italie* avec alto solo ou de Rimsky-Korsakov, *Shéhérazade* avec violon solo.

Le conservatoire de Paris

En 1784 est fondée *l'École royale de chant et de déclamation. L'École de musique municipale* voit le jour en 1792. Ces deux institutions sont supplantées par *l'Institut national de musique* dès 1793, confié au compositeur Gossec. Cette nouvelle structure est supplantée en 1795 par le *Conservatoire de musique* dont la charge est répartie entre cinq « inspecteurs » : Gossec, Lesueur, Cherubini, Méhul et Sarrette, pour un enseignement circonscrit aux seules matières instrumentales.

En 1800, Sarrette se voit confier la direction du conservatoire, et étoffe le champ des disciplines en ajoutant la danse et l'art dramatique aux disciplines instrumentales. En 1806, le conservatoire devient *Conservatoire de musique et de déclamation*.

Sous la Restauration, le prestigieux établissement est fermé, faisant les frais de sa réputation d'avoir été installé pendant la Révolution. Il devient, en 1816, École royale de musique et de déclamation aux ambitions plus réduites. L'infatigable Cherubini le reprend en main en 1822, et, en 1830, l'établissement retrouve son nom plus prestigieux de conservatoire et son lustre d'antan. Il faudra attendre le lendemain de la Deuxième Guerre mondiale pour que l'établissement se scinde en deux : d'une part le *Conservatoire national supérieur de musique et de danse*, d'autre part le *Conservatoire national supérieur d'art dramatique*. Un second CNSMD est ouvert à Lyon en 1980.

Actuellement, le CNSMD de Paris est dirigé par Bruno Mantovani, celui de Lyon par Géry Moutier et le CNSAD par Daniel Mesguich.

Rappelons quelques compositeurs français parmi les plus marquants.

François-Joseph Gossec (1734-1829). Sa première œuvre importante, la *Grande Messe des morts* ◉, lui ouvre les portes du prince de Condé auprès de qui il assure la charge de maître de chapelle. Ses succès suivants sont à ranger dans le répertoire lyrique léger : *Toinon et Toinette*, *Philémon et Baucis* ou *La Fête au village*. Il s'investit dans la pédagogie musicale (voir encadré précédent). La Révolution le consacre « Orphée patriote ». Il est associé indéniablement à cette période de l'histoire à Jacques-Louis David et Marie-Joseph Chénier. Gossec multiplie les chœurs et les hymnes patriotiques composés pour les grandes fêtes nationales, dans lesquels les voix sont associées à des formations instrumentales de plein air, donc renforcées par moult instruments à vents, cuivres flamboyants et percussions vigoureuses (la musique militaire et les harmonies de nos cités lui sont amplement redevables). Parmi ses grandes gloires de cette période, un *Te Deum pour la fête de la Fédération*, *L'Hymne à l'*Être suprême, *L'Hymne à la liberté*, une harmonisation de *La Marseillaise*.

Gossec composa un *Chant pour la fête de la vieillesse*. Heureux présage pour un compositeur qui vécut 95 ans !

Quand on parle de Gossec, on pense aussitôt à **Étienne-Nicolas Méhul** (1763-1817), quelque part son rival. Il suit un parcours similaire. Sa première œuvre d'envergure est *Euphrosine et Corradin*, un opéra-comique qui lui assurera le succès. À la Révolution, il partage l'engagement patriotique de Gossec. À Méhul reviennent *Le Chant du départ*, *Le Chant des victoires*, *L'Hymne des Vingt-deux*, plus tard *Le Chant national du 14 juillet 1800* exécuté dans le Temple de Mars (l'église des Invalides) pour l'anniversaire de la prise de la Bastille et *Le Chant du retour pour la Grande Armée*. S'ensuivront de très nombreuses pièces de circonstance pour l'Empereur (*Cantate pour le mariage de l'Empereur*, *Cantate « Pourquoi sous un ciel aussi beau »*).

André-Modeste Grétry (1741-1813) connaît depuis quelques mois un regain d'intérêt par des concerts et des enregistrements de haute qualité (notamment un remarquable *Andromaque* qui tord le cou aux esprits chagrins qui ne voyaient en lui qu'un aimable compositeur de bluettes). Ce Liégeois s'installe à Paris après une longue et studieuse période italienne pendant laquelle il travaille avec les maîtres italiens notamment le père Martini. Rapidement, il acquiert une certaine notoriété bien parisienne grâce à ses premières œuvres scéniques pourtant bien pâlottes, dont bon nombre d'opéras-comiques (voir le chapitre 12). Avec *Zémire et Azor*, sa notoriété dépasse nos frontières hexagonales. Les œuvres s'enchaînent rapidement, parmi lesquelles on perçoit un compositeur autrement ingénieux et intéressant. L'histoire a surtout retenu *La Caravane du Caire*, succès considérable et unique qui connaît 500 représentations à l'Opéra de Paris en un demi-siècle avant de tomber dans l'oubli, et *Richard Cœur-de-Lion*. À la Révolution, le succès se flétrit mais il reste bien en cour, devenant membre de l'Institut et Inspecteur au conservatoire de Paris.

François-Adrien Boieldieu (1775-1834) approche la célébrité également par l'opéra-comique avec *La Dot de Suzette* et *Le Calife de Bagdad*. Après un exil volontaire à Saint-Pétersbourg, il retrouve le chemin du succès grâce à *Jean de Paris* et à son œuvre lyrique incontestablement la plus aboutie, *La Dame blanche*. Il est aussi un pédagogue reconnu. C'est à cette époque que remontent ses rares incursions dans le domaine instrumental ; on lui doit notamment un *Concerto pour piano-forte et orchestre* et surtout un *Concerto pour harpe et orchestre* qui reste l'une des pièces majeures du répertoire des harpistes.

Quatrième partie

La musique au XIXe siècle

Dans cette partie…

La musique romantique, héritière du langage classique, occupe tout ce XIXe siècle. On y croise des compositeurs qui se racontent dans leur musique avec fougue et passion. C'est dans cette partie qu'on rencontrera les compositeurs parmi les plus fréquentés de nos grands orchestres et de nos scènes lyriques, ceux auxquels on adhère aussitôt.

Chapitre 15

La démocratisation de la musique

Dans ce chapitre :

- Vous partagerez les conditions du compositeur romantique
- Vous demanderez le programme
- Vous craindrez les critiques et lirez les ouvrages sur la musique

Le découpage de cet ouvrage en parties pourrait faire penser que la rupture avec la période classique est aussi nette que celle qu'on a pu noter entre le classique et le baroque. Il n'en est rien. La période romantique qui s'ouvre avec le XIXe siècle n'est que le prolongement de la période classique, grandement amorcé lors de la dernière décennie du XVIIIe siècle. Ce changement dans la continuité, Haydn l'avait esquissé dans quelques symphonies, Beethoven l'a fixé dans ses grandes sonates et ses derniers quatuors.

Ce chapitre qui traite de la condition du musicien et de la démocratisation de la musique se situe à cheval sur les deux périodes.

Le compositeur et son mécène

Après la période baroque, les principaux compositeurs restent inféodés aux grands de ce monde : rois, empereurs, évêques, etc. Ces mécènes sont munificents : ils assurent à l'artiste le gîte (confortable) et le couvert (succulent, paraît-il), un salaire confortable et une logistique à leur service : salle de concert, orchestre, ballet et chœur. Ce sont des dépenses souvent pharaoniques, la musique est un art onéreux. Mais le labeur du compositeur est forcément balisé par un cahier des charges : obligation de fournir une œuvre pour telle ou telle circonstance, pour telle ou telle formation, et cela dans des délais souvent brefs, et pour un usage la plupart du temps unique. On n'a pas le souci de rejouer ces œuvres par la suite, encore moins de les pérenniser. La sécurité de l'emploi n'est pas automatique. Il est arrivé que certains compositeurs évincés des cours finissent dans la misère.

Plus on avance dans le XVIIIe siècle, plus ces bonnes conditions ont tendance à se raréfier. Les événements de la fin du siècle changent la donne. Les cours sont moins argentées (c'est déjà la crise !), les fastes royaux moins clinquants. L'Église perd de son influence. Les orchestres sont moins importants, les musiciens moins considérés.

Dès la fin du XVIIIe siècle, le compositeur acquiert une certaine indépendance par rapport à ses employeurs traditionnels (cours, églises, mécènes), Beethoven pouvant être considéré comme celui qui s'en est émancipé le premier. Les bouleversements politiques qui ont marqué la dernière décennie du XVIIIe siècle et le début du XIXe siècle entraînent des changements fondamentaux dans la perception et la pratique musicales. Cela s'est généralisé tout au cours du XIXe siècle – il faut dire que les mécènes ne se bousculent pas – entraînant une plus grande liberté dans la composition musicale, qui n'est plus maintenant soumise à la culture du résultat.

N'OUBLIEZ PAS

La désaffection des mécènes est compensée par un effet largement positif : une plus grande liberté pour le compositeur. C'est l'un des apports essentiels du XIXe siècle : on y trouve peu de compositeurs « officiels ». Il y a de belles exceptions : la cour de Weimar engagera Hummel comme chef d'orchestre, et Liszt y passera une dizaine d'années comme directeur de la musique (il y composera une grande partie de son œuvre symphonique). Wagner lui-même, même sans fonction officielle, obtient de Louis II de Bavière un soutien matériel indispensable à sa production.

Le compositeur et son éditeur

L'édition musicale remonte au début du XVIe siècle, et l'essor de la partition au XVIIe. Les compositeurs italiens en profitent – les œuvres de Vivaldi sont bien diffusées –, les Allemands nettement moins – la diffusion de la musique de Bach reste en son temps confidentielle. Vers 1756, Breitkopf, imprimeur astucieux installé à Leipzig, met au point un système facilitant l'édition des partitions musicales. Il est l'ancêtre d'une des plus vénérables éditions de musique encore en activité aujourd'hui. Les progrès techniques du XVIIIe siècle favorisent une inflation d'éditions. Rien qu'à Paris, plus de quarante éditeurs de musique sont recensés vers 1783. La partition devient marchandise.

Comme souvent dans ces cas-là, l'intérêt est bilatéral et chacun est tenté de doubler l'autre : le compositeur peut envoyer son manuscrit à plusieurs éditeurs et l'éditeur peut modifier une œuvre (troncature d'un mouvement, changement de l'instrumentation, etc.) à sa guise, sans le consentement de son auteur. Il n'est pas rare que l'éditeur, pour d'évidentes raisons commerciales, attribue à un compositeur reconnu des œuvres composées par un illustre inconnu. L'une des missions des musicologues actuels est de distinguer le bon grain de l'ivraie. Haydn en a fait les frais et le catalogage de ses œuvres en reste difficile, tant certaines attributions demeurent encore suspectes. Plusieurs dizaines de partitions – on parle de 150 – lui sont attribuées à tort.

ANECDOTE

Le compositeur bohémien Adalbert Gyrowetz n'est pas des plus connus. Homme de grande culture et parlant de nombreuses langues, reconnu par Mozart qui donna l'une de ses symphonies à Vienne et ami de Haydn qu'il rencontra à Londres, il serait oublié de l'histoire si, lors d'un concert parisien auquel il assistait, il n'avait reconnu l'une de ses propres symphonies alors que le programme annonçait qu'il s'agissait de la création d'une symphonie de Haydn. Il eut le plus grand mal à le prouver.

Apparaît un nouveau format de partition : le périodique musical qui mêle articles sur la musique, comptes rendus de concerts ou d'ouvrages sur la musique et partitions. Le premier de ces périodiques est le *Journal général de la musique* publié par Breitkopf à partir de 1798. Schumann lance le *Nouveau Journal de la musique* en 1834 ; il en écrit la plupart des articles même si certains ne sont pas signés de son nom. C'est dans cette revue que paraîtra, en 1850, le tristement célèbre article antisémite de Wagner qui engendrera la polémique. On a dénombré jusqu'à 200 périodiques de ce type en Europe jusqu'au milieu du siècle.

Le compositeur et son interprète

Tant qu'il reste associé à un employeur, le compositeur est son propre interprète, la partition étant rangée sitôt le concert terminé. Mais les progrès de l'édition associés à la raréfaction des bailleurs de fonds permettent à la musique de se développer à l'extérieur de son cadre habituel. Les œuvres se font connaître, on peut les rejouer.

La musique pour tous

Vers le milieu du siècle apparaissent sur certaines partitions des inscriptions étonnantes. La partition des *Quatuors* op. 2 de Luigi Boccherini indique une dédicace « aux amateurs et aux connaisseurs de la musique ».

L'idée d'amateurisme musical est plutôt nouvelle. Jusque-là, la musique « savante », par ses grandes architectures, ses formes régies par des lois rigoureuses, ses intrigues complexes (opéras) était réservée à des élites intellectuelles capables de goûter la richesse des créations. La musique se voulait un vecteur d'ascension spirituelle ou intellectuelle.

L'apprentissage d'un instrument commence à se démocratiser. Les institutions musicales se développent. La musique devenue plus immédiatement accessible peut atteindre une nouvelle couche de la population : les « simples » amateurs. Ce n'est plus une question d'ordre social ; le dilemme sera réel pour les compositeurs : écrire pour ceux-ci ou pour ceux-là ? Mozart puis Beethoven en prendront conscience.

Les nouvelles stars

Face à tous ces apprentis, se développe une course à la virtuosité. L'archétype du virtuose est **Niccolò Paganini** (1782-1840). Une morphologie digitale d'exception (une hyperlaxité rare) au service d'une technique phénoménale pour le violon, l'alto (il commande à Berlioz la symphonie concertante pour alto et orchestre *Harold en Italie*, mais ne la jouera pas) et la guitare d'une part, la possession d'instruments d'une facture exceptionnelle d'autre part lui apportent une notoriété devenue légendaire. Il compose des œuvres qui mettent en valeur sa technique prodigieuse. Le plus bel exemple en est les *Vingt-quatre Caprices*, catalogue habile de toutes ses pirouettes techniques dans un contexte musical de haute tenue. C'est à Paris qu'il connaît le plus grand succès. Le critique Castil-Blaze n'y va pas par quatre chemins quand, après le concert, il invite à vendre, à mettre « tout en gage pour aller entendre Paganini. »

Ce n'est plus le compositeur qui est reconnu, c'est l'interprète. Le virtuose, on l'adule comme une star de cinéma aujourd'hui. Lorsqu'il passe quelque part, c'est l'événement. On réunit sur la scène le fleuron symphonique – c'est par le concerto de soliste que le virtuose est le mieux mis en lumière –, on convoque le public par voie publicitaire, on rédige un programme papier dithyrambique.

À la suite de Paganini, tous les virtuoses, veulent se faire applaudir à Paris. Dans les cordes, ce seront le violoniste belge Henri Vieuxtemps ou le violoncelliste Auguste Franchomme, ami de Mendelssohn et de Chopin, figure incontournable de la musique à Paris à la fin des années 1850. Le piano connaît son heure de gloire à travers les grands virtuoses que sont l'Allemand Kalkbrenner, le Tchèque Moscheles, l'Autrichien Thalberg, l'un des plus grands pianistes selon Berlioz. C'est surtout Liszt qui s'installe à Paris à l'âge de 11 ans et s'y révèle enfant prodige. Impressionné par la virtuosité de Paganini, il n'a de cesse de travailler son instrument pour arriver à ce que d'aucuns le considèrent comme le plus grand pianiste de tous les temps.

Le 31 mars 1837, la princesse Cristina Belgiojoso sous le prétexte d'un concert caritatif organise un duel pianistique entre Liszt et Thalberg (celui-ci avait décliné une proposition semblable face à Chopin) qui redoublent de virtuosité dans des fantaisies sur des thèmes d'opéra. Match nul aux dires des auditeurs, mais on attribue à Marie d'Agoult la conclusion de la soirée : « Thalberg est le premier pianiste du monde, Liszt est le seul. »

On n'est jamais mieux servi que par soi-même

Les compositions étant maintenant diffusées, les interprètes se les approprient. Mais n'y trouvant pas de répertoire suffisamment brillant pour les mettre en valeur, ils vont en composer. Ce n'est plus le compositeur-interprète, c'est l'interprète qui se fait compositeur. C'est le cas pour ceux déjà cités : Paganini avec ses *Caprices*, ses *Concertos* (pour l'anecdote, on notera que le quatrième fut retrouvé par hasard dans une poubelle en 1936) et une multitude de pièces diverses pour violon, Vieuxtemps ou Franchomme. On ne compte plus les œuvres instrumentales composées par les pianistes, l'exemple le plus frappant étant évidemment Liszt (voir le chapitre 18).

Dans ce répertoire impressionnant, apparaissent sous des formes diverses des séries de variations et autres fantaisies sur des thèmes connus, la plupart du temps des airs d'opéra, dont raffolent les salons. Il s'en compose des paquets entiers, souvent stéréotypés (exposition du thème, succession de variations ornementales de plus en plus virtuoses, petite excursion dans le mode mineur pour porter une peu de sentimentalisme à une musique qui en est volontairement dépourvue, puis retour brillant pour finir « sous vos applaudissements »).

Le compositeur, l'interprète et leur public

L'école des fans

La seconde moitié du XVIIIe siècle est marquée par la progression significative de la bourgeoisie face à l'aristocratie. Un nouveau public, moins guindé, est en train de naître. À côté des concerts aristocratiques dans les cours ou les grandes églises qui ne désemplissent guère se développent des concerts privés et des salles de concerts de moindre envergure.

Au XIXe siècle, le changement est encore plus radical. Le concert public prend le pas sur les auditions privées. Le public évolue. Les bourgeois remplacent les nobles, les imprésarios remplacent les mécènes, les amateurs toujours plus nombreux côtoient les professionnels. Dans les grandes salles de Paris, Vienne ou Londres, les musiciens – compositeurs et interprètes – sont adulés.

Le concert public

Les sociétés de concerts s'organisent, les concerts se multiplient et se diversifient, aidés en cela par la diffusion efficace des partitions. Les grandes capitales se dotent de saisons de concerts souvent prestigieuses.

On a connu, en Italie, les académies, ces sociétés dont le but était de discourir sur les sciences et les arts. Certaines de ces académies organisent dans un premier temps des concerts internes puis s'ouvrent à des invités extérieurs (Mozart est admis à l'Académie philharmonique de Bologne en 1770). Progressivement, ces auditions publiques prennent le pas sur les cercles fermés. Le mot académie est resté en usage pour désigner des salles de concerts – l'Opéra de Paris se nomme encore « Académie nationale de musique et de danse » –, des sociétés qui organisent des concerts ou des établissements d'enseignement musical.

Les sociétés de concerts au XVIIIe siècle

À Paris, le *Concert spirituel* (voir le chapitre 8) se développe du milieu du siècle, à la Révolution, en intégrant à ses programmes des musiques profanes. C'est grâce à cette institution que le public parisien découvre les symphonies de Haydn : dans les années 1780, on en joue une ou deux à pratiquement chaque séance. À la fin de l'Ancien Régime, on ne compte plus les associations de concerts à Paris. Parmi elles, le *Concert de la loge olympique* est commanditaire de six symphonies à Haydn, regroupées depuis sous la dénomination « symphonies parisiennes » (nos 82 à 87).

Fidélisation recherchée aussi à Londres où les *Concerts Bach-Abel* du nom de Jean-Chrétien Bach, dernier fils de qui vous savez et Carl Friedrich Abel fonctionneront par souscription à partir de 1765. Dans les années 1780, plusieurs jeunes pianistes y sont adulés : l'Italien Clémenti, le Bohémien Dussek, l'Allemand Cramer ou l'Irlandais **John Field** (1782-1837) à qui l'on doit de nombreuses compositions, souvent des œuvres de difficulté modérée que l'on trouve dans tous les recueils d'apprentissage du piano dans le cartable de nos enfants. Field est considéré comme le père du *nocturne* pour piano, très prisé des grands romantiques.

Les sociétés de concerts au XIXe siècle

Le XIXe siècle connaît un développement encore plus vigoureux. C'est à Paris que se constitue en 1828 la *Société des concerts du conservatoire* dirigée à sa fondation par le grand chef d'orchestre François Habeneck qui fait entendre dans la capitale la première audition intégrale des neuf symphonies de Beethoven, compositeur qui restera le mieux servi par cette nouvelle phalange. La *Société des jeunes artistes* (1851) deviendra les *Concerts populaires* (1861) consacrés principalement à des musiques plus récentes dans le cadre plus démocratique du Cirque d'hiver. Cet orchestre devenu par la suite l'*Orchestre Pasdeloup* du nom de son fondateur Jules Pasdeloup est le plus ancien des orchestres parisiens encore en activité. D'autres orchestres se créent dans la même période, avec des orientations esthétiques un peu différentes. Les *Concerts du Châtelet* (1874) prendront le nom de leur fondateur pour devenir les *Concerts Colonnes* davantage orientés vers les jeunes compositeurs, alors que les *Nouveaux Concerts* se rebaptiseront *Concerts Lamoureux* laissant une place particulière à la musique française. Concerts Colonne et Lamoureux poursuivent aujourd'hui encore leur activité symphonique.

Le mouvement se développe aussi en province. L'*Orchestre du Capitole* est constitué au début du XIXe siècle pour jouer les opéras programmés au théâtre éponyme avant de devenir orchestre indépendant. La *Société Sainte-Cécile* fondée à Bordeaux (1853) deviendra l'*Orchestre national Bordeaux-Aquitaine*. L'*Orchestre philharmonique de Strasbourg* remonte à 1855, l'*Orchestre symphonique et lyrique de Nancy* à 1884. Dans les villes de moindre dimension, ce sont les sociétés amateurs qui organisent la vie musicale. Les concerts y sont toujours variés et permettent à des musiciens amateurs de bon niveau de côtoyer des professionnels invités.

Un tel engouement est palpable partout en Europe. En Allemagne, la société de concerts *Orchestre du Gewandhaus* s'établit en 1781 au moment de la construction d'une salle de concerts à Leipzig dans la Gewandhaus (« halle aux tissus »). Cet orchestre prestigieux sera dirigé par les plus grandes baguettes : Mendelssohn, Nikisch au XIXe siècle, Walter ou Furtwängler au XXe. La naissance de l'*Orchestre philharmonique de Berlin* remonte à 1882 et, malgré des débuts difficiles, est devenu aujourd'hui l'un des orchestres les plus prestigieux.

Outre-Manche, la *Société philharmonique de Londres* est constituée dès 1813 par des musiciens issus d'autres formations plus éphémères, même si ces sociétés avaient des programmations nombreuses et courues. Pour la diffusion musicale, les *Concerts du Crystal palace* sont inaugurés en 1855 et les très courus *Concerts-Promenades* estivaux plus connus sous le diminutif *Proms* voient le jour en 1895.

Demandez le programme

Plus on avance dans le siècle, plus les concerts s'allongent. La programmation est plutôt standardisée entre la création en « première audition mondiale » d'une œuvre contemporaine et la reprise de titres déjà connus. Le concert est mixte : le vocal côtoie l'instrumental, la musique de chambre et l'orchestre font bon ménage le temps d'un concert.

N'OUBLIEZ PAS

À partir de 1810 sont organisés des concerts de musique ancienne dont le signe le plus remarquable est la « résurrection » de Jean-Sébastien Bach, grâce à la pugnacité de Mendelssohn qui dirige la *Passion selon saint Matthieu* en 1829 à l'occasion du centenaire de sa création (le Vendredi saint de l'an 1729).

Ce retour aux musiques du passé est l'un des éléments essentiels de l'activité musicale dans les premières décennies du XIXe siècle. Dorénavant, une œuvre composée est mise en concurrence avec une œuvre antérieure, suscitant la comparaison. Composer devient un défi : peut-on composer un quatuor qui soit « à la hauteur » des grands opus de Beethoven ? C'est pour cette raison que naissent des formes musicales assez brèves – fantaisies, ballades, feuilles d'albums, etc. – inouïes jusqu'ici. Pas de concurrence = moins de risques !

En outre, les œuvres sont composées dans un souci plus universel : il ne s'agit plus d'une musique occasionnelle, mais d'une œuvre appelée à être fréquemment rejouée, en un mot, à s'inscrire dans l'histoire.

Le musicien face à la critique

La mémoire musicale est alimentée par de nombreuses reprises d'œuvres et un retour assumé aux œuvres des siècles passés. Les interprètes sont comparés, les compositeurs également.

Une nouvelle personnalité du paysage musical apparaît : le critique musical. Il écrit des comptes rendus de concert, parlant avec science et autorité des compositions et de leurs serviteurs les interprètes. Si, au XVIIIe siècle, ce sont surtout des spécialistes (musiciens, professeurs, théoriciens) qui se permettent de critiquer leurs contemporains, au XIXe siècle nombreux sont ceux qui s'autorisent à prendre la plume.

Nous avons déjà évoqué la naissance des périodiques musicaux. On y trouve des plumes souvent acérées, mais également souvent très compétentes. Les chroniques musicales de **François Castil-Blaze** (1784-1857) paraissent dans le *Journal des débats* où lui succèdera Berlioz, et leur auteur est à la fois adulé et craint. On ne peut aborder la critique musicale française au XIXe sans évoquer également la figure de son cousin **Joseph d'Ortigue** (1802-1866), lui-même compositeur, passionné tant par la musique que par le catholicisme. Il multiplie livres et articles, réunissant souvent ses deux passions en un thème unique : celui de la musique sacrée. Il signe des articles dans diverses revues, notamment le journal royaliste *La Quotidienne* et la prestigieuse *Revue de Paris* à laquelle collaborent aussi Dumas et Sue.

L'exemple le plus significatif est la *Revue musicale* fondée en 1827 par **François-Joseph Fétis** (1784-1871), compositeur et critique belge, personnalité incontournable de la musicographie au XIXe siècle. Cette revue fusionne en 1835 avec la *Gazette musicale* fondée par l'éditeur allemand Schlesinger pour constituer la *Revue et gazette musicale de Paris*. On y trouve des recensions et des critiques de concerts, mais aussi des œuvres littéraires traitant de la musique (*Gambara* de Balzac). On notera qu'une autre *Revue* *musicale* fondée en 1920 par Henri Prunières traversera une bonne partie du XXe siècle en présentant des articles passionnants défendant pour la plupart les musiques contemporaines.

Le critique le plus redouté et le plus influent de la deuxième partie de ce siècle est l'Autrichien **Eduard Hanslick** (1825-1904) lui-même musicien. Il réfléchit philosophiquement au sens de la musique, particulièrement dans son ouvrage *Du Beau dans la musique*. Il occupe la chaire d'histoire et d'esthétique musicale à l'université de Vienne ; il est considéré comme le fondateur de l'esthétique moderne. C'est une plume féconde (pas moins de treize volumes pour regrouper ses articles sur la musique), souvent pertinente mais parfois partiale. Wagner le déteste au point de le croquer dans le personnage caricatural de Beckmesser dans son opéra *Les Maîtres chanteurs*.

Les écrits sur la musique

Quand une grande plume littéraire parle de musique, ce n'est pas seulement pour alimenter les chroniques d'un journal mais pour aborder profondément les questions esthétiques. Ce n'est pas nouveau, mais les écrits se multiplient au XIXe siècle. À côté des musiciens reconnus (Berlioz ou Schumann, plus tard Debussy), on trouve des auteurs issus principalement du milieu littéraire (Stendhal, Balzac). Tous participent à leur manière au renouvellement de la pensée esthétique.

La France et l'Allemagne se partagent ce goût pour le discours sur la musique. Quand on lit *Gambara*, on est interloqué par la pertinence de Balzac dans le domaine musical. Gambara est un facteur d'instruments qui compose sa meilleure musique lorsqu'il a abusé de la bouteille. C'est dans cet état qu'il perçoit « les concerts des anges » que les hommes ne peuvent saisir. Quand il redescend sur Terre, dessaoulé, il écoute la musique des autres d'une oreille étonnamment critique. De son côté, Stendhal nous livre selon lui les vies de Haydn, Mozart et Métastase. Le sous-titre de la première édition est édifiant : *Lettres écrites de Vienne en Autriche sur le célèbre compositeur Haydn, suivies d'une vie de Mozart, et des considérations sur Métastase et l'état présent de la musique en France et en Italie*. S'ensuivra une *Vie de Rossini* qui ne pouvait échapper à ce passionné d'art lyrique et de l'Italie.

En Allemagne, les écrits sont plus complexes, souvent plus philosophiques. Une figure particulière mérite le détour, **E. T. A. Hoffmann** (1776-1822), dont le cheminement, c'est un fait rare dans l'histoire, va de la musique à la littérature. Ce juriste de formation est proche de Kant à la fin du XVIIIe siècle puis des mouvements littéraires romantiques au début du XIXe. Il se passionne pour la musique, la peinture, le théâtre et la poésie. À Varsovie où il est en poste, il prend goût à la composition musicale sans pour autant abandonner la peinture. C'est à Bamberg qu'il est happé par les activités musicales, entre composition et direction. Son opéra *Ondine*, issu d'un conte où se mêlent magie et fantastique et créé avec succès à Berlin, est considéré comme prémices de l'opéra romantique allemand dont se saisira Weber. Il se tourne progressivement vers la critique musicale qui prend sous sa plume une tournure nouvelle, plus romanesque. C'est la littérature qui va à son tour l'envahir, par l'écriture de nombreux contes, ou du roman *Les Opinions du chat Murr*, dans lesquels apparaît un double imaginaire, le musicien fou et génial Johannès Kreisler, qui inspirera Schumann dans *Kreisleriana*. Le livret de l'œuvre maîtresse d'Offenbach *Les Contes d'Hoffmann* est tiré de trois de ces contes.

Si ses compositions sont quasiment tombées dans l'oubli, ses nombreux écrits restent incontournables. L'influence d'Hoffmann sur toute la littérature romantique et, bien au-delà, sur tout ce mouvement esthétique – il estime que la musique est le plus romantique de tous les arts – est inestimable.

Hoffmann admire tellement Mozart qu'il troque son troisième prénom, Wilhelm, contre le second du compositeur, Amadeus, lui-même latinisation de son prénom d'origine, Theophilus, qui se trouvait en quatrième position dans la liste de ses prénoms sur l'acte de baptême.

Chapitre 16

Le romantisme en musique

Dans ce chapitre :

- Du piano à l'orchestre
- Donnez votre voix

Le romantisme constitue la principale empreinte esthétique de la musique de ce siècle, même si elle n'est pas la seule. L'éclosion des sentiments nationalistes en fin de siècle génèrera de nouvelles orientations artistiques.

Les caractéristiques artistiques

La période *Sturm und Drang* semble avoir eu peu d'écho en musique, sinon chez Haydn à travers une brève période créatrice (voir le chapitre 11). Le mouvement esthétique est pourtant inéluctable, le romantisme en est l'aboutissement. Il se développe principalement en Allemagne d'où était déjà issu le mouvement précédent.

Comme cela s'est souvent produit dans l'Histoire, la musique réagit bien plus tard que les autres arts. La majeure partie des compositeurs romantiques allemands apparaît alors que la première génération des grands poètes romantiques allemands a déjà disparu. La situation en France est un peu différente où Berlioz, notre seul grand romantique, saura se faire l'écho musical d'une littérature particulièrement riche (Hugo, Vigny, Gautier). Et que dire de l'Angleterre qui ne trouvera aucun chantre à ses poètes Burns, Moore, Keats ou Byron.

Dans l'œuvre romantique, l'auteur ou le compositeur s'expose, se met à nu. Il est son propre héros. Cela est vécu à travers l'exaltation du monde et de la nature, tout à tour rassurante et terrifiante, origine de vie et source de mort. Le poète recherche ou imagine le monde perdu, celui des contes et des légendes, quitte à remonter à la mystique médiévale. L'homme se situe ainsi face au monde, dans une dimension où l'amour rime souvent avec la mort. Car à la beauté de la nature se substituent le diable, la folie, la mort. Faust reste la figure emblématique du romantisme allemand, et nombreux sont les compositeurs qui sauront s'en saisir.

L'interaction entre littérature et musique est flagrante. La littérature est la référence des compositeurs romantiques, leur source d'inspiration même s'agissant de pièces instrumentales. La musique est reçue comme l'art le plus à même de traduire le mystère de l'univers.

Des instruments de belle facture

La première caractéristique de la musique romantique est qu'elle est très nettement dissociée entre musique instrumentale et vocale d'un côté, musique lyrique d'un autre. Dans la première catégorie brilleront des compositeurs germaniques dont l'apport à l'art lyrique sera pauvre, voire inexistant ainsi que Berlioz (dont les deux opéras ne sont pas sa meilleure production) ; dans la deuxième catégorie les compositeurs italiens (de Rossini à Puccini), d'autres Allemands et d'autres Français donneront le meilleur, avec une production instrumentale plutôt chiche (les rares tentatives de Rossini, de Verdi ou de Wagner restent peu significatives).

Le piano, roi toujours indétrônable

Les besoins des interprètes pour assouvir leur virtuosité et des compositeurs pour exprimer leurs passions, et les nécessités acoustiques des nouvelles salles de concerts obligent les facteurs à redoubler d'ingéniosité pour fabriquer des instruments suffisamment puissants et homogènes et proposant une vaste palette sonore.

Le piano-forte, en vigueur pendant la période classique est sur son déclin. Les fabriques françaises Érard et Pleyel se surpassent dans les apports technologiques du *piano* moderne. Entre autres exemples, c'est Érard qui met au point en 1822 le double échappement qui permet à une note d'être répétée avant même que la touche ne retrouve sur le clavier sa position d'origine. Pleyel travaille davantage sur le son : on lui reconnaît la paternité au moins française du croisement des cordes et du renforcement du cadre métallique. Boisselot met au point, en 1844, la pédale tonale (pédale médiane), définitivement améliorée par Steinway en Allemagne trente ans plus tard. Ainsi, le piano épouse progressivement la forme et la puissance qu'on lui connaît aujourd'hui.

Par la palette étonnamment variée de ses couleurs sonores et de ses capacités expressives, par son étendue large comme celle de l'orchestre, il est l'instrument de prédilection des compositeurs, des interprètes (c'est souvent les mêmes) et des auditeurs. Il est leur confident, l'instrument indispensable pour dire leurs passions les plus intimes. C'est par lui que le romantisme transmettra ses élans les plus fougueux comme les plus retenus.

Le piano trouve sa place dans des formules instrumentales les plus diverses : en soliste, en formation de chambre (de la sonate au quintette) ou concertant avec l'orchestre.

Les instruments de l'orchestre ne sont pas en reste

L'orchestre est l'autre instrument favori des romantiques, comme il l'était dès Haydn et Mozart.

Les cordes et *les bois* n'évoluent guère : on les connaît à l'identique de ce qu'ils sont aujourd'hui, les améliorations ne se font qu'à la marge pour faciliter l'émission du son et veiller à l'homogénéité de la tessiture.

La multiplication des musiques militaires et autres musiques de plein air incite les facteurs d'instruments à vent à se pencher sur les plus sonores d'entre eux, *les cuivres*. L'invention du piston joue un rôle déterminant, permettant à la trompette et au cor de jouer toutes les notes chromatiques à l'intérieur de l'ambitus de leur instrument avec la plus grande homogénéité et la plus grande justesse possibles. Dorénavant, ils se verront confier des parties solistes importantes. Le trombone connaîtra aussi une variante « à pistons », à la sonorité assez peu satisfaisante pour l'orchestre symphonique mais qui s'avèrera bien utile dans les orchestres d'harmonie jusqu'au XXe siècle.

De son côté, le jeune **Antoine-Joseph** (devenu ultérieurement Adolphe !) **Sax** a de qui tenir : son père Charles-Joseph est un facteur d'instrument réputé en Belgique pour avoir amélioré le cor de chasse. La vocation d'Adolphe est précoce puisqu'il fabrique ses premiers instruments (flûte et clarinette) à l'âge de 15 ans. Mais il ne s'agit encore que d'instruments existant avant lui. Il s'installe à Paris au début des années 1840 (il y sera enterré) et c'est là que son génie créateur va donner toute sa mesure. Il commence à bidouiller un certain nombre de nouveaux instruments dans deux domaines distincts : les cuivres appelés *saxhorns* (« cors de Sax ») à partir du tuba inventé par la firme allemande Moritz, puis les *saxophones* qui lui rendront une légitime célébrité. Dans la première catégorie sont classés tous ces instruments plutôt graves que l'on rencontre principalement dans les orchestres d'instruments à vent : *bugle*, *baryton*, *tuba basse* ou *tuba contrebasse*. De son côté, la famille des saxophones est l'une des plus larges : elle se décline aujourd'hui en sept versions, du *sopranino* au *contrebasse* (les deux extrêmes restent rarissimes). La texture puissante de leur son n'a jamais permis d'intégrer l'orchestre symphonique et a nécessité une littérature particulière (en soliste ou en ensembles).

Même s'ils ne sont pas inventés par Sax, c'est de cette époque que datent l'*hélicon*, l'*euphonium*, le *soubassophone* ou le *tubenne* ténor ou basse sorte d'hybride entre tuba et cor, nécessaire pour l'interprétation de certains opéras de Wagner.

Zut ! On a échappé au desfontenellophone

Comme son nom l'indique, c'est bien Sax qui a mis au point le saxophone, le brevet en est déposé en 1846. Mais l'a-t-il réellement inventé ? Si vous avez la chance de visiter le musée du conservatoire de Paris, regardez attentivement la clarinette conique construite par Desfontenelles à Lisieux en 1807 : elle préfigure à s'y méprendre le saxophone, sinon qu'elle est en bois.

Les *percussions* connaissent une certaine évolution, au moins dans leur pénétration de l'orchestre. Jusqu'alors, le compositeur disposait de trois timbales dont le rôle était limité à la ponctuation sonore. D'autres instruments enrichissent l'orchestre (cymbales, grosse caisse, triangle). Mais ce sera surtout au XXe siècle que les percussions connaîtront un essor technologique franc.

L'orchestre se pare de belles couleurs

L'orchestre classique est constitué et bien admis de tous : par son équilibre sonore, par la beauté de son timbre, il a conquis compositeurs et auditeurs. Tout au long du XIXe siècle, il ne connaît pas de véritable révolution. Son évolution se fait essentiellement par épaississement, par ajouts successifs d'instruments à vents et de percussions, entraînant de fait un renforcement des pupitres de cordes pour respecter l'équilibre entre les différentes familles. De Beethoven à Brahms, c'est principalement la manière d'utiliser cet instrument polyphonique qu'est l'orchestre qui constituera la pâte sonore propre à chaque créateur.

Il y a une personnalité hors normes qui s'investit particulièrement dans le travail orchestral : Hector Berlioz dont la connaissance approfondie de chacun des instruments de l'orchestre l'amène à écrire un *Traité d'instrumentation* qui reste aujourd'hui encore la référence. Berlioz y passe en revue toutes les possibilités de chaque instrument dans les domaines de l'ambitus, de la virtuosité, des couleurs sonores souvent inouïes, des affinités des uns avec les autres, etc. Son répertoire symphonique en est l'application musicale. Il met en lumière certains instruments jusqu'ici confinés à un complément harmonique et sonore (alto, contrebasse) ou nouvellement invités à l'orchestre (harpe), et il est redevable aux grands déploiements des musiques instrumentales issues de la Révolution française pour son goût prononcé pour les vents et les percussions. Les grands symphonistes qui succèderont à Berlioz sauront utiliser intelligemment son héritage.

Question de langage

Le romantisme est le lieu de tous les excès. Les compositeurs ont à cœur d'explorer jusqu'à leurs limites les genres et les formes déjà en vigueur. Mais ils définissent de nouvelles formes, en adéquation avec leurs nécessités expressives.

Les genres instrumentaux

La symphonie est un genre très prisé, incontournable pour tous les compositeurs. C'est surtout dans la seconde moitié du siècle qu'elle s'illustre, à un moment où les ouvrages lyriques peinent à se renouveler, où les performances des solistes virtuoses sont moins impressionnantes et où la musique sacrée s'éloigne encore davantage des préoccupations des compositeurs.

Elle bénéficie des progrès de l'orchestre. La forme en quatre mouvements reste de mise dans la plupart des cas (Schubert, Brahms ou Bruckner n'y dérogent pas, hormis dans les œuvres inachevées). Le plan général s'enrichit parfois d'un mouvement supplémentaire (*6ᵉ Symphonie* de Beethoven, *Symphonie fantastique* de Berlioz), très rarement davantage (*3ᵉ Symphonie* de Mahler).

L'agencement des mouvements est standard, avec de très rares exceptions, suivant le modèle classique (Haydn) ; seul le menuet mutera en scherzo, de même structure mais plus développé et plus dynamique. Parfois aussi, les deux mouvements centraux sont inversés. Plus on avance dans le siècle, plus longues sont les symphonies. Celles de Mahler en repoussent les limites.

D'autres genres symphoniques se développent :

- *L'ouverture*. À la fin du XVIIIᵉ siècle, il n'est pas rare de jouer des ouvertures d'opéras isolées de leur contexte lyrique. Progressivement, les compositeurs écrivent des ouvertures indépendantes de tout support lyrique mais souvent inspirées d'un argument littéraire. Ces ouvertures portent bien leur nom : elles permettent d'ouvrir un concert par une œuvre brillante et riche en sonorités. Weber, Mendelssohn et Berlioz en sont les principaux producteurs.
- *Le poème symphonique* prend le relais de l'ouverture dans la seconde partie du siècle en la développant. C'est une pièce d'un seul tenant, de forme libre, qui suit en le paraphrasant un texte poétique ou descriptif. C'est en quelque sorte la musique d'un film invisible dont on connaît le scénario. Liszt en est le premier représentant (entre autres, *Mazeppa* sur un texte de Victor Hugo) suivi en Allemagne de Richard Strauss (*Ainsi parlait Zarathoustra*), Smetana en Bohême (*La Moldau*), Dukas (*L'Apprenti-sorcier*) ou Saint-Saëns (*La Danse macabre*) en France, Sibelius en Finlande (*Finlandia*).

- *Le concerto* est le lieu privilégié des grandes confrontations entre le soliste et l'orchestre. Piano, violon et violoncelle sont les mieux servis, même si on note des œuvres concertantes pour clarinette, basson et cor chez Weber.
- *La musique de chambre* est à l'honneur pendant tout le siècle. Après le corpus inépuisable légué par Beethoven, le quatuor reste la formation de base ; mais les compositions se diversifient autour de formations allant de la sonate (la plupart du temps pour violon et piano) au sextuor, en passant par le trio (les plus significatifs étant ceux qui mêlent le piano au violon et au violoncelle, souvenir de l'antique sonate en trio), le quatuor et le quintette (cordes seules ou avec piano). Les instruments à vent sont parfois invités comme la clarinette ou le cor (Brahms).
- *Les œuvres pour instrument soliste* ne concernent que le piano. Elles accueillent les confidences les plus intimes des compositeurs romantiques. Elles revêtent des structures plus ou moins définies (peu de sonates, nombreuses formes libres au gré de l'inspiration).

La voix hausse le ton

Comme dans la musique instrumentale, le romantisme engendre des excès dans les œuvres vocales : d'un côté des œuvres contenues en quelques minutes de musique (lied, mélodie), d'autres s'étirant sur de vastes dimensions (opéra, qui sera traité dans le chapitre suivant, musique sacrée).

La mélodie allemande

La musique vocale connaît l'éclosion d'un genre nouveau : le *lied* qui évoluera dans des déclinaisons diverses suivant les pays. C'est une mélodie accompagnée au piano, dont l'usage se répand comme une traînée de poudre dans la musique allemande du XIXe siècle, de Schubert à Wolf. Il trouve sa source principalement au XVIIIe siècle où abondent des recueils de chansons accompagnées, plus moralisantes que réellement poétiques, siècle des Lumières oblige. Les lieder de Mozart et de Haydn ne sont guère significatifs, et les premières œuvres vocales de Beethoven ne laissent pas présager le génie de la suite. Même s'ils sont oubliés aujourd'hui, on se souviendra que Reichardt ou Hiller ont composé à la fin du XVIIIe siècle des recueils de lieder poétiques.

Ce sont principalement les poètes germaniques (Goethe, Schiller, Hölty, Klopstock, plus tard Heine) qui inspirent les compositeurs, et il n'est pas rare qu'un même poème soit mis en musique par plusieurs compositeurs, voire plusieurs fois par le même.

Schubert a su se saisir de ce genre nouveau qui devient l'un des signes du romantisme : comment en quelques minutes illustrer un poème, y participer, lui conférer toute son intimité. Généralement, le climat psychologique est créé par le piano qui introduit le poème ; de là vient toute la difficulté : comment se renouveler au point que, dès les premiers sons, on puisse identifier le lied et pénétrer dans le poème. Mélodie et partie de piano demeurent en étroite adéquation. Il s'agit davantage de musique de chambre que de simples chants accompagnés. Tout le talent mélodiste de Schubert se complaît parfaitement dans ce genre concis à l'extrême. En moins de vingt ans, il en composera environ 625. Il porte le genre à sa perfection. Les compositeurs ultérieurs n'ont plus qu'à en saisir la richesse et se laisser porter.

Schumann abonde dans le drame de sa propre personnalité. Les poèmes d'Eichendorff ou de Lenau ou les traductions de Byron et Burns sont plus à même de véhiculer sa nostalgie et sa souffrance. Il donnera environ 250 lieder dont plus de la moitié a été composée la même année (1840).

Brahms étale sa production (200 titres) sur une bonne partie de sa vie, en retenant des plumes poétiques moins courues comme Groth, Daumer ou Tieck. On lui doit aussi une centaine de *Chants populaires* qu'il a préparés avec un talent hors du commun. Cette fois, la verve littéraire est d'origine populaire, immédiatement accessible, mais la partition n'est pas moins élaborée.

Après Brahms, ce sont surtout Wolf, Loewe, Mahler (qui étendra l'accompagnement à l'orchestre) et Strauss qui illustreront le genre qui s'éteindra pratiquement avec le romantisme.

Le lied français

La mélodie française est un genre à part entière, même si la mise en parallèle avec le frère allemand est inévitable. Ce dernier paraît plus proche de la chanson populaire alors que la première est généralement plus raffinée dans sa structure et son esthétique. Avec des nuances, on peut considérer que la mélodie hérite de la romance qui, à la Révolution, réunit déjà une voix et un clavier. Elle va s'en éloigner dans le choix des poèmes qui amènera des compositions autrement plus travaillées. Il est difficile de dater avec précision l'acte de naissance de la mélodie ; on peut considérer le grand cycle des *Nuits d'été* de Berlioz (1841) comme le premier du genre.

Pendant un siècle, les compositeurs français vont abondamment servir la mélodie : après Berlioz, Gounod livre 130 pièces où de vraies mélodies côtoient des romances un brin attardées, Fauré donne le meilleur de lui-même dans une centaine de titres, Bizet, Massenet et Chabrier complètent le tableau. À la charnière du siècle, Debussy, Ravel puis plus tard Poulenc et Milhaud laissent des cycles impérissables. Chacun à sa manière apporte sa touche personnelle, par le choix des poèmes – contemporains ou pas – et par le langage qu'il met en œuvre pour le mettre en musique. Ce ne sont que très rarement des œuvres mineures.

La musique sacrée

Coincée entre la petite forme – le lied – et la très grande forme – l'opéra – la musique sacrée a du mal à se situer. L'Église a perdu de sa superbe et de son influence, la Révolution est passée par là et laisse, hélas, des traces pérennes. Les cathédrales ne sont plus ces précieux mécènes qui pouvaient se payer les services des meilleurs musiciens, les commandes se raréfient.

Il faut compter sur la foi personnelle des compositeurs ou sur des circonstances particulières – commandes, décès... – pour susciter la composition de motets et surtout d'oratorios. *Les offices liturgiques* composés par de grandes plumes se font rares. Dans la lignée des messes de Haydn et de Mozart se situent celles de Schubert qui peuvent trouver sa place à l'office dominical. Gounod de son côté écrit bon nombre de messes dont les principales méritent plus que l'estime. Dans le même esprit, on peut citer aussi la *Liturgie de saint Jean Chrysostome* et l'office de *Vêpres* composés par Tchaïkovski pour l'Église orthodoxe, œuvres *a cappella* comme il se doit dans cette Église. Rachmaninov composera deux offices similaires au début du XXe siècle. Dans les deux cas, les compositeurs puisent abondamment dans le répertoire liturgique russe traditionnel.

L'oratorio donne de beaux résultats grâce à Mendelssohn qui redécouvre le génie de Bach en exhumant la *Passion selon saint Matthieu*. Ses deux grandes compositions sacrées consacrées à deux figures bibliques *Paul* et *Elie* s'inscrivent dans la lignée de Haendel et de Haydn. Il faut attendre l'école française de la seconde moitié du siècle pour sentir un nouvel effort de rénovation de l'oratorio. Le « *pater Seraphicus* » Franck en est le héraut autour des figures de *Ruth* ou de *Rebecca*, ou bien des épisodes bibliques de l'Ancien Testament (*La Tour de Babel*) ou du Nouveau (*Les Béatitudes* qui constituent son œuvre maîtresse). Gounod (*Tobie*, *La Rédemption*) et Saint-Saëns (*L'Oratorio de Noël*, *Le Déluge*) œuvrent dans le même sens. Enfin, on n'oubliera pas de feuilleter le catalogue d'un des très rares compositeurs anglais du XIXe siècle, **Charles Hubert Parry** (1848-1918), auteur de plusieurs oratorios : *Judith*, *Job*, *Le Roi Saul* ainsi que nombre de pièces religieuses de toutes dimensions.

Certains textes liturgiques inspirent particulièrement les compositeurs de ce temps : le *Stabat Mater* (« Elle est debout, la Mère » qui évoque les souffrances de Marie au pied de la Croix) pour Schubert, Rossini, Liszt, Dvořák ; le *Requiem* qui permet à nombre de compositeurs d'envisager musicalement qui la colère de Dieu, qui la douceur du repos (voir l'encadré dans le chapitre 20).

Le motet a cappella semble oublié pendant ce siècle. On en trouve quelques menues traces dans la première vague romantique, il faut attendre le pieu Bruckner et le mystique Liszt pour nous gratifier de quelques beaux titres, et on doit à Verdi *Quatre Pièces sacrées* surprenantes. Les compositeurs français sacrifient aussi aux brèves œuvres religieuses. Mais les nombreux titres de Gounod, Saint-Saëns et Franck résistent mal à l'usure du temps.

Rossini, que l'on retrouvera dans le chapitre suivant entre bouffonneries et œuvres *molto serioso,* est l'auteur inattendu d'un *Stabat Mater* et d'une tardive *Petite Messe solennelle*. Lui-même l'a écrit : « Bon Dieu. La voilà terminée cette pauvre petite messe. Est-ce bien de la musique sacrée ou de la sacrée musique ? J'étais né pour l'opéra bouffe, tu le sais bien, mon Dieu. Guère de science, un peu de cœur, c'est tout. Grâce te soit rendue, et accorde-moi le Paradis. »

Le langage

Dans la génération précédente l'effort est mis sur la lisibilité de la musique. Ce souci mélodique n'est pas exclu maintenant, mais il n'est plus prioritaire.

- **La musique reste tonale,** en ce qu'elle n'est pensée que par rapport à un ton majeur ou un ton mineur. Malgré l'intérêt croissant pour les musiques anciennes – au moins jusqu'à Palestrina –, les compositeurs ne se hasardent guère sur des terrains modaux sauf de très rares exceptions (quand il s'agit, par exemple, d'emprunter une idée mélodique à la musique grégorienne). Par contre, les modulations se font fréquentes et subites, et de plus en plus éloignées du ton de départ. À la fin du siècle, on verra des compositions qui tendent à s'éloigner de l'harmonie traditionnelle en complexifiant les harmonies au point de leur donner un aspect « a-tonal » (quelques titres de Liszt).
- **L'harmonie** évolue en s'épaississant. Les accords se renouvellent beaucoup plus fréquemment en s'enrichissant de 7es et de 9es. Même si les appuis restent privilégiés sur la tonique et la dominante, d'autres degrés sont sollicités avec insistance (le troisième degré chez Berlioz).
- **Les rythmes** sont beaucoup plus variés, les mesures ternaires davantage sollicitées. Les enchaînements sont heurtés, les changements rythmiques fréquents pour accompagner les sautes d'humeur.
- **Les indications données sur les partitions sont davantage élaborées** qu'il s'agisse des nuances (qui changent souvent, d'un extrême à l'autre), des indications de tempo en début ou en cours de partition, de la précision donnée à l'attaque de certaines notes (liaison, note piquée ou plus ou moins accentuée), voire au mode de jeu (*pizz* pour les cordes), sans compter quelques paratextes qui permettent à l'interprète de mieux saisir dans quel esprit aborder tel ou tel passage.

Chapitre 17

L'opéra au XIXe siècle, et l'opérette jusqu'aux années 1940

Dans ce chapitre :

- Laissez-vous chavirer par le *bel canto* italien de Rossini et les scènes inoubliables de Puccini
- Laissez-vous emporter par les drames wagnériens
- Laissez-vous griser par Carmen, Faust et l'opéra français
- Laissez-vous encanailler par l'opérette et l'opéra-bouffe d'Offenbach

À la fin du XVIIIe siècle, si la vigueur de l'opéra italien ne s'est guère démentie malgré les réformes de Gluck, la situation de l'opéra est largement redevable au génie de Mozart qui déplaça les lignes entre *opera seria* et *opera buffa* d'une part, entre opéra italien et opéra allemand de l'autre.

L'opéra italien de Rossini à Puccini

Gioacchino Rossini (1792-1868), une sacrée musique

L'héritier direct de l'autrichien Mozart est l'italien Rossini dont la vie est aussi truculente que la musique. On ne peut parler à son sujet de compositeur romantique ; il est plutôt un pont entre deux étapes. Une quarantaine d'opéras composés en une vingtaine d'années puis plus rien ou presque dans la seconde moitié d'une longue vie. Il naît à Pesaro dans une famille musicienne (un père corniste et une mère soprano) qui vit de petites tournées provinciales. Sans parler d'un enfant prodige à la Mozart, il fait rapidement preuve de capacités hors du commun. À 21 ans, déjà dix opéras à son actif, essentiellement des comédies. Triomphes et déconvenues s'enchaînent. La création du *Barbier de Séville* composé en quelques jours se fait sous les huées. Mais, dès la deuxième représentation, les lauriers remplacent les tomates, pour un succès à jamais démenti.

Après un long séjour napolitain, il s'oriente davantage vers l'*opera seria*. Puis comme tout grand artiste de son temps, il est tenté par l'expérience parisienne. Ça tombe bien, Charles X l'appelle pour y diriger le Théâtre-Italien et composer des opéras avec une rente royale, ce qu'il fait sur des livrets français. Le renversement de Charles X coupe ses élans et sa rente. C'en est fini des opéras. Il n'a que 37 ans.

Pendant vingt ans, il a perdu de sa superbe et pérégrine en Italie d'une ville à l'autre, dans une vie bohême. En 1855, il revient définitivement à Paris où il tient salon pour une vie très… parisienne. Il y compose plusieurs recueils pianistiques dont les *Péchés de ma vieillesse*, bien anodins malgré quelques titres affriolants (*Ouf ! les petit pois, L'Amour à Pékin*) qui préfigurent Satie et, plus sérieusement la *Petite Messe solennelle* dont on a parlé plus haut. Cette dernière étape de sa vie, gouailleuse à souhait, ce visage rondouillard et gourmand et ses excès (oh ! le tournedos !), voilà l'image qu'on garde de lui.

On peut en dire autant de son catalogue. Même si aujourd'hui on retient principalement de lui les bouffonneries – la plupart sont succulentes – son apport à l'*opera seria* est indéniable (*Otello* et *Semiramis* sont des réussites). Il est le roi du bel canto. On savoure avec délice ses turqueries et ses roucoulades (outre *Le Barbier de Séville*, *L'Italienne à Alger*, *Le Turc en Italie*, *Cendrillon* (*Cenerentola*), *Le Comte Ory*). Ses airs et ses ensembles sont irrésistibles, ses crescendos orchestraux légendaires ; c'est une machine redoutable d'efficacité. Une soirée avec Rossini, c'est le bonheur assuré.

Gaetano Donizetti (1797-1848) et Vincenzo Bellini (1801-1835)

Donizetti est désarmant de fécondité. Quelque 75 opéras (une trentaine en douze ans !) dont seule une poignée a survécu, sans compter une trentaine de cantates, une centaine d'œuvres religieuses, treize symphonies et beaucoup de musique de chambre. Comme Rossini, il donne des comédies (son tube, *L'Élixir d'amour*, est un chef-d'œuvre) et des drames (bouleversante *Lucia di Lammermoor*) ; comme lui, ce Bergamasque s'installe à Paris. Sa fin de vie est dramatique : ayant contracté la syphilis, il perd la tête au point d'être interné en 1846, et meurt fou.

Ce sont les grands personnages féminins qui l'inspirent et qui sont merveilleusement servis, à travers des airs remarquables et une approche psychologique des plus fines : *Anna Bolena*, ou *Marie Stuart*. Avec les trois opéras initialement composés en français (*La Favorite*, *La Fille du régiment* et *Don Pasquale*), on obtient le meilleur d'un compositeur dont l'apport au répertoire lyrique italien est essentiel, malgré sa prolixité parfois encombrante.

Pour **Bellini**, se mettre à l'œuvre est chose laborieuse. Chaque note est pesée, chaque œuvre difficilement accouchée. Son catalogue se limite à une dizaine d'opéras parmi lesquels *Les Capulets et les Montaigus* (son *Roméo et Juliette*), *La Somnambule*, *Norma* (on en connaît tous au moins l'air *Casta Diva*… à essayer sous la douche) et *Les Puritains* ont été légitimement retenus par la postérité.

Son apport musical et dramatique est plus personnel que Donizetti. Comme celui-ci, il laisse aussi des œuvres instrumentales, mais les siennes, moins nombreuses, sont plus consistantes (*Concerto pour hautbois*). Bellini incarne à lui seul l'art du bel canto avec ses mélodies longues et belles, soulignées par des harmonies limitées à l'essentiel mais joliment orchestrées. Ce pont entre Rossini et Verdi fut admiré par Chopin et Wagner ; cet art mélodique était même remarqué par l'exigeant Stravinsky qui estimait que Bellini avait « reçu la mélodie sans avoir eu la peine de la demander, comme si le Ciel lui avait dit : Je te donne tout juste ce qui manquait à Beethoven »… Tout est dit.

E viva Giuseppe Verdi (1813-1901)

Le plus célèbre et le plus joué des compositeurs d'opéras italiens naît au sein d'une famille d'aubergistes. À 18 ans, il est refusé en classe de piano du conservatoire de Milan (qui porte aujourd'hui son nom !), mais c'était pour la bonne cause puisqu'on l'oriente vers un cours d'écriture.

Il épouse en 1836 son amour d'enfance, la fille de son mécène ; deux enfants naissent de cette union, mais tous deux meurent en bas âge, puis leur mère presque aussitôt. Pour prolonger son malheur, si son premier opéra *Oberto* connaît un bon accueil lors de sa création à la Scala, la création de son opéra bouffe *Un Jour de règne* est désastreuse. Il attendra le soir de sa vie pour donner sa seconde œuvre « légère » ô combien réussie, *Falstaff* son ultime opéra.

Sa véritable carrière populaire débute en 1842 avec *Nabucco*, énorme succès qui le mène au pinacle, détrônant aussi sec Rossini et Bellini. Pour les plus grands théâtres d'Italie, de Paris et de Londres, il enchaîne vingt opéras en moins de vingt ans. De *Macbeth* à *Rigoletto*, de *Luisa Miller* aux *Vêpres siciliennes* ou à *Un Bal masqué*, les œuvres s'inscrivent aussitôt dans le patrimoine artistique italien. Le public est versatile : la première version de

Traviata est pour le moins chahutée ? Il le remanie et hop ! c'est le succès une fois pour toutes.

Il réinvente l'opéra à sa manière en insistant sur la trame dramatique. C'est le drame qui compte, c'est lui qui dicte la forme de l'opéra qui n'est plus une simple succession d'airs, d'ensembles et de chœurs. Il aime superviser le travail des librettistes pour approcher au mieux le résultat espéré.

Son engagement artistique va de pair avec son engagement politique. Lui qui avait vaillamment soutenu la lutte pour l'indépendance prend un siège de député au Parlement de Turin. Son énorme popularité (au vrai sens du mot : il compose avant tout pour le peuple) lui assure des conditions de vie plutôt confortables. Les grandes scènes lui demandent de grandes œuvres : *La Force du destin* pour Saint-Pétersbourg, *Don Carlos* pour Paris et *Aïda* composé non pour le Stade de France, mais plus logiquement pour l'Opéra du Caire.

Peut-être malgré lui, il est le héraut du *Risorgimento* (= la Renaissance), le mouvement qui aboutit à l'unification de l'Italie. Le peuple s'est attribué le slogan Vive Verdi qui cachait l'acronyme du roi : **Vive V**ictor **E**mmanuel, **R**oi **D'I**talie.

En 1874, il abandonne pour un temps l'opéra pour écrire le plus lyrique et le plus dramatique *Requiem* de l'histoire composé à la mort d'Alessandro Manzoni, le héraut du romantisme italien, messe des morts tour à tour fervente et théâtrale. Puis il revient à l'opéra sur des livrets d'**Arrigo Boito** (1842-1918), lui-même compositeur d'un *Mefistofele* qui a connu une certaine notoriété. Boito remanie le livret de *Simon Boccanegra* écrit initialement par Piave puis lui livre *Otello* et *Falstaff*, deux adaptations plutôt libres de Shakespeare. Musicalement et dramatiquement parlant, ces deux opéras sont les plus aboutis, ce qui ne remet pas en cause l'intérêt de la plupart des autres. Verdi meurt en 1901. Le transfert de ses cendres fut célébré par plusieurs centaines de musiciens dirigés par Toscanini. On raconte que plus de 20 000 Milanais suivirent son cortège funèbre en chantant *Va, pensiero*, le célébrissime chœur de *Nabucco*.

Ce dernier chœur résume bien l'engouement des Italiens pour leur compositeur : dans la modernité des grandes fresques historiques dès *Nabucco*, c'est le peuple qui est convoqué dans les grands chœurs, dans cette époque où les Autrichiens réprimaient la Lombardie. Partie dans un milieu des plus modestes, sa carrière aura connu un crescendo régulier jusqu'au paroxysme.

Après Verdi, le vérisme

Le vérisme est un courant littéraire italien de la fin du XIXe siècle ; il est l'équivalent du naturalisme français défendu par Zola. Le principal auteur est le romancier sicilien Giovanni Verga dont les personnages sont issus des couches rurales de la population, ancrés dans leur identité régionale (alors que le naturalisme puise ses héros davantage dans le monde ouvrier).

En musique, on a regroupé sous l'étiquette *vériste* tous les opéras de la « jeune école » italienne parus entre 1890 et 1905, souvent influencés par les personnages de la *Carmen* de Bizet. La musique est plus directe, faisant appel ouvertement ou par réminiscence à des musiques « populaires », préférant aux grandes vocalises du bel canto le chant syllabique (une syllabe ≈ une note) sans envol dans les registres extrêmes, afin de se concentrer dans l'articulé, le compréhensible. L'œuvre est ramassée en deux actes, parfois un seul.

Les résultats sont inégaux. Il est difficile de passer après Verdi, héros et héraut national, et impossible de s'en démarquer sous peine de ne pas être entendu, d'autant que d'un autre côté les œuvres de Wagner trahissent une nouvelle orientation de l'opéra. Le courant vériste laisse pourtant de belles traces musicales autour de trois compositeurs : **Pietro Mascagni** (1863-1945) avec *Cavalleria rusticana* et *L'Ami Fritz*, **Ruggiero Leoncavallo** (1858-1919) avec le légendaire *Paillasse* et **Umberto Giordano** (1867-1948) avec *Andréa Chénier*. Les grandes salles d'opéra ont pris l'habitude de présenter dans une même soirée *Paillasse* et *Cavalleria*, deux œuvres complémentaires, au moins dans leur timing.

Giacomo Puccini (1858-1924), l'effet papillon

On considère que Puccini est le digne héritier de Verdi. C'est en entendant *Aïda* à Pise que se déclenche sa vocation de compositeur d'opéra dont il enrichira le répertoire d'une dizaine de titres, parmi lesquels beaucoup de tubes. *Manon Lescaut* (cessez la lecture de cet ouvrage et courez écouter l'Acte IV), composé dans la foulée du succès du *Manon* de Massenet (« Massenet a traité ce sujet à la française, avec de la poudre et des menuets. » Puccini va y mettre « toute sa passion désespérée »), le projette sur le devant de la scène. Triomphalement créé une semaine avant le *Falstaff* de Verdi, l'opéra se répand aussitôt sur les grandes scènes de l'Italie, de l'Europe et d'Amérique. Trois ans après, jour pour jour, création de *La Bohème* avec pour héros des artistes et des gens simples. Accueil mitigé, les spectateurs étant un peu déconcertés par les audaces musicales et ses traits psychologiques ; spectateurs déconcertés mais pas insensibles, tous accueillant la fin la larme au coin de l'œil. En peu de jours, l'œuvre triomphe et passe à la postérité. *Tosca* connaîtra le même enthousiasme que *Manon*. *Madame Butterfly* surprend par ses chinoiseries et l'exotisme de sa musique. La création est houleuse ; l'œuvre aussitôt condamnée est retirée de l'affiche. Puccini la retouche à plusieurs reprises (découpage en trois des deux actes initiaux, ajouts d'airs et coupures) avant qu'elle ne s'affirme définitivement.

Puccini s'attaque à un défi original : la composition de trois opéras en un acte formant triptyque. Naîtront *La Houppelande*, *Sœur Angelica* et *Gianni Schicchi* qui, s'ils n'ont pas la notoriété de leurs contemporains, méritent davantage que de l'estime. L'œuvre ultime, *Turandot*, est la plus audacieuse, la plus riche. Il ne peut l'achever, mourant des suites d'une opération engagée pour soigner un abcès à la gorge.

Tout le gotha, de la reine Margherita au gouvernement, était « au grand complet » nous dit-on, lors de la création de *Tosca* le 14 janvier 1900 à Rome, dans une période politiquement troublée. Toutes les autorités allaient assister à l'assassinat de Scarpia, chef de la police donc symbole de l'autorité, par Tosca, fille du peuple. Peuple et pouvoir étaient réunis sous les mêmes ors, lorsque le premier acte a été interrompu par une menace d'attentat (rumeur persistante d'une bombe). On peut imaginer que certains dans la salle étaient mal à l'aise quand les autres se sentaient pousser des ailes.

Puccini a parfois été assimilé à la mouvance vériste, même si Mascagni était son rival. Ses héros sont des gens bien ordinaires – ce en quoi il s'éloigne vite du romantisme –, mais sa musique est davantage celle des climats que celle de la vie quotidienne. Les décors changent à chaque titre : Paris pour *La Bohème*, Rome pour *Tosca*, le Japon pour *Madame Butterfly*, la Chine pour *Turandot*. Il fait les choses bien : pour *Tosca*, il se rend lui-même au château Saint-Ange, lieu de l'acte III pour en humer l'atmosphère ; pour *Madame Butterfly*, il va pêcher des renseignements auprès de l'ambassade du Japon.

Bien que ses dernières œuvres datent du XXe siècle, son cœur et sa musique restent fidèles au XIXe. *Tosca*, *La Bohème*, *Turandot* restent, et pour longtemps encore, parmi les opéras les plus populaires et les plus représentés.

L'opéra allemand de Weber à Strauss

Carl Maria von Weber (1786-1826), « franc-tireur » ?

Après *La Flûte enchantée* qui redonne vie au *singspiel* allemand et *Fidelio* laborieusement achevé par Beethoven, l'Allemagne trouve en Weber le père de son opéra romantique à partir du *Freischütz* (*Le Franc-tireur*) dont les couleurs instrumentales dans la scène de la *Gorge aux Loups* donnent encore aujourd'hui des frissons. Le livret emprunte beaucoup au folklore avec son décor (la forêt, ses chasseurs, son orage) et son lot de magie et de surnaturel, dans lequel les forces du mal passent un pacte avec le héros. L'ombre de Faust n'est jamais bien loin, et déjà se profilent les livrets wagnériens.

Qui se souvient que Weber est le cousin de Mozart ? Le père du premier était le frère de Constance, la femme du second (vous suivez toujours ?). Weber partage avec Rossini d'avoir eu pour parents des musiciens ambulants, ce qui ne l'a pas empêché d'avoir, au hasard des étapes, de bons professeurs comme Michael et Josef Haydn. La suite de sa carrière professionnelle est marquée par plusieurs emplois princiers à la direction de l'opéra de Vienne puis à la cour de Dresde où il s'active sans compter pour redorer le blason de l'opéra allemand qui peine à retrouver sa place face à la suprématie lyrique italienne.

Avec *Freischütz*, il est unanimement salué par la critique et le public. *Euryanthe* reste son opus le plus accompli (Hugo entend dans le chœur des chasseurs « peut-être ce qu'il y a de plus beau dans la musique »). *Obéron* créé à Londres au soir de sa vie complète son apport essentiel à l'opéra romantique, porte grande ouverte à Wagner.

Richard Wagner (1813-1883), maître pour les chanteurs

C'est l'homme de tous les excès et de bien des audaces. Sa naissance est déjà énigmatique : est-il le fils du mari de sa mère ou celui de son amant Ludwig Geyer ? Le premier meurt peu après sa naissance, et il ne connaîtra pour père que le second.

Son premier élan artistique va vers le théâtre, puis la poésie. Il n'aborde la musique que plus tard, partageant son admiration pour Weber et pour les symphonies de Beethoven. Mais sa formation musicale ne se fait pas aux dépens de sa passion littéraire. Bien au contraire, il n'aura de cesse de les fusionner. Dès son premier opéra achevé (*Les Fées*, création posthume), il prépare soigneusement la trame puis le livret, enfin la musique. L'écriture précède la composition, et il en sera ainsi à chaque fois.

Lors de la deuxième représentation de son deuxième opéra *La Défense d'aimer*, l'époux de la cantatrice n'apprécia pas les yeux doux que lui réservait le ténor (à la cantatrice, pas au mari). Celui-ci (le mari, pas le ténor) monta sur scène pour anéantir le brave ténor. L'histoire n'a pas retenu la suite. Toujours est-il que la soirée devait être mouvementée, car on raconte que ni les chanteurs, ni les instrumentistes n'avaient eu le temps de travailler leur partition. Mais était-ce bien grave puisque, à en croire le compositeur, le public était réduit à trois personnes !

Comme la plupart de ses confrères, il fait le voyage à Paris, et il le fait en bateau (quittant un poste à Riga) : voyage éprouvant, mer déchaînée. Le sujet de son prochain travail est tout trouvé, ce sera l'antique légende du *Vaisseau fantôme* (*Le Hollandais volant*). Mais Paris ne l'attend pas vraiment, il n'y est pas reconnu. L'Opéra refuse de s'engager dans ce *Vaisseau fantôme*. Les Wagner poursuivent leur errance : retour en Allemagne (*Tannhäuser* et *Lohengrin*) qu'ils doivent quitter suite à sa prise de position dans le soulèvement de Dresde ; exil en Suisse pendant lequel, ne pouvant guère monter ses opéras, Wagner se consacre à la direction d'orchestre et à l'écriture d'articles et d'essais. C'est à cette époque que remonte son pamphlet *Le Judaïsme en musique* qui lui vaudra bien plus tard l'admiration nazie, article insupportable et pour le moins curieux quand on sait que son père d'adoption était juif. Même si le nazisme s'emparera de sa musique, il faut néanmoins rappeler qu'Hitler est né six ans après la mort de Wagner.

Légende des siècles

Il puise dans la littérature médiévale germanique et nordique pour sa prochaine œuvre, un opéra en quatre soirées (un prologue, *L'Or du Rhin*, et trois journées, *La Walkyrie*, *Siegfried* et *Le Crépuscule des dieux*). C'est la gigantesque tétralogie *L'Anneau du Nibelung* plus couramment appelée *Le Ring* (« l'anneau ») : il compose la musique des deux premiers et une partie du troisième pendant l'exil helvétique.

Son idylle interdite avec Mathilde Wesendonck lui inspire *Tristan et Isolde*, la plus belle mise en musique de l'amour tragique, mais aussi la plus difficile à écouter tant la tension y est insoutenable d'un bout à l'autre de ces heures de musique. Trois ans plus tard, *Les Maîtres chanteurs de Nuremberg* apportent une touche plus légère à sa production. C'est la seule fois où Wagner invente l'intrigue. Malgré sa longueur (plus de quatre heures), c'est le titre le plus léger du catalogue.

Le bon roi Louis

L'année 1864 marque un tournant dans sa vie : l'excentrique Louis II de Bavière l'invite et l'installe royalement à Munich. Ce mécénat exagéré du souverain, l'ascendant que prend le compositeur sur lui inquiètent le bon peuple. D'autant que les choses sont compliquées : Wagner tombe amoureux de Cosima, fille de Liszt mais aussi femme de Hans von Bülow, excellent chef d'orchestre et grand défenseur de sa musique. De cette union illégitime naît d'abord la petite Isolde… le jour où von Bülow commence les répétitions de *Tristan*. Face à ce ménage à trois, le roi ne trouve plus sa place (quelle était-elle exactement ?). Wagner et Cosima s'installent près de Lucerne où naîtront les deux enfants Eva et Siegfried (qui lui inspirera l'une de ses rares pièces non scéniques *Siegfried Idyll*). Les deux amants se marient après le divorce enfin accepté par le chef d'orchestre et à la satisfaction du beau-père, Liszt.

Là-haut sur la colline

Wagner continue à caresser son projet fou d'art total en faisant ériger, sur la colline de Bayreuth, le *Festspielhaus* un théâtre à sa (dé)mesure, construit uniquement pour la mise en forme de ses œuvres : orchestre sous la scène donc invisible des spectateurs, parterre incliné, vision parfaite pour tous, acoustique épatante, et près d'un siècle et demi plus tard, les heureux spectateurs du Festival annuel restent ébahis par une telle audace architecturale. Ce lieu mythique est, aujourd'hui encore, essentiellement dédié à ses propres opéras.

C'est le temps de reprendre la composition. En 1874, le *Ring* est enfin terminé puis créé deux ans plus tard, les répétitions ayant nécessité une énergie considérable. C'est sans aucun doute l'œuvre qui récapitule au plus près la vision avec laquelle Wagner pense l'opéra. Pourtant, il ne s'arrête pas là : *Parsifal* sera créé en 1882. C'est un opéra original dans sa production en ce qu'il aborde franchement le domaine sacré. Cette queste du Graal inspirée est à la frontière entre romance médiévale et christianisme. Certains considèrent *Parsifal* comme son testament spirituel. Épuisé, il meurt à Venise d'une crise cardiaque.

Wagner est de ces compositeurs que l'on adule ou que l'on abhorre. Les seconds ne voient que des longueurs dans cette musique (Rossini trouvait que dans la musique de Wagner il y avait « de bons moments et de bien mauvais quarts d'heure ») qui se déploie dans le temps sans respiration, ni détente, sans véritables airs ; on peut à la rigueur siffloter une partie instrumentale des *Maîtres chanteurs* ou de *Parsifal*, guère plus. Les premiers adhèrent à l'œuvre dès la première note et quittent le théâtre à regret au bout d'un spectacle harassant de plusieurs heures dans lequel ils ne cesseront de se laisser guider par les *leitmotivs*, ces petits signaux musicaux associés à un personnage ou un fait et qui, dès qu'on les entend, guident l'oreille à travers le labyrinthe dramatique.

Ainsi parlait Richard Strauss (1864-1949)

On pourra s'étonner de trouver dans cette partie de l'ouvrage un compositeur dont quatorze des quinze opéras ont été composés au XXe siècle. Pourtant, l'essentiel de sa musique reste romantique.

Son premier opéra *Guntram*, aujourd'hui quasiment oublié, est trop marqué de l'influence de Wagner qu'il avait découvert en assistant, heureux homme, à la création de *Parsifal*. Il dirigera lui-même *Tannhaüser* au Festival de Bayreuth. Son premier grand succès est remporté avec *Salomé* qui offre un des premiers opéras bâtis sur une œuvre littéraire préexistante (le titre éponyme d'Oscar Wilde).

À la fin des années 1900, il effectue un virage esthétique en revenant à des considérations dramatiques et musicales plus traditionnelles. Sa rencontre avec le dramaturge Hugo von Hofmannsthal est déterminante, même si le compositeur estime que ses livrets, retour aux thèmes antiques et philosophiques, sont trop chargés. Le duo ainsi formé entre le musicien et son librettiste n'est pas sans rappeler la parfaite complicité entre Mozart et da Ponte dans les années 1780. D'ailleurs, après l'électrique *Elektra* qui ouvre le bal, Mozart et Vienne sont présents en filigrane dans des œuvres magnifiques : *Le Chevalier à la rose*, *La Femme sans ombre* ou *Arabella*. À la mort de son librettiste, il se tourne vers Stefan Zweig (*La Femme silencieuse*), et il prépare lui-même, en compagnie du chef d'orchestre Clemens Krauss, le livret de *Capriccio* ⏵, « conversation en musique », ultime et magistral opéra romantique.

Un double héritage

Outre ses activités de compositeur, Strauss est un chef d'orchestre parmi les plus éminents de sa génération. Il est à la tête des plus grands orchestres allemands et de nombreux enregistrements témoignent de son exigence et de sa rigueur.

De tous les compositeurs dont il est question dans ce chapitre, il est celui dont l'activité créatrice se déploie autant dans le registre instrumental que dans l'opéra. Si l'ombre de Wagner plane sur le second, la présence de Liszt se lit dans la riche production de poèmes symphoniques, genre musical dans lequel le compositeur s'illustrera pendant une dizaine d'années avec des œuvres à l'orchestration particulièrement colorée. Un passage en Italie lui inspire *Aus Italien*, premier de ses poèmes symphoniques. Puis s'enchaîneront *Mort et Transfiguration*, *Don Juan*, *Till l'Espiègle*, *Ainsi parlait Zarathoustra* (« tableau du développement de la race humaine », inspiré par Nietzsche), *Don Quichotte* aboutissant à l'autobiographique *Une Vie de héros*. Dans ce même registre, notons aussi deux symphonies à programme, la *Symphonie domestique* et la *Symphonie alpestre* aux dimensions démesurées. Il faudra attendre le soir de sa vie pour entendre les *Métamorphoses* ⏵ pour 23 instruments à cordes, son œuvre instrumentale la plus aboutie.

L'opéra français de Berlioz à Bizet

Après la Révolution, Paris reçoit les plus grands créateurs étrangers, mais peine à fournir des œuvres françaises de premier plan. On attendra la fin des années 1820 pour voir sortir de l'ombre le *grand opéra* français, puis tout un répertoire qui continue à remplir nos théâtres lyriques.

Le grand opéra (1828-1870)

On désigne par cette expression des œuvres françaises de grande envergure étalées sur quatre ou cinq actes, mêlant effets scéniques et grands décors afin d'illustrer des drames historiques ou épiques. L'orchestre est chargé – parfois jusqu'à la lourdeur –, les voix très sollicitées (nombreux solistes et masse chorale), les chorégraphes invités pour au moins un ballet. C'est souvent le résultat d'une étroite collaboration du musicien avec le librettiste Eugène Scribe, le décorateur Pierre Ciceri et Louis Daguerre, le pionnier de la photographie.

La première de ces œuvres à grand spectacle est *La Muette de Portici* de **Daniel-François-Esprit Auber** (1782-1871) sur un livret de Scribe qui se clôt par l'éruption du Vésuve dans lequel se jette l'héroïne ! L'archétype du grand opéra français revient à **Giacomo Meyerbeer** (1791-1864) qui, malgré son prénom italianisé, est un Allemand installé à Paris. La création de *Robert le Diable* lui attire la célébrité, renforcée encore avec la création des *Huguenots*, du *Prophète* et enfin de *L'Africaine* (resté inachevé). Souvent associé à Meyerbeer, **Jacques Halévy** (1799-1862) donne avec *La Juive* le grand opéra sans doute le plus réussi.

Les plus grands compositeurs lyriques de l'époque vont, à l'occasion de passages chez nous, alimenter ce genre musical avec de belles réussites : Rossini, plus français que jamais, avec son *Guillaume Tell*, Donizetti avec *La Favorite* et Verdi avec *Don Carlos*.

La Muette de Portici dont l'action relate la révolte libertaire du peuple napolitain contre le joug espagnol au XVIIe siècle joua un rôle majeur lors de la Révolution belge de 1830. À Bruxelles, on en donne une représentation pour les 59 ans du roi Guillaume. Les paroles du duo « L'Amour sacré de la patrie » chanté au deuxième acte excitent l'assistance : « Amour sacré de la patrie, / Rends nous l'audace et la fierté / À mon pays je dois la vie / Il me devra sa liberté », et quand à l'acte suivant le chœur chante vaillamment « Courons à la vengeance, des armes, des flambeaux », les spectateurs comme un seul homme reprennent « Aux armes, aux armes ! » qu'ils continuent de faire résonner à la sortie jusqu'aux fenêtres du journal pro-Guillaume. Début des troubles qui marquèrent la séparation de la Belgique d'avec la Hollande. C'est beau, l'opéra !

Aujourd'hui, les musiques d'Auber et de Meyerbeer paraissent bien surannées, et les tentatives d'en monter ci ou là de nouvelles productions ne permettent toujours pas à ce genre si particulier de se maintenir dans le top des productions lyriques.

Gounod, Bizet et Massenet

On tient notre trilogie scénique nationale, au moins pour la période qui nous concerne. Toutes nos scènes lyriques hexagonales continuent à accueillir qui *Manon* qui *Faust*, et s'il est une œuvre populaire parmi toutes, c'est bien *Carmen*.

L'air de la Castafiore, c'est de lui !

De **Charles Gounod** (1818-1893) la mémoire n'aurait-elle conservé que l'*Ave Maria*, ligne mélodique qu'il superposa – adroitement – à un prélude de Bach que lui avait fait découvrir Mendelssohn à son retour de la Villa Médicis suite à son Premier Grand Prix de Rome ? Entre crise mystique (on le voit vêtu d'une soutane et il lui arrive de signer « Abbé Gounod ») et épanchements amoureux, entre plusieurs périodes mentalement troublées, il compose entre autres trois opéras inépuisables : *Faust*, *Mireille*, *Roméo et Juliette*, à la musique toujours bien construite, agréable et cohérente. Son catalogue est essentiellement vocal : à côté des opéras, environ 130 mélodies et des oratorios.

Le Prix de Rome

L'Académie de France à Rome a été fondée par Colbert en 1666. Louis XIV décide d'y envoyer de peintres, sculpteurs et architectes pour leur offrir un cadre de travail idéal.

Les musiciens y sont admis à partir de 1803. Les candidats doivent être célibataires et avoir moins de 30 ans. Au menu du concours qui permet d'y accéder, une fugue et une œuvre pour chœur et orchestre. Six d'entre eux sont sélectionnés pour la finale : ils sont enfermés généralement pendant un mois (au château de Compiègne ou à celui de Fontainebleau, excusez du peu !) et doivent fournir une cantate (devenue par la suite « poème lyrique ») pour solistes et orchestre, sur un livret imposé.

À l'issue de cette mise en loge est attribué un Premier Grand Prix ainsi que un (ou plusieurs) Second Prix. Le titulaire du Premier est accueilli à la Villa Médicis à Rome pour une période de cinq ans réduite progressivement à deux, dans des conditions luxueuses, avec comme seule activité la composition sans contrainte esthétique.

Le choix de l'heureux élu est rendu complexe par la multiplicité des jurys, dont seule une petite minorité sont des musiciens. Le vote a souvent été contesté, le concours maintes fois remanié. Parmi les élections légitimes, on relève Bizet, Berlioz, Massenet, Debussy ou Dutilleux. De grands musiciens ont échoué (Ravel en est le plus grand scandale) alors que de parfaits inconnus l'ont reçu. Le concours est supprimé par André Malraux après 1968. À partir de 1971, l'Académie de France à Rome accueille 25 artistes (toutes les spécialités mélangées, parmi lesquelles photographie, cinéma, également histoire de l'art…). En général, chaque année, un ou deux musiciens se voient accorder une belle bourse d'étude.

Il existe parallèlement un Prix de Rome américain (« Rome prize ») qui permet à un jeune artiste américain de rejoindre l'American Academy in Rome. Barber, Copland, Carter (à deux reprises) s'en sont vu honorés. Il existe aussi des déclinaisons belge, néerlandaise et canadienne de ce prix prestigieux.

ANECDOTE

C'est dans le troisième acte de *Faust* que Marguerite chante l'*Air des bijoux* esquissé avec un talent évident par l'inénarrable Bianca Castafiore, accompagnée par le dévoué Igor Wagner dans une dizaine des aventures de Tintin.

ANECDOTE

Quant à Alberto Savinio, écrivain, peintre et compositeur italien proche des surréalistes, il voit dans *Faust* une partition « comme les conserves des soldats américains dans lesquelles on trouve un peu de tout : un peu de jambon, de biscuits, de bonbons. Traduits en musique, jambon, biscuits et bonbons deviennent "*Salut, demeure chaste et pure*", l'air de Marguerite au rouet et la *Chanson du Veau d'or.* »

Lorsque la cigarière fait un tabac (un opéra très prisé)

La musique de **Georges Bizet** (1838-1875) est plus ambitieuse que celle de Gounod dans le vocabulaire musical, le travail vocal et choral, les couleurs de l'orchestre et le traitement psychologique des héros de ses opéras.

Fils de musiciens, très tôt confronté aux études musicales, il entre au conservatoire de Paris dans la classe d'Halévy son futur beau-père. À l'âge de 17 ans, il compose la ravissante *Symphonie en ut* (redécouverte en 1933) et obtient le Premier Grand Prix de Rome. Pourtant, la reconnaissance critique et populaire a du mal à venir. Il faudra attendre *Les Pêcheurs de perles* pour connaître enfin un certain succès, mais toujours pas de triomphe (bien que cet opéra reste l'un des plus réussis de sa production). *La Jeune Fille de Perth*, quatre ans plus tard, subit un revers.

Les trois ans qu'il passe alors à Rome seront l'unique occasion pour lui de quitter Paris. Sans plus quitter la capitale il saura trouver avec justesse le ton provençal dans la musique de scène de *L'Arlésienne* de Daudet (son premier grand succès) et les couleurs espagnoles saisissantes de réalisme dans l'opéra-comique *Carmen*, succès planétaire après avoir connu une création tempétueuse. Les aventures tragiques de la cigarière, du toréador et de l'infortuné Don José sont un chef-d'œuvre absolu.

N'OUBLIEZ PAS

Un opéra-comique n'est pas forcément désopilant. Si dans un premier temps, il s'est agi d'œuvres légères, l'arrivée de l'opérette a monopolisé le genre léger. Le terme d'opéra-comique a été appliqué principalement à des œuvres (avec dialogues parlés) créées… à l'Opéra-Comique de Paris, même si l'œuvre se termine en tragédie.

Bizet meurt assez mystérieusement trois mois après la création de *Carmen*, sans jamais avoir connu le triomphe pressenti. Nietzsche voit dans sa musique « la seule que je supporte encore. Il me semble que j'assiste à ma naissance ».

Manon, Manon

Curieux destin pour **Jules Massenet** (1842-1912), fils de forgeron élevé dans le vacarme des énormes laminoirs inventés par son père, et qui se retrouve à jouer du triangle à l'orchestre du Gymnase, puis des timbales au Café Charles ! Même bardé du Premier Grand Prix de Rome, ses premières tentatives pour conquérir Paris sont laborieuses. Il faut attendre la création de *Manon* pour lui assurer la célébrité. Il passe avec des succès divers d'un domaine à l'autre : opéra-comique, sujets historiques ou héroïque (*Hérodiade*, *Le Cid*, *Don Quichotte*), drame lyrique (*Werther*), miracle religieux (*Le Jongleur de Notre-Dame*). Comme Gounod et Bizet, il compose parallèlement de très nombreuses mélodies qui paraissent aujourd'hui un brin désuètes. Debussy voyait en lui « l'historien musical de l'âme féminine ».

L'opéra vraiment comique et l'opérette

Face aux opéras dramatiques, il est un domaine qu'il ne faut pas négliger, celui des œuvres légères qui font écho au singspiel allemand et à l'*opera buffa* italien. On s'éloigne à pas feutrés du romantisme. L'opéra-comique se termine parfois tragiquement (voir ci-dessus), mais la plupart du temps ces scènes de la vie quotidienne n'engendrent guère la mélancolie. Et que dire des opérettes, ces vaudevilles musicaux aux livrets invraisemblables et aux musiques irrésistibles ?

La vie parisienne d'un Allemand

Le père de l'opéra bouffe, c'est vraiment **Jacques Offenbach** (1819-1880) né à Cologne, mais installé à Paris à l'âge de 14 ans où il entre au conservatoire. Excellent violoncelliste, il est remarqué par Liszt et Anton Rubinstein avec lesquels il joue en sonate. Il est engagé comme chef d'orchestre à la Comédie-Française pour laquelle il compose des musiques de scène.

Son premier succès est irrésistible, mais seulement du fait du titre (c'est la seule raison de le mentionner dans cet ouvrage) : *Oyayaye ou la Reine des îles*. C'est la « bouffonnerie musicale » intitulée *Les Deux Aveugles* – créée dans une salle minuscule baptisée pour l'occasion Les Bouffes-Parisiens qui déménageront par la suite passage Choiseul – qui le lance dans ce genre musical particulier. Après une série de brèves opérettes en un acte – la brièveté était imposée préfectoralement par le cahier des charges de la salle – il arrive à imposer l'allongement des œuvres d'un à deux actes voire davantage. Les opéras-bouffes à la française sont nés. S'enchaînent les grandes réussites parodiques et cocasses : *Orphée aux enfers*, *La Belle Hélène* (on y entend l'irrésistible : « *Le roi barbu qui s'avance, bu qui s'avance, bu qui s'avance, c'est Agamemnon* » chanté par les héros de la guerre de Troie), *La Vie parisienne* (« *Zé souis Bréssilien, zé de l'or* »), *La Grande-duchesse de Gerolstein* ou encore *La Périchole*. Et comment résister au frivole *French cancan* tiré d'*Orphée aux enfers* ! Sa réputation est énorme, sa coquetterie légendaire, sa présence recherchée dans tous les salons.

Après les événements de 1870, celui que Rossini appelait « le Mozart des Champs-Élysées » peine à retrouver un second souffle. Il se ruine en montant de nouvelles pièces à la logistique plus exigeante. Il retrouve néanmoins un certain succès avec *Madame Favart* et *La Fille du tambour-major*, mais meurt en laissant inachevé son magnifique opéra fantastique *Les Contes d'Hoffmann*.

Sa musique est irrésistible, sa truculence fait preuve d'une grande finesse, d'un goût très… français. Son talent est incontestable, la qualité de ses livrets est déterminante, son écriture musicale parfaitement dosée. Ces opéras-bouffes sont aussi réussis que les grandes comédies de Rossini.

L'Autriche a aussi un penchant pour la musique plus légère que la musique romantique. La famille des Strauss animent la vie viennoise. **Johann I « Père »** (1804-1849) donne ses lettres de noblesse à la valse, la polka, le galop et le quadrille ; son fils **Johann II** (1825-1899) poursuit la voie de son père et devient le roi de l'opérette viennoise (*La Chauve-Souris, Le Baron tzigane*). Joseph Lanner pour la musique de divertissement et Franz Lehár pour l'opérette (*La Veuve joyeuse*) seront les héritiers qui du père qui du fils. Écoutez sans modération le Concert du Nouvel An chaque premier jour de l'année, diffusé sur les grandes chaînes de télévision.

L'opérette, genre typiquement français

Nostalgie, nostalgie. Qui ne se souvient pas de Michel Simon chantant (?) à travers son double menton *Elle est épatante celle p'tit' femm'-là* ? Et les chansons des *Cloches de Corneville* ou de *Phiphi* ? Nos théâtres lyriques, à Paris comme en province, redoublent d'ingéniosité pour perpétuer ces partitions au moment des fêtes de fin d'année, et c'est une bonne chose.

L'opérette enchaîne musiques légères, comédie, dialogues parlés et souvent chorégraphie, sur des livrets sans ambition mais bien ficèles . La différence entre opérette, opéra-comique, opéra-bouffe, voire comédie musicale est ténue, quasi inexistante, n'en déplaise aux spécialistes.

La première opérette est *L'Ours et le pacha* prévue pour être jouée par les pensionnaires de l'asile de Bicêtre et composée par **Hervé** (1825-1892). Hervé avait la particularité de mener une double vie : organiste à Saint-Eustache le matin, pianiste et humoriste dans des petits théâtres le soir. Son grand succès reste *Mam'zelle Nitouche*. Dommage que son *Petit Faust*, pied-de-nez à celui de Gounod, soit tombé dans l'oubli. La musique de **Charles Lecocq** (1832-1918) est plus subtile. Si *La Fille de madame Angot* reste son titre de gloire, les partitions de *Giroflé-Girofla* ou du *Petit-Duc* sont régulièrement exhumées avec succès.

De ces compositeurs qui sont restés dans l'histoire essentiellement pour leur contribution à ce genre musical, il faut encore retenir Edouard Audran (*La Mascotte*), Robert Planquette (*Les Cloches de Corneville*), Louis Varney (*Les Mousquetaires au couvent*), Louis Ganne (*Les Saltimbanques*). Entretemps, des plumes plus connues pour des œuvres « sérieuses » contribuent par des œuvres de qualité à la pérennité du genre : Bizet (*Le Docteur Miracle*), Emmanuel Chabrier (*L'Étoile, Une Éducation manquée*), **André Messager** (1853-1929, *Véronique*) lui qui dirigea *Parsifal* et qui créa *Pelléas et Mélisande* de Debussy.

Le genre connaît un même bonheur dans la première moitié du XXe siècle : Claude Terrasse (*Les Travaux d'Hercule*), Henri Christiné (*Phiphi, Le Bonheur, mesdames*, opérette complètement oubliée sinon par la chanson interprétée avec sa délicatesse légendaire par Michel Simon, voir plus haut).

Chapitre 18

Des compositeurs romantiques incontournables

Dans ce chapitre :

- Le romantisme est allemand mais pas seulement
- Berlioz, LE compositeur romantique français
- Chopin et Liszt, les rois du piano
- Bruckner, Brahms et Mahler, le bel orchestre

Franz Schubert (1797-1828), l'autre Viennois

Une jeunesse prolifique

Il naît à Vienne dans une maison à l'enseigne de l'*Écrevisse rouge*, douzième enfant d'un père morave et d'une mère silésienne. Sa famille n'est pas versée dans la musique, mais les talents du petit dernier sont rapidement reconnus ; à 11 ans, il entre au *Stadtkonvikt*, école de petits chanteurs adossée à la chapelle de la cour.

C'est dans cette école qu'il livre ses premières œuvres, déjà abondantes. On en dénombre une centaine parmi lesquelles une symphonie, dix quatuors (composés pour la formation qu'il avait réunie avec des membres de sa famille, lui-même tenant la partie d'alto), des ouvertures, des danses, des œuvres religieuses et un bout d'opéra ! Ce sont des œuvres insouciantes, spontanées, toujours baignées de douceur mélodique.

Afin de subvenir à ses besoins matériels, il devient pour quelques années aide-instituteur dans l'école de son père, sans conviction ni talent. Parallèlement à ses activités professionnelles, il tombe sous le charme de Beethoven en découvrant *Fidelio*. Son langage en est bouleversé. Le 19 octobre 1814, il fait entendre à quelques amis son premier chef-d'œuvre, le lied *Marguerite au rouet*, étonnant de maturité pour un jeune homme de 17 ans, et qui sera plus tard considéré comme le véritable acte de naissance du lied allemand. Les années suivantes connaissent une production particulièrement féconde. En 1815 et en 1816, près de 200 œuvres par an, soit davantage chaque année que toute la production de tant d'autres compositeurs, et cela tout en poursuivant sa charge d'instituteur. Dans le lot, de très nombreux lieder, des quatuors, des symphonies, des œuvres religieuses et des opéras.

Une vie de bohême

Après avoir quitté son poste d'instituteur, il vit sans emploi fixe, hormis deux étés où il se retrouve précepteur musical des filles du prince Esterházy. Il entame une vie entièrement consacrée à la composition. Contrairement à ses prédécesseurs, il ne se produit guère comme interprète. Souvent désargenté, il vit davantage aux crochets de ses amis ou de ses parents, changeant fréquemment de domicile. Ce n'est que bien plus tard que l'édition de ses œuvres lui assurera une certaine indépendance matérielle.

C'est l'époque des premières grandes sonates pour piano, des *4e* et *5e Symphonies* et des lieder parmi les plus célèbres (*Le Roi des aulnes*, *Petite Rose des bruyères, La Jeune Fille et la mort, La Truite*), empruntant aux plus grands poètes allemands (Goethe, Schiller, Heine) ou anglais traduits en allemand (Shakespeare, Byron).

Une période de doute

Les années 1818-1823 marquent un ralentissement violent de sa production. Les œuvres se raréfient ; de nombreuses pages restent inachevées, notamment la *8e Symphonie* qui a conservé l'attribut d'*Inachevée*, et celles qui sont terminées gagnent en intensité.

La célébrité qu'il attend de Vienne n'est toujours pas au rendez-vous. Sa première œuvre publiée, le lied *Le Lac d'Erlaf*, est intégrée à un almanach viennois en 1817 alors que c'est déjà son 600e opus ! Il n'est guère programmé dans les grandes salles. Une *Ouverture* dans le style italien en vogue à Vienne depuis le triomphe rossinien est la première œuvre symphonique donnée en concert en 1818 (la plus grande partie de son œuvre est déjà composée). Et son chef-d'œuvre vocal *Le Roi des aulnes* son opus 1, dont la composition remonte à 1815, ne sera entendu en public pour la première fois qu'en 1820 et édité l'année suivante. Il espère bien percer par le biais de l'opéra mais l'engouement viennois pour les opéras de Rossini ruine les tentatives de maintenir une forme d'opéra allemand. Rien n'y fera : ses opéras les plus aboutis *Alfonso et Estrella* ou *Fierrabras* ne prennent pas. Il faudra attendre Liszt, fervent défenseur de Schubert, pour tenter d'imposer le premier de ces opéras à Weimar en 1854, longtemps après la mort du compositeur. Aujourd'hui encore, sa production lyrique reste mal-aimée.

Et déjà les dernières œuvres

Schubert contracte la syphilis qui l'immobilise longuement. Et les chefs-d'œuvre instrumentaux et vocaux se succèdent : la *9e Symphonie* « *La Grande* », les derniers quatuors (dont le sublime *15e*), les deux *Trios pour violon, violoncelle et piano*, le *Quintette à deux violoncelles* ⏵, les trois dernières sonates ⏵ pour piano, les trois grands cycles de lieder *La Belle Meunière*, *Le Voyage d'hiver* et *Le Chant du cygne*. Autant de titres, autant d'œuvres essentielles, à consommer sans aucune modération.

Il meurt à Vienne après une journée de délire durant laquelle il se prend un temps pour Beethoven. Il a souffert de ne point être reconnu à sa valeur, sauf, péniblement, dans les trois dernières années de sa vie. La majorité de ses œuvres est restée inédite (il faudra attendre plus de soixante ans après sa mort pour que l'éditeur Breitkopf publie la première édition complète, une partie de la production n'ayant été découverte qu'en 1867 sous un amas de poussière). De nombreux titres n'ont pas connu d'exécution publique de son vivant. Les cinq dernières symphonies sont de ceux-là parmi lesquelles la *9e Symphonie* créée en 1839 par Mendelssohn, et sa petite sœur inachevée en 1865.

Hector Berlioz (1803-1869), ou l'orchestre révolutionnaire

À la recherche de sa vocation

Voici un compositeur qui n'est pas « tombé dedans » au berceau. La première œuvre de quelque envergure de ce fils de médecin est la *Messe solennelle* qu'il compose en 1823 et qu'il fait représenter à ses frais deux ans plus tard (150 participants ! Cette messe que l'on croyait perdue a été retrouvée en 1991). Lui qui était monté à Paris pour des études de médecine préfère se tourner vers la musique. Il troque l'université contre le conservatoire. Sa vocation est toute tracée.

Le héraut romantique français

Il obtient le Premier Grand Prix de Rome en 1830 après trois tentatives ratées. Cette année est particulièrement faste puisque voit aussi le jour la *Symphonie fantastique* ⏵ qui récapitule avant la lettre son génie dans le traitement de l'orchestre et des formes musicales qui lui sont liées. La symphonie voit son plan habituel voler en éclats. Non seulement le nombre de mouvements est inhabituel (5 et non plus 4), mais il s'agit d'une trame unique déployée sur l'intégralité de la symphonie. Et c'est une grande innovation : cette symphonie se veut autobiographique (malgré le jeune âge de son auteur) : ces cinq *Épisodes de la vie d'un artiste* sont les siens, vécus ou imaginés, en tout cas révélés.

Pour finir ses fins de mois, il entame une étonnante carrière de critique musical. Il s'y montre une plume habile, brillante, redoutée, l'un des plus grands critiques de toute l'histoire de la musique. Ses *Mémoires* comme ses écrits sur la musique sont un legs inestimable de la vie musicale de cette période.

Les années 1830 seront celles des grandes fresques symphoniques accueillies avec succès : *Harold en Italie* « symphonie avec alto principal » dans lequel l'alto prend le rôle de personnage principal, la *Grande Messe des morts* (*Requiem*) qui convoque une formation instrumentale et chorale démesurée, la symphonie dramatique *Roméo et Juliette*, enfin la *Symphonie funèbre et triomphale*.

D'autres œuvres connaissent un échec retentissant qui affecte l'homme : son opéra *Benvenuto Cellini* (trois représentations seulement) ou, en moindre mesure, sa légende dramatique pourtant sublime *La Damnation de Faust*.

Après de grandes tournées internationales triomphales, il retrouve le succès parisien : le *Te Deum* et l'oratorio *L'Enfance du Christ* lui ouvrent les portes de l'Institut. Il révise et allège *Benvenuto Cellini* qui est mieux accueilli à Weimar grâce aux efforts de Liszt, ce qui l'incite à revenir à l'opéra. Il termine l'immense fresque *Les Troyens* qui ne sera entendue à Paris, laborieusement et partiellement, qu'après sa mort. Après un ultime voyage en Russie, Berlioz tombe malade à la fin de 1868 et meurt l'année suivante.

Le révolutionnaire de l'orchestre

Son catalogue est quantitativement restreint. Outre les œuvres déjà citées, sept ouvertures pour orchestre (*Le Roi Lear, Le Carnaval romain…*), *Les Nuits d'été*, cycle pour voix et orchestre sur des poèmes de Gautier, quelques autres mélodies bien anodines, pas de musique de chambre.

C'est l'orchestre qui est incontestablement le lieu de ses passions. Il lui donne des couleurs nouvelles : les vents sont très sollicités, prenant souvent des rôles principaux ; la harpe entre à l'orchestre par la grande porte, les percussions se multiplient. Ses audaces harmoniques et structurelles, ses expérimentations sonores (le *Requiem* fait appel, outre l'énorme formation de base, à quatre petits ensembles de type fanfare situés dans quatre galeries de l'église, engendrant un effet stéréophonique saisissant) en font le précurseur de l'orchestre moderne. Son *Traité d'instrumentation* en fixe les règles.

Pour Théophile Gautier, Hugo, Delacroix et Berlioz constituent la Trinité du romantisme français. Nul n'est prophète en son pays. Ce n'est pas en France qu'il faut chercher sa descendance. Liszt, Wagner ou Strauss en Allemagne, Rimsky-Korsakov ou Moussorgski en Russie hériteront généreusement de ses découvertes musicales.

Félix Mendelssohn-Bartholdy (1809-1847), ou les variations sérieuses

Une famille musicienne, une jeunesse studieuse

Il voit le jour à Hambourg dans une grande famille juive, mais son père le fait baptiser (pour, semble-t-il, aider à la carrière du fils) et à cette occasion ajoute un patronyme venu de sa belle-famille afin de s'émanciper de ses ancêtres juifs. La famille s'installe très tôt à Berlin.

Son enfance se déroule dans un milieu intellectuel et aisé. Il reçoit la meilleure éducation. Il apprend le grec, la musique et le dessin. Il se familiarisera plus tard avec la philosophie en suivant les cours de Hegel à Berlin, et rencontrera Goethe qui aura une forte influence sur lui. Ses qualités de sportif (il excelle en équitation et en gymnastique) et de danseur, sa bonne connaissance des langues lui donnent une autorité très prisée dans les soirées mondaines.

Ses talents de musicien sont tôt décelés. À 9 ans, c'est la première prestation publique ; à 10 ans, il est admis à l'académie de chant de Berlin et, à 14, il a déjà composé un nombre impressionnant de pièces musicales (déjà douze symphonies pour cordes, nombre de motets et de lieder). Sa famille l'y encourage en invitant les meilleurs artistes aux concerts du dimanche qu'elle organise à la maison. Frères et sœurs sont à l'œuvre : Félix et Fanny au piano, Paul au violoncelle et Rébecca donne de la voix.

À Paris où il se rend en famille à plusieurs reprises, les rencontres avec Rossini, Meyerbeer et Cherubini décident définitivement de sa vocation.

L'ombre de Bach de nouveau en lumière

Après avoir suivi les conseils de son maître Zelter qui dirige l'académie de chant et qui lui fait partager son admiration pour la musique de Bach, Mendelssohn dirige en 1829 *La Passion selon saint Matthieu* de Bach tombée aux oubliettes depuis la mort du cantor de Leipzig. Cette résurrection un siècle après sa création sera définitive et même si la version que dirige Mendelssohn ce jour-là était sensiblement différente de l'original au moins dans sa texture instrumentale, cette œuvre demeure à jamais en haut de l'affiche.

À partir de là, il mène une activité professionnelle surbookée : nombreux voyages en Europe, principalement à Londres où il se rend une dizaine de fois. Il joue un rôle décisif dans la vie culturelle de la capitale anglaise : son oratorio *Elie* qui suit son aîné *Paul* s'inscrit dans les programmes d'oratorios dont les Anglais restent encore aujourd'hui si friands. Sa haute situation sociale aura sans doute facilité son accession à de beaux postes qui lui permettent de faire connaître des compositeurs de son temps – surtout Schubert – et la musique de tout le XVIIIe siècle (Bach encore et Haendel, les opéras de Mozart et les symphonies de Beethoven). Il est successivement maître de chapelle du roi de Prusse, directeur général de la musique à Berlin et fondateur du conservatoire de Leipzig qui devient le centre musical de l'Allemagne.

La fin de sa vie est plus dramatique : épuisé, déprimé depuis la mort de sa sœur Fanny, il est emporté par une hémorragie cérébrale à l'âge de 39 ans.

Une œuvre sérieuse

Au-delà de toutes ses œuvres de jeunesse qui montrent un attachement au XVIIIe siècle, on peut considérer que sa production prend corps à partir de 1824, date de la *1re Symphonie*, la numérotation ne tenant pas compte des œuvres de jeunesse. Quatre autres symphonies suivront, dont une avec chœur. L'*Octuor* pour deux quatuors – à cordes et à vent – écrit à 16 ans montre un compositeur très tôt en possession de tous ses moyens. En 1827, il compose une autre pièce majeure, la musique de scène du *Songe d'une nuit d'été* (la fameuse *Marche nuptiale* en fait partie) prévue pour accompagner la pièce de Shakespeare. Il écrit une riche littérature pour le piano. Il débute une série de huit cahiers de *Romances sans paroles* pour piano dont la composition s'étale sur quinze ans. On retiendra également les *Variations sérieuses*. À partir de 1844, les grandes œuvres s'enchaînent : le célébrissime *Concerto pour violon*, le dernier des cahiers des *Romances sans paroles* ou le *2e Trio avec piano*.

Son apport à la musique romantique ne doit pas être négligé. Par son talent et son rôle actif dans la musique de son époque, nombreux sont ceux, de Berlioz à Wagner, de Chopin à Schumann, dont la carrière lui est redevable au moins en partie.

Frédéric Chopin (1810-1849), de la Pologne au Berry

Le prodige franco-polonais

Fils d'un Vosgien installé en Pologne et d'une Polonaise, il s'avère un enfant imaginatif et précoce. Il écrit des vers à 6 ans, compose une Polonaise à 7, donne son premier concert public à 8 ; il montre de belles aptitudes pour le dessin ou le théâtre. Après des études de piano et de composition, son répertoire est déjà fort de plusieurs *Polonaises*, de séries de *Variations*, de diverses pièces isolées. Son côté « petit prodige » est comparable à celui de Mozart, et les salons varsoviens commencent à se l'arracher.

Sa réputation s'étend au-delà de la Pologne ; il donne deux concerts à Vienne où il obtient un vrai triomphe. C'est à cette période qu'il connaît sa première grande publication : les *Variations sur La cidarem la mano* à propos desquelles Schumann déclara : « Chapeau bas, messieurs, un génie. »

Retour à Varsovie pour trois concerts encore triomphaux puis une grande tournée qui, après Prague, Vienne et l'Allemagne, le mène à Paris où il décide de se fixer dès 1831.

Les lumières de la vie parisienne et le charme de la vie provinciale

Quoi de mieux pour un jeune musicien que de s'installer à Paris. Il découvre plein d'admiration la voix de la Malibran et s'enthousiasme pour les pianos Pleyel qu'il utilisera et défendra dorénavant. Ce n'est pas tant comme virtuose que comme professeur qu'il est reçu chez nous. Très rapidement, il abandonne la scène (dans toute sa carrière, il ne donnera qu'une trentaine de concerts) pour se consacrer à l'enseignement qu'il dispense à prix d'or dans la *high set* parisienne.

De cette époque datent certaines œuvres essentielles : les *Études* op. 10, les *Variations sur « Je vends des scapulaires »*, des *Rondos*, des *Mazurkas* ou des *Valses*, pas moins de sept recueils publiés entre 1832 et 1835 qui se répandent comme une traînée de poudre parmi les plus grands pianistes européens, de Liszt à Clara Wieck (la future Madame Schumann).

Après quelques escapades européennes, il revient à Paris où il souffre de dépression. On le donne pour mort ! Il rencontre Liszt qui lui fait faire la connaissance de George Sand. C'est le début d'une relation passionnée et tumultueuse qui dure huit ans. L'idylle prend une tournure plus décisive l'hiver 1838 lorsqu'ils partent pour Majorque. De ce déplacement datent entre autres la *2e Ballade*, les *Préludes* et deux *Polonaises*. Mais c'est aussi dans l'humidité de la chartreuse où ils sont descendus qu'il ressent les premiers symptômes de la phtisie.

Les étés suivants se déroulent à Nohant, dans le Berry bucolique, où George Sand, plus maternelle et plus possessive que jamais, l'installe pour lui offrir un cadre serein plus propice à la composition musicale que les salons parisiens. Elle y reçoit l'intelligentsia artistique et intellectuelle du moment : Balzac, Delacroix, Liszt, la cantatrice Pauline Viardot, des personnalités engagées comme Arago et Louis Blanc envers qui Chopin ne nourrira aucune sympathie.

Le reste du temps se déroule principalement dans la capitale. Son dernier concert a lieu en 1848. Il s'épuise lors d'une ultime tournée outre-Manche. Il meurt le 17 octobre 1849, place Vendôme à Paris.

Une production essentiellement consacrée au piano

On a trop souvent voulu restreindre le talent de compositeur de Chopin à une musique de salon tenant davantage de l'improvisation écrite que de la véritable composition, et à une musique virtuose dépourvue de tout sentiment. Certes, si on envisage ses *Valses* dans l'interprétation scolaire qu'en donnent nos chérubins apprentis-pianistes et ses *Études* sous des doigts agiles qui répondent davantage à des réflexes digitaux qu'à une pensée musicale réfléchie, on rencontre un Chopin superficiel.

Mais il en est tout autrement. L'essentiel de son œuvre est consacrée au piano, ce qui est unique notamment dans cette période romantique durant laquelle symphonies, lieder et œuvres scéniques sont en plein âge d'or. Ses tentatives hors du clavier solo sont peu concluantes : la *Sonate pour violoncelle et piano*, les *Variations pour flûte et piano* et son recueil de *Chants polonais* font plutôt pâle figure.

C'est par le piano qu'il s'exprime parfaitement. Son traitement du piano est novateur. Son œuvre est toute habitée d'une grande poésie, elle est invitation au rêve, à la nostalgie, à la tension ou à la fureur, à la Pologne, au piano ; bref, une invitation à entrer dans le monde si personnel du compositeur. À côté des danses hautement aristocratisées que sont les recueils de *Polonaises*, de *Mazurkas* et de *Valses*, c'est au travers des *Ballades*, *Préludes*, *Nocturnes*, *Scherzos*, *Impromptus* et *Rondos*, de la *Fantaisie-Impromptu* ou de la *Barcarolle* qu'il livre le meilleur et le plus profond de lui-même, bien mieux que dans les deux *Concertos* avec orchestre composés avant qu'il ne quitte son pays natal.

Robert Schumann (1810-1856), le poète des sons

Les lettres avant les notes

Les rayons de la librairie-édition familiale offrent l'apprentissage des grandes œuvres contemporaines à ce petit-fils de pasteur et, donc, fils de libraire. Il se passionne très vite pour les romans de Jean Paul, son modèle littéraire. Dès l'âge de 13 ans, il écrit des articulets et des poèmes pour une revue éditée par son père. Du côté maternel, on trouve de beaux gènes musicaux puisque sa mère est bonne pianiste. Il entame des études de piano, assez mollement semble-t-il. Mais un récital donné par Moscheles le bouleverse : c'est décidé, il sera un grand pianiste !

Après une période difficile (suicide de sa sœur, mort de son père, désillusion amoureuse), il se déplace à Leipzig pour suivre des études de droit qui ne le passionnent pas. En 1828, il travaille le piano avec Wieck dont la fille Clara est jeune prodige alors âgée seulement de 9 ans. Sept ans plus tard, il déclare son amour à Clara qui le lui rend bien, mais Wieck ne le voit pas de cet œil. Cet amour vaincra les cinq années de luttes incessantes pendant lesquelles Wieck interdit aux deux amants de se rencontrer. Les deux amants se marieront finalement en 1840.

Les notes à la place du clavier

Il quitte le droit, abandonne poésie et littérature et se donne à corps perdu à la musique et à la critique musicale. Comme interprète, il ne fait pas les choses à moitié : sentant que le quatrième doigt de sa main droite est plus laborieux que les autres, il met au point un petit appareil qui le lie aux autres doigts afin de le solliciter davantage. L'idée est intéressante sur le papier mais bien malheureuse au clavier. Il perd le contrôle de sa main droite. C'en est fini de son avenir de virtuose.

Il crée avec Wieck et un groupe d'amis le *Nouveau Journal de la musique*. Les « amis du club » qui se nomment les Compagnons de David s'opposent aux philistins de l'art conservateurs (Thalberg, Rossini et Meyerbeer s'y reconnaîtront) qui occultent la vraie et bonne musique, celle des Haydn, Mozart et Beethoven. Les articles sont signés sous divers pseudonymes, lui-même ayant adopté le double patronyme d'Eusébius et Florestan. Ce choix n'est pas anodin : il récapitule bien la double personnalité de l'auteur, tantôt rêveur, tantôt passionné. Schumann donnera dans les *Danses des Compagnons de David* l'une de ses œuvres pianistiques parmi les meilleures.

Les premiers signes inquiétants

En 1833, après une profonde dépression, il approche la folie. Est-ce congénital ? Son père était atteint lui aussi de troubles mentaux l'année de naissance de Robert. D'autres alertes inquiétantes lui causent bien des tourments. Vers 1843, il souffre de vertiges et d'acédie. Puis ce seront des crises de phobies, des visions hallucinées, des étourdissements.

La douleur enfante les grandes œuvres

Les huit années qui séparent son accident et son mariage s'avèrent particulièrement fécondes pour sa production créatrice. Ses élans fougueux, sa passion amoureuse se complaisent dans des œuvres aux formes nouvelles. Hormis les trois *Sonates pour piano* qui révèlent son amour à Clara, il a besoin de trouver des cadres originaux pour chacune de ses créations, mieux à même de véhiculer les nombreux allusions qu'il glisse dans sa musique : toujours sa passion pour Clara, mais aussi ses états d'âme, ses doutes, parfois même sa folie. Ainsi se succèdent la *Fantaisie*, les *Novelettes* ◉, les *Scènes d'enfants*, *Kreisleriana* et plus tard l'*Arabesque* et les *Feuilles d'album* composées dans un excès de fièvre. Enfin, peu de temps avant le mariage, le *Carnaval de Vienne*.

En 1840, il écrit une extraordinaire série de lieder : pas moins de 136 sur une production totale de 246, parmi lesquels les splendides cycles, *Liederkreis* ◉ (2 recueils), *Les Myrtes*, *L'Amour et la vie d'une femme*, *Les Amours du poète*. L'année suivante sera consacrée à des œuvres orchestrales (deux des quatre symphonies, la *Fantaisie pour piano et orchestre* qui deviendra *Concerto* en 1845), l'année d'après aux œuvres de musique de chambre (trois *Quatuors*, le *Quintette avec piano*, le *Quatuor avec piano* ◉).

Les Schumann font ensemble de belles tournées. La Russie leur réserve un triomphe. Au retour, ils se trouvent à l'étroit à Leipzig et s'installent à Dresde. Robert s'essaie à l'opéra. *Genoveva* y reçoit un accueil mitigé. La fin de la décennie voit la composition de nouveaux lieder, de quelques titres pour son instrument de prédilection, du *Requiem pour Mignon* et d'une grande partie des *Scènes de Faust*, du *Concerto pour violoncelle* et de la *3e Symphonie « Rhénane »* (qui sera la dernière des quatre, la numérotation ne suivant pas l'ordre chronologique : dans l'ordre, 1er, 4e, 2e et donc 3e), un peu plus tard *Le Pèlerinage de la rose* et un autre *Requiem*. À la fin de la décennie, il revient à la musique de chambre avec les deux *Sonates pour violon et piano* et surtout un ensemble de miniatures qui sont autant de petits bijoux : *Pièces de fantaisie* (clarinette et piano), *Pièces dans le ton populaire* (violoncelle et piano), *Romances* (hautbois et piano), *Contes de fées* (alto et piano), *Récits de contes de fées* (clarinette, alto et piano).

Mais le délire envahit à nouveau Schumann. Voulant se rendre lui-même dans un asile, il se jette soudainement dans le Rhin. Recueilli par des pêcheurs, il est interné une dernière fois. Clara ne parvient à le revoir que l'année de sa mort, après qu'il ait enduré d'énormes souffrances tant physiques que psychologiques. Après la mort de son époux et malgré l'amour passionné que lui voue Brahms, Clara reste fidèle à la mémoire de son mari dont elle n'a de cesse de défendre la musique à l'occasion de très nombreuses tournées de concerts.

Franz Liszt (1811-1886), le piano dans tous ses états

Un autre Chopin ?

Comme Chopin, Liszt est un prodige du piano. Il présente son premier concert à 9 ans et se produit à Vienne à 11, ce qui lui rapporte aussitôt une pension lui garantissant pendant six ans une rente qui lui permet de poursuivre ses études avec Czerny pour le piano et Salieri pour la composition.

En 1823, le voilà lui aussi à Paris où ses talents de petit génie sont accueillis par un succès phénoménal. Du coup, il s'y fixe pour une dizaine d'années et il prend part activement aux créations musicales : il admire le Berlioz de la *Symphonie fantastique* et les virtuoses Paganini et Chopin. Il fréquente aussi les grands noms de la littérature (Hugo, Sand, Musset, Lamartine) et s'entiche des idéaux de la Révolution de Juillet.

En 1827, après la mort soudaine de son père, il ressent pour la première fois le désir d'entrer dans les ordres. Pourtant, il rencontre la comtesse Marie d'Agoult de qui il tombe éperdument amoureux. Elle lui donnera trois enfants dont la deuxième, Cosima, épousera Wagner. Il quittera la comtesse pour une princesse, celle de Sayn-Wittgenstein rencontrée en Russie.

Une vie nomade

Contrairement à Chopin, il se tourne délibérément vers la carrière de concertiste. Il donne des concerts dans toute l'Europe, est acclamé à chaque étape. Tous les témoignages de ses contemporains concordent pour voir en lui le plus grand pianiste de tous les temps.

Il est nommé maître de chapelle à la cour de Weimar en 1847, où il s'illustre autant comme pianiste que comme chef d'orchestre. Une nouvelle période d'une grande fécondité s'ouvre pour l'interprète. Il devient le défenseur de Wagner (il impose *Lohengrin*, *Tannhaüser*, *Le Vaisseau fantôme*), de Berlioz (dont il tente de faire revivre les deux opéras), de Schumann, même de Saint-Saëns (dont il dirige *Samson et Dalila*). C'est de son passage à Weimar que datent ses grandes œuvres orchestrales : les deux *Concertos* commencés à Rome dix ans plus tôt et la *Danse macabre* pour piano et orchestre, *Faust-Symphonie*, les poèmes symphoniques *Les Préludes* ◉, *Tasso*, *Mazeppa* d'après Hugo.

Gare à l'austère Liszt

À la fin des années 1850, il revient au répertoire religieux. Ce seront des parties de *Christus*, l'esquisse de *La Légende de Sainte-Élisabeth* et la *Missa choralis*. Il s'installe à Rome où il espère pouvoir régulariser sa relation avec la princesse, mais le pape refuse d'annuler le mariage princier. Il fait une retraite spirituelle près de Rome et, à la mort du prince de Wittgenstein, bien que la voie soit désormais libre, il reçoit les ordres mineurs. Il aborde le répertoire religieux de l'intérieur, en puisant dans les œuvres de la Renaissance et en adoptant les caractéristiques de l'écriture modale.

Lors du retour de la création de *Parsifal* à Bayreuth en 1886 à laquelle il avait assisté, il attrape froid, ce qui lui cause une congestion pulmonaire qui l'emporte le 31 juillet de la même année.

Toute une vie consacrée au piano

Quand on évoque le nom de Liszt, c'est tant le virtuose du piano que le compositeur prolifique qui vient à l'esprit. Le catalogue de ses œuvres pour piano est considérable. Il s'agit d'œuvres à la virtuosité technique redoutable, et la difficulté pour l'interprète est de pouvoir dépasser la technique pour entrer au plus profond de ces œuvres touffues, souvent emplies de révélations autobiographiques et d'intentions psychologiques.

On le considère comme le père du piano moderne. Il exploite le clavier au-delà de ce qui a été entendu jusque là, il lui fait raconter des choses encore inouïes. Tout ce qu'il a composé avant Weimar est consacré au piano, qu'il n'abandonne pas par la suite. Dans ce flot – parfois redondant – il faut retenir particulièrement les *Six Études d'après Paganini* dédiées à Clara Schumann, les vertigineuses *Douze Études d'exécution transcendantales* débutées en 1826 (il a 15 ans !) et remaniées en 1837 puis en 1851. S'enchaînent trois recueils intitulés *Années de pèlerinage* (par exemple *La Vallée d'Obermann* ◉, tirée du premier recueil, souvenirs de Suisse) dont la composition s'étale sur une quarantaine d'années, véritable journal musical de ses pérégrinations, notamment en Suisse et en Italie, puis les *Harmonies poétiques et religieuses*. Puis c'est l'unique et immense *Sonate*, sans doute l'œuvre la plus complexe (une demi-heure d'un seul tenant, œuvre cyclique d'une grande complexité formelle et thématique, qui se clôt par une fugue inattendue, le tout dans un jeu tonal dans lequel la tonalité semble se dissoudre). Quelques années plus tard, ce sont les *Variations sur « Weinen, Klagen, Sorgen, Sagen »* dont le thème principal emprunté à une cantate de Bach, devient une grande passacaille sur l'harmonie de laquelle se déploie une splendide progression chromatique, et sur la fin de sa vie *Méphisto-valse*.

À cette liste déjà impressionnante, s'ajoute la contribution de Liszt à la mode des transcriptions (symphonies de Beethoven ou de Berlioz, lieder de Schubert ou de Schumann) et des paraphrases d'opéras. Enfin, il faut faire une place spéciale aux 19 *Rhapsodies hongroises* inspirées du folklore tzigane dans lesquelles le compositeur revient sur ses origines. On y retrouve le son du cymbalum, la modalité caractéristique, les changements rythmiques brusques, les accélérés qui appellent le pas de danse et les passages lents plus mélancoliques aux allures d'improvisation de violon.

Anton Bruckner (1824-1896), le mal-aimé

Sa jeunesse est rurale, ses premiers rudiments musicaux se font autour de l'orgue à qui il consacre ses premières compositions. Il se destine à être instituteur, dans la lignée familiale. Ses premiers postes dans des villages montagnards lui permettent de vivre pauvrement d'un métier qui ne le passionne guère et pour lequel il ne montre pas d'aptitudes particulières. Il poursuit ses études musicales tout aussi discrètement, continuant l'apprentissage de son instrument et débutant l'écriture. De cette période datent de nombreuses pièces religieuses (deux *Requiem*, deux *Messes* dont la magnifique *Missa solemnis*, des motets et des œuvres pour orgue).

Ce n'est qu'à l'âge de 32 ans, qu'il accède à un poste musical digne de sa vocation : il se retrouve organiste à la cathédrale de Linz. Il y demeure une douzaine d'années, et son souvenir reste encore aujourd'hui très présent dans cette cité. Malgré son âge, il ne cesse de prendre cours et conseils auprès de professeurs ; c'est par ce biais qu'il aborde les compositeurs de son temps, les Weber, Berlioz, Schumann et Wagner dont il ignorait tout. Il voue à Wagner une grande admiration. Il assiste à la création locale de *Tannhäuser*, et Wagner lui confie la création d'un extrait des *Maîtres Chanteurs* avant la création de l'opéra. La même année, il obtient un poste de professeur au conservatoire de Vienne et d'organiste à la cour.

Son catalogue s'oriente différemment. Sans pour autant s'écarter de la musique religieuse (c'est à Linz que naîtront ses œuvres essentielles comme trois autres messes dont la dernière est parfois mise en comparaison avec la *Missa solemnis* de Beethoven), il se tourne vers les formes symphoniques. Les premiers essais sont peu convaincants, les deux premières symphonies disparaissant même de son catalogue (la deuxième prendra symboliquement le numéro 0).

En 1868, il accepte sans grand enthousiasme la direction du conservatoire de Vienne doublée de la chaire d'organiste à la chapelle impériale. Cet homme resté pieu et rural dans l'âme, prend sa nouvelle vie viennoise à bras-le-corps. Il fait ouvrir à son intention une classe de théorie musicale au sein du département de philosophie de l'université dans laquelle passeront pendant deux décennies des esprits fort éclairés comme Mahler et bon nombre de non-musiciens.

Son talent d'organiste est reconnu partout en Europe notamment à Nancy, Paris ou Londres, et semble occulter celui de compositeur symphonique. Pendant longtemps, il ne connaîtra que des échecs déprimants dans ce domaine (la critique acerbe qui accueille la *8e Symphonie* dans sa version d'origine le mène au bord du suicide), et il faudra la conviction et la pugnacité des grands chefs que furent Richter, Nikitsch, Mottl ou Mahler pour faire connaître et défendre ses symphonies et ses messes, ce qui ne l'empêchera pas de recevoir des volées de bois vert de la critique anti-wagnérienne, avec à sa tête le redoutable Eduard Hanslick. Il ne peut mener à son terme la composition de la *9e Symphonie* et meurt le 14 octobre 1896.

Chaque symphonie est accouchée difficilement. Par exemple, la *5e* est esquissée en 1875, terminée trois ans plus tard, et créée seulement en 1894, sans la présence du compositeur gravement malade. Par ailleurs, la plupart de ses symphonies (mais pas cette *5e*) connaissent plusieurs versions éloignées les unes des autres. Souci de perfectionnisme ou bien désir de se montrer plus consensuel pour contourner la critique qui ne supporte pas ses audaces, on finit par s'y perdre. Combien y en a-t-il réellement ? 9 numérotées, une numérotée 0 (sa deuxième par ordre de naissance), sans oublier un premier essai numéroté *a posteriori* 00 !

Son catalogue tourne donc autour de deux pôles distincts : la symphonie et la musique sacrée. Il reste un compositeur qui a du mal à s'imposer dans les programmes de nos orchestres, donc à s'inscrire dans notre mémoire. Est-ce l'hésitation dans le choix des versions symphoniques, l'austérité qui se dégage de la plupart de ces pièces qui paraissent touffues ? N'est-ce pas plutôt la concurrence bien involontaire des symphonies contemporaines de Brahms et de Mahler qui lui fait un peu d'ombre ? Il reste une œuvre à redécouvrir.

Aimez-vous Johannes Brahms (1833-1897) ?

Une enfance à la Zola ou presque

Son enfance se déroule pauvrement dans une maison proche du port austère de Hambourg. Son père, contrebassiste (jouant aussi du violon et de la flûte) dans un orchestre populaire et sa mère ne s'entendent guère. Johannes montre des qualités musicales précoces : son père le pousse dans cette voie pour qu'il intègre lui aussi un orchestre. Pendant son adolescence, on le voit jouer dans les tavernes du port pour lesquelles il écrit de la musique. Il lit énormément, tout ce qui lui passe sous la main, de Dante à Goethe et Chamisso. Son enfance reste auréolée de ce paysage brumeux, de cette ambiance morose.

À l'âge de 20 ans, il devient partenaire du violoniste hongrois Eduard Reményi avec qui il effectue des tournées au cours desquelles il rencontre le grand violoniste Joachim (à qui il dédiera son *Concerto pour violon*) à Hanovre, Liszt à Weimar et surtout les Schumann à Düsseldorf avec qui il lie une amitié sans borne. Aussitôt, Schumann s'entiche de la musique du jeune Brahms dans un article intitulé *Nouveaux chemins* resté célèbre. Brahms restera d'ailleurs aux côtés de Clara Schumann depuis l'internement jusqu'à la mort de Robert. Son amour éperdu (il le lui témoigne par des compositions particulièrement émouvantes) n'est pas payé en retour ; ils conservent néanmoins une belle amitié : il continuera à l'accompagner dans les tournées, et elle défendra sa musique. Clara reste fidèle à Schumann, et Brahms aura du mal à se remettre de cette déconvenue amoureuse.

Temps de crise

De la rupture naîtra le *1er Concerto pour piano* composé à Detmold où il assure la direction de l'académie de chant et de professeur de musique à la cour du prince de Lippe. Ce concerto est accueilli sans enthousiasme. Il attendra plus de vingt ans avant d'écrire le second. Il abandonne provisoirement la musique orchestrale pour se concentrer sur la musique de chambre et les lieder.

Homme toujours passionné, il lie une relation amoureuse avec Agathe von Siebold pour qui il compose notamment son *2e Sextuor à cordes* (le premier thème est composé des notes correspondant aux lettres A-G-A-H-E – ces cinq lettres correspondent aux notes la – sol – la – si – mi, alors que le T manquant n'a pas d'équivalent dans la gamme). Nouvelle impasse : du coup, il ne se mariera jamais.

Il quitte l'Allemagne du Nord pour Vienne. Sa réputation grandit rapidement, même auprès du redoutable critique Hanslick. Bien qu'installé dans la capitale autrichienne, il fait de nombreuses tournées en Europe. Période particulièrement féconde pendant laquelle naissent *Un Requiem allemand* et la *Rhapsodie pour alto, voix d'hommes et orchestre*. En 1870, la rencontre avec le chef Hans von Bülow est décisive pour la suite de sa carrière.

La gloire

Dès 1872, à la tête de la Société des amis de la musique, Brahms est délivré des soucis matériels. Puis, grâce à la complicité de son éditeur Simrock, il abandonne cette fonction pour se consacrer à la seule composition. Sa vie s'organise autour de périodes de concerts (il se tourne davantage vers la direction d'orchestre aux dépens du piano) et de périodes d'isolement pour composer. C'est le temps des grandes œuvres symphoniques : les *1e* et *2e Symphonies*, le *Concerto pour violon* pour son ami Joachim. Les *3e* et *4e Symphonies* attendent 1883-1884, composées dans l'enthousiasme de son amitié avec von Bülow (à qui l'on doit le fameux slogan « des trois B » : Bach, Beethoven, Brahms), le *2e Concerto pour piano* termine la belle série.

C'est la musique de chambre (notamment les *2 Sonates pour clarinette* et le *Quintette avec clarinette*) et la musique vocale notamment les *Quatre Chants sérieux* qui vont accompagner ses dernières années de créateur et clore un catalogue parmi les plus grands de la musique.

Gustav Mahler (1860-1911), la démesure romantique

Un caractère bien trempé

Ce natif de Bohême, deuxième de quatorze enfants, se perfectionne au conservatoire de Vienne avant de poursuivre des études de philosophie. Mais c'est la musique qui l'attire définitivement.

Baguette bien moulée

Il mènera toute sa vie une double activité de compositeur et de chef d'orchestre. Ses débuts à la baguette sont modestes : quelques opérettes dirigées un été dans une modeste station balnéaire. Mais le pli est pris et la carrière va évoluer crescendo : Olmütz, Cassel, Prague, Leipzig et Budapest où il dirige Mozart et Wagner. La plupart des postes sont quittés avec éclats. Après Hambourg, le voilà à Vienne où il prend la tête de l'Opéra de la ville.

Une décennie viennoise (1897-1907) qui couronne sa carrière avec autant de succès triomphaux que d'échecs retentissants, lui dont le caractère intransigeant envers les musiciens et le public (interdiction d'entrer dans la salle après le début, suppression de la claque) lui attire autant d'ennemis féroces que d'inconditionnels admirateurs. De sa rencontre avec le décorateur Alfred Roller va naître une série de mises en scène marquées du sceau de l'histoire de l'opéra. Mahler réalise enfin la fusion entre les éléments visuel, dramatique et musical de la scène, un peu dans la même réflexion esthétique que Wagner, à la différence notoire près que Mahler ne composera pas d'opéra : il applique cet idéal aux œuvres des autres.

Reprise des négociations

Pendant les quatre dernières années de sa vie, il se partage entre New York l'hiver et le Tyrol l'été. À New York, il dirige au Met les grands opéras du répertoire. Puis à l'Orchestre philharmonique, il dirige une centaine de concerts en deux saisons. Encore une fois, il se heurte à l'hostilité d'un critique et doit faire face à un conflit avec l'administration de l'orchestre ; il en tombe malade au point de devoir revenir en Europe se faire soigner. Il meurt à Vienne peu de temps après son retour. On se souviendra qu'en 1910, en proie à de graves troubles matrimoniaux, il va consulter ce brave docteur Freud.

Son tempérament fougueux, son exigence extrême, son intolérance face à l'imperfection, l'énergie qu'il déploie contre vents et marées pour défendre la musique en ont fait l'archétype du chef d'orchestre insupportable, mais génial. Il a fait de nombreux émules. Il y a beaucoup de chefs insupportables. Mais combien parmi ceux-là ont-ils atteint son génie ?

L'orchestre au service de sa création

En façonnant l'orchestre pendant trois décennies, Mahler se l'est approprié comme un soliste le fait de l'instrument sur lequel il travaille avec acharnement. Son catalogue est fort d'une dizaine de symphonies et d'une quarantaine de lieder, dont la moitié avec accompagnement orchestral.

Les symphonies sont autant de fresques gigantesques depuis la *1re* amplement biographique et titrée *Titan* en rappel du roman éponyme de Jean Paul, l'un des auteurs préférés du compositeur, jusqu'à la *10e* restée inachevée du fait de ses problèmes familiaux avec sa femme Alma (les annotations qu'il écrit sur son manuscrit trahissent son mal-être : « ... *Vivre pour toi ! Mourir pour toi ! Almschi !* »). Œuvres souvent démesurées dans la longueur (la *3e* dure une heure et demie) ou dans la nomenclature (la *8e* dont le sous-titre « *des Mille* » évoque le nombre de musiciens nécessaires à son interprétation. Écoutez donc : sept solistes vocaux, double chœur, chœur d'enfants, orchestre démultiplié comprenant, entre autres, un piano, un harmonium, un orgue, des harpes et même une mandoline !). On connaît bien la douloureuse *5e* dont l'*Adagietto* a été utilisé par Visconti dans *Mort à Venise*.

Vous connaissez la dernière ? ou le syndrome de la dixième symphonie

Y a-t-il une malédiction pour celui qui, audacieusement, dépassera la dixième symphonie au cours du XIXe siècle ? On peut se le demander en feuilletant le catalogue des grands compositeurs.

Après le nombre pléthorique de symphonies composées au XVIIIe siècle, la période romantique est moins généreuse. Certains s'arrêtent à deux (Weber), quatre (Schumann, Brahms) ou cinq (Mendelssohn), six (Tchaïkovski), voire neuf (Beethoven, vous connaissez la dernière ? Schubert qui achève la 9e mais pas la 8e, Bruckner, Dvořák, et vous connaissez la dernière ? Si ! c'est celle du *Nouveau monde*). Mahler esquisse une 10e, mais meurt avant de la mener à son terme. Mais aucun ne va au-delà.

Quelques-uns vont s'y risquer au XXe siècle : Villa-Lobos, Milhaud, Chostakovitch. Il fallait bien un siècle pour absorber la *9e* de Beethoven avant d'oser la dépasser… au moins par le nombre.

Il donne de la voix

Pas de concerto ni de poème symphonique, aucun opéra, pas de musique de chambre, rien pour piano. Hormis le répertoire symphonique, c'est vers la voix avec piano ou orchestre qu'il oriente sa création.

Les premiers titres, encore hésitants, trahissent son enfance en Bohême. Il faut attendre l'année 1884 et sa relation amoureuse avec la chanteuse Johanna Richter pour que Mahler puise dans quatre de ses propres poésies les *Chants d'un compagnon errant* qui pleurent la rupture d'avec l'aimée. Dans la dernière décennie du siècle, c'est le recueil du *Cor merveilleux de l'enfant*, ensemble hétéroclite de quelque 500 textes de chansons allemandes, qui lui fournit le support littéraire de son premier grand cycle avec orchestre.

Au début du XXe siècle, ce sont d'abord *Cinq Lieder sur des poèmes de Rückert*, mais son œuvre maîtresse est à venir : les *Chants des enfants morts* pour voix et orchestre dont la création viennoise est un triomphe. Cinq poèmes qui disent la douleur d'un père hanté par le souvenir de ses enfants disparus. La beauté de cette musique est inénarrable, parfois insoutenable. S'il est un enregistrement historique qu'il faut écouter toute affaire cessante, c'est bien celui de Kathleen Ferrier, enregistrement ancien mais sans cesse réédité. Sa voix, particulièrement dans ce cycle vocal, est à jamais inégalable. Un grand moment de musique, même s'il faut se cramponner pour ne pas s'effondrer de tristesse.

Cinquième partie

La musique des nations et la musique des pays d'un siècle à l'autre

Dans cette partie…

Il n'y a pas que le romantisme dans la musique du XXe siècle dans lequel le compositeur est son propre héros ! Dans la deuxième partie du siècle, les artistes et principalement les musiciens deviennent les hérauts de l'identité de leur patrie. De Bartók à Moussorgsky, de Falla à Villa-Lobos, les musiques marquées par leur origine deviennent vite universelles. C'est aussi l'occasion rêvée de s'arrêter longuement sur la musique française qui, de Franck à Messiaen via Ravel, voit défiler des générations de musiciens passionnants, s'inscrivant dans cette esthétique si poétique qui est « notre » signature hexagonale, reconnaissable entre toutes.

Chapitre 19

Les écoles en Europe et en Amérique

Dans ce chapitre :

- Vous commencerez ce périple culturel par l'Europe de l'Est, qui a vu naître les écoles nationales
- Après un détour par les pays du nord, que diriez-vous d'une halte dans le sud, juste avant de remonter en Angleterre ?
- Vous traverserez l'océan pour découvrir la musique protéiforme américaine du nord avant d'oser le pas de danse sur celle du sud

Dans l'émergence des nations modernes, l'art est un vecteur identitaire et la musique tient un rôle primordial. Les compositeurs intègrent à leur musique des éléments significatifs de leur terroir – citations, allusions, climats, atmosphères – qui identifient aisément leur origine. Ainsi, telle musique sonnera-t-elle russe ou espagnole sans pour autant tomber dans le folklorisme.

Si le romantisme reste l'élément majeur de la musique au XIXe siècle, l'avènement des musiques nationales est un apport essentiel de la musique entre le XIXe et le XXe siècles.

Ce mouvement identitaire se prolonge bien au-delà de ce mouvement initial : la « signature » nationale peut se déceler dans les partitions qui pourtant ne revendiquent plus leur attachement à la nation. La musique de Stravinsky reste russe, celle de Britten sonne anglais.

En Bohême

Le peuple tchèque prend à cœur de révéler son patrimoine et sa richesse, dans un pays depuis trop longtemps dominé par ses voisins germaniques. Les intellectuels tchèques ont lancé le mouvement, les musiciens se mettent à l'œuvre. Ils sillonnent le pays jusqu'aux contrées les plus reculées pour récolter musiques, chansons et danses populaires. Deux compositeurs sont représentatifs de cette volonté à la fois d'émancipation vis-à-vis des influences extérieures, et de révélation d'une richesse nationale par ailleurs.

Ma patrie

Bedřich Smetana (1824-1884) est considéré comme le père fondateur de ce mouvement qui contaminera par la suite les nations avoisinantes. C'est un enfant prodige capable de remplacer son père au pupitre de second violon dans un quatuor de Haydn à l'âge de 4 ans ! Il se retrouve à Prague pour se perfectionner dans ses études de composition ; il y croise Mendelssohn et Schumann. Les événements de 1848 révèlent son engagement nationaliste, et il fonde une école de musique où la seule langue utilisable est le tchèque et non plus l'allemand. En 1866, il obtient légitimement le poste de directeur du théâtre provisoire de Prague qui préfigure le théâtre national.

C'est par l'opéra qu'il impose le mieux ses idées nationalistes grâce à des œuvres en langue tchèque. Son double tube est constitué par deux opéras-comiques : *La Fiancée vendue* et *Les Deux Veuves*, irrésistibles et rustiques. La santé de Smetana se détériore. Il contracte la syphilis qui le rend sourd, ce qui ne l'empêche pas de composer cette grande fresque symphonique qui narre l'histoire et les paysages de son cher pays et qui fera tant pour sa célébrité : *Ma Patrie* dont le deuxième volet est une musique « à programme » qui suit pour nous les méandres de la Vlata, rivière de Bohême plus connue sous le nom de *La Moldau*, devenue célébrissime.

De la vieille Europe au Nouveau Monde

Antón Dvořák (1841-1904) est le digne successeur de Smetana. Ce fils d'un aubergiste-boucher préfère le violon au piano de la cuisine paternelle. Il se retrouve altiste au théâtre provisoire et joue sous la direction de Smetana avec qui il découvre le répertoire national. Il obtient un beau succès avec son premier opéra *Le Jacobin* aujourd'hui oublié, et surtout avec son incontestable réussite *Rusalka*, à la fois wagnérien dans son traitement et auréolé d'un lyrisme pudique.

Il est invité par une richissime américaine à diriger le conservatoire de New York qu'elle avait fondé. Pendant les quatre années de son séjour américain, il compose sa *9e Symphonie « du Nouveau Monde »* et son *12e Quatuor « américain »* qui trahissent sa nostalgie du pays natal.

Smetana a imposé l'opéra tchèque ; c'est davantage dans le domaine instrumental que Dvořák impose sa marque nationale. La célébrité légitime de sa dernière symphonie ne doit pas faire oublier que son catalogue est vaste et riche. Neuf symphonies (dont quatre de jeunesse qu'on pensait perdues), des concertos pour violon et pour violoncelle qui se sont vite imposés, des oratorios magnifiques (*Stabat Mater*, *Requiem*, *Sainte Ludmilla*), des œuvres de musique de chambre parmi lesquelles le *4e Trio avec piano « Dumky »* reste cher au peuple tchèque. C'est Dvořák qui a le mieux réussi l'intégration d'une musique nationale dans un langage universel.

Dans la région des grands Lachs

Leoš Janáček (1854-1928) s'intéresse lui aussi au patrimoine musical tchèque qu'il n'a de cesse d'étudier notamment dans la région des Lachs et en Valachie (à l'origine de ses *Danses du pays des Lachs* pour piano et orchestrées par la suite, dans lesquelles plane encore l'ombre de Dvořák). Mais ce travail n'est qu'une étape dans son parcours créateur. C'est par la langue chantée qu'il va le mieux exprimer l'esprit tchèque. Il s'agit d'abord de chœurs d'hommes d'une grande originalité (*Le Jaloux*, *Marie Madeleine*), d'une *Messe glagolitique* (= slave), puis d'une cantate exceptionnelle, *Les Carnets d'un disparu*. Il y a enfin une série d'opéras unique en son genre, héritiers du projet de Smetana d'un opéra national tchèque, et dont la qualité – tant dans le livret que dans la partition – permet un rayonnement international qui ne s'est pas déjugé jusqu'à nos jours : *Jenůfa*, *Les Voyages de monsieur Brouček* qui se promène sur la lune puis au XVe siècle, *Katia Kabanová*, *La Petite Renarde rusée*, *L'Affaire Makropoulos* ou *De la Maison des morts*.

En Hongrie et alentour

La musique hongroise est aussi originale que le peuple magyar ou sa langue dont l'origine reste encore incertaine. La musique tzigane en forme la partie la plus visible. Le passage des compositeurs classiques (Haydn) ou romantiques (Beethoven, Schubert) à la cour a limité l'émergence de la musique locale, en tentant de l'apprivoiser, de l'occidentaliser. Les rares allusions hongroises dans la musique de Liszt peuvent le faire regretter.

Béla Bartók (1881-1945)

Né à Nagyszentmiklós (essayez donc de le prononcer !), ce musicien particulièrement précoce doit ses premières études à un élève de Liszt pour le piano et à un admirateur de la musique romantique allemande pour la composition, rien que ça ! Ses premières œuvres sont fortement influencées par le magyarisme de Liszt et les poèmes symphoniques de Strauss.

Dès 1905-1906, il commence à s'intéresser au folklore traditionnel de son pays. Il collecte et retranscrit sans relâche les chants et les danses populaires de son pays et de certaines contrées proches, et les assimile à son langage, ce qui en fait son originalité et sa richesse. Ce folklore est singulier par ses rythmes aux décompositions asymétriques et l'usage fréquent de la modalité. Ces thèmes sont rarement utilisés *in extenso*. Bartók privilégie l'esprit à la lettre, et l'analyse de ses œuvres met davantage en lumière un folklore imaginaire. Le compositeur voit dans cette musique « la possibilité de s'émanciper de l'hégémonie du système majeur/mineur qui existait jusque là. » Outre la simple collecte, sa démarche tient de la science ethnomusicologique par la publication d'ouvrages incontestés sur les folklores en question, même sur les folklores arabe ou mongol, ou encore les *colinde*, ces petits noëls roumains qu'il avait découverts lors de ses nombreux voyages.

Les premières pièces trahissent les influences de ses maîtres et son engagement dans le nationalisme hongrois (le poème symphonique *Kossuth* exalte le héros de la Révolution de 1848). Mais il s'en émancipe pour trouver un langage personnel. Dans une première période naissent l'*Allegro barbaro* dans lequel le piano est considéré plus percussif que mélodique, et trois œuvres essentielles : *Le Château de Barbe-bleue* (son unique opéra, véritable *Pelléas* hongrois et premier opéra d'envergure à mettre en valeur la prosodie hongroise), et les deux ballets *Le Prince de bois* et *Le Mandarin merveilleux* que le langage et la contemporanéité rapprochent du *Sacre du printemps*.

Après cette grande trilogie scénique, il reçoit le message des Viennois (voir le chapitre 22) sans y adhérer pour autant. Son langage continue d'assimiler la fermeté rythmique et la modalité du paysage musical traditionnel de Hongrie à une maîtrise absolue du traitement des formes et du matériau musical. À partir de 1935 naissent les œuvres de grande maturité : la *Musique pour cordes, percussions et célesta*, le *Divertimento pour cordes* et le *Concerto pour orchestre*, son œuvre la plus fréquentée. C'est l'époque de la montée du nazisme qui l'inquiète à tel point qu'il s'exile aux États-Unis en 1940 jusqu'à sa mort à New York en 1945.

Le piano – dont il était un virtuose – et le violon sont ses instruments de prédilection : trois concertos pour l'un et deux pour l'autre, deux sonates pour violon et piano, une pour violon seul, les *Contrastes* pour violon, clarinette et piano et de très nombreuses pièces pour piano seul parmi lesquelles les recueils pédagogiques de *Mikrokosmos* beaucoup plus ambitieux que tant d'autres études similaires.

Outre les œuvres déjà citées, le corpus des six *Quatuors à cordes* (on perçoit bien, dans le *4e Quatuor*, un mode de jeu particulier à ce compositeur : le « pizz Bartók » qui consiste à faire claquer la corde sur le manche de l'instrument) composés entre 1907 et 1939, premier ensemble comparable à la série des quatuors de Beethoven dans leur intensité et le renouvellement perpétuel de leur langage, constitue une œuvre de première importance.

Mystérieuses mathématiques

Même si cela est incontrôlable par l'auditeur, Bartók utilise fréquemment les proportions mathématiques appliquées à la musique, notamment – mais pas seulement – le nombre d'or, cette proportion issue de la suite de Fibonacci dont on se plaît à rappeler quelques données :

Chaque nombre de la série est égal à la somme des deux chiffres précédents :

1   2   3   5   8   13   21   34   55   89   144   etc.

Pour se rapprocher autant que possible du nombre d'or (irrationnel), on pose un chiffre sur le précédent :

2/1   3/2   5/3   8/5   13/8   21/13   34/21   55/34   89/55   144/89

À en croire notre calculette, cela donne à peu près ceci (on a fait le calcul pour vous) :

2   1,5   1,6666   1,6   1,625   1,6153   1,6190   1,6174   1,6181   1,6179

Les mathématiciens qui se sont penchés sur la question ont défini avec précision le nombre d'or : $\frac{1+\sqrt{5}}{2}$, ce qui correspond en valeur chiffrée à peu près à 1,618033. On voit bien comment la suite de Fibonacci tourne autour de ce chiffre en s'en approchant progressivement, dans l'impossibilité de l'atteindre avec précision.

Bartók applique cette proportion dans certaines de ses œuvres essentielles comme la *Sonate pour deux pianos et percussions*, le *Divertimento*, *Contrastes* ou encore la *Musique pour cordes, percussions et célesta*. Des analyses très savantes ont révélé ce système utilisé par le compositeur consciemment mais discrètement. Ces proportions n'ont d'autre but que l'équilibre de la forme, et Bartók s'en sert comme outil de construction.

Son compatriote et ami **Zoltán Kodály** (1882-1967) pâtit de la renommée de Bartók. Il partage avec lui le goût de l'ethnomusicologie au point de passer une thèse d'État sur le sujet. Son catalogue est fort de plus de 1 500 œuvres vocales et chorales, souvent issues du répertoire populaire et dont la plupart sont à visée pédagogique. Cet ensemble inestimable ferait oublier ses œuvres religieuses (*Psalmus hungaricus*) ou instrumentales pourtant originales et riches (*Danses de Marosszek*, *Concerto pour orchestre*, *Hary Janos*).

Alentour

Non loin de là, en Roumaine, c'est le francophile **Georges Enesco** (1881-1955) qui marque la musique de son pays de son empreinte indélébile. Installé très tôt à Paris, ce violoniste virtuose se lit d'amitié avec Ravel, le violoniste Jacques Thibault, le violoncelliste Pablo Casals ou le pianiste Alfred Cortot. Sa renommée comme violoniste et pédagogue (il est le professeur de Yehudi Menuhin) fait de l'ombre à son talent de compositeur. La plupart de ses œuvres font référence au folklore roumain mais plus imaginaire qu'authentique.

L'école polonaise reste auréolée du génie de Chopin. Les compositeurs qui le suivent revendiquent la filiation ou, *a contrario*, tentent de s'en dégager. C'est le cas de **Karol Szymanowski** (1882-1937) qui, malgré quelques œuvres où flotte l'ombre de Chopin, participe au groupe Jeune Pologne (avec Karłowicz, Różycki...) qui tend une oreille vers la musique plus occidentale pour faire oublier Chopin. Après Chopin, on perçoit les influences de Wagner et de Strauss, avant qu'il ne tombe dans une forme d'impressionnisme qui lui est propre (son opéra *Le Roi Roger*). Il ne dénigre pas pour autant les musiques populaires de son pays, notamment la musique des montagnards de Zakopane. Dans le fond, il cherche la synthèse entre la musique polonaise et une musique plus universelle. Sa quête se prolonge dans les musiques d'Afrique du Nord (la *3e Symphonie* de ce féru de culture arabe est bâtie sur un texte poétique persan) au point d'utiliser parfois des gammes orientales. Son chef-d'œuvre est le superbe *Stabat Mater*. Szymanowski annonce la grande école polonaise de la seconde moitié du siècle.

En Russie

C'est dans son histoire ancienne et dans sa musique populaire ou sacrée que la Russie puise son identité. Les artistes ont à cœur de valoriser ce patrimoine unique, balayant toutes les dérives d'occidentalisation des derniers siècles, particulièrement depuis la Grande Catherine. C'est un héritage considérable, et la publication de recueils de chants profanes ou religieux est l'amorce d'une prise de conscience populaire. Pour cela, c'est principalement à travers l'opéra que l'identité russe se dit le mieux. On y croise des personnages populaires caractéristiques qui vont de l'ivrogne au moine, de la nurse à la *babouchka* ; on y voit des scènes de danse. Tiens ! Une chanson populaire. Tiens encore ! Un chant orthodoxe rythmé par les *korokola*, les cloches de l'église. Les livrets opératiques sont marqués par l'histoire, souvent établis sur celle des XVIe et XVIIe siècles, celle d'Ivan le Terrible et Boris Godounov, du refus populaire des réformes courageuses engagées par Pierre le Grand ou de la grandeur de l'empire russe. Le principal librettiste est **Alexandre Pouchkine** (1799-1837) reconnu par beaucoup comme le plus grand écrivain russe. La liste des opéras tirés de ses drames est impressionnante. Mais souvent plane aussi l'ombre de Dostoïevski : écoutez *Boris* et lisez *Karamazov*. Deux histoires qui n'ont rien à voir, deux esthétiques si différentes, et pourtant on a l'impression de scruter la même mémoire russe !

Bien que soumis à l'exil par le tsar Alexandre 1er, Pouchkine est un bon vivant, enchaînant les conquêtes sans négliger son goût immodéré pour la fête et le jeu. Il finit par se marier, mais ne peut supporter que Madame Pouchkine cède aux charmes d'un baron alsacien qu'il défie, en 1837, dans un duel qui lui sera fatal. Il faut dire qu'il a tenté le diable dans de nombreux autres duels plus tôt dans sa vie. Cette fois, la roulette russe aura mal tourné.

(1 + 1) + 5 + (1 + 1)

(1 + 1)...

Doubles pères

Le pionnier et la référence pour les suivants est **Mikhaïl Glinka** (1804-1857) qui compose *La Vie pour le tsar*, opéra sur un sujet historique de la période difficile pour la Russie du début du XVIIe siècle pendant laquelle la rivalité avec la Pologne était féroce. La partition respecte une découpe traditionnelle, rossinienne pourrait-on dire, mais les couleurs musicales sont habilement russes, même si les emprunts au folklore sont encore marginaux. Cet opéra devient un manifeste pour la musique russe. Glinka prépare déjà l'ouvrage suivant, *Rousslan et Ludmilla* d'après Pouchkine qui, bien que de meilleure facture, ne rencontre pas le même succès. Il se disait « arrangeur au service du peuple ». Son engagement musical a été bien au-delà.

La Vie pour le tsar, voilà un titre qui passe difficilement pendant la période soviétique. Mais la musique est belle et populaire. Que faire ? L'amputer des passages gênants et changer le titre. L'opéra de Glinka connaîtra plusieurs intitulés comme *Ivan Soussanine* du nom du héros et même *Pour la faucille et le marteau.*

La paternité de l'école nationale russe, Glinka la partage avec **Alexandre Dargomyjski** (1813-1869). Après quelques œuvres de jeunesse insignifiantes, celui-ci rencontre Glinka qui l'encourage et oriente ses goûts esthétiques. Même si *La Vie pour le tsar* l'interpelle, c'est auprès d'Hugo qu'il se tourne pour ses premières tentatives lyriques inabouties ou médiocrement accueillies. Par contre, ses deux dernières compositions scéniques, beaucoup plus originales, sont autant de réussites : *Roussalka* et *Le Convive de Pierre* (mythe de Don Juan) inachevé. C'est dans ce dernier titre qu'il pousse à l'extrême la recherche sur la déclamation lyrique (il avait fait lire le texte par des comédiens, pour en noter les inflexions naturelles). En fait, ce sont des « récitatifs mélodiques » avec simplement deux chansons populaires en guise de numéros réellement mélodiques. Cette œuvre annonce déjà les grands opéras de Moussorgski puis de Debussy.

... + 5...

Dans la foulée de Glinka se constitue le *Groupe des Cinq* pour favoriser l'émergence d'une musique russe, en réaction contre le romantisme germanique envahissant, doctrine définie par le critique d'art slavophile Vladimir Stassov. Cinq compositeurs dont certains auraient été oubliés par l'histoire s'ils n'avaient pas participé à ce groupe.

Le père oublié

À l'origine du groupe se trouve **Mili Balakirev** (1837-1910), largement autodidacte, fervent admirateur de Glinka. Il crée une « école libre de musique » destinée à l'étude et la promotion de la musique russe. Son fichu caractère, sa plume acide (il voyait en Bach un « moulin à moudre des fugues »), mais aussi sa lenteur à composer (une quinzaine d'années pour le poème symphonique *Tamara*) et donc la brièveté de son catalogue l'auraient fait oublier de l'histoire s'il n'avait pas lancé ce club des cinq. L'histoire a surtout retenu sa « fantaisie orientale » pour piano *Islamey*.

Cru pas exceptionnel

Vous nous avez crus ? Vous aurez **César Cui** (1835-1918). Il passe à la musique par la rencontre avec Balakirev. C'est un peu la tête pensante du groupe au nom duquel il écrit des articles souvent violents. Malgré un catalogue imposant, il ne laisse pas d'œuvres inoubliables.

Le père d'Igor

Alexandre Borodine (1833-1887) aimait à se qualifier lui-même de musicien du dimanche. Même s'il aborde tôt l'apprentissage musical en grande partie en autodidacte, il est avant tout un grand chimiste : il court l'Europe pour de grands et savants congrès et n'abandonnera jamais cette vocation pour la musique. Il adhère au Groupe des Cinq davantage pour ses sympathies que par conviction esthétique. Son œuvre maîtresse est l'opéra *Le Prince Igor* à ne pas négliger grâce à un bon livret et à ses splendides couleurs orchestrales (les orientalisantes *Danses polovtsiennes*). Il meurt avant de l'achever – il y avait pourtant travaillé pendant dix-huit ans –, l'infatigable Rimski-Korsakov le menant à son terme. On connaît aussi son poème symphonique tout aussi exotique *Dans les steppes de l'Asie centrale*, ainsi que trois symphonies – la dernière inachevée –, un peu trop vite oubliées.

L'ombre de Boris

Modest Moussorgski (1839-1881) rejoint la « bande petite mais puissante » après avoir commencé une carrière militaire qui s'annonçait pourtant brillante. C'est d'ailleurs sous les drapeaux qu'il croise Borodine, rencontre qui l'oriente définitivement vers la musique. Cet homme est inquiet, tourmenté, névrosé, entre dépressions et alcoolisme chronique, il devient un être halluciné. Nombre de ses œuvres ne seront jamais achevées, même celles entamées dès le début de sa carrière comme les opéras *Salammbô* (Flaubert) ou *Le Mariage* (Gogol).

C'est à la voix qu'il consacre son travail ; elle lui permet de dire la langue russe de manière très particulière en pesant la prosodie comme aucun ne l'a fait jusque là. La mélodie tient davantage du récitatif mélodique déjà entrevu chez Dargomyjski.

Une autre vie pour le tsar

À la fin des années 1860, il se consacre à la composition de son chef-d'œuvre *Boris Godounov* d'après Pouchkine. Sujet historique cher au peuple russe qui narre l'accession illégitime de Boris au trône russe. Soutenu par les Romanov, Boris élimine le jeune prétendant Dimitri dans des circonstances troubles. Mais Dimitri (est-ce le même ?) refait surface et complote à son tour, jusqu'à être renversé par le prince Chouïsky. Si vous voulez connaître la suite, il suffit d'écouter *La Vie pour le tsar* de Glinka ! La partition de Boris a connu deux versions, la première ayant souffert la critique qui lui reprochait de n'avoir pas envisagé un rôle féminin d'importance. La deuxième version y consent, et le compositeur en profite pour remanier l'opéra par la suppression de certains airs, l'ajout de nouveaux tableaux, etc. La création elle-même sera tronquée par les autorités des théâtres impériaux. L'histoire de la partition continue après la mort de Moussorgski : Rimski-Korsakov réorchestre voire réécrit certains tableaux mais, si cela part d'un bon sentiment, la partition s'en trouve affadie. La partition connaît encore de multiples soubresauts, entre les tenants de la version originale, la plus âpre et la plus authentique, et ceux d'une version révisée (mais quelle révision choisir parmi les nombreuses tentatives post-rimskiennes ?).

Un sort semblable attend *La Khovantschina*, l'autre grand opéra de Moussorgski et *La Foire de Sorotchinski*, opéra de moindre envergure. Œuvres maintes fois remaniées, jamais achevées. Là encore, la plume bienveillante de Rimski-Korsakov permettra une forme d'achèvement. La voix est aussi servie par de splendides cycles avec orchestre, véritables mini-drames dont le titre est explicite : *Sans soleil*, *Chants et danses de la mort*.

Enfin, il laisse deux œuvres instrumentales : pour l'orchestre, le poème symphonique *Une Nuit sur le Mont Chauve* (orchestration : R-K) et, pour le piano, les *Tableaux d'une exposition*, l'une des rares pièces d'envergure entièrement terminée par le compositeur et qui connaîtra plusieurs orchestrations dont celle de Ravel (les deux extraits proposés dans la playlist permettent de savourer les deux versions, pianistique et orchestrale, de *La Grande Porte de Kiev*, final des *Tableaux*), bien que pour cette œuvre Moussorgski avait prévu ses *Tableaux* pour le piano, sans envisager l'orchestre.

Les légendes du grand Nicolas

Nicolas Rimski-Korsakov (1844-1908) dont on a déjà parlé est carrément plus académique. Il était bien parti pour faire carrière dans la marine, mais le succès de sa *1re Symphonie* en décide autrement. Il s'avère un excellent orchestrateur, marquant très fortement la génération suivante jusqu'à Prokofiev et Stravinsky. Contrairement aux précédents, son catalogue est vaste : une quinzaine d'opéras (souvent tirés de légendes et de souvenirs féériques : *La Jeune Fille de neige*, *La Nuit de Noël*, *La Légende de la cité invisible de Kitège*, *Le Coq d'or*), nombreuses œuvres orchestrales ou vocales...

... + (1 + 1)

Où classer **Piotr Ilitch Tchaïkovski** (1840-1893) ? Le caractère de cet homme d'une grande sensibilité ne peut s'accorder avec la tempétuosité de Moussorgski au point de l'écarter du projet du Groupe des Cinq. Destiné au droit, il bifurque vers la composition musicale et sous le conseil de Stassov s'oriente vers des thèmes occidentaux plutôt que slaves. Sa vie est emplie de non-dits, comme cette correspondance avec Madame von Meck, généreuse mécène – qu'il ne rencontrera jamais – qui trahit son vague à l'âme permanent ; comme aussi sa mort, vraisemblablement un suicide tragique, mort qui intervient une dizaine de jours après la création de son chef-d'œuvre, la *6e Symphonie « pathétique »*.

L'homme se dit « russe jusqu'à la moelle de ses os ». Cela ne transparaît pourtant pas dans sa musique autant que dans celle des Cinq. Elle est toute empreinte d'une hypersensibilité à son image. Il déroule sa vie au long des trois dernières symphonies. Le destin s'acharne sur les héros de ses opéras (*La Dame de pique*, *Eugène Onéguine*), et sa contribution à la musique de ballet, qui sied bien à sa sensibilité, en fait le père du ballet symphonique (*Le Lac des cygnes*, *La Belle au bois dormant*, *Casse-noisette*).

La même question peut se poser pour **Serge Rachmaninov** (1873-1933), l'un des derniers grands romantiques perdus au XXe siècle, à l'instar d'un Puccini. Pianiste remarquable – en témoignent des enregistrements reportés avec soin en CD – il a du mal à trouver sa place dans son temps et dans son pays, au point d'émigrer après les événements de 1917 : les États-Unis, la France, la Suisse et retour définitif aux États-Unis. Mais ces errances ne vont pas sans la nostalgie du pays, qu'il traînera jusqu'à son dernier souffle à Beverly Hills.

Il mène de pair sa carrière de virtuose et celle de compositeur. Son langage est résolument tonal, imperméable aux différents courants esthétiques du début du XXe siècle. Sa musique déborde de sentimentalisme pas toujours canalisé. Il sert avant tout le pianiste qu'il est avec d'une part quatre concertos dont les deux centraux sont des tubes que tous les pianistes se disputent (même si le son grésille un peu, il est intéressant d'écouter le compositeur jouer le mouvement lent de son *2e Concerto*) et la *Rhapsodie sur un thème de Paganini* pour piano et orchestre, d'autre part un riche catalogue pour piano seul : *Préludes*, *Études-tableaux*, diverses séries de variations. À l'orchestre, ce sont surtout la *2e Symphonie*, *L'Île des morts* et les *Danses symphoniques* qui retiennent l'attention. Enfin, trois opéras dont seul le premier, *Aleko* (Pouchkine), a connu une certaine notoriété.

La création de sa *1re Symphonie* est un échec (est-ce dû au propos musical ou la prestation de l'orchestre dirigé par un Glazounov soupçonné d'avoir abusé de la bouteille ?) qui le plonge dans une longue dépression dont il sort grâce au suivi du psychothérapeute Nicolas Dahl. Celui-ci le convainc par l'hypnose : « Vous allez écrire un concerto… Ce sera un magnifique concerto ». Cette suggestion hypnotique sera suivie d'effets saisissants puisque en sortira le célébrissime *2e Concerto pour piano* qui le fera passer des ténèbres de l'échec à la lumière de la notoriété. En signe de reconnaissance au cher docteur, il lui dédie la partition. C'est bien la moindre des choses…

Alexandre Scriabine (1872-1915)

À compositeur étrange, musique étrange, nouvelle, d'ailleurs encore trop peu fréquentée, où se dessinent des pistes pour le futur : complexité rythmique, langage tantôt polytonal, tantôt atonal, parfois proche du système dodécaphonique, modes spécifiques que Messiaen exploitera plus systématiquement, etc.

Il est partagé entre son tempérament romantique douloureux et ses affinités mystico-philosophiques. Dans les années 1905-1906, il adhère aux idées théosophiques d'Hélène Blavatsky, qui aura une forte influence sur ses œuvres ultérieures, et réfléchit à la synesthésie (phénomène neurologique qui associe plusieurs sens, comme le son et la couleur).

Il rêve d'œuvres grandioses qui approcheraient la fusion de la musique et des sens, menant à une extase mystique à laquelle il aspire profondément. Par exemple, dans *Prométhée* ou *Le Poème du feu*, il utilise le clavier à lumières. La partition indique des notes qui correspondent à des couleurs à projeter (les correspondances sont savamment calculées entre le spectre des couleurs et celui des hauteurs de sons). Évidemment, si vous en écoutez un enregistrement audio, vous en perdez la saveur ! Preuve que le compositeur vit un peu dans l'utopie : alors que *Prométhée* est créé en 1911, il faut attendre 1915 pour que voit le jour le premier clavier à lumières. Dans son projet d'œuvre ultime et d'art total, *Mysterium*, il envisageait un orgue à parfums qui diffuserait en outre les odeurs des bruits de la nature.

Sa signature musicale est *l'accord mystique* dont il truffe certaines de ses partitions depuis *Prométhée* :

Figure 19-1 : L'accord mystique de Scriabine

Son œuvre se divise donc en deux périodes distinctes : la première est toute imprégnée de Chopin (dont il tire le langage et le goût des petites formes) et de Liszt : recueils pianistiques de *Mazurkas*, *Études*, *Préludes*, etc. À partir de 1904, période de ses voyages en Occident et de ses rencontres ésotériques, son langage se radicalise : pour l'orchestre, la *3e Symphonie « Poème divin »* reste encore proche de Wagner, mais annonce le *Poème de l'extase* puis *Prométhée*, œuvres d'un seul tenant, comme les dernières des dix *Sonates pour piano* qui récapitulent le souci permanent de Scriabine.

Igor Stravinsky (1882-1971)

De tous les compositeurs présentés dans ce chapitre, il est incontestablement le plus novateur et celui dont le parcours personnel et créatif est le plus étonnant. Depuis Wagner, il n'y a pas eu d'autres créateurs dont le génie n'ait fait couler tant d'encre, enthousiasme débordant ou critiques acerbes.

Sa vie est marquée par de nombreuses pérégrinations ; son œuvre se découpe aisément en trois parties et un prologue. Pourtant, une grande cohérence parcourt tel un fil conducteur la musique de celui qui, dans quelque pays et à quelque étape de sa création qu'il se trouve, reste russe, même si cette empreinte paraît ténue dans l'ultime production du compositeur.

Prologue à Saint-Pétersbourg

Il le reconnaît lui-même, ce fils d'une basse chantante du théâtre Mariinsky de Saint-Pétersbourg ne montre pas de dispositions précoces pour la musique. À la mort de son père, le jeune Igor se sent quelque peu libéré de cette ambiance plutôt sévère et préfère suivre concerts et opéras que les études universitaires de droit auxquelles il est inscrit. Il en profite pour parfaire sa formation musicale an travaillant la composition avec Rimski-Korsakov. Ses premières œuvres symphoniques (*Symphonie en mi bémol*, *Scherzo fantastique* et *Feu d'artifice*) sont largement redevables à ce brillant orchestrateur, par ailleurs pédagogue remarquable. Entretemps, Stravinsky en profite pour épouser sa cousine, qui lui donnera quatre beaux enfants.

Acte I : période russe

1er tableau : Le père Igor à Paris

Le grand chorégraphe Serge Diaghilev vient d'entendre la création de *Feu d'artifice*. Impressionné par la fougue de ce jeune compositeur, il lui commande un ballet qui doit être créé lors de la tournée de ses Ballets russes à Paris. Ce sera *L'Oiseau de feu*, succès immédiat qui apporte au compositeur la notoriété. Suivent *Petrouchka* et *Le Sacre du printemps* (1913) dont la création est légendaire : ces *Tableaux de la Russie païenne* au final tellurique causent un souci pour le chorégraphe Nijinsky, peu habitué à une telle modernité rythmique. Rires, moqueries puis chahut général (on a parlé du « massacre du printemps ») accueillent la création de l'œuvre avant qu'elle n'obtienne, l'année suivante, un succès tel que le compositeur est porté à bout de bras par ses nombreux admirateurs.

N'OUBLIEZ PAS

L'année 1913 est à marquer d'une pierre blanche dans l'histoire de la musique avec au moins trois grands événements à portée historique : la création (houleuse) du *Sacre du printemps*, l'abandon du système tonal par Schoenberg et la parution de *L'Art des bruits* de Russolo (voir dans les chapitres suivants).

2e tableau : Après le Sacre

Il y a une vie après le *Sacre*. Stravinsky s'installe en Suisse sans imaginer que, révolution de 1917 oblige, il ne retrouvera son pays natal qu'en 1962. C'est de son refuge vaudois que datent les splendides *Noces* (voix, quatre pianos et percussions) où l'on retrouve le goût pour l'art primitif développé dans le *Sacre*, ou *L'Histoire du soldat* (récitant et sept instruments), musique aigre-douce sur un texte du suisse Ramuz. À la fin de la guerre, il « se résout de transporter ses pénates en France où alors battait le pouls de l'activité mondiale. » Rideau.

Acte II : période néoclassique

1er tableau : De la côte Basque à la côte d'Azur

Le langage de Stravinsky change subitement. Après tant d'audaces, le compositeur se tourne radicalement vers le passé : Machaut, Pergolèse, Bach, Mozart ou Rossini deviennent ses modèles. Ça commence par *Pulcinella*, ballet sur des thèmes de Pergolèse. La famille s'installe sur la côte Basque (où Igor rencontre Coco Chanel), puis à Nice. Les années 1920-1930 voient naître l'opéra-bouffe *Mavra*, l'opéra-oratorio *Œdipus Rex*, *La Symphonie des psaumes* et plusieurs ballets. Il est naturalisé français en 1934.

2e tableau : Hollywood

En 1939-1940, il est convié à une série de conférences sur la poétique musicale à Harvard. Le conflit européen l'oblige à un nouvel exil, définitif celui-là. Il s'installe non loin d'Hollywood. La dernière grande composition néo-classique est son opéra *The Rake's Progress* ou *La Carrière de libertin*, irrésistible clin d'œil appuyé au *Don Juan* de Mozart. Rideau.

Gershwin voulait recueillir l'enseignement des grands maîtres européens, de Ravel à Schoenberg et Stravinski. Stravinsky lui demande combien il gagne chaque année avec sa musique. 250 000 $ lui répond l'Américain. Ce à quoi le Russo-franco-américain souvent fauché réplique : « Dans ce cas, c'est plutôt à moi à prendre des leçons avec vous ».

Acte III : période sérielle

Stravinsky est un éternel errant dans sa vie personnelle. Ce pèlerinage terrestre se ressent dans sa musique. Après avoir rendu un hommage appuyé aux musiciens du passé, le voilà qui s'intéresse dès 1952 et avec tout autant de ferveur à ses contemporains, principalement Webern et son écriture sérielle (voir le chapitre 22). En témoignent des œuvres d'une grande austérité, contrastant radicalement avec les œuvres précédentes (le ballet *Agon*). Ses ultimes œuvres sont d'inspiration religieuse (*Threni*, *Abraham et Isaac*, *Requiem canticles*) dans un langage encore plus dépouillé. On peut regretter qu'elles soient ignorées des programmations et restent l'apanage des musicologues. C'est des États-Unis qu'on lui organisera un retour triomphal mais éphémère dans sa chère Russie. Lui chez qui le régime bolchévique ne trouvait rien de bon devint tout à coup « le plus grand compositeur de tous les temps ». Stravinsky meurt à New York, vénéré légitimement comme l'un des phares de la musique actuelle. Rideau. Applaudissements nourris.

Serge Prokofiev (1891-1951)

La révolution russe de 1917 renverse le dernier tsar. L'art devient effervescent, un espoir d'ouverture semble naître pour les musiciens novateurs. Deux tendances radicales s'opposent : les tenants d'une musique prolétaire et ceux d'une musique plus ambitieuse et novatrice. L'idée prolétarienne se reflète dans tous les arts (Fernand Léger), et en musique c'est le bruit de la machine qui interpelle les compositeurs inspirant quelques pièces constructivistes : Honegger (*Pacific 213*), Milhaud (*Machines agricoles*), Mosolov (*Les Fonderies d'acier*), Avraamov (*Symphonie pour sirènes* qui fait entendre moteurs d'hydravion, sirènes d'usines, bateaux et locomotives, batteries d'artillerie en guise de percussions, canons à la place de caisses claires).

Cette admiration pour la machine se retrouve dans la *2e symphonie* de Prokofiev et son ballet *Pas d'acier*, dont un numéro dépeint le travail des ouvriers à l'usine au bruit inéluctable des machines-outils : musique hyper-réaliste qui pousse le simplisme jusqu'à composer toute une série de thèmes sur les seules touches blanches donc sans altération, mais qui est perceptible plus subtilement à travers la fougue rythmique qui parcourt toute son œuvre.

Tout ceci reste anecdotique dans la vie de ce compositeur très précoce : quand il se présente au concours d'entrée dans la classe de Rimski-Korsakov au conservatoire de Saint-Pétersbourg, il emporte sous le bras quatre opéras, des pièces symphoniques et d'autres pour le piano dont il est un redoutable virtuose ! Son caractère est épouvantable : férocement anticonformiste, vantard pour lui et dédaigneux pour autrui.

ANECDOTE

Ses premières œuvres, marquées par la rugosité rythmique et l'audace harmonique, se heurtent à la censure. Il connaît les scandales de la première audition : la *Suite scythe*, musique d'une rare violence tirée d'un ballet refusé par Diaghilev en est un bon exemple. Lors de sa création, le chef d'orchestre – un tantinet provocateur – ponctue chaque *fortissimo* d'un vibrant « Pan sur la gueule ! ». Glazounov, le compositeur officiel, quitte la salle furieux pendant que Prokofiev, ravi, compare ce scandale avec celui de la création du *Sacre du printemps* trois ans plus tôt.

En 1917, il voyage en Europe occidentale, à l'instar d'un Stravinsky. Mais la nostalgie de la patrie le ramène en Russie. Il fait les frais de la censure bolchévique et doit songer à l'exil, une quinzaine d'années terribles pour le compositeur qui ne pense qu'à la Russie. Il passe par le Japon pour rejoindre les États-Unis, puis la France et les Alpes bavaroises, puis à nouveau Paris. Il retrouve la citoyenneté soviétique en 1937 et se refuse à un nouvel exil, préférant sacrifier une certaine liberté créatrice au profit d'une reconnaissance officielle, dans un statut aussi honorifique que contraignant.

Prokofiev aborde tous les domaines de la musique, hormis la musique religieuse. Ses grandes réussites sont dans le répertoire pianistique (*5 Concertos*, *11 Sonates* et pièces diverses), la musique symphonique avec ou sans soliste (sublime *2e Concerto* pour violon), le ballet (*Roméo et Juliette*, *Cendrillon*), la musique de film (*Lieutenant Kijé*, *Alexander Nevski*), et l'opéra (*L'Amour des trois oranges*, *Le Joueur*, *L'Ange de feu*, *Guerre et Paix*, *Les Fiançailles au couvent*) au détriment des sept symphonies dont seule la *5e* reste dans les programmes d'orchestre.

ANECDOTE

Malgré ses fonctions officielles et sa popularité, sa mort passe inaperçue et ses obsèques se déroulent dans l'indifférence nationale. Pas de chance pour lui, le même jour, on enterrait Staline mort, comme lui, d'une hémorragie cérébrale. Comble de malheur, le pianiste génial Sviatoslav Richter – qui a créé plusieurs des sonates de Prokofiev – ne pouvait lui rendre hommage, car il avait été bombardé, bien malgré lui, pianiste officiel aux obsèques du Petit Père des peuples.

Dimitri Chostakovitch (1906-1975)

Vous pouvez tous en siffloter quelques notes puisqu'il est l'auteur de deux *Suites pour orchestre de variété* dont est tirée la fameuse *Valse* qui accompagne la célèbre publicité d'un établissement bancaire. Pourtant, cette pochade cache la vraie personnalité musicale du compositeur.

Comme Prokofiev, avec qui on le compare parfois, il fait ses études musicales à Saint-Pétersbourg, sa ville natale. La célébrité arrive rapidement, dès la *1re Symphonie* à laquelle succèderont son opéra *Le Nez* et son *1er Concerto pour piano*. Rapidement, il fait figure malgré lui de compositeur officiel du régime.

À partir de 1932, Staline a tous les pouvoirs. Il se donne la mission de reconstruire les organisations culturelles, principalement littéraires et musicales. À cette fin, il inaugure l'Union des compositeurs soviétiques, grand censeur officiel qui seul a le pouvoir de juger acceptable ou non la moindre partition. « Dépeindre la réalité dans son développement révolutionnaire », faute de quoi l'œuvre est déclarée « formaliste », inféodée au modernisme occidental, voilà le but avoué de l'institution. On est dans la même logique de l'art décadent condamné par les allégations nazies. Deux exemples soviétiques parmi tant d'autres : en 1936, violente condamnation de *Lady Macbeth*, chef-d'œuvre absolu de Chostakovitch accusé de « cacophonies pathologiques » ; et, en 1948, attaque encore plus virulente de l'épouvantable mentor culturel soviétique Jdanov contre les éminents compositeurs qu'étaient Prokofiev, Chostakovitch ou Khatchaturian.

De telles condamnations sont terribles pour un esprit créateur dont la liberté se trouve ainsi entravée. Pourtant, Chostakovitch ne doute pas qu'un artiste peut et doit assumer des responsabilités au sein de sa patrie. Il ne choisit pas l'exil.

Dans certaines de ses œuvres comme *Le Nez*, il est accusé d'aller trop loin dans la nouveauté et la dissonance. De ce fait, certaines œuvres sont plus consensuelles pour retrouver quelque crédit auprès des autorités. La *5e Symphonie* a des relents de Mahler et de Tchaïkovski. La *6e Symphonie* est beaucoup plus personnelle : elle est donc vouée aux gémonies par le pouvoir. La *7e* « *Leningrad* » est la plus célèbre de toutes ; avec ses chants de partisans et ses chansons populaires, cette « symphonie de guerre » (1941) apparaît d'abord comme un hymne de résistance face au nazisme, ce qui en fait un succès immédiat. Mais on apprendra plus tard de la bouche du compositeur qu'on pouvait y voir aussi la victoire de sa ville natale face aux purges staliniennes. Deux interprétations superposables.

Staline trouve que la *9e Symphonie* écrite à la fin de la guerre manque de panache : nouvelles persécutions psychologiques pour le compositeur. Celui-ci propose donc des œuvres moins progressistes, mais compose en secret des partitions qui attendront la mort de Staline pour être présentées. Autant d'œuvres splendides : les *10e* à *15e Symphonies*, les derniers quatuors (parmi lesquels le sublime *8e* dédié « aux victimes de la guerre et du fascisme » et dont le motif principal qui le parcourt d'un bout à l'autre est composé des quatre notes *ré – mib – do –si*, qui correspond aux quatre lettres DSCH, le monogramme de Dmitri SCHostakovitch), l'admirable *Sonate pour alto et piano*, ultime œuvre douloureuse d'une vie marquée par la tragédie.

Comme Prokofiev, Chostakovitch se complaît dans les grandes formes classiques : quinze symphonies et autant de quatuors, des concertos, des sonates, des opéras (*Le Nez*, *Lady Macbeth*). Mais par rapport à son aîné, ses déchirements intérieurs le rongent : il est écartelé entre œuvres audacieuses et, pour calmer la critique, œuvres au langage plus conventionnel. Bien au-delà de sa mort, sa musique reste très populaire, tant dans son pays que dans le monde entier. Elle est programmée partout et maintes fois enregistrée.

Dans les pays nordiques

Contrairement à la Bohême et aux régions de l'Europe centrale, les pays du Nord sont restés éloignés des conflits internationaux au XVIIIe siècle. Ils sont moins perméables aux influences occidentales. La recherche d'une identité y est donc moins intense. Pourtant, la recherche d'une esthétique commune entre les pays scandinaves et la Finlande est perceptible dès le début du XIXe siècle.

Le père de la musique scandinave est le danois **Niels Gade** (1817-1890), ami de Schumann et successeur de Mendelssohn à la tête du *Gewandhaus* de Leipzig. On lui doit huit symphonies plutôt conformistes, rarement entendues dans nos contrées. L'œuvre de son élève **Carl Nielsen** (1865-1931) est plus personnelle. Issu d'une famille modeste, il travaille ardemment pour devenir un excellent violoniste, puis un bon chef d'orchestre avant d'intégrer le conservatoire royal qu'il dirigera après y avoir enseigné. Il domine la vie musicale danoise en donnant une impulsion sensiblement plus ouverte que son prédécesseur le sévère Gade. On peut suivre son évolution stylistique au fil de ses six symphonies, dont trois au moins mériteraient d'être plus souvent entendues : la *2e Symphonie « Les Quatre Tempéraments »*, la *3e Symphonie « Sinfonia espansiva »* qui fait intervenir deux voix solistes sans paroles dans le très bel Andante, enfin la *5e Symphonie « L'Inextinguible »* qui, malgré son nom indigeste, est une hymne à la vie composée entre 1914 et 1916, période difficile pour l'Europe. Son œuvre la plus populaire est son unique poème symphonique *Saga-Drøm* (*Le Rêve de Gunnar*) d'après une légende islandaise.

En Norvège, le héraut musical national est **Johan Svendsen** (1840-1911), auteur de deux *Rhapsodies norvégiennes*. Mais la musique scandinave est marquée par la personnalité du norvégien **Edvard Grieg** (1843-1907), le premier dont la musique se soit si bien exportée. Il se dépense sans compter pour imposer une musique nationale entre tournées, organisation de concerts en Norvège et composition. Compositeur d'une grande sensibilité, il est étonnant qu'on n'en retienne surtout que le *Concerto en la* pour piano et les suites tirées de la musique de scène composée pour *Peer Gynt* d'Ibsen, œuvres jugées sévèrement pour la pauvreté de leur orchestration et peu représentatives du nationalisme revendiqué, que l'on trouve davantage dans les cahiers de *Pièces lyriques*, les *Danses et chansons norvégiennes* ou l'*Humoresque* composées au début de sa carrière, ou, en fin de production, la *Ballade en sol mineur* et les *Variations pour deux pianos*.

Jean Sibelius (1865-1957)

C'est de Finlande que vient la personnalité musicale la plus originale, celle qui, plus encore que Grieg, s'est répandue largement en dehors des pays nordiques. Il grandit en même temps que naît le sentiment national de son pays : la Finlande s'émancipe à la fois de l'ancienne domination suédoise et de la plus récente domination russe. Après d'infructueuses études de droit, il étudie la musique à Helsinki puis Berlin et Vienne. Ses incessants voyages à l'extérieur de son pays (une trentaine en Allemagne, cinq en Angleterre, un à Boston) vont asseoir sa réputation internationale. Ses premières grandes compositions sont inspirées de sa chère Finlande. Ce « père de la musique finlandaise » reçoit une rente à vie de l'État pour qu'il compose sans souci pécuniaire.

Son premier grand opus symphonique *Kullervo*, vaste poème symphonique en cinq parties avec voix solistes et chorales qui illustre des parties de la grande épopée finlandaise du Kalevala (« Pays des héros »), le projette rapidement comme héraut de la musique de son pays. Malgré cela, le compositeur n'apprécie guère la grandiloquence de cette œuvre et en fait interdire l'exécution !

Le poème symphonique permet à Sibelius d'exprimer au mieux son tempérament finlandais : *En Saga*, la *Suite de Lemminkainen* dont le *Cygne de Tuonela* n'est pas sans rappeler son contemporain le *Faune* de Debussy. *Finlandia* est connu pour son célèbre thème patriotique, symbole de la résistance à l'occupation russe. Plus tardifs, *La Fille de Pohjola* et *Tapiola*, dernière œuvre d'importance et sans doute le sommet de son art dans ce qu'il a de plus rigoureux d'une part, de plus étrange et envoûtant de l'autre, terminent ce catalogue significatif du compositeur. C'est au fil de ses sept symphonies que le compositeur se montre le plus novateur. L'évolution de celles-ci a souvent été comparée avec celles de son contemporain Nielsen. Chaque numéro renouvelle le propos, le langage, la forme. Sa musique est moins généreuse que celle du Danois, elle est parfois marquée de l'austérité confinant à l'ascétisme (*4e Symphonie*) ; elle est toujours le résultat d'un travail acharné et personnel, et on doit se réjouir que ces symphonies trouvent de plus en plus de place dans les programmes de nos orchestres occidentaux.

On lui doit aussi des musiques de scène parmi lesquelles *Pelléas et Mélisande* (la pièce de Maeterlinck qui inspira par ailleurs Fauré, Debussy et Schoenberg) ainsi qu'un magistral *Concerto pour violon* auquel se confrontent tous les grands violonistes. C'est l'œuvre la plus répandue de celui qui s'arrête de composer en 1926 pour vivre les trois dernières décennies de sa vie dans la solitude de sa maison construite au milieu de la forêt. Avait-il été au bout de ses recherches esthétiques avec sa dernière symphonie et *Tapiola*, lui qui ne se reconnaîtra pas dans le mouvement dodécaphonique et les autres grands mouvements musicaux qui se développent par ailleurs ? Les musicologues évoquent une hypothétique *8e Symphonie* sur laquelle Sibelius aurait longtemps travaillé sans jamais en avoir livré la moindre note. Pudique autodafé qu'il convient de respecter ?

La personnalité de Sibelius a donné ses lettres de noblesse à la Finlande. Elle ne reste pas sans suite. Depuis les années 1970, la musique finlandaise est l'une des plus vigoureuses et des plus vivantes avec des compositeurs passionnants (Rautavaara, Saariaho, Lindberg) et des chefs remarquables, la plupart étant eux-mêmes de bons compositeurs (Segerstram, Saraste, Salonen).

En Espagne

Après les vastes étendues enneigées et les immenses forêts nordiques, poursuivons ce tour d'Europe des musiques nationales au soleil espagnol, dans les mystères envoûtants et les couleurs de la musique ibérique.

Dès le milieu du XIXe siècle, les musiciens espagnols ont à cœur de recueillir les chants et les danses populaires. De nombreuses anthologies sont publiées autour des musiques andalouses, basques, catalanes, asturiennes… Au-delà de la simple collecte, plus authentique, les collecteurs en proposent des versions harmonisées donc légèrement détournées.

Mandoline ou guitare, il faut choisir

Au tournant du XXe siècle, il n'existe pas à proprement parler d'opéra espagnol, malgré quelques tentatives sans succès. L'opéra traditionnel ne prend pas. Le public plutôt huppé se contente des opéras italiens, principalement rossiniens.

Mantilles et castagnettes

Le public populaire se délecte d'un genre musical typiquement local apparenté à l'opérette, la *zarzuela* qui tire son nom du palais royal madrilène. La zarzuela puise ses origines dans les pièces de théâtre de Lope de Vega et Calderón de la Barca (fin XVIe-début XVIIe) entrelardées de chants populaires et de danses.

Remise au goût du jour dans les années 1860, elle prend appui sur des faits d'actualité, des anecdotes populaires, la vie locale ; elle est toujours proche du quotidien populaire. Les partitions n'hésitent pas à regarder vers les chansons populaires, et chaque air appelle le pas de danse : fandango, jota, séguedille. Le flamenco n'est jamais très loin, les robes des dames, castagnettes en main, scintillent sous les projecteurs. Le résultat est haut en couleur, proche de l'opéra-comique français. C'est une musique franchement populaire, qui tiendra la rampe jusqu'au début du XXe siècle. Les principaux compositeurs en sont Francisco Barbieri, Federico Chueca, Tomás Bretón, Ruperto Chapi, Gerónimo Gimenez (*la Tempranica*). Depuis quelques années, les grands théâtres espagnols tentent de redonner à la zarzuela sa véritable place, grâce au talent et à l'engagement de remarquables artistes.

Quatro músicos españoles importantes

Quand on parle de musique savante espagnole, trois noms surgissent sans pour autant former un véritable trio tant les hommes et leurs œuvres sont différents. Mais on oublie souvent le quatrième mousquetaire, le véritable fondateur de l'école espagnole.

Prélude...

Felipe Pedrell (1841-1922) a plusieurs cordes à son arc. Découvrant l'opéra romantique d'un Weber, il se lance dans la composition d'un opéra spécifiquement espagnol, puisant dans les ressources musicales populaires. Il en ressort *Le Dernier des Abencérages* qui malgré sa bonne volonté ne réussit pas à s'imposer comme tel, pas plus que les opéras suivants. Mais Pedrell est plus convaincant quand il s'agit de collecter des chants populaires ou de retrouver les œuvres des anciens compositeurs ibériques : édition de l'intégrale de Tomás Luis de Victoria et d'un *Chansonnier populaire espagnol*, important travail d'érudition qui donne ses lettres de noblesse au riche patrimoine musical de l'Espagne. Il aura comme élève les trois compositeurs suivants.

... et fugue

Isaac Albéniz (1860-1909) est un véritable prodige. Il commence l'étude du piano à 3 ans, fait son premier concert l'année suivante et est présenté au conservatoire de Paris à 7 ans ! Il se fait rapidement connaître comme pianiste virtuose et fameux improvisateur. Il voyage beaucoup et très tôt : il n'a pas 12 ans lorsque, profitant d'un concert à Barcelone, il fait une fugue et s'embarque pour Porto Rico, Cuba, le Brésil, l'Argentine et enfin les États-Unis. Il y gagne sa vie comme pianiste dans les salles de concert et les cafés. Il revient sur le vieux continent pour parfaire sa formation. Ce sera Londres, Leipzig, Madrid à nouveau, Bruxelles puis Budapest où il croise

Liszt. Toujours errant, il se fixe pour un temps à Londres, puis à Paris où il rencontre Fauré et Debussy. Il n'est guère reconnu dans son pays et finit ses jours à Cambo-les-Bains, au Pays basque français, à deux pas de son pays natal.

Son catalogue est impressionnant en quantité et divers quant à son inspiration. Les premiers numéros trahissent les influences romantiques allemandes, et il faut attendre qu'il se rapproche de la musique espagnole pour qu'il donne le meilleur de lui-même. Après plusieurs zarzuelas oubliées, car trop sophistiquées, son œuvre lyrique essentielle reste *Pepita Jiménez*. Pourtant c'est par l'orchestre et surtout le piano qu'il évoque le mieux sa terre natale. Les titres sont significatifs : pour l'orchestre *Catalonia*, et pour le piano son chef-d'œuvre la suite *Iberia* en quatre cahiers écrits au soir de sa vie qui trahissent la nostalgie de son pays qui l'a oublié. Mais l'Espagne c'est aussi la guitare, et l'inusable *Asturias* a donné au compositeur une notoriété légitime.

La partition d'*Iberia* d'Albéniz a été composée entre 1906 et 1909. Elle est l'exacte contemporaine de la partition homonyme de Claude Debussy, mais cela est un simple hasard, les deux partitions n'ayant aucun lien. Pour Debussy, il s'agit d'une évocation imaginaire alors qu'Albéniz y raconte son pays.

On se souviendra pour la petite histoire que l'ex-« première dame de France » Cécilia Attias-Albéniz est l'arrière-petite-fille du compositeur.

Un compositeur au musée

Enrique Granados (1867-1916) est lui aussi un excellent pianiste, mais moins précoce que le précédent. Il fait une belle carrière comme soliste ou associé avec les plus grands violonistes (Eugène Ysaÿe ou Jacques Thibaud) pour des tournées à travers l'Europe et les États-Unis. Comme compositeur, ce sont ses *Danses espagnoles* qui attirent l'attention de Saint-Saëns et de Grieg. La création madrilène de sa zarzuela *María del Carmen* lui assure une renommée nationale, et il faudra attendre la création des *Goyescas*, sept pièces pour piano inspirées par des peintures de Goya, pour atteindre une reconnaissance internationale. Il adapte ses *Goyescas* en un opéra de même nom créé à New York avec grand succès en 1916, n'ayant pu être créé à Paris en raison de la guerre. Au cours du voyage de retour, il périt en mer avec son épouse, le Sussex qui les ramenait en Europe ayant été torpillé par un sous-marin allemand.

On ne trouve pas d'espagnolades dans celle de Granados. Sa musique romantique et non folklorisante est plutôt urbaine, évoquant une Espagne galante passée, sinon quelques tournures mélodiques ou rythmiques qui rappellent aisément son pays.

Une nuit à Grenade

Manuel de Falla (1876-1946) est fils d'un Andalou et d'une Catalane. Après un passage obligé à Paris où il se lie d'amitié avec Ravel, Debussy et Albéniz, il se fixe en Espagne : Madrid puis Grenade où il se lie cette fois avec Garcia Lorca. Sa vie semble se dépouiller progressivement jusqu'à devenir quasi monacale. Lui qui désirait finir ses jours dans un couvent près de Cordoue meurt en Argentine où il s'était exilé pour diriger quelques concerts.

Son passage à Paris et sa rencontre avec la musique de Debussy, Ravel et Dukas sont décisifs pour l'élaboration de son style musical. Après les premières zarzuelas d'usage, aussi vite oubliées que celles d'Albéniz, et *Quatre Pièces espagnoles* créées à Paris dans la filiation de ce dernier, c'est en fait à son retour en Espagne que les traits de sa personnalité musicale se lisent dans ses partitions. C'est l'esprit du folklore espagnol et non la lettre qui le conduit à des compositions où la suggestion l'emporte sur la réalité. Dans un catalogue ramassé, des œuvres scéniques passionnantes : *La Vie brève*, *L'Amour sorcier* – ballet issu de la commande que lui avait passée une célèbre *bailaora* gitane dont le projet initial ne prévoyait qu'une chanson et une danse –, *Le Tricorne* créé à Londres avec des décors de Picasso (gros succès), l'opéra de marionnettes *Les Tréteaux de maître Pierre* d'après un épisode de Don Quichotte, enfin son opéra inachevé *L'Atlantide*.

Les sortilèges envoûtants des nuits espagnoles sont parfaitement rendus dans *Nuits dans les jardins d'Espagne* pour piano et orchestre, une série de trois nocturnes évoquant l'Espagne comme Debussy, son exemple, l'évoquait dans *Iberia*. Ses *Sept Chansons populaires espagnoles* puisent leur matière dans divers chansonniers dont celui de son maître Pedrell ; elles sont une promenade à travers diverses régions espagnoles, à l'invitation d'une voix de gitane, dans des courbes mélodiques de faible ambitus et abondamment ornées, d'une ornementation proche parfois de l'improvisation (à son retour de Paris au début de la guerre, de Falla a institué un concours de *cante jundo*, le chant antique andalou). Enfin, sa dernière œuvre terminée est le *Concerto pour clavecin et petit orchestre* qui remet à la mode cet instrument oublié depuis plus d'un siècle et demi, dans une œuvre ascétique poignante.

Un regret : il n'y a rien dans sa production qui soit venu enrichir le répertoire de musique sacrée, si pauvre à cette période, lui qui a fait graver sur sa tombe : « La gloire et l'honneur n'appartiennent qu'à Dieu. »

En Angleterre

Depuis le très *british* Purcell et l'auteur adopté Haendel, l'Angleterre a bien du mal à générer des compositeurs originaux. Les périodes classique et romantique ne fournissent aucun créateur de talent.

Au début du XXe siècle, ce pays retrouve un style qui lui est propre autour d'Edward Elgar et Gustav Holst dont les fameuses *Planètes* tournent sur leur orbite depuis 1918. Deux autres compositeurs connaissent une certaine notoriété grâce à un langage marqué du sceau anglais : Ralph Vaughan Williams et William Walton.

Michael Tippett (1905-1997) est un compositeur autrement plus original. Ce n'est qu'à 29 ans qu'il produit sa première œuvre d'importance (*1er Quatuor*). Chaque œuvre est le fruit d'une longue maturation. C'est un véritable artisan dont la trajectoire créatrice est guidée par son engagement social. L'œuvre qui le fera apprécier du monde musical remonte au début de la guerre : *A Child of our Time*, dans laquelle il s'insurge contre les persécutions nazies ; sorte de *Passion* dans l'ombre de Bach au sein de laquelle le traditionnel choral est remplacé par un gospel. L'évolution de son langage tient compte des travaux de ses contemporains : influence du jazz, musique par blocs, nombreuses citations (collage). Ces influences ne nuisent pas à la cohérence de son propos.

Benjamin Britten (1913-1976) est un compositeur précoce et prolifique. À l'âge de 12 ans, il travaille la composition avec Franck Bridge tout en poursuivant ses études de piano (toute sa vie, il demeurera un remarquable pianiste, principalement en formation de chambre). Inquiet de la montée du nazisme, ce pacifiste convaincu trouve la paix en Amérique où il file en 1939. La célébrité l'atteint suite au triomphe de son opéra *Peter Grimes* en 1945.

C'est dorénavant le domaine lyrique qu'il va enrichir de nombreux titres rapidement devenus incontournables des grandes scènes lyriques : *Le Viol de Lucrèce*, *Albert Herring*, *Billy Budd*, *Le Tour d'écrou*, *Le Songe d'une nuit d'été* et *Mort à Venise*, auxquels on peut ajouter *Le Petit ramoneur* à destination des enfants, et même l'opérette *Paul Bunyan*. Il créé le Festival d'Aldeburg où sont créées certaines de ses œuvres. Il y invite les plus grands solistes, et les enregistrements dont on dispose aujourd'hui témoignent de la dynamique musicale de ce festival qui existe encore aujourd'hui.

Britten travaille encore pour la voix, grâce à la complicité du ténor Peter Pears qui l'accompagnera jusqu'à la fin de sa vie, dans de splendides cycles de mélodies avec piano ou orchestre (*Chansons de cabaret*, *Les Illuminations* d'après Rimbaud, *Sonnets de Michel-Ange*, *Sérénade*, *Canticles*, etc.). La voix est encore présente dans de nombreuses œuvres chorales parmi lesquelles *Ceremony of carols* – pour chœur d'enfants et harpe – et *War requiem*, l'une de ses œuvres les plus populaires, grande fresque de paix et de réconciliation créée à l'occasion de la nouvelle consécration de la cathédrale de Coventry qui avait été détruite pendant la guerre. Pour cet artisan de la paix, il s'est agi de composer une œuvre non liturgique – au texte latin est associée la poésie de Wilfred Owen – en vue de sa création par un trio de solistes réunissant le baryton allemand **Dietrich Fischer-Dieskau**, la soprano russe **Galina Vichnevskaïa**, et l'incontournable ténor anglais **Peter Pears**.

Il se passionne pour la musique élisabéthaine et Purcell à qui il voue une vénération sans borne. Il écrit *Variations et fugue sur un thème de Purcell*, œuvre à visée pédagogique qui fait défiler les diverses familles de l'orchestre les unes après les autres. Dans ce domaine très particulier, c'est un chef-d'œuvre non surpassé. Parmi les autres œuvres instrumentales, on connaît bien la délicate *Simple symphony* de jeunesse, la *Sinfonia da requiem* – distincte du *War requiem* – composée à la mémoire de ses parents, diverses pièces concertantes parmi lesquels le *Lachrymae* pour alto sur un thème de Dowland et des œuvres pour violoncelle composées pour son ami Rostropovitch.

Son langage n'est pas révolutionnaire. Cela ne signifie pas pour autant qu'il n'est pas moderne. Britten puise dans la tonalité qu'il traite à sa façon, n'hésitant pas à s'en éloigner autant que nécessaire, pour mieux y revenir. Il aime composer pour les circonstances que sa vie lui donne de croiser. Ces musiques occasionnelles sont vite devenues intemporelles. C'est le compositeur britannique le plus intéressant depuis le lointain Purcell. Il était temps, mais ça valait le coup d'attendre !

En Allemagne

Le seul compositeur qui, hors de la mouvance post-romantique, tire son épingle du jeu est **Paul Hindemith** (1895-1963), violoniste doué et précoce qui, pour les besoins d'un quatuor qu'il créé pour la diffusion de la musique contemporaine, passe à l'alto avec autant d'aisance et de talent. Il lui destinera plus tard des œuvres de premier ordre : trois *Sonates*, une *Musique de concert*, un *Concerto*. Après quelques œuvres dans l'ombre de Brahms et de Strauss, il s'engage radicalement dans une musique vraiment novatrice aux dépens de ses premières amours. Ça commence par une trilogie de brefs opéras en un acte parmi lesquels *Nusch-Nuschi*, parodie plutôt réussie de *Tristan*, puis *Cardillac*, opéra d'une autre envergure et ces *Nouvelles du jour*, qui mixent l'opéra bouffe et le cabaret qui en a fait l'une des œuvres les plus controversées des années 1920. Sa nomination comme professeur de composition à Berlin l'amènent à réfléchir sur sa musique ; il s'engouffre dans la *Gebrauchmusik* (« musique utilitaire »), pont esthétique entre la musique savante et la musique plus accessible au commun des musiciens amateurs. Son catalogue abonde en œuvres didactiques. Lui aussi sera contraint à l'exil peu après l'avènement du nazisme. Parmi ses œuvres principales, les opéras *Mathis le peintre* et *L'Harmonie du monde* dont il tirera des suites orchestrales.

Kurt Weill (1900-1950) est souvent associé à Brecht avec qui il signe notamment *L'Opéra de quat'sous* (voir le chapitre 9) et l'opéra plus ambitieux *Grandeur et décadence de la ville de Mahagonny* dans lequel chante Lotte Lenya qu'il épousera à deux reprises. Avec ses *songs* mémorables, la musique tient adroitement du cabaret de la chanson populaire et du jazz, avec des relents de Stravinsky. On a un peu oublié que du temps de son exil entre Hollywood et New York, il a connu le succès américain par des œuvres proches de la comédie musicale chère à Broadway.

Citerait-on ici **Carl Orff** (1895-1982), s'il n'avait pas signé le tube planétaire *Carmina burana*, certes peu novateur mais si efficace ? Orff est aussi l'initiateur d'une pédagogie musicale basée sur le rythme, la danse et l'utilisation de petites percussions simplifiées, pédagogie encore utilisée de nos jours. C'est son goût pour le rythme et son penchant pour l'archaïsme musical qui sont à l'origine de deux triptyques : les *Trionfi* (*Carmina burana*, *Catulli carmina* et *Le Triomphe d'Aphrodite*) et trois tragédies grecques (*Antigone*, *Œdipe le Tyran* et *Prométhée*).

En Amérique du Nord

S'il est incontestable que la musique américaine du XXe siècle est grandement pétrie du jazz et de la comédie musicale, le Nouveau Monde n'a pas attendu que Dvořák dirige le conservatoire de New York entre 1892 et 1895 pour susciter la vocation de compositeurs intéressants.

T'as le bonjour d'Alfred

Les premières traces d'orchestres symphoniques remontent au milieu du XVIIIe siècle de même que les premières sociétés musicales qui répandent la musique classique du vieux continent. Pour l'anecdote, on se souviendra que le premier opéra composé par un Américain dans son pays est *Alfred*, composé en 1757 par William Smith et créé à Philadelphie, qui est resté le centre musical américain jusqu'au début du XIXe siècle.

Le XIXe siècle connaît des compositeurs originaux, puisant dans le riche répertoire local pour des œuvres qui ne manquent pas de panache. C'est le cas de Stephen Foster, auteur d'innombrables chansons dans le sillage des *minstrels shows*, ces spectacles populaires des années 1820 dans lesquels alternaient chansons, danses et intermèdes comiques interprétés d'abord par des Blancs grimés en noir, puis par des Noirs. Beaucoup de ces *songs* sont inscrits dans la mémoire musicale (*Oh, Suzanna !*, *Old Black Joe*, *Old Folks at Home*). C'est aussi le cas de Louis Moreau Gottschalk, pianiste virtuose et compositeur prolifique d'œuvres essentiellement pianistiques, brillantes et sentimentales, souvent inspirées des couleurs locales.

Pendant son passage en Amérique, Dvořák incite les compositeurs à se pencher davantage sur les richesses musicales locales plutôt que sur les œuvres occidentales. En cela, il est suivi par Edward MacDowell qui, après une longue étape européenne durant laquelle il impressionne Liszt par ses compositions on ne peut plus romantiques, s'en retourne chez lui où il s'intéresse aux musiques indigènes (*Suite indienne*). De son vivant, il est considéré comme le plus grand compositeur américain, ce qui, avec le recul, paraît surestimé.

Les grandes figures du XXe siècle

Plusieurs grandes personnalités marquent la musique américaine au siècle dernier, autant de personnalités que rien ne rassemble sinon l'habileté dans l'art de manier le crayon et la gomme sur une feuille de musique.

Le grand Charles

Le vétéran est **Charles Ives** (1874-1954) dont la musique est aussi protéiforme que son pays natal. Assureur de son métier, musicien largement autodidacte, cet homme attachant doit attendre la fin de sa vie pour que ses trouvailles soient enfin reconnues par le gotha musical. Toute sa jeunesse est imprégnée des musiques populaires profanes et religieuses : fanfares, chorales, du ragtime au gospel. Mettons-nous à sa place : on se tient à un croisement de deux routes, une fanfare défile sur chacune des deux routes, les deux groupes jouent des airs différents dans des tonalités et des tempos différents. Cette dispersion spatiale engendre une curieuse cacophonie. C'est la démarche d'Ives qui va tenter de superposer des plans sonores que rien ne réunit *a priori*. *Central Park in the Dark* et *Question sans réponse* sont significatives de cette perspective.

Cette démarche l'amène à innover dans le langage musical : polytonalité, atonalité, clusters, polyrythmie, micro-intervalles, spatialisation, collages et citations, éclatement de la forme au profit d'une forme mobile anticipant la forme ouverte puisque les superpositions de tempos amènent forcément à des lectures toujours différentes. Mais curieusement son catalogue recèle des œuvres totalement tonales d'obédience romantique. Le reste du catalogue fait la part belle à la mélodie (près de 200 dont le compositeur regroupe le meilleur dans un recueil de *114 songs*) et au piano (*Concord Sonata*).

D'Amériques aux Déserts

Edgar Varèse (1883-1965) est un vrai créateur. Neuf ans à Paris où il naît, onze à Turin, quatre à Paris à nouveau, sept à Berlin, puis installation définitive aux États-Unis. Une solide formation scientifique qui guidera toutes ses grandes œuvres précède sa formation à la musique. Tous les manuscrits de cette époque restés à Berlin sont détruits par un incendie. C'est en Amérique qu'il va livrer ses œuvres essentielles dont la modernité – on est dans les années 1920-1934 – surprend encore aujourd'hui. *Amériques*, *Hyperprism*, *Intégrales* dont les sonorités préfigurent la musique électronique et la spatialisation, *Arcana*, son œuvre majeure où il tente de nous faire pénétrer à sa manière dans les arcanes des alchimistes de la Renaissance, *Ionisation* pour percussions (on y entend une sirène, anticipation rare de la musique concrète). Après cette période féconde, c'est le mutisme. On peut penser que Varèse se heurte à l'impossibilité d'organiser un laboratoire acoustique à sa mesure. Traversée du désert qui engendrera au bout de vingt ans… *Déserts* pour orchestre et bande magnétique. La création fut saluée par un scandale mémorable dont Paris avait le secret avant que New York lui rende l'année suivante l'hommage attendu, qui ne s'est pas démenti depuis lors. Varèse est un vrai novateur principalement dans le domaine du son. Il est arrivé trop tôt, ou plutôt il a précédé la révolution technologique. Même si son catalogue ne compte qu'une quinzaine de titres, son apport à la musique contemporaine est énorme.

D'autres pistes

Virgil Thompson (1896-1989) a suivi les cours de Nadia Boulanger pendant un séjour d'une quinzaine d'années en France. C'est aux sources même de la musique noire américaine, les *negro spirituals*, qu'il puise pour le matériau de son premier opéra *Four Saints in Three Acts* créé avec scandale par une troupe afro-américaine alors que la musique nous semble aujourd'hui dépourvue d'agressivité. Son deuxième opéra *The Mother of Us All* connaît une réelle pérennité outre-Atlantique : là encore la musique est truffée d'hymnes, de marches, de ballades et autres danses rappelant son Missouri natal.

Henry Cowell (1897-1965) prolonge les travaux avant-gardistes d'Ives. Son catalogue est riche (une vingtaine de symphonies) et son esthétique y apparaît hésitante entre l'exploitation de nouveaux mondes sonores et des œuvres plus consensuelles. Il s'intéresse également aux musiques orientales (chinoise, japonaise), exotiques (gamelan balinais) et latino-américaine, au point de les enseigner. C'est au piano qu'il consacre ses premières pièces significatives (*Trois Légendes irlandaises*) : l'usage du cluster est généralisé (paume ouverte, avant-bras) ainsi que le jeu sur les cordes du piano, directement pincées par le pianiste à l'intérieur de l'instrument. Dans *The Tides of Manaunaun* , le compositeur accompagne la mélodie tonale à la main droite par des grappes de clusters à la main gauche, procédé habile qu'il reprendra dans d'autres titres.

De telles compositions entraînent une problématique inattendue : l'orthographe musicale des nouveaux sons. Comment écrire un cluster, comment graver ces partitions ? Un exemple parmi les plus originaux, au moins à l'époque, est la partition de *Fabric* pour piano qui superpose trois plans sonores pour trois éléments rythmiques autonomes. Pour bien marquer l'indépendance de chaque partie, la partition superpose des notes de formats différents (losange, triangle, rectangle). Le compositeur veut atteindre une polyrythmie impossible à réaliser voire à imaginer pour un interprète. Quoi de plus efficace que d'inventer un instrument capable de le faire ! Ce sera le cas avec le *polyrythmophone* plus connu (!) sous le nom plus abordable de *rythmicon* conçu en 1931 avec Leon Theremin (l'inventeur du thérémine, pionnier des instruments électroniques) ; c'est un bien curieux instrument muni d'un clavier qui permet de transformer les fréquences des sons en rythmes percussifs. On peut ainsi superposer jusqu'à seize rythmes simultanés. Plusieurs œuvres pour cet instrument voient le jour : *Concerto pour rythmicon et orchestre, Rythmicana, Musique pour violon et rythmicon.*

L'œuvre de **George Antheil** (1900-1959) peut se lire en trois périodes : premières œuvres sans grande originalité, période centrale particulièrement novatrice à l'occasion de son installation à Paris, retour à des compositions moins ambitieuses, mais toujours originales, coïncidant avec son retour en Amérique, notamment à Hollywood. C'est donc à Paris, dans la mouvance dada, qu'il s'essaie à des œuvres inattendues comme le *Ballet mécanique* convoquant plusieurs pianos dont un piano mécanique, enclumes, scie circulaire, cloches, trompes d'auto, hélices d'avion, etc. préfigurant le bruitisme. La création new-yorkaise est accueillie par des émeutes, alors qu'une nouvelle présentation plus tardive est triomphale. Il s'empare du jazz dans son opéra *Transatlantic-the People's Choice* alternant musiques de film et compositions plus conventionnelles.

ANECDOTE

Antheil, *Bad Boy of Music* pour reprendre le titre d'un livre qu'il publie en 1945, est aussi le co-dépositaire d'un brevet d'un système améliorant le radioguidage des torpilles pendant la Seconde Guerre mondiale.

Aaron Copland (1900-1990) est un exact contemporain du précédent, mais d'une direction esthétique absolument différente. Ce n'est pas un compositeur d'avant-garde. Il ne rejette pas la musique qui le précède dont il s'avèrera un digne héritier. Ses premières œuvres sont marquées par son long passage dans le cours de Nadia Boulanger où il découvre Ravel et Stravinsky. À son retour outre-Atlantique, il tend une oreille attentive aux musiques de son pays : folklore et jazz. Ses œuvres les plus répandues datent d'avant 1945 et sont de tendance néoclassique : *El Salón México*, *Billy the Kid*, *Rodeo* et surtout *Appalachian Spring.* Dans les années 1950, Copland paie son écot au sérialisme (*Connotations* et *Inscape*), tout en produisant parallèlement des œuvres résolument moins engagées (*Old American Songs*, l'opéra *The Tender Land* ou *Three Latin American Sketches*). Atteint de la maladie d'Alzheimer au début des années 1970, ce proche de Bernstein cesse de composer mais poursuit inlassablement de diriger et de mettre son énergie au service de la musique américaine de son temps. C'est peut-être le plus américain de tous !

Profession compositeur-philosophe-menuisier

Harry Partch (1901-1974) est un phénomène. Vers 1923, il remet en question la division de l'octave en 12 demi-tons égaux et cherche à se rapprocher de la réalité physique des harmoniques d'un son, ce qu'on peut appeler *l'intonation juste*. Il divise l'octave en 43 intervalles pour constituer la *gamme monophonique*. La rupture décisive est consommée en 1930 lorsqu'il brûle la somme réunie en quatorze années de composition : une musique pléthorique pour le piano basée sur ce qu'il appelle « la tyrannie du piano », allusion au carcan que représentent les demi-tons du système tempéré moderne.

Partch se voue entièrement au système qu'il a mis en place. Il compose des œuvres parfois de grande envergure tout en construisant des instruments de musique aptes à les jouer. Jusqu'à sa mort, il construit une trentaine d'instruments, essentiellement des cordes et des percussions. On ne va pas tous les citer (c'est dommage !). Il y a des instruments « adaptés » comme l'alto, la guitare ou le marimba, et des instruments inventés comme les *Kitharas* (inspirées de la cithare) dont la *Surrogate kithara*, le *Bloboy*, les *canons harmoniques* ou encore les trois *Chromelodeon*, espèces curieuses d'orgues à anche (de type harmonium) accordées sur les fameux 43 sons. On ne résiste pas à vous décrire le *Zimo-Xyl* : c'est un instrument constitué de deux rangées de bouteilles d'alcool, un clavier de lames en bois et trois enjoliveurs de voiture. L'inventeur ajoute : « *Son nom étrange est composé de deux syllabes grecques, la première évoquant la fermentation, la seconde, le bois. S'il y avait une syllabe grecque évoquant les enjoliveurs, je l'aurais alors probablement ajoutée.* » Fin connaisseur, il précise les marques des bouteilles d'alcool pour retrouver les mêmes hauteurs : Barclay's Whisky : 5/3 ; Canada Dry Gin : 27/16 ; Vat 69 Scotch : 40/21, etc.

« *Je ne fabrique pas des instruments, je suis un philosophe attiré par la menuiserie.* » C'est lui-même qui le dit. Vous voulez voir et surtout entendre cet instrumentarium baroque ? Rendez-vous sur ce site : `http://musicmavericks.publicradio.org/features/feature_partch.html`

Vous y verrez des photos de tous ses instruments et vous aurez même la possibilité d'en tirer quelques sons.

À son grand désespoir (et plus modestement au nôtre), Partch est mal reconnu par ses pairs. Pourtant il continue à explorer le plus sérieusement du monde toutes les possibilités techniques et expressives véhiculées par les différentes échelles sonores, en prenant appui sur les nombreuses traditions antiques ou extra-européennes.

L'allègre centenaire **Elliott Carter** (né en 1908) est le vétéran de cette génération. Après ses études à Harvard, lui aussi passe par la case Boulanger à Paris. Ses premières œuvres en témoignent par leur allure néo-classique proche de Copland. À la fin des années 1940, il se détourne progressivement de cette esthétique au profit d'un langage sensiblement plus original, d'abord fondé sur les recherches rythmiques. Il met au point la *modulation métrique* qui permet de passer d'un tempo à un autre de manière systématique et progressive, par l'utilisation de rythmes complexes qui en rend la réalisation instrumentale scabreuse. Puis il innove dans le rôle donné aux instrumentistes : chacun se voit attribuer un rôle psychologique propre, chacun devient acteur. On s'approche sans le dire du théâtre musical. Son catalogue est riche, chaque œuvre est longuement enfantée. Le corpus des *Quatuors* (composés entre 1950 et 1995), œuvres capitales, permet de suivre le parcours du compositeur. Les œuvres s'enchaînent et suscitent toujours la curiosité du monde musical, car aucune n'est anodine. Nombreuses pièces instrumentales (*Symphonie pour trois orchestres* ou *Penthode* pour cinq quatuors de formations différentes) côtoient de superbes pièces vocales (*A Mirror on Which to Dwell* ou *Mad Regales*). Ce n'est pas l'avancée de l'âge qui ralentit sa créativité. Depuis le début du XXIe siècle, il produit des œuvres particulièrement originales et expressives (*Reflexions*, 2005 ou *Soundings*, 2006), gagnant en transparence par rapport à l'opacité de certains titres antérieurs.

Changement radical ! De **Samuel Barber** (1910-1981) la mémoire ne semble retenir que l'*Adagio* tiré de son *Quatuor* qui accompagne les cérémonies funèbres américaines et qui est entendu dans une vingtaine de films comme *Little Buddha* (Bertolucci) ou *Le Fabuleux Destin d'Amélie Poulain* (Jeunet). Le compositeur en a tiré une version pour orchestre et une autre pour chœur sur les paroles de l'*Agnus Dei*. Depuis, on l'entend à toutes les sauces dont la plupart frisent l'indigestion. L'opéra *Vanessa*, sur un livret de son compagnon Menotti, et le *Concerto pour violon* ont aussi connu leur heure de gloire. Toutes ses compositions sont peu audacieuses, d'une esthétique néoromantique, hormis le cycle vocal *Knoxville, Summer of 1915* et la *Sonate pour piano*, incursions dodécaphoniques sans lendemain.

Enfin, s'il est un compositeur incontournable de l'Amérique de cette période, c'est bien **Leonard Bernstein** (1918-1990), génial touche-à-tout, pianiste et chef d'orchestre remarquable – certaines de ses interprétations demeurent des références –, compositeur de comédies musicales inoubliables et d'un répertoire « classique » de haute volée, pédagogue surdoué (cours à l'université, émissions de télévision). Il a composé trois symphonies (*Jeremiah*, *The Age of Anxiety* et *Kaddish*) et un *Divertimento* pour orchestre qui sont restés à l'ombre des grandes réussites populaires (*On the Town*, *West Side Story*, *Trouble in Tahiti*), l'opérette *Candide* ou la *Mass* provocatrice – on est dans les années 1970 – mais qui peut s'écouter pour la qualité indéniable de la musique.

En Amérique du Sud

En Amérique du Sud aussi se fait sentir le besoin d'exprimer par l'art les richesses de son patrimoine. Comme ailleurs, certains musiciens vont arpenter leur pays pour en collecter le nectar musical et s'en imprégner. Plus encore que dans nos contrées européennes, on est frappé à l'écoute de cette musique par l'allusion constante à la danse et l'énergie qu'elle développe.

Le compositeur emblématique est le brésilien **Heitor Villa-Lobos** (1887-1959). Il est à la fois violoncelliste classique et guitariste dans un orchestre populaire de *chõrões* jouant des *chõros* (« pleurs », style de musique populaire), une double pratique qui se retrouvera dans toute sa vie musicale : à un journaliste qui lui demandait ce qu'était le folklore, il répondit « Le folklore, c'est moi ! ». Il est envoyé en Europe de 1923 à 1930, principalement à Paris où il se fait connaître et apprécier du milieu musical. De retour au pays natal, il y devient le « monsieur musique » qui organise l'enseignement musical, fonde le conservatoire, fait connaître les œuvres de ses contemporains, notamment le répertoire français qu'il aimait, dirige des chorales impressionnantes (40 000 écoliers en 1942). Son activité débordante ne l'empêche pas de composer infatigablement. Son catalogue est innombrable, sa musique aussi luxuriante que la forêt amazonienne. Dans un tel foisonnement dont il est impossible de faire le tour, tout n'est pas de valeur égale. Les 9 *Bachianas Brasileiras* – le titre explicite fait allusion à Bach et au Brésil – les 16 *Chõros* composés à Paris et *Rudepoêma* pour piano sont les œuvres les plus représentatives ; quant aux guitaristes, ils font leur miel des nombreuses pièces qu'il leur a concoctées.

Le Mexique génère deux belles personnalités contemporaines. **Carlos Chávez** (1899-1987) joue comme Villa-Lobos un rôle institutionnel de premier plan dans son pays – son engagement personnel se lira dans sa *Symphonie prolétarienne* – et dans la valorisation des musiques indigènes : sa *Symphonie indienne* reprend trois mélodies et utilise des percussions traditionnelles. **Silvestre Revueltas** (1899-1940) évolue dans un milieu artistique entre un frère peintre, un autre écrivain et une sœur actrice. C'est un violoniste de talent, bon chef, éphémère directeur du conservatoire de Mexico. Artiste militant lui aussi, il vient en Espagne pendant la guerre (1937) d'où il ramène *Mexico en España*, puis en France. Son goût sans modération pour la bouteille le fait entrer dans un établissement spécialisé avant qu'il n'en meure. Comme tous les compositeurs de sa région, sa musique se caractérise par une énergie rythmique incroyable puisée dans la richesse du folklore de son pays. Il n'est besoin que d'écouter *Sensemayá* pour s'en convaincre. Quant à *La Noche de los Mayas* à l'origine composée pour un film, elle se termine par une débauche sonore irrésistible, par la présence de très nombreuses percussions. Son catalogue compte aussi quatre quatuors et un octuor qui mériteraient d'être mieux connus.

En Argentine, **Alberto Ginastera** (1916-1983) devient rapidement le chef de file du mouvement nationaliste de son pays. Il décompose lui-même sa verve créatrice en trois périodes : le « nationalisme objectif » avec des compositions personnelles inspirées du folklore dans sa substance et du franckisme dans sa forme (*Danses argentines* pour piano, le ballet *Estancias*), le « nationalisme subjectif » où l'aspect folklorisant est moins évident, au profit d'un langage plus âpre, enfin le « néo-expressionnisme », le temps des grands opéras (*Rodrigo*, *Bonarzo*). Ginastera connaîtra l'exil politique en Suisse de la fin des années 1970 à sa mort. L'autre grand nom argentin est **Astor Piazzolla** (1921-1992). Ce fils d'immigrés italiens se passionne tôt pour le jazz – il aurait aimer jouer du saxophone – et pour Bach, qu'il aborde par le piano. Finalement, c'est en écoutant un concert de violon que sa vocation pour le tango prend corps. Il se met au bandonéon, cet instrument qu'il ne lâchera plus désormais. Il travaille la composition avec Ginastera, puis à Paris avec Nadia Boulanger qui, si elle ne goûte guère ses pièces, lui conseille de se forger un langage propre en partant de l'immense richesse musicale de la tradition argentine. Par ses compositions très nombreuses et ses interprétations fameuses, il donne au tango ses lettres de noblesse. Pour cela, il a sa place dans l'histoire de la musique.

On ne peut pas parler de la musique d'Amérique du Sud sans citer le nom de **Gustavo Dudamel**, chef d'orchestre prodige et fringant né en 1981, et qui, à la tête du *Simon Bolivar Youth Orchestra*, a révélé au monde entier les richesses musicales de son continent. Il est issu du *Sistema*, un formidable projet éducatif musical mis en place à la fin des années 1970 au Venezuela, son pays natal, par l'économiste et musicien José Antonio Abreu : sur 22 millions d'habitants, plus de 200 000 jeunes parmi les plus démunis pratiquent la musique classique au sein de 160 orchestres dont 36 professionnels ; 15 000 professeurs de musique sont répartis en 140 écoles de musique. Dudamel est aujourd'hui, et au moins jusqu'en 2019, à la tête de l'Orchestre philharmonique de Los Angeles, excusez du peu !

Chapitre 20

Un siècle et demi de musique française, de Franck à Dutilleux

Dans ce chapitre :

- Les grandes heures de la musique française au XIXe siècle
- Fauré, Debussy et Ravel, le tiercé français
- Messiaen et Dutilleux, quand les sons prennent des couleurs

Paris est le lieu de passage obligé pour les artistes et les intellectuels romantiques. Mais le romantisme sied difficilement à l'esprit créatif français, la seule exception notoire étant Berlioz, marginalisé. Pourtant, l'hexagone a engendré des créateurs qui ont su prendre le contrepied du romantisme, dans une démarche souvent couronnée de succès sinon de triomphes.

De Franck à Saint-Saëns

Il faut rendre à César...

César Franck (1822-1890) naît en Belgique puis sera naturalisé français. Le tempérament possessif de son père l'oblige à se produire très jeune lors de nombreux concerts et à composer selon l'académisme ambiant. Il s'écarte de la tutelle paternelle pour pouvoir se marier. Sa vie s'en trouve bouleversée car il doit travailler pour subvenir à ses besoins, en tenant diverses tribunes d'orgue dans des églises parisiennes comme Sainte-Clotilde. C'est un temps qu'il met à profit pour réfléchir à la composition. Dorénavant, ses œuvres sont marquées d'une empreinte personnelle. Il participe à la création de la Société nationale de musique (SNM) qui prend pour devise *Ars gallica* et pour objectif la promotion de la musique française. Il écrit pour son instrument (on peut parler du renouveau de l'écriture d'orgue) qu'il enseigne au conservatoire, où la fameuse « bande à Franck » formée par ses élèves enthousiastes (d'Indy, Duparc, Chausson) le pousse à composer. S'enchaînent ses œuvres les plus riches : son unique *Symphonie*, les *Variations symphoniques* pour piano et orchestre, des poèmes symphoniques (*Le Chasseur maudit, Les Djinns*) et de la musique de chambre (*Quintette*, *Sonate pour violon et piano*) absente des créations françaises depuis longtemps.

On lui doit la mise en œuvre d'un procédé de composition appelé *forme cyclique* qui consiste à réunir les différents mouvements d'une œuvre par des thèmes ou des éléments communs. Il est un grand maître en ce qu'il a fait école, Il a réussi à imposer la musique instrumentale française face au bouillonnant romantisme.

La bande à Franck et leurs amis

Que reste-t-il aujourd'hui de tous ceux qui furent les disciples de Franck au conservatoire ? On a déjà quasiment oublié les Alexis de Castillon et Charles Bordes. Les symphonies d'Albéric Magnard ou son opéra *Guercœur* connaissent épisodiquement un sursaut d'intérêt.

D'**Henri Duparc** (1848-1933) ne subsiste que la quintessence : 17 mélodies d'une subtilité à couper le souffle et de trop rares œuvres instrumentales. Cela paraît peu pour un compositeur ayant vécu si longtemps ; mais, en 1885, une maladie nerveuse et la cécité mettent subitement fin à sa carrière créatrice et prometteuse.

Vincent d'Indy (1851-1931), à la fois wagnérien inconditionnel et nationaliste, à la fois homme doux et critique féroce. Il récolte patiemment les chants populaires de son Vivarais natal dans lesquels il puise pour sa *Symphonie cévenole*. Après avoir participé à la création de la SNM, il fonde la *Schola cantorum*, école de chanteurs à visée religieuse qui s'ouvrira aux musiques profanes et orchestrales pour ressusciter les chefs-d'œuvre du passé.

Le cas Chabrier

Dans un premier temps, **Emmanuel Chabrier** (1841-1894) se tourne vers une profession juridique au point de travailler pendant une vingtaine d'années au ministère de l'Intérieur. À Paris, il se lie avec le milieu parnassien et le monde impressionniste (Édouard Manet est son ami), puis adhère à la SNM où une bonne partie de ses œuvres sera jouée. Les Bouffes-Parisiens, chers à Offenbach, créent son merveilleux opéra bouffe *L'Étoile* suivi de près par l'opérette *Une Éducation manquée*. Mais, en 1880, c'est le choc lorsqu'il entend *Tristan et Isolde* à Munich. Ses opéras suivants sont marqués de cette admiration, mais aussi du mauvais destin. *Gwendoline*, créée à Bruxelles, est retirée de l'affiche au bout de quelques représentations, le directeur ayant fait faillite. *Le Roi malgré lui* connaît un sort semblable à l'Opéra-Comique qui brûle une semaine après la création ! Outre les deux œuvres légères déjà citées, les orchestres ont conservé dans leur programme *España*, ramenée d'un voyage de l'autre côté de nos chères Pyrénées, et les pianistes jouent encore la *Joyeuse marche* et les *Pièces pittoresques*, toute de fraîcheur vêtues.

Camille Saint-Saëns (1835-1921)

Voilà encore un musicien précoce. À 5 ans, il compose déjà une pièce et tient la partie de clavier dans une sonate pour violon et piano de Beethoven. Il deviendra un grand virtuose du piano et un génial improvisateur à l'orgue. Pour tout cela, il est admiré par les Liszt, Wagner et Berlioz, rien de moins ! Il co-fonde la SNM qu'il quittera en 1886 sur un désaccord avec « la bande à Franck ». C'est un homme d'une grande érudition musicale, connu pour ses éditions révisées des œuvres de Rameau et de Gluck. Son catalogue approche les 200 opus, d'intérêt certes inégal et souvent jugés académiques. La *3e symphonie* avec orgue, les trois derniers des cinq *Concertos pour piano*, ceux *pour violon* et *pour violoncelle* ses poèmes symphoniques (*La Danse macabre*) témoignent pourtant d'une science orchestrale et formelle indéniable, d'un vrai talent. Son chef-d'œuvre reste *Samson et Dalila*, opéra qui surpasse bien des titres de la même époque et qui reste, il faut s'en réjouir, sur les affiches des grandes scènes internationales. Quant à son œuvre la plus célèbre, la « fantaisie zoologique » *Le Carnaval des animaux*, ne voyant en elle qu'une pochade décalée dans son catalogue sérieux, il a tenu à ce qu'elle ne soit pas jouée de son vivant hormis *Le Cygne* délicat, le tube du compositeur.

Gabriel Fauré (1845-1924)

Jusqu'en 1870, il mène une vie un peu tristounette entre l'harmonium qu'il tient dans le collège ariégeois que dirige son père, et l'École Niedermeyer, cet institut de musique religieuse où il est envoyé trop jeune (9 ans) et pour trop longtemps (dix années). Aux événements de 1870, il prend une part active en s'engageant. Au retour, il retrouve Saint-Saëns qui avait été son professeur à l'École Niedermeyer, au sein de laquelle il est appelé à enseigner à son tour. Dans les années 1890, il occupe des postes importants : inspecteur des conservatoires, professeur puis directeur de celui de Paris. Couronnement d'une carrière pédagogique au cours de laquelle il aura formé toute une génération de compositeurs de Nadia Boulanger à Maurice Ravel. Il s'avère un directeur intransigeant, redonnant son lustre et sa discipline à la grande maison parisienne.

Sa musique fait preuve d'une grande originalité parfois insaisissable. De son passage à Niedermeyer, il garde le goût de la modalité ancienne en usage principalement dans la musique d'église. Toute sa musique balance entre tonalité et modalité. On peut dire que le raffinement harmonique est sa marque de fabrique, apportant un aspect intime à sa musique même s'il s'en défendait. La surdité, qui marquera la fin de sa vie, confinera les dernières compositions dans l'épure, l'ascétisme.

Même s'il regarde principalement vers le XIXe siècle, il ne s'accommode pas des grandes formes. Ses deux tentatives lyriques sont laborieuses : *Prométhée* créé aux arènes de Béziers convoque une formation pléthorique avec trois orchestres d'harmonie, un orchestre de cordes, 30 trompettes et 18 harpes, 200 chanteurs et pas moins de 50 danseurs ; quant à la plus raisonnable – dans tous les sens du terme – *Pénélope,* elle pâtit d'un livret pâle et d'une musique quelque peu laborieuse. Pour l'orchestre, ni symphonie ni vrai concerto, mais des musiques de scène (*Pelléas et Mélisande*) et des œuvres concertantes (*Élégie* pour violoncelle, *Ballade* et *Fantaisie* pour piano).

Avec le *Requiem* qui a tant œuvré à sa célébrité, il laisse un corpus de mélodies inégalé, des œuvres intemporelles pour piano et une dizaine d'autres pour formations de chambre dans lesquelles son génie trouve les meilleurs échos. Cette prédilection pour des formations plutôt intimistes lui a valu le surnom de « Schumann français ».

Mezza voce

La partition du *Requiem*, œuvre majeure de son catalogue, est écrite à la mort de ses parents (1885 et 1887). Œuvre qui bouleverse radicalement les approches de la messe des morts que l'on a entendues jusqu'ici, surtout dans l'esthétique romantique (Berlioz ou Verdi, même Schumann). Ici, tout est apaisant, confiant, comme si le compositeur, qui se disait pourtant indifférent à la religion, envisageait la mort davantage dans la résurrection que dans la tragédie. Peu avant sa mort, il écrit : « Tout ce que j'ai pu posséder d'illusion religieuse, je l'ai mis dans mon *Requiem*, lequel est dominé par ce sentiment bien humain : la confiance dans le repos éternel. »

Si ses premières mélodies tiennent de la romance, ses affinités avec Verlaine et ses contemporains l'orientent vers une écriture beaucoup plus personnelle, souvent imitée depuis, mais jamais égalée. Les mélodies sont regroupées en cycles comme *Les Cinq Mélodies de Venise* et *La Bonne chanson* (Verlaine), *La Chanson d'Ève* et *Le Jardin clos* ; enfin les deux recueils ultimes à l'écriture plus ramassée, telle une épure : *Mirages* et *L'Horizon chimérique*. À côté des cycles, on connaît des mélodies éparses rassemblées en trois recueils pour des raisons éditoriales. On retiendra les fruits sublimes de la collaboration avec Verlaine : *Mandoline*, *Green*, *Claire de lune*, *Prison*.

Piano & Co

Fauré est le premier grand compositeur français à doter le piano d'un répertoire riche et cohérent, regardant vers les grandes compositions romantiques, mais avec une touche particulière. Ce seront *Impromptus*, *Barcarolles*, *Nocturnes* ou *Thème et variations*.

La musique de chambre est magnifiquement servie avec des œuvres convoquant toutes le piano (sonates, quatuors, quintettes) hormis l'ultime *Quatuor à cordes*, son chef-d'œuvre dans ce domaine, ultime composition d'un Fauré âgé de près de 80 ans atteint d'une surdité profonde depuis quelques années, ultime témoignage de la grandeur du compositeur.

Requiem ou le bon repos

La messe des morts est l'une des inspirations parmi les plus permanentes pour les musiciens. Depuis le *Requiem* grégorien, il n'y a pas une seule période qui n'ait connu ses coups de génie.

Le texte est celui de la messe latine habituelle sans *Gloria* ni *Credo*, enrichi d'éléments spécifiques à la messe des morts (l'introït *Requiem æternam dona eis, Domine*, la séquence *Dies iræ, dies illa*, l'offertoire et la communion *Lux æterna luceat eis, Domine*...).

Les compositeurs reprennent rarement l'ensemble de la messe ; chacun privilégie telle ou telle partie suivant l'orientation qu'il veut donner à sa composition. Jusqu'à la Renaissance, les requiem se distinguent peu des autres motets sacrés, avec des œuvres de grande qualité (Ockeghem, Palestrina, Victoria). Les bons rois français Henri IV ou Louis XIII se font enterrer au son de celui de Du Caurroy. Durant la période baroque, les compositeurs dramatisent quelque peu le trait sans toutefois tomber dans le pathos : Gilles, Charpentier et Campra.

À la fin de sa vie, Mozart nous laisse en inestimable héritage un chef-d'œuvre absolu devant lequel on ne peut que s'incliner. Le romantisme insistera sur les aspects dramatiques du texte de la messe des morts, comme le Dies iræ, « jour de colère » que les cuivres et les percussions soulignent bruyamment. Berlioz ou Verdi le font à l'excès. Ceux de Schumann et Dvořák restent plus retenus.

Un Requiem allemand de Brahms qui prend appui non sur le texte latin mais sur des extraits de la Bible allemande de Luther retrouve déjà la sérénité. Fauré se souvient avant tout du sens des premiers mots : *Requiem æternam dona eis, Domine*, « Donne-leur Seigneur le repos éternel ».

Au XXe siècle, Maurice Duruflé reprend des thèmes de la messe des morts grégorienne pour une œuvre sensible et pieuse. Britten compose un *War Requiem* qui insère des poésies anglaises au texte latin ; Ligeti, dans un langage audacieux, nous offre une œuvre à la fois sombre et lumineuse ; enfin Penderecki intègre dans le texte latin de son *Requiem polonais* un cantique de son pays dans un langage un peu emphatique.

Vous voulez un *Requiem* original ? Écoutez celui d'Andrew Lloyd-Webber (plus connu pour ses comédies musicales : *Cats, Le Fantôme de l'opéra*) écrit, en 1984, à la mémoire de son père. C'est un *medley* qui recèle de très beaux passages (*Pie Jesu* fauréen, *Sanctus alla* Broadway...). Vous en voulez d'autres ? Il n'y a que l'embarras du choix parmi les 2 000 messes des morts recensées.

Claude Debussy (1862-1918), prélude à la modernité

Voilà le premier grand compositeur moderne du XXe siècle, même s'il a composé une bonne partie de ses œuvres au siècle précédent. Enfance « ordinaire » pour un compositeur : conservatoire de Paris à l'âge de 10 ans, où il acquiert une solide formation pendant une douzaine d'années d'études. C'est pendant cette période d'apprentissage qu'il rencontre la mystérieuse madame von Meck, mécène invisible de Tchaïkovski qui, cette fois, ne joue plus l'Arlésienne. Debussy enseigne la musique à ses enfants, et il suit la famille en Russie à trois reprises.

Consécration absolue pour ce tout jeune musicien français, il obtient le Premier Grand Prix de Rome avec la cantate *L'Enfant prodigue*. Mais le séjour à Rome est plus pénible qu'agréable ; il étouffe dans cette atmosphère étriquée, sa chère liberté est mise à mal. Retour à Paris où il s'installe définitivement, malgré des conditions de vie difficiles. La fin des années 1880 est essentielle dans son évolution : deux voyages à Bayreuth d'où il revient « follement wagnérien » avant de renier cet engouement peu après. C'est aussi la découverte lors de l'Exposition universelle de 1889 (celle qui vit naître la tour Eiffel) de la musique d'Extrême-Orient, puis celle de la partition de *Boris Godounov*.

Jusqu'en 1892, son catalogue est principalement orienté vers la mélodie, comme nombre de prédécesseurs qui voient dans cette perspective l'occasion de se faire la main… et l'oreille. Comme toujours, les premiers titres restent sous influence. Il choisit ses poètes avec discernement et bon goût (Baudelaire, Verlaine, Mallarmé). Deux cycles contiennent le germe du génie à venir : *Fêtes galantes* (Verlaine) et *Cinq Poèmes de Baudelaire*. De cette période datent aussi quelques essais pour piano (deux *Arabesques*, *Suite bergamasque*, *Petite Suite* pour piano à 4 mains).

Prélude à la musique du XXe siècle

En 1892, très marqué par Mallarmé, il envisage la composition d'un triptyque *Prélude, interludes et paraphrase finale pour l'Après-midi d'un faune*. Il n'en composera que le premier volet, mais ces dix minutes de musique seront suffisantes pour bouleverser le monde musical. Triomphe à la création, immédiatement bissée. Le langage est radicalement moderne. La forme en est renouvelée, le rythme insaisissable (il est impossible à l'auditeur de fixer une pulsation et une mesure), l'idée du temps plus orientale qu'occidentale, l'harmonie sans cesse questionnée alors que jusqu'ici elle évoluait dans des enchaînements plus ou moins naturels, l'orchestre traité en couleurs sur la palette que le compositeur se joue de mélanger sans se répéter, etc. Bref, les paramètres musicaux traditionnels volent en éclats.

N'OUBLIEZ PAS

Le *Prélude à l'Après-midi d'un faune* la composition la plus novatrice depuis Beethoven, ouvre grand les portes de la musique du XXe siècle.

Comme si cela ne suffisait pas, un chef-d'œuvre en cache un autre. Alors que le *Prélude* n'est pas encore terminé, Debussy se penche sur *Pelléas et Mélisande*, la pièce que Maeterlinck fait créer aux Bouffes-Parisiens en 1893. Debussy la connaît déjà, l'ayant lu avant la création. Il y voit le texte qu'il cherche depuis longtemps avec « des personnages dont l'histoire et la demeure ne seront d'aucun temps, d'aucun lieu ». La composition en est achevée en 1895, mais il faudra attendre 1902 pour sa création à l'Opéra-Comique, après que l'auteur – qui souhaitait que le rôle-titre soit confié à sa femme – et le compositeur – qui préférait une autre artiste – ne s'écharpent jusqu'au procès, Maeterlinck allant jusqu'à provoquer Debussy en duel ! Charmante époque, hélas révolue.

Opéra mythique, opéra novateur, moderne, qui tourne le dos à l'opéra habituel (avec ses numéros qui s'enchaînent dont certains élans de bravoure, passages obligés pour s'assurer le concours des meilleurs chanteurs) et à la musique de Wagner (Debussy disait de lui : « un beau coucher de soleil que l'on a pris pour une aurore »). L'opéra procède du récitatif mélodique ininterrompu, sans vrai développement ni même de retour. Aucune mélodie que l'oreille ne peut accrocher, des harmonies sans cesse fuyantes, des couleurs orchestrales souvent en demi-teintes, une action à peine sensible. Une œuvre unique.

...qu'on voit danser

Rien ne sera plus comme avant. Les nouvelles œuvres de Debussy sont très attendues. Pour l'orchestre, les *Nocturnes*, *La Mer* considérée comme la symphonie – unique – du compositeur, *Images* sont toutes impressionnistes en ce qu'elles sont la réponse musicale à des sensations visuelles.

Le piano est autant gâté que l'orchestre. Après Fauré, en même temps que Ravel et avant Messiaen, Debussy enrichit considérablement le catalogue français du piano dans un langage autrement plus nouveau que celui de Fauré. Après plusieurs œuvres de jeunesse tenant plus du galop d'essai que d'œuvres originales, le catalogue se résume en trois grands recueils et des pièces isolées. D'un côté, les *Images*, les *Préludes* et les *Études*, de l'autre *Masques* ou *L'Isle joyeuse* ; enfin, plusieurs titres pour deux pianistes, d'égale valeur : *Six Épigraphes antiques* ou *En blanc et noir*. Autant de partitions qui renouvellent constamment le langage, la technique et plus généralement l'approche du piano.

La musique de chambre est en retrait dans l'œuvre de Debussy : le *Quatuor* est contemporain du *Faune* orchestral – d'un langage plus conventionnel, curieusement la seule œuvre qui soit flanquée d'un numéro d'opus, ici op. 10 – et il écrit trois *Sonates* au soir de sa vie, alors qu'il ressent déjà les premiers signes du cancer qui l'emportera à la fin de la Première Guerre mondiale. Ces trois sonates constituent la moitié du recueil prévu intitulé « Six Sonates pour divers instruments composées par Claude Debussy, musicien français ». Le projet inabouti rend hommage aux maîtres français du XVIIIe siècle.

La musique de celui qui signait ses articles Monsieur Croche tourne le dos à trois siècles de musique, pour ouvrir grand les perspectives esthétiques du nouveau siècle. Son influence est considérable.

Maurice Ravel (1875-1937), un Basque à Paris

Ravel, c'est l'invitation au voyage. Espagne et Pays basque bien entendu (il est né à Ciboure, près de Saint-Jean-de-Luz), chez les Hébreux ou les Grecs ; voyage dans le temps avec le retour de formes anciennes (valse, menuet, suite) engendrant l'utilisation de modes musicaux oubliés ; voyages oniriques en Orient ou dans l'Antiquité. Mais il est rare qu'il reprenne des éléments réels. Ce sont davantage les ambiances, les couleurs, les atmosphères auxquelles Ravel nous confronte. Le *Boléro* n'en est pas un, la *Valse* n'est guère viennoise, *Le Tombeau de Couperin*, sa suite pour piano ou orchestre reste avant tout du Ravel, comme toute sa production.

Ce fils d'un ingénieur genevois et d'une mère basque quitte très tôt sa terre natale pour Paris puis Montfort-l'Amaury. Il y reviendra souvent pour des vacances prolongées. À Paris, sa formation est largement redevable à André Gédalge et Fauré, mais – comme Debussy – il est peu formaté pour les structures d'enseignement et les concours. Il est renvoyé du conservatoire de Paris, et il échoue cinq fois au Prix de Rome : cet échec entraînera la démission du directeur du conservatoire, conclusion d'un scandale gravé dans les mémoires.

Un trait de plume affûté

Farouchement indépendant, son style fait d'élégance, de raffinement harmonique, timbrique et mélodique est à la fois limpide et enthousiasmant, et d'une minutie ne laissant échapper le moindre détail. Le trait est sûr, affûté, à l'image de son visage émacié et anguleux, reflet de sa personnalité. Toute sa musique laisse l'impression d'une grande assurance, et cela dès les premiers opus. Il est frappant de constater qu'il y a peu d'œuvres « sous influence ».

Contrairement à beaucoup d'autres, ses premières œuvres ne sont pas que des mélodies qui permettent de puiser un soutien poétique pour asseoir ses premières notes. Il s'intéresse tôt au piano et à l'orchestre, ses deux domaines de prédilection.

Piano

Le piano est le domaine où il est maintes fois comparé à Debussy, ce qui peut s'entendre, et parfois confondu avec lui, ce qui ne peut se légitimer. La musique de Ravel est davantage ciselée, d'un trait net, incluant toujours des éléments thématiques aisément perceptibles, opposant les registres. Musique plus franche, donc.

On connaît bien la *Pavane pour une infante défunte* (plus répandue dans sa version orchestrale ultérieure), œuvre de jeunesse qui fait attendre *Jeux d'eau* et *Miroirs*, autrement plus riches. Son œuvre la plus aboutie est *Gaspard de la nuit*, œuvre phare du piano du XXe siècle, inspiré de poèmes d'Aloysius Bertrand : *Ondine*, *Le Gibet* et *Scarbo*. Sa production connaît une dernière œuvre d'envergure, *Le Tombeau de Couperin*, une suite « à l'ancienne » en six mouvements d'une grande cohérence tonale et stylistique, hommage à Couperin et plus largement, inscription dans la tradition française.

Orchestre

Soyons-en sûr : vous pouvez siffloter le début du *Boléro* ou frapper sur le rebord de la tablette de votre ordinateur le rythme de la caisse claire dans un *crescendo* inéluctable qui vous entraîne du néant à l'ivresse. Et il est vrai que ce succès inimaginable est bien mérité. Comment tenir un grand quart d'heure avec deux thèmes immuables, jamais développés ? Un coup de génie qui ne doit pas faire oublier d'autres œuvres tout aussi passionnantes : *Rhapsodie espagnole*, *Daphnis et Chloé* commandé par les Ballets russes et la *Valse*. Le catalogue s'enrichit de nombreuses orchestrations de ses œuvres pour piano.

Ravel nous gratifie de trois œuvres concertantes : *Tzigane*, rhapsodie pour violon, musique haletante d'une haute virtuosité et surtout les deux concertos pour piano composés simultanément et que pourtant rien ne semble réunir : le *Concerto en sol* et le *Concerto pour la main gauche.*

Cet orchestrateur infatigable laisse aussi une version très personnelle des *Tableaux d'une exposition* que Moussorgski a magistralement écrite pour le piano. Version orchestrale riche en couleur qui ne doit pas faire oublier l'original.

Le pianiste manchot

ANECDOTE

Paul Wittgenstein est un pianiste autrichien dont les premiers concerts font miroiter une carrière enviable. Appelé au combat, il doit être amputé du bras droit lors d'un assaut en Pologne. Pas découragé pour autant, il continue à travailler le piano et veut en enrichir le répertoire en commandant des œuvres spécifiques à des compositeurs de divers pays : l'Anglais Britten, les Allemands Hindemith ou Strauss, l'Autrichien Franz Schmidt ou le Russe Prokofiev (le 4e de ses 5 concertos que le pianiste ne jouera pas, car il ne le goûtait guère). Mais c'est essentiellement la livraison de Ravel qui a fait mouche, entrant aussitôt dans le répertoire de tous les grands pianistes.

Musique de chambre et voix

La musique de chambre est le lieu de son intimité. Comme pour l'orchestre, peu d'œuvres mais presque autant de réussites. L'unique *Quatuor* (souvent associé à celui de Debussy dans les programmations), œuvre de jeunesse dédiée à « son cher maître Fauré », à l'écriture déjà parfaitement maîtrisée, le *Trio avec piano*, chef-d'œuvre dans sa catégorie, l'austère *Sonate pour violon et violoncelle*, les deux *Sonates pour violon et piano* dont la seconde contient un blues, clin d'œil réussi au jazz que Paris venait de découvrir.

Enfin, Ravel se souvient qu'un Basque aime à donner de la voix. Il compose pour cet « instrument » tout au long de sa vie, depuis les mélodies de jeunesse jusqu'à sa dernière œuvre. Deux œuvres scéniques : la comédie musicale (mais oui !) *L'Heure espagnole* et la fantaisie lyrique *L'Enfant et les sortilèges* sur un livret de Colette, partition magique.

Parmi les mélodies, plusieurs cycles montrent un compositeur attentif à la cohérence des diverses mélodies qui les composent, dans des approches musicales très différentes, entre l'orientalisant *Shéhérazade*, les déroutantes *Histoires naturelles* (dont la création désempare l'auditoire et cause l'ire de Jules Renard, auteur des poésies), les *Trois Poèmes de Stéphane Mallarmé* aux harmonies d'un tel raffinement qu'on tient là le meilleur de Ravel, les exotiques *Chansons madécasses* qui convoquent flûte et violoncelle avec la voix et le piano, et les nobles mélodies de *Don Quichotte à Dulcinée*, son dernier opus. Pour être complet dans ce tableau, il faut ajouter que Ravel retravaillera à sa façon *Cinq Mélodies grecques*, *Deux Mélodies hébraïques* (écoutez-donc le Kaddish !), sept chansons de différentes provenances. On lui doit même l'harmonisation de chants corses.

La musique de Ravel est moins novatrice que celle de Debussy. Elle reste profondément ancrée dans la tradition française, faite d'élégance, de raffinement et d'une grande fluidité.

Le Groupe des Six : 1 + 6 (3+3)

Erik Satie

Erik Satie (1866-1925) est souvent présenté comme le parrain spirituel du Groupe des Six. C'est un être original et attachant, pianiste de cabaret à Montmartre, d'autre part adepte de l'ésotérique Sâr Péladan et initiateur et unique adepte de l'Église métropolitaine d'art de Jésus conducteur. Il se retirera dans une chambre d'Arcueil où il vivra pauvre et solitaire de 1898 à sa mort.

C'est l'un des rares compositeurs qui divisent l'opinion : il y a les inconditionnels qui voient dans chaque œuvre le trait de génie et les prémices des musiques futures – notamment l'usage de la citation et la musique minimaliste – et les farouches opposants qui n'y voient qu'une forme d'amateurisme lénifiant.

Il est vrai que le compositeur fait tout ce qu'il peut pour déboussoler le musicologue et l'auditeur. Spécialiste en réponses absconses (« Vous préférez la musique ou la charcuterie ? ») et en titres dérisoires (*Morceaux en forme de poire*, *Embryons desséchés*, *Préludes flasques (pour un chien)*, *Españaña*), il truffe ses partitions de paratextes tout aussi biscornus (« Sur du velours jauni », « À sucer », « Ne pas manger »).

Son apport à la vie artistique de son temps est pourtant réel : c'est au son de *Parade* « ballet réaliste » mis au point avec Cocteau (livret), Picasso (décors et costumes), Massine (chorégraphie) et Apollinaire (programme) et dont la partition tient adroitement du collage musical, que le mouvement surréaliste lança son nom, et Debussy comme Ravel vénéraient le curieux maître d'Arcueil. Qu'en reste-t-il aujourd'hui ?

Le Groupe des Six

Dans son ouvrage *Le Coq et l'Arlequin* (1918), Jean Cocteau fustige les boursouflures wagnériennes, l'impressionnisme « dernier roucoulement de l'orage » et le modernisme viennois. Il revendique une musique plus directe, plus limpide, mettant en avant l'esthétique du cirque et du café-concert, et l'énergie du *Sacre du printemps*. C'est un véritable manifeste pour une autre voie musicale dont le compositeur de (p)référence est Erik Satie. Les « Nouveaux Jeunes » s'y sentent interpelés, autour de Blaise Cendrars. Les premiers concerts au Vieux-Colombier les font connaître du public parisien la même année.

En 1920, le musicologue Henri Collet, par ailleurs grand spécialiste de la musique espagnole, lance au travers de deux articles l'idée du Groupe des Six par analogie au Groupe des Cinq russe. Ce groupe réunit six « Nouveaux Jeunes ». Cocteau en reste le manager et Satie leur ami. Sur les six compositeurs, trois restent présents dans les mémoires et les programmations, trois sont restés dans l'ombre.

Darius Milhaud, le chantre de la polytonalité

Darius Milhaud (1892-1974), « Provençal de religion israélite », a beaucoup voyagé et ses déplacements vont alimenter ses inspirations musicales. Après ses études au conservatoire de Paris, il se lie d'amitié avec Francis Jammes et Paul Claudel qui va en faire son secrétaire à l'ambassade de France à Rio de Janeiro. Pendant deux années, il y découvre la formidable énergie de la musique brésilienne. En 1922, il se retrouve à Vienne où il rencontre Schoenberg dont il vient de diriger la création française du *Pierrot Lunaire*, Berg et Webern, puis aux États-Unis où il découvre le jazz traditionnel de La Nouvelle-Orléans. À partir de 1947, il partage sa vie entre les deux côtés de l'Atlantique : d'un côté, il enseigne la composition au conservatoire de Paris, de l'autre au Mill's College, Californie – où il aura comme étudiant le légendaire pianiste de jazz Dave Brubeck (qui appellera son fils Darius) – ou à Aspen, Colorado.

De la fenêtre de son bureau de Rio, il percevait des orchestres de danses animant plusieurs avenues simultanément : il en sortait une joyeuse cacophonie tonale qui en a fait la matière essentielle de son langage. Toute son énergie créatrice tourne autour de la *polytonalité*. D'autres s'y sont intéressés ponctuellement, mais il est le seul à l'ériger en système.

Mozart fait de la polytonalité la surprise de sa *Plaisanterie musicale* Kv 522, aimable sérénade pour cordes et cors on ne peut plus tonale. Il faut attendre les trois dernières mesures pour en comprendre le titre : les cinq parties sont écrites dans cinq tonalités et donc avec cinq armures différentes.

Ce compositeur infatigable œuvre tel un artisan : il se met à l'ouvrage quotidiennement, laissant un impressionnant catalogue de près de 450 opus, l'un des plus fournis de ce siècle. Dans une telle logorrhée, il faut distinguer le bon grain de l'ivraie. Il donne abondamment des œuvres de coupe classique : douze symphonies tardives précédées de six « petites symphonies » de quelques minutes, des concertos pour des solistes les plus divers (entre autres un concerto pour marimba, un autre pour batterie), 18 quatuors à cordes dont deux peuvent se superposer pour former un octuor (il est intéressant d'écouter les deux quatuors isolément puis superposés, quoique le résultat sonore ne soit pas à la hauteur du projet), davantage encore de sonates, etc. S'y ajoutent une quinzaine d'opéras qui jalonnent toute sa vie, depuis *La Brebis égarée* (Jammes, 1910) jusqu'à *Saint-Louis, roi de France*, (Claudel, 1970), *via Le Pauvre Matelot* (Cocteau), *Fiesta* (Vian) et la trilogie *L'Orestie* composée d'*Agamemnon*, *Les Choéphores* et

Les Euménides, (Claudel). Mais la mémoire semble avoir déjà oublié toutes ces œuvres lyriques.

En revanche, les programmes de concerts ont conservé des œuvres plus faciles d'accès, marquées par la polytonalité et les influences populaires : *La Création du monde*, l'une des rares œuvres de musique savante entièrement inspirées du jazz, *La Suite provençale* qui rappelle ses origines. Son passage à Rio inspirera *Saudades do Brasil* ou *Le Bœuf sur le toit* dans lequel s'enchaînent des danses sud-américaines : samba, rumba, conga, tango. *Scaramouche* fait mouche avec son blues et sa rumba. Ce sont des œuvres hautes en couleur et empreintes d'une certaine nostalgie. Dommage que d'autres pièces comme *L'Homme et son désir* qui illustre les bruits de la forêt vierge ou le *Service sacré* composé pour la synagogue (c'est l'un des rares offices religieux composés pour la liturgie juive) ainsi que quelques cycles de mélodies comme les *Poèmes juifs* ne sont plus guère fréquentés.

Arthur Honegger, franco-suisse

Arthur Honegger (1892-1955) se définit comme protestant de famille helvétique, français de cœur et de naissance. D'une telle origine, on comprend que Bach, l'oratorio et le choral vont parcourir son œuvre. Ce sont ses grands oratorios qui font sa notoriété : *Le Roi David*, *Judith*, *Une Cantate de Noël*, *La Danse des morts* ou encore *Nicolas de Flue* et deux opéras intéressants : *Les Aventures du roi Pausole* et *Jeanne au bûcher.*

Son œuvre symphonique mérite attention, qu'il s'agisse de ses symphonies ou de ses « mouvements symphoniques » comme *Pacific 231* (allusion à la machine à vapeur de même nom) et *Rugby* (qui, d'après Honegger, aurait très bien pu s'appeler *Football*).

Francis Poulenc, « moine ou voyou »

Du Groupe des Six, **Francis Poulenc** (1899-1963) est celui qui compose la musique la plus « française », autant que cette notion puisse être définie. La gouaille parisienne côtoie le lyrisme retenu ; le fort en gueule cache un cœur tendre. Ce Parisien de souche est un prodige du piano et un compositeur généreux, aimant les salons parisiens mais aussi la douceur de la Touraine où il se réfugie souvent. Jusqu'à la fin des années 1920, sa musique trahit son insouciance. En 1935, alors qu'il visite la belle église de Rocamadour dans le Lot, il est happé par la foi catholique. Tout le restant de sa vie est marqué de cette double perspective : le cabaret et l'église.

Héritier du groupe chimique Poulenc Frères qui deviendra Rhône-Poulenc, il n'a guère de soucis de fin de mois. Il se produit beaucoup en concert, principalement pour accompagner d'autres musiciens, instrumentistes et surtout chanteurs parmi lesquels Pierre Bernac avec qui il lie une solide amitié et pour qui il crée ses grands cycles vocaux, admirables. Associé à de grands interprètes (le chef Georges Prêtre ou la chanteuse Denise Duval), il donne des œuvres d'une grande profondeur.

Son credo est simple : c'est la mélodie qui prime. Qu'il s'agisse de musique instrumentale ou vocale, on est frappé par la richesse mélodique du compositeur. Sa musique est surprenante de fraîcheur, de spontanéité. En cela, il se place absolument dans la voie tracée par Cocteau.

Contrairement à Milhaud, il n'est guère attiré par les grandes formes qui nécessitent des développements thématiques. Pas grand-chose pour orchestre (aucune symphonie, deux suites de ballet, une *Sinfonietta* et une brève *Suite française*, cinq œuvres concertantes pour clavier), aucun quatuor, quelques sonates. En revanche, la voix est particulièrement bien servie.

Il faut distinguer dans son catalogue les œuvres profanes et les œuvres religieuses, en sachant qu'il faut puiser aux deux sources pour découvrir ce qui se cache derrière ce compositeur pudique.

Le catalogue profane est riche, tant vocalement qu'instrumentalement. Parmi les œuvres concertantes, le *Concert champêtre* pour clavecin créé par Wanda Landowska (qui a tant œuvré pour le retour en grâce de cet instrument) et *Aubade* sont les plus significatives du talent de Poulenc. La musique de chambre se résume à une dizaine de pièces qui font la part belle aux instruments à vent, mieux à même d'illustrer la pétulance de l'esprit du compositeur (irrésistibles *Sonates pour flûte*, *hautbois* ou *clarinette*, *Trio* ⏵, *Sextuor*). La voix lui inspire des cycles remarquables, grâce à la complicité des plus grands poètes : Guillaume Apollinaire (*Le Bestiaire*, *Calligrammes*), Paul Éluard (*Tel jour, telle nuit*, *La Fraîcheur et le feu*, *Le Travail du peintre*), Max Jacob (*Le Bal masqué*). Éluard lui donnera aussi la matière pour de splendides chœurs (*Figure humaine*).

Les œuvres religieuses commencent avec les *Litanies à la Vierge noire* composées au retour de Rocamadour. Trois oratorios (*Stabat Mater, Gloria, Sept Répons des Ténèbres*) encadrent plusieurs cycles chorals (*Motets pour un temps de pénitence* ⏵, *Motets pour le temps de Noël*) et pièces isolées (*Messe en sol*) tout aussi remarquables. Le *Concerto pour orgue* complète ce tableau.

Pour la scène, il laisse un chef-d'œuvre impérissable qui n'a eu aucun mal à s'imposer sur toutes les scènes mondiales : les *Dialogues des Carmélites* (Georges Bernanos) qui reprennent le drame des seize carmélites de Compiègne pendant la Révolution. Le livret est solide, la musique en totale adéquation, la dramaturgie parfaitement maîtrisée. Il aura fallu attendre quatre-vingts ans après le *Samson et Dalila* de Saint-Saëns pour que la musique française produise un opéra religieux aussi réussi. On attendra encore vingt-six ans pour voir dans le *Saint-François d'Assise* de Messiaen le génial successeur des *Carmélites*. À côté de ce chef-d'œuvre, on oubliera rapidement les *Mamelles de Tirésias* (Apollinaire) un peu... ramollies par le temps, mais on aurait tort de négliger *La Voix humaine* (Cocteau), tragédie sous forme de monologue créée par l'inoubliable Denise Duval.

Durey, Tailleferre et Auric

Les trois autres complices du Groupe des Six ont pâti de la notoriété des précédents. **Louis Durey** (1888-1979) est le premier à avoir quitté le groupe. Son adhésion au parti communiste l'a amené à composer des chants de masse et à travailler pour des chorales d'amateurs ce qui a fait de l'ombre à ses œuvres antérieures plus ambitieuses. **Germaine Tailleferre** (1892-1983) laisse de nombreuses œuvres instrumentales ; une certaine notoriété lui est venue par le fait qu'elle était une femme compositrice. Enfin **Georges Auric** (1899-1963) est le dédicataire du *Coq et l'Arlequin*. Sa musique est concise et claire, assez proche de l'esprit de Poulenc. Il aime associer la musique avec d'autres arts : musiques de scène (Marcel Achard, Jules Romains), ballets (*Les Fâcheux* pour Serge de Diaghilev), cinéma (René Clair, Jean Cocteau). C'est à Auric que l'on doit la musique de *Moulin des amours* qui accompagne le film *Moulin rouge* dans la réalisation de John Houston (1952).

Le Groupe des Six se disloque de lui-même en 1921 après avoir concocté deux œuvres communes : *L'Album des Six* pour piano et *Les Mariés de la tour Eiffel* (en l'absence de Durey, déjà sorti du groupe). Groupe éphémère, donc, mais dont l'aura est réelle sur plusieurs générations de musiciens. De nombreux compositeurs français s'inscrivent dans cette filiation, mais leurs œuvres ne survivent guère à leurs auteurs. Une seule exception notoire : **Jean Françaix** (1912-1997) à la plume sûre et au langage personnel, tour à tour pétillant comme du champagne et savoureux comme un sucre candy.

Olivier Messiaen (1908-1992)

Messiaen est incontestablement l'un des musiciens essentiels de la seconde partie du XXe siècle, tant pour ses compositions et ses improvisations que pour l'influence incontestable qu'il aura eue sur toute une génération de musiciens. Même s'il n'a pas de réels disciples, les principaux compositeurs français et étrangers (en vrac : Boulez, Xenakis, Henry, Stockhausen, Murail, Grisey, Benjamin… et pardon pour les innombrables oubliés) seront passés dans ses cours. Il respecte la personnalité de chacun, ne méprise aucun langage.

Sa foi si bien assumée (« J'ai la chance d'être né catholique, je suis né croyant »), son amour pour la nature et ses grands espaces qu'il découvre par ses nombreux voyages, et sa réelle science ornithologique (il reconnaît des dizaines d'oiseaux parmi les plus exotiques et en restitue les chants à sa manière, quand bien même les chants d'oiseaux n'entrent pas dans des échelles musicales bien déterminées) sont les piliers de son inspiration.

Messiaen est l'un des (trop) rares compositeurs du XXe siècle à avoir enrichi le répertoire de musique sacrée d'un vaste corpus pour orgue et d'immenses fresques orchestrales.

Techniques de son langage musical

Son œuvre est reconnaissable dès le premier accord. Il a développé très tôt un langage personnel qu'il n'a cessé d'améliorer tout au long de son catalogue. Il l'a lui-même exposé dans son ouvrage *Techniques de mon langage musical.*

Messiaen insiste sur la primauté du *rythme* : le rythme préexiste à la mélodie et l'harmonie. Il considère Mozart comme le plus rythmicien des musiciens. Pour ses travaux, il utilise des *rythmes non-rétrogradables* (palindromes rythmiques), des *valeurs ajoutées* et des *canons rythmiques* complexes, et il reprend des cellules rythmiques qu'il ramène de ses voyages en Extrême-Orient, en Grèce ou en Inde.

Il codifie des *modes* « à transpositions limitées » qui présentent d'évidentes symétries d'intervalles (par exemple, le « mode 2 » voit se succéder ½ ton, 1 ton, ½ ton, 1 ton, etc.) qui, si certains ont été utilisés sporadiquement avant lui, trouvent avec lui leurs lettres de noblesses mélodiques et engendrent des accords splendides. Messiaen est synesthète en ce qu'il associe couleurs et sons. Il s'en est souvent expliqué, et cela aussi participe à son langage modal. Ainsi, il voit dans la première présentation de ce même mode 2 « des rochers bleu violet, parsemés de cubes gris, bleus de cobalt, bleu de Prusse foncé avec quelques reflets pourpres violacés, or, rouge rubis et des étoiles mauves, noires et blanches. La couleur dominante de ce mode est le bleu-violet. » Bien entendu, il ne convient pas pour l'auditeur de « voir » ces couleurs quand il entend une œuvre composée dans cette échelle. Il convient par contre de respecter la vision d'un compositeur qui n'est pas le premier du genre (voir Scriabine au chapitre 19).

Un catalogue haut en couleurs

On peut aisément suivre la progression de son catalogue au fil de sa vie :

- Jusqu'en 1930, découverte de la musique et des autres arts : *Le Banquet céleste*, *Les Préludes* pour piano (influence debussyste), *Les Offrandes oubliées* (orchestre romantique).
- Les années 1930, à la tribune de l'église de la Trinité : influence prégnante de la foi catholique avec les premiers grands cycles religieux : *L'Ascension*, *La Nativité du Seigneur*.

- En 1940, en camp en Silésie comme prisonnier de guerre. Ce sera l'occasion de composer l'une de ses œuvres les plus emblématiques : *Le Quatuor pour la fin du temps*, créé par des musiciens enfermés avec lui, dans une atmosphère que l'on peut imaginer. Après sa libération, nomination au conservatoire de Paris : les grands cycles pour deux pianos (*Visions de l'Amen*) ou un piano (*Vingt Regards sur l'Enfant Jésus*) ou encore les *Trois Petites Liturgies*. C'est aussi à cette période que remonte le travail sur le mythe de Tristan à travers trois œuvres formidables : *Harawi*, *Turangalîla-symphonie*, *Cinq Rechants*.
- Autour de l'année 1950, Darmstadt, temps de l'approche sérielle : *Messe de la Pentecôte*, *Quatre Études de rythmes*, *Livre d'orgue*.
- Les années 1950, grande période ornithologique : *Oiseaux exotiques*, *Catalogues d'oiseaux* (7 forts volumes), *Chronochromie*.
- À partir des années 1960, grandes fresques orchestrales aux dimensions gigantesques, qui récapitulent toutes les périodes précédentes (*Sept Haïkaï*, *Couleurs de la cité céleste*, *Et expecto resurrectionem mortuorum*, *Des Canyons aux étoiles*, *Un Vitrail et des oiseaux*, *La Ville d'en-haut*). C'est au milieu de cette période que le compositeur donne le meilleur de lui-même dans un opéra unique en son genre, *Saint-François-d'Assise*, composition étalée sur huit ans, le plus grand opéra sacré depuis les *Dialogues des Carmélites* de Poulenc. Et qu'il est bon de noter qu'un tel chef-d'œuvre est rapidement entré dans le répertoire de très nombreux opéras dans le monde, malgré son sujet difficile, sa longueur et la démesure – sans doute nécessaire – de l'orchestration !

Henri Dutilleux (né en 1916)

Premier Grand Prix de Rome en 1938, il entre à la radio où il est chargé de composer les musiques d'accompagnement d'émissions littéraires et dramatiques pendant une vingtaine d'années, après quoi il quitte ce poste pour se consacrer uniquement à la composition. Son œuvre oscille entre tradition et modernité contenue, par un sens harmonique d'une extrême richesse et un goût pour le raffinement des sonorités qui le font s'inscrire dans l'histoire de la musique française.

Dutilleux est vraiment inclassable, à l'écart de tout mouvement, de toute trajectoire. Il ignore l'électronique, manie le sérialisme avec grande parcimonie. Il utilise les intervalles tempérés et les instruments habituels dont il se joue des couleurs à la perfection. Sa musique traduit une poésie extraordinaire par des moyens malgré tout modernes, même s'ils utilisent les champs d'investigation traditionnels. Il reprend à son compte les formes habituelles que sont la symphonie, le concerto, le quatuor ou la sonate pour piano.

Il cisèle chaque œuvre avec minutie, lentement, longuement, il n'en est jamais réellement satisfait. Son langage tourne autour de deux pôles essentiels l'idée de *variation* et la *maîtrise du temps* au sens large (ainsi, dans les *Métaboles*, chaque figure en engendre une autre, comme le « temps en boucle »).
Sans entrer dans le détail de son langage, il faut insister sur la dimension poétique de l'œuvre, une pièce est souvent associée à un support littéraire ou pictural. Il ne s'agit pas d'une illustration sonore, mais d'une piste possible pour le rêve. Chaque œuvre est donc entendue plus que déterminée architecturalement. Pas de vraie tonalité mais des références, des repères pour l'oreille, cellules répétées, notes-pivots, en perpétuel mouvement, comme un tableau qui, par un éclairage nouveau, apparaîtrait le même et toujours différent.

Poésie symphonique

Ses œuvres principales sont avant tout symphoniques :

- deux symphonies déjà anciennes,
- deux concertos (pour violoncelle : *Tout un monde lointain*, d'après Baudelaire, et pour violon : *L'arbre des songes*), auxquels il faut ajouter le nocturne *Sur un même accord* pour violon et orchestre,
- *Métaboles* qui métamorphose des idées musicales dans une atmosphère fascinante,
- *Timbres, Espace, Mouvement* ou *La Nuit étoilée*, très librement inspiré du tableau éponyme de Van Gogh,
- *Mystère de l'instant* qui associe aux cordes et aux percussions la sonorité très particulière du cymbalum,
- *The Shadows of time* auquel participe un trio d'enfants dans le troisième mouvement dédié à « Anne Frank et tous les enfants du monde »,
- *Correspondances* pour soprano solo et orchestre,
- *Le temps l'horloge* pour voix et orchestre, insaisissable et inoubliable, créé en 2009.

La plupart de ses œuvres ont été créées et défendues par les plus grands interprètes (le violoncelliste Rostropovitch, les violonistes Stern et Mutter, la chanteuse Fleming, les chefs Munch, Ozawa). Ajoutez son quatuor *Ainsi la nuit* et sa *Sonate pour piano*, et vous obtenez l'un des plus beaux catalogues des musiques actuelles.

Sixième partie

Pistes musicales au XXᵉ siècle

Dans cette partie…

Que n'entend-on pas ! « La musique moderne, pouah ! » « C'est dissonant ! C'est encore du Boulez ! » La musique du XXe siècle demande probablement une approche plus exigeante, une attention particulière pour des œuvres qui peuvent sembler plus agressives alors qu'elles recèlent une poésie indicible. Dans cette partie, laissez-vous embarquer pour des destinations inconnues, osez piocher dans la playlist après avoir lu un chapitre, écoutez la musique plusieurs fois, vous finirez, avec des oreilles dégagées des a priori, par y trouver de purs bijoux. Et vous direz : « La musique moderne, waouw ! »

Chapitre 21

État des lieux

Dans ce chapitre :

- Faut-il faire du neuf avec du vieux ou faut-il ouvrir de nouvelles pistes ?
- Les acteurs de la musique au XXe siècle

Le XIXe siècle a été marqué par deux grands phénomènes : le romantisme et l'exaltation des identités nationales. Le premier va se prolonger jusqu'aux années 1910 (mort de Mahler et première période créatrice de Schoenberg), les écoles nationales de leur côté vont continuer à se révéler les unes après les autres pendant le XXe siècle avant de « passer la main » à des écoles tout aussi localisées, mais moins marquées par l'engagement identitaire (voir le chapitre 20).

Mais Debussy passe par là. Il ouvre d'autres pistes jusque-là jamais envisagées. Au cours de ce XXe siècle, le renouvellement du langage sera l'un des questionnements essentiels des créateurs. Dans un premier temps, c'est la question de la tonalité et de son corollaire l'harmonie qui les interpelle. Progressivement, tous les autres points porteront réflexion. Certains, et non des moindres, vont continuer à exploiter ces paramètres traditionnels en les élargissant. On les a découverts dans le chapitre précédent. Beaucoup d'autres, par conviction ou par goût de l'aventure, vont s'engouffrer dans la brèche définitivement ouverte.

N'OUBLIEZ PAS

La problématique du langage devient l'enjeu de la création.

Revue des fondamentaux et fondamentaux revus

Depuis la fin de l'ère baroque, la langue musicale est solidement établie, évoluant très progressivement au fil des décennies. Cette musique a installé des habitudes sonores pour nos oreilles occidentales, au point que la très grande majorité des programmes des concerts qui nous sont proposés est composée d'œuvres tirées de ces XVIIIe et XIXe siècles, qu'il s'agisse d'opéras, d'œuvres symphoniques ou en formation de chambre.

Revue des acquis fondamentaux (pour en savoir plus sur ces points techniques, on se reportera à notre arrangement du *Solfège pour les Nuls*) et des nouvelles propositions qui peuvent en découler :

Fondamentaux acquis...	***...et questionnés au XXe siècle***
Tonalité	
Division de la gamme en 12 demi-tons égaux	**Autres découpages envisagés**
Utilisation exclusive des douze notes de la gamme chromatique (do – do# – ré – ré# etc.) que l'on retrouve sur le clavier du piano en grimpant d'un *do* au *do* suivant au moyen de toutes les touches – blanches ou noires – conjointes.	Principalement le ¼ de ton (courant depuis les années 1960) mais aussi le $^1/_3$ de ton (Ohana) ou encore des proportions beaucoup plus fines (du $^1/_3$ au $^1/_{16}$ avec **Julián Carrillo** (1875-1965), compositeur mexicain qui, on vous l'assure, n'a rien à voir avec l'un des auteurs de cet ouvrage). Mais cela engendre deux problèmes techniques : l'élaboration d'une orthographe musicale adéquate et l'adaptation des instruments. Toutes les cordes peuvent jouer ces micro-intervalles (prenez votre guitare, jouez deux notes séparées par un demi-ton (= une case) puis reprenez cet exercice en glissant lentement entre les deux notes : une infinité de « nouvelles notes » se fait entendre) ; il en est de même pour le trombone (grâce à la coulisse) ou la voix. Mais le piano ? les vents ? Il faudra en bricoler ou en fabriquer de nouveaux (Partch).
Système tonal	**Autres systèmes**
Utilisation quasi exclusive de la tonalité aux dépens de la modalité ancienne, en privilégiant le ton majeur et en créant une variante mineure artificielle. Le choix de la tonalité retenue par le compositeur est indiqué par l'armure, ce qui n'empêche pas les changements fréquents dans les tonalités afin d'éviter la monotonie (qui porterait bien son nom ici !).	Pour certains, le système tonal n'a pas révélé tous ses secrets (Britten, Chostakovitch). D'autres superposent différentes tonalités (Ives, Milhaud). On en tire le maximum avant d'aboutir à une impasse, renier le système et en instaurer un autre (Schoenberg). *A contrario*, des compositeurs qualifiés d'avant-gardistes en leur temps vont y venir – plutôt vertigineusement – après avoir épuisé leurs recherches (Penderecki). Le cas Stravinsky est intéressant : premières œuvres tonales, période novatrice dans les années 1910, retour brutal à la tonalité dans une période néo-classique avant de se tourner tout aussi radicalement vers le système sériel. On va explorer de nouveaux modes, parfois fabriqués de toutes pièces (Messiaen), on va s'orienter vers d'autres systèmes.

Harmonie tonale	Autres dimensions harmoniques
Le système tonal engendre une organisation harmonique avec des accords de trois, de quatre et parfois de cinq sons dûment codifiés, et dont les enchaînements constituent la trame harmonique qui soutient l'œuvre.	Cette organisation n'a plus de sens dès lors que la tonalité disparaît. Les musiques vont, de fait, apparaître dissonantes, les notes entendues simultanément semblent se rencontrer par hasard, au détriment d'un effet recherché. Pour certains, ces « nouvelles harmonies » sont une expérimentation passionnante.
Mélodie	**Motifs**
Depuis le milieu du XVIIIe siècle, l'élément mélodique (thème ou simple motif) reste le fil conducteur aisément repérable pour suivre l'œuvre et pour la mémoriser.	Il faut trouver d'autres repères pour l'oreille. Les motifs se résument parfois à une *série* de notes : dans un premier temps les douze puis ensuite certaines seulement, organisées de manière rigoureuse (musique dodécaphonique de l'École de Vienne, musique sérielle de Boulez).
Rythmes et structures	
Divisions du temps	
Le catalogue des figures rythmiques possibles n'évolue guère. Il y a deux catégories de rythmes : binaires (chaque valeur peut être divisée en deux autres valeurs égales) et ternaires (divisibles en trois), avec de multiples combinaisons.	Ce choix évolue considérablement. Pourquoi ne pas diviser une valeur en 5 ou 7 ? Et pour d'autres au contraire, pourquoi fixer le rythme avec autant de précision ?
Pulsation	
Elle reste régulière : on peut aisément la ressentir et l'accompagner d'un battement de main ou de pied. Elle consent à de faibles fluctuations pour souligner une expression passagère.	Comme pour la tonalité, nombreux sont les compositeurs qui s'en contentent pour leurs œuvres. D'autres vont commencer à en douter (*Danse sacrale* du *Sacre du printemps* de Stravinsky), certains à se souvenir que leur folklore utilise d'autres métriques (Bartók), beaucoup vont chercher à l'anéantir complètement.

Mètre rythmique	
Il reste de mise. Le compositeur choisit une *mesure* (indiquée par le chiffrage au début de la partition) et s'y tient jusqu'au bout.	Il reste nécessaire dès qu'il s'agit de jouer à plusieurs, faute de quoi la mise en place devient scabreuse. Raison de plus quand un chef doit diriger l'orchestre : il bat la mesure suivant un code précis, donc chaque mesure doit être dûment indiquée. Certaines partitions changent de mètre à chaque mesure ou presque (*Le Marteau sans maître* de Boulez) ce qui nécessite une adresse particulière du chef.
Structures	
Les grandes compositions s'inscrivent dans des structures bien rôdées.	Les structures traditionnelles (sonates, quatuors, symphonies) continuent à encadrer de nombreuses compositions (Chostakovitch, Dutilleux) ; mais il faut imaginer d'autres formules. Toute musique, même la plus contemporaine, ne résiste pas à l'analyse musicale.
Instruments et instrumentistes	
Catalogue instrumental	
Il n'y a guère de nouveaux instruments, et la facture de ceux qui existent évolue peu, hormis celle du piano.	La facture instrumentale progresse à la marge pour les instruments traditionnels ; seul l'instrumentarium des percussions se développe de manière fulgurante. Au-delà de quelques inventions pour la plupart loufoques, le XXe siècle connaîtra une vraie révolution : l'électronique qui permet le contrôle de la source même du son. Avant cela, on s'était posé la question du son musical, par l'utilisation d'objets usuels (la sirène chez Varèse, le bruitisme développé par Russolo, le catalogue des objets musicaux de Schaeffer). Enfin, la mondialisation chère à ce temps s'invite dans l'art en important ses instruments exotiques (gamelan balinais) ou ses modes de jeu inhabituels.

Modes de jeu instrumentaux	
Les instruments sont utilisés de manière traditionnelle.	On peut se demander pourquoi ne pas utiliser le piano en frappant directement sur les cordes au moyen d'une baguette ou à main nue, ou bien en trafiquant le son en insérant des objets entre les cordes (*piano préparé* cher à Cage). C'est joli, la flûte ! mais pourquoi ne pas en jouer en n'utilisant que la seule embouchure et non plus la flûte entière ? Vous aimez la clarinette, ce bel instrument monophonique en ce qu'elle ne peut émettre qu'un son à la fois ? On a trouvé que certains doigtés factices permettent de jouer à la clarinette des sons harmoniques qui, s'ils restent d'une subtile discrétion pour l'oreille, enrichissent la palette sonore. Dans ce registre instrumental, les cordes peuvent être accordées différemment (on l'avait déjà entendu chez le baroque Biber mais on l'avait oublié par la suite), l'archet utilisé à l'envers en frappant le bois sur les cordes (*col legno*) ; on peut faire claquer un pizzicato (note attaquée par un doigt, non par l'archet) sur le bois du manche qui soutient la corde (« pizzicato Bartók »). La recherche sur les nouvelles possibilités sonores et techniques de chaque instrument et aussi de la voix est l'une des plus vigoureuses (Berio, Lachenmann).
Rôle des interprètes	
Il est circonscrit à la stricte interprétation de la partition entièrement écrite.	La grande majorité des partitions est intégralement composée, la marge de manœuvre de l'interprète se limite à l'expression musicale – ce qui est essentiel. Mais pourquoi ne pas laisser à l'interprète une réelle participation à la composition musicale ? L'interprète re-compose l'œuvre en l'organisant à sa guise dans un cadre bien précisé (Stockhausen) ; il peut aussi « jouer » tel un acteur (Kagel, Aperghis). Le geste musical devient un élément à considérer.

Nouveaux langages

La première moitié du XXe siècle est marquée par une vraie révolution, celle de la recherche absolue de nouveaux langages qui seront développés dès le chapitre suivant ; la réflexion de Schoenberg est fondamentale, et sa trouvaille dodécaphonique ouvre de nouvelles perspectives qui s'épanouiront après 1945. Car hormis quelques tentatives isolées, il faudra attendre le lendemain de la Seconde Guerre mondiale pour que se développent d'autres trajectoires nouvelles. Elles sont innombrables ; certaines très éphémères ne survivront pas à leur instigateur, d'autres au contraire marqueront leur temps. Pour certains, le progrès par bonds en avant devient obsessionnel, d'autres privilégient une avancée plus ordonnée.

À la rigueur de la *musique sérielle* issue des travaux de Schoenberg et surtout de Webern (Boulez, Stockhausen) répondra l'aléatoire de la *musique ouverte* (Stockhausen à nouveau, Cage). Après la période d'avant-garde audacieuse et passionnante des années 1950-75, la plupart des compositeurs concernés vont opérer un retour nostalgique (Berio, Ligeti) ou trop radical (Penderecki) vers le passé.

Un nouvel élément entre en jeu : la technologie qui permet dans un premier temps de s'approprier les sons extérieurs grâce au microphone. Tout bruit peut devenir un son : c'est la *musique concrète*. Dans un deuxième temps, elle permet de manipuler, transformer des sons, d'en créer de nouveaux : c'est la *musique électroacoustique* dont les premiers travaux sont contemporains de ceux qui exploitent la série. On associera par la suite la technologie à l'instrumentarium traditionnel : c'est la *musique mixte*.

On recherche les *sons lisses* (Xenakis), on en *tisse* d'autres (Ligeti). Les progrès de la physique permettent l'exploration musicale du prisme sonore : la *musique spectrale* est particulièrement défendue par des compositeurs hexagonaux (Murail, Grisey). La haute virtuosité instrumentale qui repousse inlassablement les limites techniques ouvre la voie à des partitions dont la complexité affolante à la lecture devient un élément langagier constitutif (Ferneyhough, Dillon). Dans le même temps se répand comme *a contrario* le *minimalisme* américain (Reich, Glass, Adams) ou souvent synonyme d'épure mystique (Pärt), avant l'avènement de nombreuses créations indépendantes, moins audacieuses par leur propos.

C'est le menu alléchant des chapitres suivants.

La musique par qui et pour qui ?

Le moins que l'on puisse dire est qu'aujourd'hui la musique est partout, elle ne nous lâche pas. Ça ne date pas d'hier, mais on semblait l'avoir oublié. Les grandes civilisations ont souvent associé chants et danses aux moments de la journée, aux travaux, aux rites, bref, la musique jalonne la vie selon des codes bien définis.

Le siècle qui nous préoccupe a été marqué par deux événements primordiaux dans ce domaine : l'irruption du jazz qui a suscité plus ou moins directement les différents courants de « musiques actuelles » auxquelles nous consacrons plus loin une partie toute entière, et la mise au point des procédés de diffusion musicale, du microphone au blue-ray, du vinyle à Youtube. La musique diversifiée quant à son style est accessible partout et par tous. Chacun y trouve son compte.

Elle est devenue réellement démocratique par un mouvement engagé depuis le siècle précédent. Contrairement aux idées reçues, les concerts « classiques » attirent les jeunes davantage chaque jour. Qui sont donc les acteurs et les consommateurs ?

Apprendre la musique en France aujourd'hui

L'apprentissage de la musique se pratique sous les formes les plus diverses. On l'approche dans l'enseignement général de l'école primaire au lycée, dans des options ou des filières spécifiques (le baccalauréat Techniques de la Musique et de la Danse est l'une des sept séries du bac technologique). On l'apprend dans des structures spécialisées, des écoles de musique au conservatoire supérieur de Paris ou de Lyon. On en pousse la recherche à l'université (une vingtaine d'universités disposent d'un département de musique et musicologie) : licence (bac+3), master (+5) et doctorat (+8) permettent de développer la recherche musicologique qui est devenue rapidement l'un des partenaires indispensables du monde musical, par sa connaissance toujours *in progress* du fait historique ou sa mise au point d'éditions critiques de partitions qui révèlent fréquemment des zones laissées trop dans l'ombre jusque-là.

Depuis les années 1980, les réformes pédagogiques et les nombreuses publications prouvent l'intérêt réel porté à la musique. Les conservatoires porteraient-ils mal leur nom ? À côté des enseignements habituels, on trouve, suivant les cas, des départements spécialisés : musiques anciennes, studio électroacoustique, jazz, musiques actuelles, musique traditionnelle, etc. Le solfège, véritable terreur de notre enfance, s'est muté en *formation musicale* : tous les aspects théoriques sont rendus au service de la musique. Le décloisonnement est le maître-mot de la pédagogie : sans renier le travail individuel intensif, l'apprenti-musicien n'est plus cantonné à rester seul face à son instrument.

Du producteur au consommateur

L'apprentissage terminé, la crème des musiciens rêve d'une chose : vivre de son talent. La voie royale est la reconnaissance publique : soliste ou compositeur.

Au XIXe siècle, les deux talents sont souvent liés. Les grands compositeurs romantiques sont de merveilleux pianistes (souvent jeunes prodiges) ou chefs d'orchestre, et peuvent servir au mieux leurs propres œuvres. Cet état de fait va durer encore une partie du siècle suivant (Prokofiev ou Rachmaninov au piano, Strauss à la baguette) avant que la distinction entre compositeur et interprète ne s'installe plus délibérément. D'un côté, le répertoire déjà existant suffit à remplir les programmes des interprètes et à les mettre en valeur ; de l'autre, le niveau remarquable et toujours plus performant des interprètes offre au créateur une interprétation épatante. Il y a quelques belles exceptions parmi les chefs comme le Français Pierre Boulez ou le Finlandais Esa-Pekka Salonen au double talent reconnu.

Le compositeur

Pour un compositeur, la difficulté est de s'inscrire dans un courant artistique, quitte à édifier le sien. Progressivement, le cheminement traditionnel allant des classes d'harmonie, de contrepoint, de fugue et d'analyse à la composition libre tend à s'estomper. Les classes d'érudition restent nécessaires pour appréhender les musiques existantes mais n'aboutissent plus forcément à l'élaboration d'un langage propre. De ce fait, se conjugue au passé le temps des petits prodiges de la plume sur la portée.

Vous croyez avoir déterminé le langage qui vous signalera ? Vous avez déjà quelques œuvres présentables dans vos tiroirs ? Prenez contact avec plusieurs éditeurs en espérant que l'un d'entre eux vous recevra. Les premières œuvres publiées, continuez à démarcher en commençant par vos amis. Il y a toujours des copains prêts à se mettre en quatre pour vous jouer. Un premier CD artisanal réalisé par vos vrais potes et vous voilà démarchant les formations professionnelles qui ne vous connaissent pas encore. À partir de là, le talent créatif fait la différence, le copinage ne résiste guère.

Le compositeur actuel aspire à vivre de son œuvre. Ses revenus proviennent de plusieurs sources potentielles : le mécène (particulier ou institution) qui lui passe commande, la vente de la partition et, ce qui est plus récent, les droits d'auteur (versés après audition publique ou diffusion) gérés en France par la SACEM (Société des Auteurs, Compositeurs et Éditeurs de Musique).

Une œuvre est protégée et donc soumise à des droits répartis entre éditeur et compositeur du vivant de l'artiste et même au-delà selon des règles régies par le Code de la propriété intellectuelle.

L'interprète

Les meilleurs instrumentistes se confrontent lors de grands concours internationaux. Les plus prestigieux sont les concours Reine-Élisabeth, Chopin, Long-Thibaut et de Genève ; celui de Besançon révèle les jeunes chefs. La plupart des grands interprètes actuels sont lauréats de ces joutes musicales. Les derniers palmarès font la part belle aux interprètes asiatiques (Japon et Corée du Sud) et aux Russes. Les programmes des concerts de demain diront s'ils ont fait leurs preuves.

La spécialisation est à l'œuvre. La redécouverte des musiques anciennes ne date pas d'hier. Mendelssohn et sa restitution de la *Passion selon saint Matthieu* de Bach, la *Schola cantorum* et sa remise en valeur des œuvres religieuses, Saint-Saëns et sa révision des œuvres de Rameau ont donné le *la* au siècle précédent. Mais, dans les années 1970, la réflexion sur l'interprétation des musiques anciennes (du Moyen Âge à la période baroque) a engendré de nombreux ensembles qui ont tenté de retrouver, par une lecture nouvelle des partitions et d'anciens traités, la manière d'exécuter cette musique. On retrouve les instruments idoines (à défaut, on en construit des copies fidèles) et la manière de s'en servir ; les partitions sont lues différemment. Dorénavant, on ne peut faire fi de ces travaux ; on n'écoute plus la musique de la même oreille. Même Mozart et Beethoven en ressortent d'autant plus vivants qu'ils en sont allégés. Sans tomber dans l'excès d'authenticité, de nouvelles habitudes sont prises. Merci donc aux Harnoncourt, Leonhardt, Malgoire, Herreweghe, van Nevel, Christie, Bondi, Savall, Visse, Gardiner, aux familles Clemencic, Deller ou Kujcken, et pardon à tous les autres artisans de ce renouveau formidable oubliés ici.

Grandes scènes lyriques et grandes formations symphoniques se partagent la part du lion. Les programmes continuent à privilégier les œuvres classiques et romantiques. Les unes font leur miel des opéras de Mozart à Wagner *via* les Italiens (Puccini et Verdi tiennent la cote), alors que l'opéra français de Gounod à Poulenc n'est pas en reste. Les autres se délectent des concertos et des œuvres symphoniques de Beethoven à Stravinsky (en ce moment, Mahler et Chostakovitch sont très prisés).

Il faut se glisser entre les lignes pour dénicher des œuvres moins courues qui vont pimenter le programme. C'est coincé entre un concerto de Mozart et *Le Sacre du printemps* que peut être portée sur les fonts baptismaux une création nouvelle. De grands chefs y participent avec conviction (le XXe siècle en est parsemé. Aujourd'hui, on pense à Rattle, Abbado, Maazel, Boulez). Il faut rendre hommage à tous les artisans qui défendent sans relâche les musiques contemporaines. Des ensembles leur sont consacrés (Ensemble InterContemporain, 2e2m, L'Itinéraire, de nombreuses formations associatives).

Le public

Le XXe siècle n'est plus le XIXe. L'accès à la musique n'est plus l'apanage de quelques-uns. L'ample diffusion permet à chacun de se forger son goût, celui de la découverte boulimique de tout ce qui passe ou, au contraire, celui pour tel ou tel aspect de la musique.

Les propositions de musique vivante sont de plus en plus nombreuses : outre les concerts traditionnels (aimablement appelés « du dimanche après-midi »), les festivals pullulent, souvent autour d'une thématique particulière. Des festivals fleurissent l'été (Bayreuth, Salzbourg, Orange ou Aix-en-Provence pour l'opéra, La Roque-d'Anthéron pour le piano) ; d'autres, plus audacieux, comblent de bonheur les oreilles les plus exigeantes. C'est là qu'il faut citer les Folles Journées de Nantes : deux ou trois jours de musique non-stop, dans tous les lieux possibles, autour d'une commémoration chaque fois renouvelée. Un succès phénoménal qui s'est transposé dans toute la région avant de conquérir les plus grandes métropoles de la planète. Bravo à Rémi Martin, son fondateur si inspiré !

Enfin, les musiques contemporaines ont leur public de fidèles et de curieux. Il est vrai que l'art contemporain semble avoir érodé sa dimension populaire. La musique peut parfois devenir hermétique, l'auditeur se sent parfois agressé par la recherche des sons inouïs. L'incompréhension populaire qui a accueilli les avant-gardes des années 1950-1975 aura-t-elle incité les compositeurs a retrouvé un langage moins abstrait ? Comme on le verra dans les pages suivantes, la tendance générale est à un certain apaisement sonore par le retour à des néo-ceci ou néo-cela. Mais grâce au développement de l'enseignement musical et à la prolifération des propositions de concerts et d'enregistrements, la musique contemporaine est mieux accueillie, par des auditeurs attentifs prêts à l'effort nécessaire à la bonne perception de ces langages nouveaux.

Chapitre 22

Musique dodécaphonique et musique sérielle

Dans ce chapitre :

- Le nouveau trio viennois : Schoenberg, Webern et Berg
- Du dodécaphonisme viennois à la musique sérielle de Pierre Boulez

La seconde école de Vienne

La première moitié du XXe siècle est dominée par la réflexion fondamentale de Schoenberg, en quête d'alternative au système tonal. Dans un premier temps, c'est essentiellement auprès de ses élèves qu'il trouve un écho favorable. Il faudra attendre la mort de Webern (1945) pour que ces propositions soient reçues au-delà de Vienne, dans des perspectives inespérées.

Arnold Schoenberg (1874-1951) et le dodécaphonisme

Après avoir appris seul le violoncelle, il étudie le contrepoint avec celui qui deviendra son beau-père. Il s'émerveille pour la science orchestrale et harmonique de Brahms, et pour le lyrisme débordant de Wagner duquel il tire profit dans l'exploitation du chromatisme qu'il tend jusqu'aux limites de la tonalité.

Ses premières œuvres sont d'esprit romantique : *La Nuit transfigurée*, sextuor à cordes déployé par la suite à l'orchestre, et les *Gurre-Lieder* : cycle pour voix et orchestre aux dimensions gigantesques dignes du dernier Brahms mâtiné de Mahler. Puis il compose le poème symphonique *Pelléas et Mélisande*, reprenant à son compte le texte de Maeterlinck utilisé par Debussy dont la musique l'avait tant impressionné. Ici, on sent que le compositeur tente de repousser les limites de la tonalité, sans toutefois y parvenir. La *1re Symphonie de chambre* est elle aussi à ranger dans la « période tonale » avec son armure initiale de *mi* majeur, mais cette pièce s'éloigne définitivement du romantisme pour trouver un terrain d'expérimentation déjà merveilleusement maîtrisé. Les quatre mouvements habituels de la symphonie sont regroupés en un seul, la tonalité est suspendue, on perd l'attirance des notes essentielles (dominante et tonique), l'usage des harmonies tonales tend à être abandonné.

Cette préoccupation est bien présente dans ses deux premiers *Quatuors à cordes*. Dans le final du deuxième se superpose une ligne vocale sur un poème de Stefan George qui commence par ce vers prophétique : « Je ressens l'air d'une autre planète ». Dorénavant, finies les grandes formes, pas de développement, peu de grand déploiement orchestral, adieu au système tonal et à tout ce qui gère la composition musicale séculaire.

Musique atonale

Après ce *2e Quatuor*, la musique en pleine mutation penche inéluctablement vers l'atonalité. De cette période datent le monodrame *Erwartung* ainsi que son œuvre emblématique *Le Pierrot lunaire* (1912) – 21 poèmes pour voix et huit instruments – dans laquelle le compositeur explore l'abandon de la tonalité et élabore le *Sprechgesang* (« chant parlé »), errance entre la déclamation et le chant dont il est le héraut. Scandale à la création à Berlin. Cette approche du chant quasi utopique – on s'en rend compte quand on écoute différentes versions de cette œuvre : la chanteuse récite ou chante, mais il semble qu'il n'y ait aucune solution satisfaisante, aux dires même du compositeur – ouvre la porte à un siècle de compositions vocales qui enrichit considérablement les possibilités expressives de la voix.

Musique dodécaphonique

Le fait de nier un système n'est pas non plus la panacée. Le compositeur ne s'en satisfait pas. De 1915 à 1923, il ne produit pas, laissant mûrir en lui la réflexion afin d'établir un nouveau système.

C'est en 1923 que Schoenberg publie la première œuvre dodécaphonique, véritable révolution musicale.

Dans les *Cinq Pièces pour piano* op. 23 (facile à retenir : op. 23/1923), la valse finale est écrite selon un système radicalement nouveau : *la série dodécaphonique* (= de douze sons), technique amplifiée ensuite dans la *Suite pour piano* op. 25 intégralement basée sur ce système.

Pendant une dizaine d'années, il explore rigoureusement sa trouvaille. Naîtront le *3e Quatuor à cordes*, les *Variations pour orchestre* ou *Moïse et Aaron*, opéra inachevé.

Exil et dodécaphonisme plus modéré

L'avènement du nazisme, qui juge ces nouvelles musiques « dégénérées », l'oblige à l'exil : Paris puis Boston, et la Californie où il finira sa vie, ayant obtenu la nationalité américaine en 1941. Les œuvres américaines sont moins rigides dans le traitement dodécaphonique ; le compositeur intègre à nouveau quelques éléments rappelant peu ou prou la tonalité. Curieusement, sa première œuvre composée sur le sol américain est la *Suite dans le style ancien, en sol majeur* entièrement tonale et désarmante eu égard des œuvres précédentes ! On pourrait presque en dire autant de sa *2e Symphonie de chambre* terminée laborieusement en 1939 (elle a été commencée en 1906). Le « dodécaphonisme néo-tonal » qui intègre des éléments tonals est bien la marque de ses dernières œuvres comme le *Concerto pour violon* ou le *Concerto pour piano*. Enfin, c'est là qu'il peut se consacrer à la composition d'œuvres inspirées par le judaïsme : *Kol Nidre*, *Psaume 130*.

Quand on écoute aujourd'hui une œuvre dodécaphonique de Schoenberg d'avant l'exil, on est frappé par l'austérité du propos musical. L'œuvre paraît davantage écrite qu'entendue, une musique à lire plutôt qu'à écouter. Ce dogmatisme musical se développera après lui dans la *musique sérielle* dans laquelle la composition semble entièrement calculée, préétablie avant même d'être couchée sur la partition. Cela n'empêchera pas l'éclosion d'œuvres passionnantes à lire et surtout à écouter.

Approche du système dodécaphonique

Une octave – l'intervalle qui sépare deux notes de même nom – est composée de douze notes différentes :

Figure 22-1 : Les douze notes de la gamme chromatique

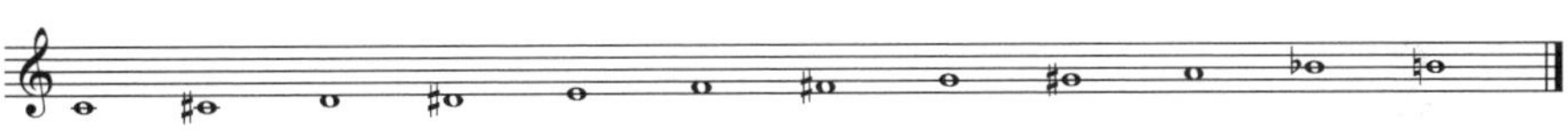

Alors que, dans la musique tonale, certaines notes constituent des pôles attractifs qui sont de solides repères pour l'oreille, la musique dodécaphonique veut donner à chacune des douze notes la même fonction : aucune ne doit primer sur les autres, aucune ne doit se singulariser ou servir d'accroche à l'auditeur. Une note ne sera pas réentendue tant que les onze autres n'auront pas été jouées, la seule exception étant la répétition immédiate d'une note. Il n'y a plus de hiérarchie entre les sons, ou entre les intervalles qui les séparent.

Le compositeur établit une série de douze sons qui va engendrer son œuvre. Un exemple, pris au début de la *Suite* op. 25 ⊙. Vous pouvez compter, elles y sont, les douze !

Figure 22-2 : La série par mouvement direct

Afin de contourner la monotonie qui s'installerait inévitablement si on en restait à cette succession répétée en boucle, le système admet quatre formes de chaque série :

1. **La forme directe** (c'est la série de base comme exposée ci-dessus).
2. **La forme rétrograde** ou **récurrente** : on part de la dernière note et on progresse en crabe.

Figure 22-3 : La série par mouvement rétrograde

3. **La forme contraire** : on prend la première note et on conserve le même intervalle avec la deuxième, mais dans l'autre sens. Dans l'exemple de départ, les deux premières notes sont séparées par un demi-ton ascendant, ici ce sera un demi-ton descendant. Ainsi de suite, de note à note.

Figure 22-4 : La série par mouvement contraire

4. **La forme contraire-rétrograde** : c'est la forme contraire que l'on rétrograde.

Figure 22-5 : La forme contraire-rétrograde

Enfin, chacune de ces quatre variantes peut se transposer, c'est-à-dire se décaler à l'identique à partir de chacune des 12 notes de l'octave (voir plus haut). En fin de compte, une série de base peut se décliner sous 4 x 12 = 48 présentations.

Si chaque note ne peut être entendue (sinon immédiatement répétée) avant que les onze autres aient défilé, le traitement de la série est varié : notes successives, notes simultanées (= accords) sans contrainte rythmique.

Ce système est plus ouvert qu'il n'y paraît. Dans les faits, il existe plus de 479 millions de séries différentes…

Le choix de la série de base est primordial, il n'est jamais laissé au hasard. Si on reprend la forme rétrograde ci-dessus, les quatre premières notes relues suivant la dénomination allemande donnent ceci :

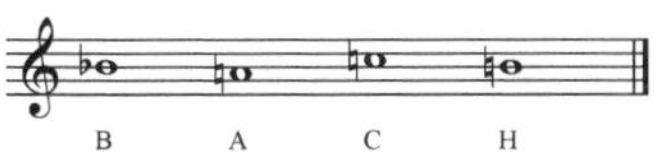

Figure 22-6 : Le nom de Bach converti en notes

L'hommage est évident : Schoenberg veut s'inscrire dans la tradition, et cela est d'autant plus lisible que sa première œuvre intégralement dodécaphonique est une *suite*, hommage appuyé à la tradition baroque.

On peut comprendre que, du fait de son indéniable nouveauté, le système mis en place par Schoenberg ait fait des émules. Le compositeur viennois a deux élèves directs qui adhèreront à son système avant de l'enrichir, le développer, le transcender, chacun à sa manière.

Anton Webern (1883-1945)

Après des œuvres de jeunesse marquées par le romantisme germanique, la première des œuvres d'Anton Webern qu'il consent à conserver dans son catalogue est « tonale », au moins en apparence : la *Passacaille en ré mineur* op. 1 écrite à la fin de ses études avec Schoenberg. Il traverse la période atonale avec plusieurs cycles de lieder (toute sa production de 1914 à 1926 est essentiellement vocale) et deux séries de pièces pour orchestre (*Six Pièces* op. 6 et *Cinq Pièces* op. 10) avant de plonger dans le dodécaphonisme à partir de 1924, sans toutefois de rupture nette, tant tout ce qui précède l'y amenait naturellement. Les œuvres suivantes revêtent certaines formes classiques : une *Symphonie*, deux *Cantates*, des *Variations* pour piano et pour orchestre. Le cadre est connu, le contenu nouveau.

Son catalogue se singularise par l'extrême concision de ses œuvres : les *Quatre Pièces pour violon et piano* durent au total 5 minutes, les *Six Bagatelles pour quatuor* 4 et la *Sonate pour violoncelle et piano* pas plus de 2, la totalité des 31 opus tenant sur trois CD. C'est le chantre de l'ellipse, de l'aphorisme, de l'extrême brièveté.

Chaque numéro est ciselé comme un diamant, dans un raffinement d'écriture qui fera date. Cette écriture quasi pointilliste fait la part belle au silence, traité à parité avec le son. L'idée de thème se réduit à un motif, parfois une note unique ; le timbre instrumental revêt une importance telle qu'on parle de *Klangfarbenmelodie*, « mélodie de couleurs et de timbres ».

Il développe la technique dodécaphonique à la perfection. Les séries de base sont savamment calculées pour offrir des proportions symétriques épatantes. C'est à lui plutôt qu'aux deux autres que se réfèreront les compositeurs ultérieurs qui, dans les années 1950, vont appliquer le système à tous les paramètres du son.

Si sa vie est plutôt banale – il la gagne médiocrement en dirigeant chœurs et orchestres – sa mort l'est moins : il est abattu malencontreusement par une sentinelle américaine alors qu'il était sorti de chez lui pour griller une cigarette.

Alban Berg (1885-1935)

À l'instar de Schumann, Berg hésite entre littérature et musique avant de se concentrer uniquement sur la seconde. Sa rencontre avec Schoenberg est déterminante. Il doit tout à son maître à qui il voue une amitié forte et définitive. Son catalogue suit le même chemin que celui des deux autres : tonalité, atonalité, dodécaphonisme. Comme souvent, les premières armes du compositeur se font sur des lieder : plusieurs dizaines composées entre 17 et 20 ans, dans l'esthétique romantique d'un Mahler. La preuve que le compositeur ne les considère guère est qu'il attribue la numérotation opus 1 à sa *Sonate pour piano* composée en 1907-1908, premier véritable témoignage de sa personnalité musicale. Bien que fixée dans la tonalité de *si mineur* (hommage à sa grande sœur de Liszt ?), l'œuvre se déploie hors de cette tonalité (parfois même hors de toute tonalité) sauf, très furtivement, dans certains passages-clés. Son *1er Quatuor* marque le passage à l'atonalité. Le troisième des *Lieder sur des poèmes d'Altenberg*, contemporains du *Pierrot* de son cher maître, débute par un accord de douze sons, bien avant l'établissement du dodécaphonisme.

La musique de Berg n'est pas pour autant assimilable à celle de Schoenberg. Il garde toujours la nostalgie romantique, la sévérité du langage dodécaphonique est doublée de générosité et de lyrisme. C'est ce qui transparaît de ses deux chefs-d'œuvre, deux opéras qui ont marqué le siècle : *Wozzeck* et *Lulu*. *Wozzeck* d'après Büchner est une œuvre à la fois variée et d'une grande cohérence, imprégnée de tradition tout en étant moderne, d'une écriture très fouillée et pourtant si lyrique, sur laquelle Berg travailla pendant cinq ans. Quinze scènes réparties en tiers égaux dans trois actes, scènes dont chacune est bâtie sur une idée musicale spécifique : ici une suite, là une passacaille, là encore une invention sur un rythme (polka) ou une note (le *si*, signature du meurtre). Cette synthèse entre pensée dramatique et recherche du langage musical est époustouflante. *Lulu* n'est pas moins intéressant. Le système dodécaphonique trouve ici l'une de ses œuvres majeures. La doctrine de Schoenberg est transcendée, envisagée avec une grande liberté. La série initiale est la « signature sexuelle » de Lulu et devient, par ses modifications successives, celle de différents autres personnages ou de certaines situations.

Ces deux monuments musicaux ne doivent pas occulter le *Concerto de chambre* basé sur le symbolisme trinitaire (le trio des compositeurs de l'école de Vienne ?), la *Suite lyrique* et le magnifique *Concerto pour violon « à la mémoire d'un ange »*, véritable testament musical et hommage funèbre à Manon Gropius, fille de la veuve de Mahler disparue à 18 ans. C'est l'une des œuvres les plus abouties, celle où le compositeur trouve l'équilibre le plus parfait entre son intérêt pour le langage musical, son lyrisme passionné, la richesse de sa vie intérieure, ses tourments mesurés. La série de base, particulièrement peaufinée, se développe sur un choral de la Réforme (« *C'en est assez !* », qui sonne comme un adieu à la vie) et une mélodie autrichienne.

La musique sérielle

Au lendemain de la guerre, les jeunes musiciens trouvent dans le dodécaphonisme sévère de Webern – le seul des trois Viennois à ne pas être pas tombé dans la « décadence romantique » aux dires des premiers compositeurs sériels – le matériau de départ pour une démarche musicale d'avant-garde. La porte du sérialisme intégral s'ouvre avec les *Trois Compositions pour piano* (1947) de l'Américain **Milton Babbitt** (1916-2011). Mais c'est Olivier Messiaen qui sera la vraie référence d'un système original dont il s'éloignera juste après l'avoir mis en place. L'œuvre concernée est *Modes de valeurs et d'intensité* (3e des *Quatre Études de rythme* pour piano) présentée en 1949 à Darmstadt, haut lieu de la musique nouvelle.

Ce manifeste musical applique le système dodécaphonique à d'autres paramètres musicaux que la simple hauteur des sons : à chaque hauteur est associée une durée, une nuance et une attaque uniques. Chaque note devient un objet sonore indépendant. C'est bien là le principe de la musique sérielle : le traitement sériel s'applique aux quatre paramètres du son traditionnellement définis (hauteur, durée, timbre, intensité) quand la musique dodécaphonique ne s'est intéressée qu'à la seule hauteur.

Dorénavant, il faut dissocier l'idée de *série* avec celle des douze sons : une série peut exclure des notes ou en ajouter (avec des redites de notes ou des intervalles inférieurs au demi-ton). Si une musique dodécaphonique est sérielle par le traitement qu'elle fait subir aux hauteurs du son, une musique sérielle n'est plus forcément dodécaphonique.

Au début des années 1950, il n'est pas de bon ton d'ignorer cette nouvelle révolution musicale (« Après la découverte des Viennois, tout compositeur est inutile en dehors des recherches sérielles », dira Boulez). Deux compositeurs essentiels vont porter haut ce message, tous deux ayant en commun l'enseignement de Messiaen puis de **René Leibowitz** (1913-1972, compositeur d'origine polonaise, auteur de deux ouvrages remarquables sur ce système) qui leur transmet la doctrine dodécaphonique lors des cours d'été de Darmstadt – passage obligé de toute une génération de jeunes musiciens : Boulez et Stockhausen. Du premier *Polyphonie X* et du second *Kreuzspiel* (« Jeux croisés ») sont les premières pièces sérielles de grande envergure.

Pierre Boulez (né en 1925)

Pierre Boulez est incontournable dans le paysage musical mondial depuis plus de soixante ans. Ses activités sont multiples : héraut incontesté de la musique sérielle qu'il porte à son épanouissement, remarquable chef d'orchestre, auteur d'articles souvent écrits au vitriol et d'ouvrages de réflexion (*Penser la musique aujourd'hui* en 1964, *Par volonté et par hasard* en 1975).

À la fin des années 1940, il a déjà composé trois de ses œuvres essentielles : deux cantates sur des livrets de René Char (*Le Visage nuptial* et *Le Soleil des eaux*) et la *2e Sonate pour piano*. La série y est généralisée à plusieurs paramètres musicaux. Il retrouve son maître Messiaen à travers *Modes de valeurs et d'intensité* qui le lance sur le langage sériel intégral dont il est aujourd'hui encore le principal défendeur. Il en pousse le système jusqu'à ses propres limites. Ses premières œuvres d'envergure sont *Polyphonie X* (1951) et les *Structures* pour deux pianos (première livre, 1952). Le mot même de « structure », d'organisation, est un élément-clé du langage sériel pensé, entièrement calculé qui ne laisse donc quasiment aucune place à la liberté, au jaillissement, à l'instinct.

La poésie de René Char lui donne l'alibi de son œuvre emblématique *Le Marteau sans maître* (1954), ultime hommage au Schoenberg du *Pierrot lunaire*, qui ne fait pas oublier la polémique lancée deux ans plus tôt autour de son article *Schoenberg est mort*. La technique d'écriture sérielle y est particulièrement développée, par un système combinatoire qui fait le régal des analystes les plus exigeants. Depuis les années 1960, son catalogue évolue souvent par cumulation : « *works in progress* », œuvres en devenir qui se déploient les unes dans les autres. *Pli selon pli* (d'après Mallarmé) connaît sa version « définitive » en 1989 après une première mouture en 1960 qui, elle-même, intégrait déjà *Deux Improvisations sur Mallarmé* (1957) ; *Multiples* (1970) développe *Éclats* (1964) ; *Le Visage nuptial* connaît une nouvelle version près de quarante ans après sa création, et que dire de *...explosante/fixe...* débutée en 1972 et qui connaît plusieurs versions.

Exception faite du *Marteau sans maître*, son œuvre majeure est *Répons* (1981-1984) pour plusieurs solistes, une formation instrumentale et dispositif électro-acoustique particulièrement sophistiqué qui restitue en les transformant les traitements informatiques des solistes en temps réel. C'est le plus beau fruit du travail de Boulez au sein de l'IRCAM, Institut de recherche et coordination acoustique/musique fondé en 1970 au Centre Pompidou à Paris, qui dispose d'un matériel d'une très haute technicité.

Il reste encore le chef de file de toute une génération de compositeurs sériels ou post-sériels. On lui reprochera de l'avoir fait parfois de manière hégémonique car, par la puissance de sa personnalité, il a écrasé par le seul pouvoir de persuasion bon nombre de compositeurs qui ne pensaient pas comme lui, et quelques mouvements créatifs se sont retrouvés dans la difficulté de s'exprimer, d'être joués, d'être reconnus, bref d'exister.

Comment décline-t-on la série en Italie ?

L'Italie joue un rôle important dans cette mouvance. **Luigi Dallapiccola** (1904-1975), très engagé face au fascisme, s'implique à sa manière dans l'écriture dodécaphonique (*Canti di prigionia*, *Il Prigiona*) et se réfère lui aussi à Webern (*Tartiniana seconda*) sans toutefois adopter le sérialisme dur (son dernier opéra *Ulysse*). **Bruno Maderna** (1920-1973) est un vrai prodige, invité à diriger à la Scala et aux arènes de Vérone à l'âge de 8 ans ! Il prend une part active au mouvement sériel qui se développe autour de Darmstadt et fonde avec Berio le studio électroacoustique de Milan. Son double talent de pédagogue et de chef d'orchestre impliqué dans la musique de son temps, sans renier pour autant celle du passé, en font le chef de file de l'avant-garde italienne. *Quatuor en deux temps* (le second mouvement étant le « miroir » du premier) et *2e Sérénade* témoignent de son engagement si personnel dans le monde sériel. **Luigi Nono** (1924-1990) est le principal élève de Maderna. Il met en pratique son engagement politique communiste en dirigeant dans des usines, dans des lieux publics ouverts, quitte à refuser les grands festivals. Son parcours musical est toujours en mouvement. Après l'allégeance à la série (*Variations canoniques* sur la série de l'opus 41 de Schoenberg, jugées scandaleuses à sa création, *Il Canto sospeso*) qu'il critiquera par la suite, il travaille en studio, jugeant qu'une bande électroacoustique était plus à même de circuler dans les usines et dans les rues (l'action scénique *Intellorenza* – que le compositeur refuse de nommer opéra – en est le meilleur témoignage) avant de découvrir les possibilités de la musique électronique vivante dans les années 1980, amenant son œuvre principale *Prometeo*.

Et en Allemagne ?

Le passage des jeunes créateurs aux cours de Darmstadt est obligé. En sortiront les démarches compositionnelles les plus diverses, et c'est l'une des richesses de la musique dans la seconde moitié de ce siècle. L'un des compositeurs les plus marquants est l'Allemand **Bernd Aloïs Zimmermann** (1918-1970) dont la vie est une tragique dualité entre le mystique introverti – il a passé une partie de sa jeunesse comme élève dans un couvent, ce qui le marquera d'une foi profonde – et le passionné. Il gagne sa vie en écrivant de la musique « alimentaire », mais il dévoile sa personnalité dans une quarantaine d'œuvres d'une force incroyable. Plusieurs étapes peuvent être relevées dans son catalogue, bien que toutes soient reliées par une réelle unité de propos. Après une période expressionniste, il adhère au sérialisme strict qu'il colore à sa façon (*Canto di speranza* [Cantate pour violoncelle et petit orchestre]) avant de le sublimer dans un éclectisme musical revendiqué dans son opéra *Les Soldats*, un pur chef-d'œuvre de l'art lyrique moderne où se superpose, par collages successifs, tout ce qui est possible (éléments musicaux, dramatiques – jusqu'à douze actions simultanées – visuels, etc.). La composition en a débuté en 1957 et il faudra attendre 1965 pour en voir la création, après un remaniement fondamental de la partition réputée injouable dans sa première version, ce qui entraînera le compositeur dans une morbide dépression. Pourtant, il nous gratifiera d'une irrésistible *Musique pour les soupers du roi Ubu* uniquement composée de citations. Sa dernière période est plus statique avec son *Requiem pour un jeune poète* suivi de son testament spirituel, dans lequel il nous livre son impossible dualité, au titre explicite : *Je me détournai et je considérai toute l'oppression qui existe sous le soleil dans lequel Dieu est pris à partie par le Grand Inquisiteur.* Zimmermann se donnera la mort cinq jours après l'avoir achevé.

Grandeur et lente décadence du système sériel

La rigidité du sérialisme va de lui-même montrer rapidement ses limites. Dès 1955, Xenakis signe dans une revue musicale l'article *La crise de la musique sérielle* dans lequel il démontre adroitement la dichotomie entre le système en question et le résultat sonore. Boulez avait lui-même esquissé une autocritique du système peu avant. Le sérialisme strict semble faire long feu, la musique éprouve le besoin de s'aérer un peu. Cette avant-garde en est déjà aux derniers soubresauts. Mais la réflexion compositionnelle continue d'irriguer le monde musical, de le questionner sans cesse.

Que reste-t-il aujourd'hui de la musique sérielle ?

Ce système est à la pointe de l'avant-garde musicale euphorique des années 1950-1960. La plupart des grands créateurs nés autour des années 1920 l'ont expérimenté et enrichi. Le travail sur la série au sens large, qu'on y adhère ou non, a révolutionné la pensée musicale. Si la musique sérielle a tôt montré ses limites, si les derniers caciques peinent à se renouveler, le sérialisme continue à s'inviter dans les œuvres actuelles, mais à dose soupesée et surtout intégré à des langages personnels où il apparaît en filigrane. C'est le cas entre autres dans la musique de **Bryan Ferneyhough** (né en 1943) qui se sert de la pensée sérielle au profit d'un langage personnel remarquable qui tente de repousser sans cesse les difficultés d'interprétation. La tension psychologique due à la complexification qui se traduit par des partitions truffées d'indications « hors portées » devient l'élément prépondérant de son discours (*Adagissimo* et *Sonates* pour quatuor, les trois *Time and Motion Studies*, *Funérailles I* pour cordes et harpe, l'opéra *Shadowtime*, *Plötzlichkeit* pour voix et grand orchestre).

Chapitre 23

Courants alternatifs après 1950

Dans ce chapitre :

- Vous lirez pourquoi on dit « jouer » de la musique
- Vous apprendrez comment on « fait » de la musique, en créant de nouvelles sources sonores
- Vous verrez ce qu'on peut tirer de sa voix ou de son instrument
- Vous découvrirez toutes les merveilles qui peuvent surgir du travail sur le son

En dehors du sérialisme, la création musicale depuis les années 1950 est marquée par une multiplicité de trajectoires. Certaines sont érigées en réaction à d'autres, d'autres sont inédites. Autant de projets, autant d'expériences dont certains fruits sont savoureux. Plusieurs de ces trajectoires ont déjà atteint leur terminus, faute de perspective ; d'autres continuent d'engendrer des œuvres nouvelles.

De l'œuvre ouverte au théâtre musical

Comme pour sortir des contraintes sérielles, Boulez entrouvre lui-même une alternative dans sa *3e Sonate pour piano*, œuvre en cinq « formants » dont seuls deux sont à ce jour imprimés et donc joués – on connaît le reste par des écrits du compositeur. Elle offre à l'interprète une certaine latitude dans l'ordre des séquences à jouer ou, par exemple, dans le choix des tempos ; mais tout cela reste partiel et sous contrôle, la partition étant très élaborée.

C'est surtout Stockhausen qui, dans son *Klavierstück XI* contemporain de la *3e Sonate* de Boulez, ouvre réellement de nouveaux horizons. Comment fonctionne cette œuvre ? Dix-neuf cellules s'étalent sur une feuille unique de très grand format. Le pianiste les joue dans l'ordre qu'il souhaite. Chaque cellule est suivie d'une triple indication : un tempo, une nuance et un mode d'attaque qui affectent la cellule suivante, choisie « au hasard » par l'interprète. D'après un savant calcul, la partition pourrait se décliner en plus de deux milliards de milliards de versions alternatives. C'est ce que l'on appelle une *œuvre ouverte*.

N'OUBLIEZ PAS

L'une des caractéristiques de la musique ouverte est que chaque interprétation d'une œuvre est unique, les éléments pouvant apparaître dans un ordre et sous des aspects aléatoires, ce qui en rend la reconnaissance incommode.

En 1962, Umberto Eco fait paraître son ouvrage *L'Œuvre ouverte* dans lequel il décrit les différents processus de cette démarche novatrice où l'interprète n'est plus un simple intermédiaire, mais il joue un rôle actif dans la création toujours renouvelée de l'œuvre.

On peut rapprocher cette pensée créatrice de certaines idées visionnaires de Mallarmé qui dans *Jamais un coup de dés* propose une lecture multiple, et surtout dans *Le Livre*, paru soixante ans après la mort de son auteur, ouvrage énigmatique et utopique qui se caractérise par une extrême mobilité : ni le début, ni la fin, ni même le cheminement ne sont imposés au lecteur, à travers ces pages séparées que l'on fait défiler à sa guise. C'est le lecteur qui recompose l'histoire à partir des éléments proposés par l'auteur. Ce *Livre* restera, hélas, inabouti, malgré des années de travail. En musique, l'œuvre ouverte invite l'interprète à confectionner son approche de la pièce.

C'est d'Amérique que vient le compositeur le plus investi dans la musique aléatoire, John Cage à travers ses multiples constructions musicales qui continuent de nous interpeller.

John Cage (1912-1992)

C'est l'un des compositeurs les plus attachants et les plus étranges. Dès les années 1930, il cherche à réinventer les sons (« Tout son est musique ») et à donner à l'interprète un rôle sensiblement plus actif. Il s'intéresse aux sonorités d'Extrême-Orient ou au gamelan balinais qu'il transpose très adroitement en insérant des objets (morceaux de bois, de feutre, de métal…) entre les cordes du piano ou ailleurs dans l'instrument : ses *Sonates et interludes pour piano préparé* en sont le plus fameux témoignage.

Au début des années 1950, il étudie la philosophie zen et s'en empare pour sa musique. *Music of changes* reprend le processus du *I ching*, le « Livre des changements » chinois, par un jeu de pile ou face proposé aux instrumentistes, « opération hasard », même si celui-ci reste encore un peu contrôlé.

Il se lie avec les artistes de l'art moderne : le chorégraphe Merce Cunningham, les peintres Marcel Duchamp et plus tard Jackson Pollock ou le sculpteur Alexander Calder, et participe à ce mouvement volontiers polémique qui refuse l'art pour l'art (relevons le titre de deux « conférences » : *Conférence sur rien* et *Conférence sur quelque chose*).

Silence

Il ne se contente pas de parler, il écrit. Dans son recueil *Silence* (1961), il se pose la question essentielle : « Qu'arrive-t-il à une pièce musicale quand elle est faite sans intention, et qu'advient-il du silence ? » Il en déduira *4'33"*, une « composition » pour piano solo qui présente la particularité que les trois mouvements qui la composent sont réduits à un unique silence, l'œuvre étant musicalement constituée par tous les bruits qui entourent le pianiste (convoqué pour ne rien jouer !). Absurde ou pas, c'est le summum de la musique ouverte.

Son catalogue regorge de partitions au déroulement pour le moins inhabituel. On ne joue guère son *Concerto pour piano*, et c'est bien dommage, quand on sait que la partie soliste et les treize parties de l'orchestre n'ont aucun rapport entre elles. D'ailleurs, on peut faire l'économie d'autant de parties que l'on peut, chacun peut varier sa « partition » en modifiant l'ordre des séquences et/ou en supprimer. Le chef n'a aucune prise sur les musiciens (alors, à quoi sert-il ?) et on a même le droit de superposer cette œuvre avec une autre œuvre du même compositeur… La partition n'utilise pas moins de 84 systèmes de notations différents ! On comprend que la création fut houleuse.

L'aléatoire fait partie intégrante de son langage. Il n'y a guère d'œuvre totalement fixée. Ce n'est pas pour autant que sa musique est un gag permanent : *Aria* pour voix est une gageure réussie.

Autour de lui, plusieurs compositeurs américains se saisissent de sa réflexion, parmi lesquels **Morton Feldman** (1926-1987) qui explore le silence de manière remarquable avant de tomber dans le procédé minimaliste, Earle Brown et sa *Calder Piece* pour quatre percussionnistes dirigés par un mobile de Cader ou Christian Wolff. Plus près de nous, le Français **André Boucourechliev** (1925-1997), d'abord curieux des nouvelles technologies, s'engouffre dans la musique aléatoire avec talent au travers d'une série d'*Archipels* (« Les partitions sont comme des cartes marines sur lesquelles les interprètes sont amenés à choisir, orienter, modifier sans cesse le cours de leur navigation, jamais deux fois la même entre les îles d'un archipel… »). Enfin, le Belge **Henri Pousseur** (1929-2009) dont la « fantaisie variable genre opéra » *Votre Faust*, fruit d'une féconde collaboration avec Michel Butor, fait intervenir instrumentistes et public pour faire évoluer en *live* l'action dans telle ou telle direction, donc avec telle ou telle conclusion, œuvre à la réalisation utopique.

Le théâtre musical de Kagel à Aperghis

On se souvient que, dans l'esprit wagnérien, l'opéra dans sa pluridisciplinarité est ce qu'il y a de plus proche de l'art total ; Wagner lui-même en écrivait le livret, composait la musique, envisageait le décor, les costumes et la mise en scène au point qu'on a fait construire un théâtre à sa démesure.

Nous voici dans les années 1960 : la musique a connu sa période d'avant-garde au travers du langage sériel et, *a contrario*, de la musique ouverte dans laquelle des aspects théâtraux sont introduits : les instrumentistes se voient confier un rôle plus diversifié, pour participer eux aussi à la création de l'œuvre. C'est aussi la période, en France en tout cas, du théâtre engagé comme le porte Jean Vilar en Avignon.

Le représentant le plus original du théâtre musical est **Maurizio Kagel** (1931-2008), né en Argentine et installé en Allemagne dès 1957. Il prône l'étonnement par l'utilisation inhabituelle des instruments classiques, l'intrusion d'instruments bizarres, la déformation des exécutions, dans un souci d'aimable provocation plus humoristique que pédante. Son catalogue est une veine pour les esprits curieux (entre autres *Match*, partie de tennis musical pour deux violoncellistes et un percussionniste qui joue le rôle d'arbitre ; on y joue aux dés. *Exotica* est « composé » pour instruments extra-européens. Dans *Tactil*, les musiciens sont torse nu, comme pour un combat corps à corps avec leur instrument). Ce sont toutes des musiques « à voir », dont les enregistrements audio ne révèlent qu'une partie du talent. Plus que d'autres, il est le chantre du *happening* musical.

Georges Aperghis (né en 1945), compositeur grec installé à Paris depuis 1963 dont les premières œuvres trahissent sa proximité avec Xenakis, se spécialise dès 1970 dans le théâtre musical. C'est autour de Vilar à Avignon qu'il se fait remarquer avec *La Tragique Histoire du nécromancier Hieronimo* pour deux voix – dont une parlée –, luth et violoncelle. Il fonde l'Atelier théâtre et musique (ATEM) à Bagnolet où sont conviés musiciens et acteurs pour des spectacles d'une grande beauté. Son œuvre la plus populaire est la série des *Récitations* pour voix seule. Parmi ses titres plus récents, notons les opéras *Tristes Tropiques* ou *Les Boulingrin* créé en 2010 à l'Opéra-Comique.

Le catalogue de **Marc Monnet** (né en 1947) montre aussi sa contribution au théâtre musical. Ce compositeur français qui a travaillé avec Kagel fonde en 1986 sa compagnie de théâtre Caput Mortuum, et il écrit notamment l'opéra *Fragments* ou la très récente *Épaule cousue, bouche ouverte, cœur fendu*. Mais le théâtre musical n'est qu'une facette de la trajectoire de ce musicien qui compose par ailleurs des œuvres de musique de chambre particulièrement originales.

La musique des sons artificiels

Parallèlement à la facture instrumentale « classique » s'instaure dès le début du XXe siècle une vaste réflexion sur la recherche d'autres sources sonores. Les rapides progrès technologiques vont entraîner une révolution à plusieurs étages : dans un premier temps, l'enregistrement des sons les plus divers possibles, la possibilité de les stocker, de les classer, de les transformer et d'en tirer des œuvres musicales (musique concrète) ; dans un deuxième temps, le traitement électronique des sons existants (issus des instruments « classiques »), et la création et le traitement de sons nouveaux (musique électroacoustique). Si la première semble avoir vécu, la seconde s'inscrit dans l'histoire.

La musique concrète, ou quand un bruit peut être un son

Varèse intègre à son orchestre sifflet ou sirène. Plus originale est la démarche de **Luigi Russolo** (1885-1947) qui rejoint le groupe des « futuristes » milanais mû par le rapprochement des arts avec les machines qui animent la vie moderne de l'époque. Il expose sa théorie bruitiste dans son manifeste *L'Art des bruits* (1913). La démarche est intéressante : Russolo classe les bruits et, pour pouvoir les restituer « musicalement », il met au point des instruments originaux dont les catégories parlent d'elles-mêmes : hurleurs, glouglouteurs, crépiteurs, etc. Un peu plus tard, il récapitule tous ces bruits en un instrument unique, le *numerharmonium* aussi nommé *russolophone*.

Au-delà de ces premiers balbutiements, c'est en France que passe ce courant nouveau, principalement entre 1948 et 1960. Il nécessite un nouvel outil : le salon avec son piano et ses feuilles de musique laisse la place au studio équipé dernier cri technologique, qui ne peut s'envisager qu'au sein d'une grande structure pour d'évidentes implications financières. Le premier du genre est le Club d'essai de la Radio Télévision Française (la future ORTF) créé en 1948 par **Pierre Schaeffer** (1910-1995) dont le nom est associé à **Pierre Henry** (né en 1927). Le premier est polytechnicien, obnubilé par la technique radiophonique et, dans la foulée, électroacoustique. Il accumule des sons familiers, « naturels » auxquels, par le biais de l'enregistrement sur disque puis sur bande magnétique, il tente de donner vie musicale à travers des œuvres dont le titre est sans équivoque : *Études de bruits* (œuvre qui regroupe des études *aux chemins de fer, aux tourniquets*, etc.) et plus tard son œuvre emblématique *Études aux objets*. Il fonde le Groupe de musique concrète qui devient le Groupe de recherches musicales qui existe encore mais dans une esthétique musicale renouvelée, véritable terrain expérimental qui débouchera sur son ouvrage magistral et passionnant *Traité des objets musicaux* (1966). Les œuvres les plus répandues de Schaeffer sont à mettre au titre de sa collaboration avec Pierre Henry au début des années 1950 : *Bidule en ut, Symphonie pour un homme seul*, première œuvre électronique exécutée en public et deux opéras *Orphée 51* et *Orphée 53*.

Le développement technologique du début des années 1960 orientera cette recherche musicale sur un terrain plus… technologique.

La musique électroacoustique, ou quand le musicien fabrique son son

Depuis plus d'un demi-siècle, l'électronique s'est invitée dans la musique. Beaucoup de compositeurs sont tentés par ces nouvelles sources de sons, et si quelques-uns s'en sont assez vite écartés, d'autres les ont intégrées à leur langage soit pour des œuvres exclusivement électroniques, soit pour des œuvres associant ces sons nouveaux aux instruments traditionnellement utilisés jusque-là. Un tel engouement méritait bien qu'on s'y arrête.

L'usage du disque est incommode. Mais l'avènement de la bande magnétique offre de belles possibilités. Le premier à en imaginer le potentiel est Varèse (voir le chapitre 19). Plus encore que pour la musique concrète, l'électroacoustique nécessite des structures adaptées. Le matériel est cher et, par essence, rapidement obsolète. De nombreux studios voient le jour sous l'impact de compositeurs, à l'instar du Club d'essai de Schaeffer : à Cologne en 1951 (Stockhausen puis Pousseur), à Milan en 1955 (Maderna, Berio), etc.

C'est à Paris que Pierre Henry, qui a quitté le studio de Schaeffer pour créer sa propre structure, compose dans une collaboration fructueuse avec le chorégraphe Maurice Béjart ses *Variations pour une porte et un soupir* et sa *Messe pour le temps présent* qui décideront de sa notoriété. C'est dans cette *Messe* – co-écrite avec Michel Colombier – que se trouve le tube *Psyche-rock*.

L'intérêt pour cette musique va de pair avec la révolution sérielle. Certains vont croiser les deux trajectoires. Parmi ceux-ci, c'est Stockhausen le plus téméraire, avec son *Chant des adolescents* dans lequel se mêlent sons électroniques et voix enregistrées.

Va rapidement se poser la question du concert et de la diffusion de cette musique qui est définitivement fixée sur une bande fabriquée en studio, donc difficile à exploiter en concert. Pour pallier ce problème, deux voies sont explorées :

- **la musique électronique vivante** (« *Live Electronic Music* ») qui permet de faire vivre cette musique au moment du concert en utilisant des paramètres modulables – l'avènement des synthétiseurs (1963) toujours plus perfectionnés aura permis de le réaliser. Elle connaît son heure de gloire dans les années 1965-1970, autour, encore et toujours, de Stockhausen.
- **la musique mixte**, association de la musique enregistrée et de la musique instrumentale joué en *live*, celle-ci pouvant être assujettie à la machine qui la « transforme » dans l'instant : c'est la plus diffusée de nos jours.

Le boom technologique engendre de nouveaux espaces de travail. L'esthétique du GRM est modifiée, l'ombre de Schaeffer s'estompe. C'est aujourd'hui l'un des studios les plus en pointe ; il a accueilli ou continue de le faire ceux de la première génération Luc Ferrari, François-Bernard Mâche...

L'un des exemples les plus marquants est *Répons* que Boulez met au point à l'IRCAM qu'il a lui-même fondé, œuvre composée pour six solistes jouant avec transformations électroacoustiques et ensemble instrumental. C'est assurément l'œuvre qui a marqué cette musique, même si elle reste tributaire d'un outil déjà obsolète.

Karlheinz Stockhausen (1928-2007)

On ne peut parler de Boulez sans aussitôt penser à Stockhausen, même si les trajectoires des deux hommes vont vite s'écarter. Pianiste de jazz qui reçoit l'illumination sérielle à Darmstadt puis l'enseignement de Messiaen à Paris comme Boulez, Stockhausen écrit aussitôt des œuvres importantes : *Kreuzspiel*, *Formel*, *Spiel* ou *Punkte* dans lesquelles il généralise la série. Mais le compositeur fait feu de tout bois et ne se laisse pas enfermer dans un système unique. Il s'intéresse très tôt à la musique expérimentale autour du Groupe de musique concrète de Pierre Schaeffer avant de rejoindre le Studio de musique électronique de Cologne dont il sera l'un des principaux « utilisateurs ». C'est par rapport à cette période qu'il est considéré comme l'inspirateur de nombreux musiciens de rock.

De ces années 1950 datent ses œuvres les plus significatives : *Le Chant des adolescents*, *Gruppen*, les *Klavierstücke V* à *X*, *Carré* et surtout *Kontakte* qui marie piano et percussions à la technologie, alors balbutiante. C'est déjà le passage du sériel strict à l'aléatoire plus ou moins contrôlé.

Vers la fin des années 1960, il assume un changement de cap radical avec *Stimmung* pour six voix qui déroule plus d'une heure de musique méditative souvent consonante qui déroute les aficionados de la première heure. Les *Tierkreis* (signes du zodiaque) consiste en une série de 12 mélodies que les interprètes s'approprient librement (écoutez ces deux versions du *signe du lion* ●.) À partir de là, dans un renouveau mystique insaisissable, le compositeur va se mouvoir « hors du temps » : pendant l'Exposition universelle d'Osaka en 1970, il fait entendre sa musique pendant 185 jours à raison de 5 heures par jour et à partir de 1977 s'engage dans la composition de *Licht*, une série de sept opéras consacrés aux sept jours de la semaine, d'une durée d'une trentaine d'heures.

Son catalogue est énorme : plus de 360 titres recensés qui, aux dires du compositeur, se réunissent en un seul ensemble.

Instrument, voix

On vient de voir comment les compositeurs se sont très tôt emparés des technologies nouvelles pour les intégrer avec plus ou moins de bonheur à leur langage musical. Pour autant, les instruments « classiques » n'ont pas dit leurs derniers mots, n'ont pas encore révélé tous leurs secrets. Plusieurs démarches se croisent.

La première consiste à pousser les possibilités d'un instrument jusqu'à leur épuisement. La principale contribution est constituée par la série des *Sequenze* que Berio compose entre 1958 et 2002 pour divers solistes. Au-delà de la simple expérimentation sonore, on peut les considérer comme de véritables œuvres musicales habitées d'une démarche avant tout musicale. D'une manière générale, on varie à l'envi les possibilités sonores et expressives de l'instrument par :

- de nouveaux modes de jeu. Ces subtilités devenues monnaie courante sont l'essence même du travail d'**Helmut Lachenmann** né en 1935 (*Tanzsuite mit Deutschlandlied, Reigen*) ;
- l'usage d'intervalles inférieurs au demi-ton : le ¼ de ton devient fréquent, le ⅓ de ton est plus rare (**Maurice Ohana**, 1913-1992 : *Le Lys des madrigaux, Avoaha*)
- l'usage d'harmonie par blocs (Penderecki) ou au contraire de contrepoints serrés (Ligeti) dans des combinaisons d'une extrême complexité (Ferneyhough).

La virtuosité instrumentale est sans cesse repoussée ; ce qui paraissait impossible à jouer hier devient à la portée de nombreux virtuoses aujourd'hui.

Luciano Berio (1925-2003)

Berio est un compositeur italien, donc *a fortiori* inconditionnel de la voix d'autant qu'il a eu pour épouse Cathy Berberian, l'une des artistes lyriques les plus originales et performantes de la seconde moitié du XXe siècle. Toutes les possibilités de la voix seront réellement exploitées au moyen de l'écriture traditionnelle ou de la technologie moderne. Il y a peu d'œuvres non vocales dans son catalogue.

Il s'intéresse très tôt au sérialisme (*Nones*) et se joint l'espace d'un temps à Boulez et Stockhausen à Darmstadt, à la musique électroacoustique (il fonde le Studio de Milan et compose *Mutazioni* ou *Thema [Omaggio a Joyce]* pour voix et dispositif), plus tard au théâtre musical (*Circles*, *Laborintus II*, etc.). Il y a du baroque italien chez ce touche-à-tout génial qui ne rechigne pas au jazz – il improvise au piano –, au rock et au folk – il leur consacre des écrits édifiants. C'est un boulimique de culture tant ancienne que contemporaine. Le monde qui l'entoure le passionne tout autant (*O King*, deuxième mouvement de *Sinfonia*, est écrit au lendemain de la mort de Martin Luther King). Italien jusqu'au plus profond de lui-même, il ne pouvait ignorer l'opéra. Italo Calvino lui fournira ou lui inspirera les livrets de *La Vera storia*, *Un Rè in Ascalto* et *Outis*. Son œuvre la plus répandue reste la série des *Folksongs*, ces chants populaires qu'il a magnifiquement agrémentés de sonorités instrumentales si pertinentes.

Voci e strumenti

Ce travail de libération de la voix, Berio le reconduit dans le domaine instrumental notamment, mais pas seulement, au travers des *Sequenze* : œuvres pour instrument seul (celle pour trompette nécessite néanmoins la présence d'un piano pour un jeu de résonances) dont il existe quatorze numéros, dont trois supportent des transcriptions pour des instruments proches. Les compositions pour instruments seuls restent une réelle gageure et de nombreux compositeurs du XXe siècle les ont essayées avec des succès divers. Berio, lui, obtient des résultats surprenants, parfois extraordinaires, à travers un corpus d'œuvres dont la composition s'étale sur près de quarante ans. Certaines de ces *Sequenze* connaîtront un prolongement instrumental en formation de chambre sous le nom de *Chemins* pour certains ou dans des pièces plus élaborées comme *Corale* issu de la *Sequenza VIII* pour violon.

Sur le plan du langage, il excelle dans l'art du collage. L'une de ses œuvres principales, *Sinfonia*, en est l'exemple le plus typique. Ainsi, le 3e mouvement est construit autour du scherzo de la *2e Symphonie* de Mahler, mais on y entend aussi des réminiscences fugitives de Ravel, Debussy, Stravinsky, Strauss, etc. Le mélange, ou plutôt le métissage, se retrouve dans *Coro* pour 40 voix et instruments, l'un des sommets de son œuvre qui retrace « l'épopée de l'homme, de ses paysages intérieurs, par le mélange des langues, des folklores et des rites. » On y entend outre des chœurs traditionnels, des hétérophonies africaines, des chansons…

Tout ceci peut paraître un peu bric-à-brac, un peu « baroque ». Comme beaucoup de ses contemporains, l'euphorie créatrice des années de jeunesse s'est un peu diluée par la suite. Pourtant le résultat est là et, la plupart du temps, les œuvres composées montrent le talent évident du compositeur à construire des œuvres d'une grande cohérence.

La voix, instrument majeur du changement

Parmi toutes les grandes avancées qui continuent à marquer la musique depuis un siècle, le traitement de la voix est l'une des plus fulgurantes. Les compositeurs vont révéler les possibilités infinies offertes par l'instrument le plus naturel, le plus fragile et le plus personnel.

Pour beaucoup de compositeurs, la voix continue à chanter normalement, dans des conditions et des contextes musicaux tout droit issus des siècles précédents. Mais écoutez donc autour de vous : l'inventaire des possibilités vocales est incommensurable ! Le plus bel organe peut : chanter, parler, gémir, hurler, gouailler, renifler, gratter, murmurer, susurrer, imiter des bruits ou des chants d'animaux, chanter comme Maryline ou comme Lady Gaga, râler, accompagner l'orgasme, appeler, chuinter, siffler, soupirer, bailler, donner des coups de gorge. Ajoutez ici le fruit de votre imagination. Tout cela peut se faire sur des textes écrits dans des langues existantes ou pas, sur des syllabes habituelles ou des phonèmes de son choix. C'est illimité. L'une des « musiques actuelles » les plus productives dans ce domaine est le rap, dont l'intérêt n'a pas échappé à quelques compositeurs « savants ».

Un double nom revient souvent : Luciano Berio, compositeur italien. Il a fait sortir la voix de son carcan traditionnel. Cela a été rendu possible grâce à la complicité de Cathy Berberian, formidable artiste qui a été non seulement sa femme mais aussi sa muse, lui inspirant ses œuvres parmi les plus réussies.

Trois œuvres vocales « modernes » emblématiques : *Sequenza III* (Berio), *Aria* (Cage) et *Récitations* (Aperghis). L'audition suffit – malheureusement ces trois titres ne sont pas disponibles sur nos playlists –, mais la lecture de la partition – graphique – est édifiante pour comprendre ces nouvelles techniques.

Krzysztof Penderecki (né en 1933)

La création en Europe de l'Est a souffert des diktats totalitaires, surtout pendant la triste période du jdanovisme (voir le chapitre 19). La mort de Staline en 1956 ouvrira des perspectives libératoires.

La Pologne va rapidement se singulariser par une prodigieuse « école polonaise ». La création du festival « Automne à Varsovie » porte une double vocation : importer en Pologne les grandes partitions du XXe siècle encore inconnues au-delà du rideau de fer (qu'il s'agisse des compositeurs sériels ou même du *Sacre du Printemps* créé près d'un demi-siècle plus tôt) et de proposer aux oreilles occidentales le produit des jeunes compositeurs polonais. Dès 1957, certains de ces jeunes compositeurs sont autorisés à aller suivre les cours de Darmstadt, et c'est un bouleversement total, une révélation extraordinaire, à l'origine de vocations magnifiques.

La production de Penderecki est en deux temps bien délimités : une première période avant-gardiste puis un retour radical vers un langage qui, sans renier ses premiers travaux, regarde avec nostalgie vers les sphères tonales.

À la fin des années 1950, il développe d'audacieuses avancées sur le langage, les modes de jeu, l'écriture par blocs, les nouveaux matériaux, les micro-intervalles. Il cherche avant tout à réinventer les sonorités ; on parle de *sonorisme*. Les premiers titres sont donc instrumentaux : *Émanations*, *Anaklasys*, *Thrène à la mémoire des victimes d'Hiroshima* (qui va décider de sa notoriété), deux *Quatuors*, *Fluorescences*, *De natura sonoris I* et *II*. Son premier opéra *Les Diables de Loudun* est reconnu par la critique comme une œuvre majeure dans ce genre musical.

Sonorisme religieux

À partir de 1963, il invite à ces préoccupations son engagement catholique revendiqué. Il en résulte des œuvres de musique sacrée parmi les plus belles et les plus spirituelles de toute la musique occidentale. Ce seront *La Passion selon saint Luc*, emblématique de la musique sacrée « moderne », *Canticum canticorum salomonis* et *Utrenja I* et *II* (offices de matines pour le Vendredi saint et pour la nuit de Pâques selon le rite orthodoxe).

Coup de rétro

La musique de Penderecki prend un tournant radical au milieu des années 1970 par un retour en arrière, dans des œuvres qualifiées de néo-romantiques, au langage tonal (d'une tonalité élargie) consensuel. On le retrouve dans des formes traditionnelles, comme la symphonie (à ce jour, huit sont numérotées mais la 6e est en cours), le concerto (pour alto, flûte, clarinette, cor), l'oratorio (*Requiem polonais*), qui déboussolent les admirateurs de la première heure.

L'art du son

Après avoir exploré qui les assemblages de notes qui les possibilités électroacoustiques, certains créateurs se penchent sur le son, comme certains le font déjà sous-tendre dans le théâtre musical (Kagel). Deux compositeurs essentiels y travaillent ardemment : Xenakis et Ligeti.

Iannis Xenakis (1922-2002)

Xenakis possède une double nationalité et un double parcours. Franco-grec (né en Roumanie) d'un côté, et savant à la fois en musique (notamment dans tout ce qui touche la musique grecque) et en sciences (physique et mathématiques) de l'autre.

Dès 1955, il est le premier à noter que le sérialisme atteint déjà une impasse, qu'il est condamné. Il tente de trouver une nouvelle voie difficile à définir. Disons qu'il travaille sur le son, sur les masses sonores.

Comme architecte, il a travaillé avec Le Corbusier à Paris entre la fin de la guerre et 1959. À l'Exposition universelle de Bruxelles, il réalise le pavillon Philips avec Le Corbusier. Dès lors, il se consacre exclusivement à la musique, mais toujours calculée sur le prisme architectural.

Musique architecturée

Les premiers projets graphiques du Pavillon Philips lui inspirent *Metastasis*, sa première œuvre de grande envergure, impressionnante par son effet de masse. Lui qui maîtrise parfaitement les lois physiques et mathématiques de Maxwell, Gauss et Poisson tente de les transposer en musique. Il part d'un « espace lisse » et d'un « temps amorphe », il échafaude des compositions musicales rigoureusement contrôlées par ces lois : passage du continu au discontinu, de l'ordre au désordre, de l'informe au formé, du statique au mouvement. *Metastasis*, pour 61 parties instrumentales différentes, développe ce procédé de « sons en masse » qui évoluent selon la loi des grands nombres vers un état plus stable, plus définitif. Il considère les sons indépendants les uns des autres et applique des calculs savants à leur agencement. Le calcul des probabilités, les lois du hasard hantent ses premières œuvres. Cette évolution conserve un côté hasardeux, mais l'aléatoire est totalement contrôlé, entièrement calculé et soumis aux lois mathématiques, totalement écrit par le compositeur.

Les pièces successives répondront à d'autres phénomènes mathématiques passionnants mais que l'on ne peut décrire ici. À partir des années 1960, il utilise « pour gagner du temps » l'appui de l'ordinateur donnant *Terretektohr* (1966) pour 88 musiciens répartis dans la foule (« *Terretektohr* est un *sonotron*, un accélérateur de particules sonores ») ; mais ici encore l'effet de spatialisation est parfaitement contrôlé par les lois mathématiques, notamment dans ce cas les fonctions logarithmiques pour accélérer le mouvement et les déplacements du son. De 1960 à 1980, il utilise les très grandes formations orchestrales dans la plupart de ces compositions, même si l'on peut trouver des œuvres de moindre envergure mais tout aussi intéressantes comme les *Nuits* pour 12 voix ou *L'Orestia* pour chœur mixte, chœur d'enfants et petite formation.

En fait, bien que partant de données savantes, on peut dire qu'il rend audible le processus de pensée dans ce qu'il a de plus abstrait : « L'intelligence à travers l'oreille ». Il hérite un peu de la démarche de Varèse, dont le travail sur le son et ses composantes commençait à porter ses fruits.

Parmi la descendance indirecte de Xenakis se trouve **Pascal Dusapin** (né en 1955), longtemps considéré comme la figure de proue de la musique française actuelle. Il s'agit bien d'une filiation indirecte parce que ce compositeur peut aussi revendiquer une certaine proximité avec Varèse ou Stravinsky. Sa musique est toujours empreinte d'une grande expressivité, qu'il obtient à travers une invention toujours renouvelée. Son catalogue est riche de six opéras (*Roméo et Juliette*, *Perela l'homme de fumée*, *Passion*…)

et de très nombreuses compositions instrumentales et vocales (déjà une centaine de titres parmi lesquels *A quia*, concerto pour piano et orchestre). En 2006, il est titulaire de la chaire de création artistique au Collège de France.

György Ligeti (1923-2006)

Ligeti fait partie de ces compositeurs du « bloc de l'Est » qui ont vécu longtemps dans l'ignorance des évolutions artistiques occidentales. Jusqu'en 1956, il est donc vierge de toute influence novatrice et met ses pas dans ceux d'un Bartók et d'un Kodaly, c'est-à-dire dans une musique puisant ses sources dans la tradition magyare. Une quarantaine d'œuvres remonte à cette époque parmi lesquelles beaucoup de pièces vocales au caractère rustique affirmé ; la plupart restent inédites, le compositeur n'y décelant pas trop sa pâte personnelle.

Tirer le rideau

En 1956, il quitte son pays en proie à l'une des plus sévères dictatures communistes, pour rejoindre l'Allemagne – il sera finalement naturalisé autrichien en 1967, suite à son installation à Vienne – où les compositeurs d'avant-garde sont à l'œuvre depuis déjà quelques années. Le voilà au contact de la musique sérielle à Darmstadt et de l'électroacoustique à Cologne. Double révélation fulgurante, même si ces deux influences ne l'approchent qu'à la périphérie : seuls certains aspects de la technique sérielle l'interpellent, et il ne compose que trois musiques en studio dont seule la remarquable *Artikulation* sera créée.

Rapidement, c'est dans l'organisation tout à fait particulière de tissages des sons qu'il va s'orienter : il s'agit de « micro-polyphonie », polyphonie très serrée constituant une musique statique d'apparence, pouvant sonner comme une œuvre électronique traduite à l'orchestre. *Apparitions*, *Atmosphères*, *Requiem* (œuvre magistrale dans son clair-obscur) ou *Lux aeternam* sont emblématiques de ce style si personnel qu'il va légèrement aérer par la suite : *Melodien*, son opéra *Le Grand Macabre*.

Parallèlement, il s'encanaille dans des expériences de théâtre musical avec ce *Poème symphonique pour cent métronomes* ou ses *Trois Bagatelles* pour un pianiste, à la limite du silence. *Aventures* puis *Nouvelles Aventures* pour trois chanteurs et sept instrumentistes se rattachent à cette mouvance, mais de façon moins ironique. Après une série d'œuvres plus intimes quant à leur formation (*Deux Études pour orgue*, *2e Quatuor*, *Concerto de chambre*), Ligeti enrichit magistralement le répertoire du piano avec un *Concerto* et trois livres d'*Études pour le piano*. Toute son œuvre est une hymne au son.

La musique spectrale ou l'introspection du son

Dans les années 1970, un courant esthétique se fait jour en France en se focalisant sur le spectre sonore. Le matériau provient des propriétés acoustiques du son mises en lumière par des spectrographes. Les musiciens prennent appui sur les recherches d'Émile Leipp, fondateur du laboratoire d'acoustique musicale à la faculté de Jussieu. Ce travail dans les sons – et non plus avec les sons (« décomposer le son dans son spectre et non composer les sons entre eux ») – est le point de départ d'un système compositionnel qui continue d'engendrer de nombreuses créations. Il faut y voir d'une part le prolongement acoustique du travail en studio et d'autre part la réaction au dogmatisme sériel qui détournait certains paramètres du son au profit de calculs combinatoires plutôt que de s'intéresser à sa nature même.

En amont de ce travail « physique », un compositeur italien original auquel vont se référer les spectraux : **Giacinto Scelsi** (1905-1988), aristocrate et homme de culture, vivant à l'écart du monde. Après une première période féconde – il ose très tôt le dodécaphonisme avant de s'en éloigner –, une grave crise intérieure lui fait rejeter toute sa production et lors d'un internement en hôpital psychiatrique, il ne tire du piano qu'une seule note (un la*b*) dont il tente d'explorer toutes les harmoniques. Dans une démarche quasi-mystique ramenée de ses voyages en Orient, il renie à nouveau les compositions passées pour s'en tenir à ses œuvres nouvelles, la première étant *Quatre Pièces sur une seule note* pour orchestre contemporaine de *4'33"* de Cage. Comme son nom l'indique, une note unique est explorée dans chacun des quatre mouvements. Il aura une influence sur toute la génération spectrale. Même si certaines œuvres sont énigmatiques par le titre (*Uaxunctün*, *Konx-om-pax*, *Pfhat*), elles recèlent un travail fouillé et passionnant sur le son.

L'Itinéraire est un ensemble instrumental associant instrumentistes et électronique (surtout utilisée pour la transformation des sons) spécialisé dans la musique spectrale. Ont participé à sa fondation à Paris, en 1973, les grands noms de ce courant :

Gérard Grisey (1946-1998), élève de Messiaen et Dutilleux, Stockhausen, Ligeti et Xenakis à Darmstadt, rien de moins ! Il tente de s'approprier la spatialisation du son (dans *Vagues Chemins*, *Le Souffle* la clarinette solo et l'orchestre cernent le public) avant d'explorer le son lui-même en travaillant sur les processus de sa transformation (*Espaces Acoustiques*, cycle de six pièces pour diverses formations écrites entre 1974 et 1985, *Talea*, et sa dernière pièce au titre funeste *Quatre Chants pour franchir le seuil*).

Tristan Murail (né en 1947) est lui aussi l'élève de Messiaen au conservatoire de Paris. Il est pensionnaire à la Villa Médicis à Rome où il croise la route de Scelsi, rencontre qui sera déterminante pour lui. C'est à son retour de Rome que se constitue L'Itinéraire. Murail travaille ardemment sur le matériau sonore, puis sur le processus complexe qui consiste à la modification d'un son au point d'en engendrer un autre (*Gondwana* pour orchestre). L'électronique participe à l'élaboration de son système (*Désintégrations*, *Vues aériennes* qui propose quatre aspects d'un même objet, *...amaris et dulcibus aquis...*) qu'il a abondamment conceptualisé dans des articles et des analyses.

Hugues Dufourt (né en 1943) mène de front une activité de philosophe (cet élève de Deleuze est agrégé et docteur en philosophie) et de musicien. Après L'Itinéraire, il fonde le Collectif de recherche instrumentale et de synthèse sonore, puis le séminaire d'histoire sociale de la musique, et enfin la formation doctorale « Musique et Musicologie du XXe siècle » à l'École des hautes études en sciences sociales, en collaboration avec l'École normale supérieure, le CNRS et l'IRCAM. Comme compositeur, son œuvre est toute aussi remarquable, depuis *Erewhon* pour 150 instruments à percussion créé au festival de Royan à *Dawn Flight* puis *Uneasiness* (ses deux plus récents quatuors à cordes), en passant par *Saturne*, l'œuvre qui réunit en 1979 les familles instrumentales les plus aptes à explorer le son, et *Surgir* œuvre fascinante à la fois violente et paisible.

Michaël Lévinas (né en 1949, fils du philosophe Emmanuel Lévinas) partage avec Grisey et Murail d'avoir suivi les cours de Messiaen à Paris et d'être passé à la Villa Médicis à Rome. Il déploie ses activités artistiques entre les concerts – il est un remarquable pianiste – et la composition. Il adhère rapidement au mouvement spectral en y participant activement comme pianiste au sein de L'Itinéraire et comme compositeur (*Sons en circulation*, *Strettes tournantes-Migrations*, *Préfixes*). Depuis la fin du siècle dernier, il prend ses distances avec le mouvement pour créer des « polyphonies paradoxales [...] fondées principalement sur un contrepoint complexe de timbres et sur des variations de tempéraments ». Son apport à l'opéra contemporain est important, surtout dans la dernière décennie (*Les Nègres*, d'après Jean Genet, *La Métamorphose* d'après Franz Kafka).

De son côté, **Philippe Leroux** (né en 1959) a été touché par la démarche spectrale même s'il n'est pas lié à ses fondateurs. Si sa musique en fait l'écho, elle se développe en marge de ce mouvement dans un langage personnel aisément repérable. Il utilise abondamment les technologies actuelles tout en s'inscrivant dans la tradition – les notions de continuité et de mouvements irriguent ses œuvres. Bien qu'auréolée d'une certaine pudeur, la dimension mystique du compositeur, très attaché à sa foi orthodoxe, transparaît pour qui sait la saisir. Son catalogue riche d'une soixantaine de titres porte parfois des noms énigmatiques (*Air-Ré*, *(D')Aller*, *AAA*) et il faut passer au-delà pour découvrir des œuvres passionnantes : *On a crié*, *Un lieu verdoyant [Hommage à Gérard Grisey]*, le concerto grosso *M'M*, *De la disposition*, hommage à Ligeti pour orchestre, *Apokalipsis* pour voix, instruments et dispositif électroacoustique. Pour découvrir Leroux, il faut écouter *Voi(REX)* (à comprendre VoiR-VoiE-VoiX) dont un critique dit : « S'il n'y avait qu'une œuvre à connaître pour saisir les enjeux de la musique au début du XXIe siècle, ce serait Voi(REX) de Philippe Leroux. » Enfin, on lui doit, clin d'œil au rap, une version très personnelle de *La Belle si tu voulais*, pour voix seule.

Marc-André Dalbavie (né en 1961), l'un des compositeurs français les plus joués de sa génération, est élève de Murail pour l'électronique et de Boulez pour la direction d'orchestre. Après une période spécifiquement spectrale (*Paradis mécaniques*, *Diadèmes* qui a décidé de sa notoriété), il s'intéresse à la circulation du son par la mise en espace (*Non lieu*, *In Advance of the Broken Time...*, *Color*, *The Rocks under the Water*, *The Dream of the unified Space*, plusieurs œuvres concertantes). Pour cela, il privilégie avec succès les grandes formations symphoniques qu'il a merveilleusement apprivoisées.

Le courant spectral connaît des ramifications en Roumanie (le roumano-français **Horatiu Radulescu** né en 1942) et une descendance internationale qui s'est emparée du « son » avec une grande liberté compositionnelle et expressive. Parmi les compositeurs plus significatifs, qui manient la « musique mixte » dans une perspective héritée du courant spectral, la finlandaise **Kaija Saariaho** (née en 1952) montre une prédilection pour le violoncelle (*Amers*, *Neiges*, *Sept Papillons*). Elle recherche les transformations progressives des textures sonores (le diptyque pour orchestre qui dit bien son nom *Du cristal... à la fumée*). Depuis le début du siècle son activité abondante culmine dans une série d'opéras composés en collaboration avec le librettiste Amin Maalouf et le metteur en scène Peter Sellars : *L'Amour de loin*, *Adriana Mater*, *Émilie*.

Chapitre 24

Musiques post-modernes et coupures de courant

Dans ce chapitre :

- Comment faire de la grande musique avec de petits moyens
- Comment faire de la belle musique moderne sans hésiter à regarder dans le passé

Face à toutes les nouvelles approches de la note ou du son, plusieurs courants protéiformes revendiquent le retour à des fondamentaux dans des lectures revisitées. Dans la plupart des cas, ce sont des musiciens qui ont fait l'expérience sérielle et/ou électroacoustique avant de s'en détacher pour adopter un langage plus traditionnel. Chez certains, nous l'avons vu, le retournement est radical.

La notion de musique post-moderne n'est pas aisée à définir. Le post-modernisme traverse toute la création artistique. On doit à l'architecte et critique américain Charles Jencks d'avoir théorisé le post-modernisme en 1977 et au philosophe français Jean-François Lyotard, d'y avoir réfléchi avec un esprit critique dans *La condition postmoderne - rapport sur le savoir* (1979) suivi des lettres ouvertes recueillies dans *Le postmoderne expliqué aux enfants* (2005).

En musique, c'est l'Américain Jonathan Kramer qui, au début de ce siècle, s'est penché sur la question en listant les seize caractéristiques de cette mouvance. Dans ce chapitre, sont présentés les principaux courants qui se sont manifestés pour certains avant cette théorisation.

La musique minimaliste

En Amérique

La musique minimaliste prend son essor dans l'Amérique des années 1960, en proie à la réflexion esthétique suscitée d'une part par le sérialisme, de l'autre par les expériences de Cage. Retour à la tonalité franche, à la pulsation régulière, et apparition de la notion de répétition à l'infini – on la nomme alors *musique répétitive* – dans une évolution quasi-imperceptible (la mobilité à la vitesse de l'escargot) pour une musique moins intellectualisée et plus immédiatement accessible. Le résultat en est fascinant, envoûtant : on peut comprendre pourquoi certains mouvements de type New Age s'en sont emparés dans les années 1980.

Un exemple en phase

La pièce pour deux pianos (il en existe des déclinaisons pour deux marimbas, deux violons...) *Piano phase* (1967) de Steve Reich est basée sur un motif principal composé de douze notes jouées rapidement et régulièrement :

Figure 24-1 : Matériau de base de *Piano Phase*

Le piano I répète cette cellule immuablement (des centaines de fois !)

Le piano II enchaîne ces séquences, chacune répétée *x* fois (*x* est laissé à l'appréciation des interprètes à l'intérieur d'une fourchette fixée sur la partition) :

- même motif à l'unisson du piano I,
- même motif imperceptiblement accéléré (il faut progresser d'une note),
- même motif mais décalé exactement d'une note,
- même motif imperceptiblement accéléré (il faut progresser d'une nouvelle note),
- même motif mais décalé exactement de deux notes,
- etc.

Quand la boucle est bouclée, la musique continue sur d'autres motifs plus brefs (le dernier ne compte que quatre notes) plus ou moins issus du premier.

L'ensemble dure de 15 à 20 minutes alors que la partition ne s'étale que sur deux pages A4.

Les compositeurs ont une bonne connaissance du sérialisme qu'ils rejettent après l'avoir expérimenté ; ils sont passés par la case « jazz », et par la fascination pour la musique de l'Inde. Cinq noms américains alimentent ce courant, même si les derniers s'en sont écartés par la suite :

- **La Monte Young** (né en 1935), issu du jazz, se singularise par l'extrême étirement de sa musique (la première note d'alto de son *Trio à cordes* dure 4 minutes) souvent autour d'un long bourdon appelé « drone » (période de grandes improvisations) avant de se lancer sur deux projets gigantesques : *The Well-Tuned Piano* et *The Tortoise, His Dreams and Journeys* (composé de nombreuses séquences dont certaines durent jusqu'à une semaine !), tous deux débutés en 1964 et pas encore menés à terme. C'est un compositeur au talent immense trop méconnu en Europe.
- **Terry Riley** (né en 1935) connaît très tôt le succès avec *In C* (« en *do* majeur »), véritable manifeste minimaliste qui se présente comme une proposition pour orchestre de 53 motifs très brefs que chaque instrumentiste (aucun instrument n'est spécifié) répète autant que nécessaire avant de passer au suivant, dans un tempo commun fixé au début. *A Rainbow in curver air* est l'une de ses œuvres les plus fascinantes, avec son orgue électronique en re-recording.
- **Steve Reich** (né en 1936) tire ses influences de la musique classique, du jazz, et des musiques traditionnelles (africaine, balinaise, hébraïque). Il est l'un des compositeurs les plus influents dans la musique américaine actuelle. Sa musique est remarquable par la dynamique rythmique et pulsée. Outre *Piano phase* vont s'enchaîner les succès populaires composés dans les années 1970 et 1980 : *Music for 18 Musicians*, *Eight Lines, The Desert Music* ou *Different Trains*.
- **Philipp Glass** (né en 1937) présente un parcours plus éclectique. Sa musique est franchement répétitive jusqu'au milieu des années 1970, avec comme touche personnelle un processus de développement prédestiné mathématiquement par additions, soustractions, etc. (son œuvre *1+1*, emblématique de l'époque, se joue en tapant sur une table amplifiée deux rythmes qui s'agencent suivant des combinaisons précises). Cette période aboutit à *Music in Twelve Parts* avant que Glass ne s'engage dans un langage plus inventif dans des œuvres lyriques de grande envergure qui connaissent toutes un succès retentissant (*Einstein in the Beach*, *Satyagraha* en hommage à Gandhi, *Akhnaten*…). Enfin, sa période actuelle prend ses distances avec le minimalisme et marque un retour à un langage des plus classiques, du baroque au romantisme aux influences multiples, sans perdre pour autant son efficacité (riche production symphonique, lyrique et cinématographique).

- **John Adams** (né en 1947) se définit lui-même comme un « minimaliste fatigué du minimalisme ». Son entrée aurait très bien pu se faire au chapitre 19 tant son langage s'inscrit dans la lignée des Copland et Barber autant que celle de Glass. Muni d'un tel bagage, il compose une musique résolument efficace dans sa puissance lyrique qui s'oppose au propos sériel qu'il a abordé pendant sa formation, mais sans conviction. Même si elles nous paraissent rapidement familières, ses œuvres ne sont jamais banales (*Harmonielehre*). Son investissement dans le domaine lyrique (souvent avec la complicité du metteur en scène Peter Sellars : *Nixon in China*, *La Mort de Klonghoffer*, *Doctor Atomic*) ou dans celui de l'oratorio (*El Niño*), et sa virtuosité orchestrale font de lui le compositeur américain le plus joué.

En Europe

À la fin des années 1970 a surgi en Europe de l'Est un courant esthétique radical fortement influencé par les minimalistes américains, sans toutefois adopter le système répétitif, dans un esprit davantage mystique. Les moyens mis en œuvre tiennent de l'épure : la musique se satisfaisait de très peu de moyens et de mouvements.

La musique d'inspiration religieuse

Certains agissent par conviction spirituelle et tirent substance du plain-chant grégorien ou de la musique byzantine. L'Estonien **Arvo Pärt** (né en 1935) est un compositeur en vue de l'Union soviétique jusqu'aux années 1960 avant de plonger dans le sérialisme (deux premières symphonies) qui le marginalise. Il traverse une grave crise intérieure qui le tient éloigné de toute production musicale pendant des années, avant d'y revenir dans un langage puisé aux sources grégoriennes et aux polyphonies de la fin du Moyen Âge, avec pour touche personnelle et mystique le *tintinnabulum* : « Je travaille avec très peu d'éléments – une ou deux voix seulement. Je construis à partir d'un matériau primitif, avec l'accord parfait, avec une tonalité spécifique. Les trois notes d'un accord parfait sont comme des cloches. » Trois œuvres le présentent clairement : *Für Alina*, *Fratres* qui se décline en de nombreuses versions, et *Tabula rasa*. Ses partitions ont quelque chose de simpliste dans leur présentation (peu de notes, rythmes très peu variés, peu ou pas de modulation…). Depuis la fin des années 1970, son style qui se répand principalement dans la musique religieuse comme la *Messe syllabique* semble immuable.

Dans cette mouvance mystique, il faut aussi citer l'Anglais **John Tavener** (né en 1944) qui puise aux sources de la musique orthodoxe traditionnelle avant d'être plus œcuménique depuis le début du siècle, ou le Russe **Alexandre Knaifel** (né en 1943) qui se complaît dans des pièces extrêmement larges et étirées qui n'ignorent pas l'accord parfait.

La musique profane

La simplicité compositionnelle est une aubaine pour d'autres, d'autant qu'elle est plébiscitée par un public qui en redemande. Le cas le plus flagrant est celui du Polonais **Henryk Gorecky** (1933-2010). Après avoir donné des premières œuvres expérimentales plus avancées encore que celles de son compatriote Penderecki sur le timbre instrumental et la texture du son, il opère un retour abrupt vers la tonalité dans sa *3e Symphonie sur des lamentations* (1976) pour mezzo-soprano et orchestre, créée discrètement mais devenue soudainement un tube après avoir été utilisée par Maurice Pialat pour le générique de son film *Police* (1985). Le succès est mérité, car la musique est poignante, même s'il fait de l'ombre au reste de sa production. L'Anglais Mychael Nyman et l'Ukrainien Valentin Silvestrov représentent, chacun à leur manière, cette esthétique musicale parfois un peu pauvre.

Écoles buissonnières pour ceux qui sont privés de courant

Est-ce par manque d'audace ou d'idées nouvelles ? Est-ce par découragement de constater que la musique « moderne » avait du mal à fidéliser l'auditoire et à s'inscrire dans la tradition ? Les dernières décennies montrent indéniablement que le temps des audaces de l'avant-garde est révolu. On regarde vers le passé pour donner une nouvelle vie aux paramètres musicaux traditionnels : mélodie, harmonie, rythmes, timbres, dynamiques, etc. De nombreux compositeurs qui ont abondé dans la curiosité de voix à défricher se retournent vers le passé, pour un langage plus consensuel. C'est une démarche plurielle dont voici quelques éléments parmi les plus signifiants :

- Sous la dénomination de *Nouvelle simplicité,* parfois appelée *Nouveau romantisme,* se cache un groupe de musiciens allemands qui depuis la fin des années 1970 rejettent toute inflation intellectuelle dans la création musicale, du sérialisme post-wébernienne à la complexification de Ferneyhough. Bien qu'il s'en défende, le chef de file en est **Wolfgang Rihm** (né en 1952), auteur d'un catalogue impressionnant en quantité et d'un langage d'une rare variété – chaque œuvre semble puiser à une nouvelle source. Le langage de **Manfred Trojahn** (né en 1949) est davantage nostalgique des grandes envolées romantiques de la fin du XIXe siècle.
- L'éclectisme est la marque de fabrique du compositeur russo-germanique **Alfred Schnittke** (1934-1998). Après une période russe marquée par Prokofiev (*1er Concerto pour violon*) puis un détour vers l'écriture post-sérielle (*1er Quatuor, 2e Concerto pour violon*), il s'engage dans les voies les plus diverses, comme remontant la pendule du

temps musical : hommage aux grands de ce siècle (*Canon à la mémoire de Stravinsky*), post-romantisme (*2e Symphonie « Saint Floran »*), post-classicisme (*Suite dans le style ancien*, *Moz-Art*), astucieuse technique du collage dans le style baroque (6 *Concertos grossos* dont le premier est le plus marquant), remontant jusqu'à Gesualdo qui lui inspire un opéra éponyme.

Il est encore des compositeurs qui se rient des modes et ne sont passés sous aucune influence. C'est le cas notamment de créateurs de l'ex-bloc soviétique qui ont ignoré, bien malgré eux, ce qui se passait dans l'effervescence de l'Europe occidentale.

- La musique de la russe **Galina Ustvolskaya** (1919-2006) est sans concession ni référence, bien qu'elle fut élève de Chostakovitch, ce que ne trahit pas sa plume. Son œuvre que l'Occident ignorait avant la chute du rideau de fer est étrange, hiératique, d'une mystique cohérente avec cette femme qui vivait presque en ermite, dont l'épure – qui n'a rien à voir avec la certaine pauvreté revendiquée de Pärt – ne laisse pas indifférent : « Ceux qui disent réellement aimer ma musique ne devraient pas en faire d'analyse théorique. »
- La compositrice **Sofia Gubaidulina** (née en 1931), d'origine tatare et installée en Allemagne, se démarque rapidement de l'influence qu'a eue Chostakovitch sur toute une génération de musiciens soviétiques – même ceux qui n'étaient pas ses élèves, ce qui est son cas – pour un discours mystique marqué par sa conversion à l'orthodoxie en 1970, sans toutefois que la moindre musique liturgique traditionnelle ne la traverse même en filigrane. Avec Penderecki – surtout celui des années 1955 à 1975 – elle est considérée comme la compositrice de musique sacrée la plus engagée (*In Croce*, *Les Sept Paroles*, *Le Cantique du soleil*, d'après saint François d'Assise, *Passion selon saint Jean*). Son catalogue fait une belle part à la musique de chambre. Elle donne ses lettres de noblesse au *bayan*, le gros accordéon russe, dont elle tire les sonorités les plus inouïes (*De profundis*). Chaque nouvelle œuvre est un émerveillement.

Indépendances françaises

Chauvinisme hexagonal oblige, il est agréable de reconnaître que la composition musicale actuelle fait florès dans nos contrées. À côté des compositeurs présentés depuis le chapitre 20, on y croise beaucoup de vrais créateurs qui se dégagent de tout rattachement scolastique. Certes, on n'a pas le recul nécessaire pour évaluer la pérennité de leurs travaux qui permettrait de ne pas tomber dans l'oubli dès lors qu'ils ne seraient plus capables de défendre bec et ongles leur progéniture artistique. S'ils ont un point en commun, c'est bien celui de ne pouvoir déceler aucune passerelle entre eux, sinon une farouche indépendance à écrire « ce qu'ils entendent », sans se soucier, les croit-on, de respecter une étiquette esthétique.

C'est l'ordre chronologique qui définit la liste ci-dessous, qui comporte, on en est conscient, davantage d'oubliés que de cités. Nous ne pouvons que nous réjouir de penser que la prochaine édition de cette *Histoire de la musique* verra cette liste se rallonger à vue d'œil… et à portée d'oreille. Nous avons tenu compte des programmations de concerts et des enregistrements qui pourront permettre au lecteur de se faire sa propre opinion au contact même des œuvres.

Philippe Hersant (né en 1948 – *Désert*), Édith Canat de Chizy (1950 – *Alio*), Nicolas Bacri (1961 – *Une prière*), Thierry Escaich (1965 – *Poèmes pour orgue*), Thierry Pécou (1965 – *Outre-mémoire*), Éric Tanguy (1968 – *Sinfonietta*), Guillaume Connesson (1970) ou Bruno Mantovani (1974), l'actuel et fringant directeur du conservatoire de Paris.

Septième partie

Les musiques actuelles

Dans cette partie…

En un peu plus d'un siècle de révolutions technologiques successives (gravure sur rouleau de cire, disque vinyle, radio, télévision, cassette, CD, MP3, internet) qui ont permis un accès quasi universel à la musique, les musiques populaires ont pris de multiples visages.

Chapitre 25

Le jazz

Dans ce chapitre :

- Des champs de coton aux églises, admirez les noirs exprimer leur désespoir et leur ferveur en musique
- Suivez les jazzmen dans leur voyage aux États-Unis et dans le monde

Conventions de gravure : conformément aux usages habituellement rencontrés dans la littérature anglo-saxonne, les titres individuels sont indiqués entre guillemets et les albums en italique. Dans tous les cas, chaque mot principal a son initiale en majuscule. Enfin, comme dans le reste de cet ouvrage, sont indiqués en gras les artistes les plus significatifs.

Les racines du jazz

Work songs

L'influence des esclaves noirs sur l'histoire de la musique est à mesurer à l'aune du terrible sort que leur réservent les négriers et les propriétaires de plantations des États du Sud : gigantesque et stupéfiante.

Les Noirs qui survivent aux effroyables conditions de transport sont séparés de leur famille et sont contraints de renier leur religion, leurs traditions et leur langue. Ils servent de bêtes de somme et deviennent le moteur de l'économie cotonnière du vieux Sud. Au milieu de ces champs de la honte, des appels retentissent : les *field hollers*. Les esclaves isolés, perdus dans l'immensité des champs de coton s'interpellent par des complaintes entre chant et cri.

Pour se donner du courage dans leurs tâches épuisantes et répétitives, ils improvisent des chants de travail (*work songs*) usant d'un grain de voix et d'un engagement corporel qui marquent profondément leurs maîtres. Aujourd'hui encore, cette scansion musicale collective aide aux tâches laborieuses dans les pénitenciers.

Negro spirituals

Privés de leurs religions, les Noirs adoptent celle des Blancs. Ils sont particulièrement sensibles aux vagues successives de revivalisme (des *réveils*) évangélique et interprètent à leur façon les chants religieux des Blancs (les *spirituals*) : des psaumes, des hymnes et des cantiques composés aux XVIIe et XVIIIe siècles. Séduits par les sermons des méthodistes et des baptistes, les Noirs se précipitent en masse vers les Églises protestantes pour pratiquer une approche plus spontanée de Dieu par le chant et la transe. Comme chez leurs frères blancs, l'assemblée répond à un ou plusieurs solistes, mais avec une interprétation puisée dans les racines africaines. Le corps devient le vecteur d'une foi et d'un espoir communicatifs : les mains scandent avec ferveur le temps faible. Il n'est pas rare de voir plusieurs participants se livrer à des improvisations spontanées. Le timbre pluriel des voix noires et la transformation instinctive des contours des mélodies européennes originales – ils sont influencés par les échelles mélodiques de leurs ancêtres africains – engendrent un genre inédit : le *negro spiritual.*

Les thèmes bibliques des spirituals ont pour les Noirs une résonnance particulière. Ils vivent au quotidien l'exil du peuple d'Israël. Le Jourdain est associé au Mississippi, Jérusalem représente les États du Nord des États-Unis qui mènent une politique plus libérale à leur égard. Ces noms peuvent aussi servir de code pour donner des indications géographiques pratiques aux esclaves souhaitant fuir et recouvrer la liberté.

POUR LES VIRTUOSES

Aujourd'hui encore, les habitudes de claquements de mains du public américain diffèrent de celles du public européen. Outre-Atlantique, il est d'usage de marquer le rythme en frappant des mains sur le temps faible (1 **2** 3 **4**), l'*afterbeat.* Cette pratique, plus légère que la battue européenne sur le temps fort (**1** 2 **3** 4), est un héritage afro-américain.

Gospel

Les Blancs ne sont pas insensibles à l'intensité de ces expériences religieuses et musicales. Bien au contraire. Dès la fin du XIXe siècle, la ferveur communicative de ces chants se transporte des bancs des églises aux planches des salles de concert : ce sont les *gospel songs* (« chants évangéliques », appelés aussi chants *gospel*) qui font salles combles encore aujourd'hui. C'est ici qu'il faut chercher l'ancêtre de la « soul music » qui marquera de son empreinte musicale l'histoire de la musique populaire à partir des années 1950.

ÉCOUTEZ ÇA

Mahalia Jackson peut prétendre au titre de reine du chant gospel. Elle passe son enfance à chanter des spirituals à l'église. Admirée par un public aussi bien noir que blanc, elle se produit sur les scènes les plus prestigieuses comme Carnegie Hall à New York. Elle fut aussi une militante active pour le mouvement des droits civiques.

Ragtime

Quelques Noirs sont initiés à la musique pianistique savante européenne (Chopin, Liszt, marches et polkas) mais les interprètent à leur façon : dans le Missouri de la fin du XIXe siècle, **Scott Joplin** déchire la rythmique européenne en créant des mélodies basées sur des syncopes qui se superposent à un balancement rythmique régulier à la main gauche. Le *ragtime* (« temps en lambeaux ») vient de naître (« Maple Leaf Rag », « The Entertainer »). La diffusion de ce répertoire est très rapide. Nombre de saloons des villes champignons qui se bâtissent le long des voies ferrées sont équipés de pianos mécaniques. Grâce à une bande perforée sur laquelle est transcrit le ragtime, ces instruments n'ont nul besoin d'interprète et s'animent sous les doigts d'un pianiste invisible. L'accord pour le moins approximatif de ces instruments donnera aux ragtimes leur timbre si particulier. Plus canaille que le ragtime traditionnel et prenant les couleurs du blues, le piano du *boogie woogie* se fait entendre dans les lieux de débauche comme les *honky tonk* (tripots).

Blues

Les *ballads* folkloriques des Blancs sont un terreau idéal pour l'inventivité des Noirs. Ils s'imprègnent de ces chansons et s'en inspirent pour exprimer leur désarroi. Après les horreurs de l'esclavage, leur sort n'est guère plus enviable pendant la ségrégation qui sévit dans le Sud où les lynchages de Noirs, boucs émissaires de la défaite sudiste, sont monnaie courante. Avec leur timbre si particulier, les musiciens de couleur chantent la vie quotidienne sur les modes de leurs anciens maîtres. Mais le souvenir des modes de leurs ancêtres africains les fait souvent hésiter sur trois notes qu'ils chantent instinctivement un peu plus bas que leurs cousines européennes. Ce sont les *blue notes* qui doivent leur nom à la légende populaire des *blue devils* (démons bleus), ces créatures qui laissent leurs victimes dans un état d'extrême affliction. On comprend aisément l'origine linguistique de ce style musical majeur : le *blues*.

Dans la région du Delta (nord-ouest de l'État du Mississippi), la guitare devient la compagne idéale du *bluesman*. Il invente de nouvelles techniques comme l'emploi d'un goulot de bouteille (le *bottleneck*) glissant sur les cordes. Ces glissandos lui permettent de reproduire sur son instrument les inflexions de la voix. L'harmonica est aussi un instrument parfaitement approprié à sa vie de musicien itinérant. Marginal sans le sou, il erre de ville en ville et se déplace à pied ou en resquillant dans le train. Sur une pulsation omniprésente, il chante et déclame sa misère (*talking blues*), son alcoolisme et ses amours perdues, usant d'un langage argotique à la fois très cru et plein de repentir.

Son House : « Delta Blues ».
John Lee Hooker : « No Shoes » (talking blues).

Au Texas, le jeu de guitare du bluesman prend des teintes espagnoles. En arrivant sur la côte est, les bluesmen adaptent à la guitare le jeu de la main gauche du piano du *ragtime* et déterminent progressivement un schéma structurel précis : la grille de blues en 12 mesures qui indique les enchaînements des accords à utiliser mesure après mesure.

Le diable à la croisée des chemins...

Si un soir de pleine lune, le hasard vous conduit à un certain carrefour (*crossroad*) de Clarksdale (Mississippi), vous rencontrez peut-être l'âme tourmentée du bluesman **Robert Johnson** qui mourut très jeune au faîte de sa gloire dans de bien étranges circonstances (empoisonné par un mari jaloux ou succombant à de la magie vaudoue ?). La célébrité vous tente ? Vous risquez de faire ici la même expérience que lui : c'est là que le diable lui a proposé un marché. Le talent musical et la gloire en échange de son âme. Est-ce la raison de son légendaire génie musical ? Il a emporté son secret dans la tombe. Et n'espérez pas la fleurir, elle a été emportée (en enfer ?) par un cyclone quelques années après sa mort...

La Nouvelle-Orléans

Dans la chaleur et la moiteur de cette ville latine libérale, plusieurs communautés se côtoient. Les Créoles du quartier français sont les fruits des amours extra-conjugales entre aristocrates français et leurs esclaves noires. Ils ont une solide éducation musicale française et fréquentent la société blanche dans les salons. De leur côté, les Noirs interprètent régulièrement les danses tribales de leurs ancêtres sur *Congo Square* et sont férus de *work songs*, spirituals, et autres blues.

Quand la loi ségrégationniste est strictement appliquée à la fin du XIXe siècle, les Créoles doivent rejoindre les quartiers réservés aux Africains de souche. Le mélange entre la musique savante européenne et les traditions noires produit une prodigieuse musique. Dans cette ville où les occasions d'entendre de la musique sont courantes (bals, carnavals, cérémonies, fêtes, musique enjouée suivant les convois funéraires…), il est fréquent de voir des fanfares (*brass bands*) défilant dans la rue ou des orchestres ambulants (*wagon bands*) s'affrontant lors de joutes spectaculaires. Juchés sur des chariots, le cornettiste interprète des variations de la mélodie, soutenu par de virtuoses guirlandes à la clarinette, tandis que le tromboniste, assis sur le hayon arrière, a tout l'espace nécessaire pour effectuer d'impressionnants effets de glissandos avec sa coulisse (*tailgate style*).

«Canal Street Blues » (1923) par le *Creole Jazz Band* de **King Oliver**. Cet enregistrement est très tardif car King Oliver (1er cornet) n'est plus à la Nouvelle-Orléans depuis plusieurs années, mais vous y entendrez la crème néo-orléanaise : Baby Dodds (batterie), Bud Scott (banjo), Johnny Dodds (clarinette), Honoré Dutrey (trombone) et… Louis Armstrong (2nd cornet), qui marquera de son empreinte l'histoire du jazz à venir !

Les Américains désignent la musique des années 1910 par *New Orleans style* ou *Dixieland* (« terres de Dixie », ville du Sud). Les Français réservent le terme *dixieland* à la musique des orchestres blancs de cette période. Le *New Orleans Revival* caractérise la renaissance de ce style en 1939 en réaction au bop.

Repères chronologiques simples par décennies[1]:

- 1900 et 1910 : New Orleans – Dixieland
- 1920 : Chicago
- 1930 : swing
- 1940 : be-bop
- 1950 : cool et hard bop
- 1960 : free
- 1970 : fusion
- 1980 : exploration du passé (swing, be bop), free funk
- 1990-2010 : explosion des styles

Le middle jazz : les années classiques

Chicago et Kansas City : luxure, alcool et volupté

Chicago

Dans les années 1910, de nombreux musiciens quittent la Nouvelle-Orléans pour tenter leur chance dans les villes plus prospères du Nord. Leur musique y est appelée *jass* (puis *jazz*), dont certains spécialistes se plaisent à penser qu'il fait référence à l'acte sexuel.

C'est à Chicago que furent gravés les premiers enregistrements du style *New Orleans*. De l'improvisation collective néo-orléanaise émerge des improvisateurs géniaux, sensibles et puissants, comme **Sidney Bechet**

1 Dans toute cette partie, les repères par décennies sont à prendre au sens large. Certaines décennies prenant leur source à la fin de la précédente.

(clarinette), Jelly Roll Morton le premier arrangeur (piano), Earl Hines (piano), Baby Dodds (batterie) et Louis Armstrong (cornet).

« Oh, play that thing ! » (Oh, joue-le ce truc !)

Dans les années 1920, les musiciens n'ont pas le droit à l'erreur ! Le son est capté par un grand pavillon et gravé directement dans la cire. Pour équilibrer le volume des différents instruments (on parle aujourd'hui de *mixage*), les plus puissants sont placés loin de la source d'enregistrement. Pire, en 1923, Bill Johnson du **King Oliver's Creole Jazz Band** se voit interdire de jouer par l'ingénieur du son qui craint que sa volumineuse et sonore contrebasse ne sature (ne dénature) le son. Vexé d'être écarté, il s'énerve sur le batteur qui oublie de jouer son break (une intervention) : « Oh, play that thing ! » hurle-t-il. Bill est finalement présent dans cet enregistrement historique de *Dipper Mouth Blues*, mais c'est sa voix que l'on entend, pas sa contrebasse !

Louis Armstrong (1901-1971), tu te fends la poire...

Son jovial et large sourire qui fit succomber le monde entier lui vaut le surnom de Satchmo (« satchelmouth » = bouche en forme de bourse). Son charisme hors du commun et sa générosité dans la vie comme dans sa musique font beaucoup pour sa renommée, mais c'est surtout son génie d'improvisateur qui fait passer son nom à la postérité. Ses solos de cornet (puis de trompette), lyriques et puissants ne sont plus de simples variations autour d'une mélodie mais sont les premiers à puiser dans les couleurs harmoniques (les accords) proposées par l'accompagnement.

Sa musique fut une révélation pour nombre de musiciens tel le cornettiste américain blanc **Bix Beirderbecke**.

Le grain pénétrant de son instrument est accompagné par des orchestres prestigieux (le Creole Jazz Band, puis celui de Fletcher Henderson) et donne la réplique à des chanteuses légendaires (Eva Taylor, Bessie Smith, « l'impératrice du blues »). Son orchestre, le Hot Five (qui deviendra le Hot Seven) nous laisse des chefs-d'œuvre incontournables de l'histoire du jazz. Pour reposer ses lèvres douloureuses, il sait user de sa voix profonde et envoûtante avec un talent remarquable : ses enregistrements avec **Ella Fitzgerald** sont des succès planétaires.

La naissance du scat

La légende veut qu'oubliant les paroles au moment de prendre un refrain chanté de *Heebie Jeebies* (1926), Louis Armstrong les remplace par des onomatopées. C'est le *scat* que Cab Calloway, Joe Caroll, Ella Fitzgerald et Sarah Vaughan maîtriseront à la perfection.

Sidney Bechet : « Texas Moaner Blues » (clarinettiste et saxophoniste, c'est l'autre grand génie de l'improvisation).
Armstrong et son Hot Five : « West End Blues ».
Armstrong : « Hello Dolly » et « What a Wonderful World » avec ces deux titres, sa popularité s'étend bien au-delà du cercle des amateurs de jazz.

Kansas City

À la fin des années 1920, le crime organisé sur qui repose en partie le monde du spectacle et de la nuit trouve un nouvel Eldorado : Kansas City. Nombre de musiciens quittent Chicago pour rejoindre cette nouvelle capitale du crime, ou émigrent vers New York, devenue la Mecque du spectacle.

Les « tontons flingueurs » de Kansas City armés de saxophones

En 1933, le roi du saxophone ténor, l'impétueux **Coleman « Hawk » Hawkins** de passage à Kansas City, se laisse piéger par de jeunes loups : lors d'un *bœuf* (ou *jam session*) légendaire, **Lester Young** tient tête toute la nuit au tenant du titre grâce à son style aérien et raffiné. Le « Faucon » y perd quelques plumes, sa défaite est connue jusqu'à New York, et le « Jeune » Lester entre dans la cour des grands.

Coleman Hawkins : « Body and Soul » (l'improvisation légendaire).
Lester Young et la chanteuse *Billie Holliday* : « All of Me ».

New York : le jazz, une musique en noir et blanc haute en couleurs

Piano stride

Noir et blanc comme les touches du piano *stride* (« marcher à grandes enjambées ») que martèlent à Harlem des pianistes tels que James P. Johnson, Willie « the Lion » Smith ou le charismatique **Fats Waller**. Lors de joutes endiablées (*rent parties*), le pianiste passe le clavier à son adversaire après avoir multiplié les prouesses virtuoses pour le mettre en difficulté : le ragtime se complexifie et devient *stride*, la main gauche effectuant des bonds de plus en plus athlétiques.

James P. Johnson : « Carolina Shout ».

Big bands

Noir et blanc comme les partitions des arrangements pour les premiers grands orchestres de jazz, les « big bands ». Les différentes sections (ou pupitres) qui composent ces orchestres sont autant de couleurs que les arrangeurs aiment à marier dans ces configurations originales : la section rythmique (piano, basse, batterie, banjo, guitare), la section des trompettes, celle des trombones et celle des anches (clarinettes et saxophones) forment une palette inédite.

N'OUBLIEZ PAS

Sale, c'est mieux.

Les couleurs (on parle de « timbre » en musique) qu'affectionne le jazzman ne sont pas les mêmes que celles utilisées dans la musique savante. À la « pureté », à l'aspect lisse d'un son, le jazzman préfère le son *dirty* (« sale ») et le relief. On apprécie les voix rocailleuses et on ajoute des effets expressionnistes de gorge (*growl*) et de sourdine (la *wa-wa* est une simple ventouse à déboucher) aux cuivres, typiques du style *jungle* ellingtonien.

Le swing

Le jazz est une musique vivante. Son pouls (la pulsation) est immuable et régulier. Mais loin d'être mécanique, l'enchaînement des notes est ponctué par des rebonds : sur une division inégale du temps, les contretemps sont marqués par des accents qui créent un balancement (« swing ») que la notation solfégique traditionnelle ne peut traduire.

Par synecdoque, le terme *swing* désigne aussi le style des grands orchestres de jazz des années 1930 tels ceux des blancs **Benny Goodman**, **Glenn Miller** ou des noirs **Jimmie Lunceford**, **Count Basie** et **Duke Ellington**.

ÉCOUTEZ ÇA

Benny Goodman : *Carnegie Hall Jazz Concert* (1938), le concert historique qui fit de cet excellent clarinettiste et chef d'orchestre une légende du jazz.

Glenn Miller : « In the Mood » (1939) est souvent repris au cinéma et évoque immédiatement un bal d'officiers américains pendant la Seconde Guerre mondiale.

Count Basie : ce pianiste élégant organise de véritables duels musicaux (*chase*) entre les solistes de son orchestre (tels Hershel Evans et Lester Young au saxophone). « One O' Clock Jump » (1937) est le titre le plus connu.

Duke Ellington : il est la vedette du Cotton Club et le père du style *jungle*. « The Mooche », « Mood Indigo » (1930), « Concerto for Cootie » (1940), « Carnegie Blues » (1943), *Midnight in Paris* (1962) et son interprétation personnelle de *Casse-Noisette* de Tchaïkovski (1960) vous donneront une idée de l'incroyable talent de ce pianiste, arrangeur et chef d'orchestre.

Les Blancs

Blanc comme ses musiciens, compositeurs et arrangeurs : attirés par l'aspect novateur de cette musique, nombre de Blancs sont séduits par le jazz.

- Grimés en noir, des Blancs parodient, dès les années 1820, dans des spectacles musicaux d'un goût douteux, les *minstrel shows*. Après la guerre de Sécession, de véritables noirs s'auto-parodiant, reprendront le flambeau de ces spectacles, en revisitant les polkas. Reflet du racisme latent de la société américaine, ce genre disparaît dans les années 1950.

- L'*Original Dixieland Jazz Band* est un orchestre blanc de style New Orleans. Apprécié à New York et en Europe, on lui doit le premier enregistrement de musique jazz de l'histoire du disque (1917).
- L'Europe entre massivement en contact avec la musique jazz grâce aux soldats américains à partir de 1917 et lui réserve un accueil triomphal. Les revues nègres sont à la mode dans le music-hall parisien. **Joséphine Baker** fait danser les Français au rythme du *charleston*. Le jazz plus authentique rencontre aussi un public de connaisseurs.
- Loin de poser un regard condescendant sur cette musique noire, des compositeurs « savants » du vieux continent s'en inspirent : Stravinski dans son *Ragtime* pour onze instruments et dans le mouvement du même nom de son *Histoire du soldat*, Milhaud dans *La Création du monde*, Ravel dans le deuxième mouvement (*blues*) de sa *2nde Sonate pour violon*.
- À New York, les compositeurs blancs de la 28e rue (Tin Pan Alley) teintent de jazz leurs chansons qui deviendront elles-mêmes des standards joués par les jazzmen. **Gershwin** lui donne ses lettres de noblesse avec son concerto pour piano et orchestre *Rhapsody in Blue* et son opéra *Porgy and Bess*.

ÉCOUTEZ ÇA

La version studio interprétée par Louis Armstrong et Ella Fitzgerald de *Porgy and Bess* est une référence indiscutable pour tout fan de jazz.

ANECDOTE

La chanson « *Summertime* » (1935) extraite de l'opéra *Porgy and Bess* bat tous les records : la *Summertime Connection* recense plus de 23 000 versions !

Dancings

La musique new-yorkaise est multicolore comme le public des dancings tel le *Savoy Ballroom* dont Louis Armstrong fut la vedette, des clubs tels le *Connie's Inn* ou le *Cotton Club* à Harlem (puis sur Broadway) où se précipite un public blanc pour admirer l'orchestre de Duke Ellington dont certains programmes sont retransmis en direct à travers tout le pays.

À VOIR

Stormy Weather (1943). Vous pourrez écouter la délicieuse Lena Horne, vous laisser hypnotiser par les claquettes de Bill Robinson, être soufflé par le scat de **Cab Calloway** (« Jumpin' Jive ») et admirer le truculent **Fats Waller** (« Ain't Misbehavin' »).

N'OUBLIEZ PAS

Certaines pièces de jazz sont conçues pour une exécution instrumentale. D'autres sont adaptées de chansons de comédies musicales de Broadway (telles celles de Gershwin) et deviennent des *standards* (« All of me », « I got Rhythm », « Summertime »...) que revisitent les jazzmen au gré de leurs improvisations. Leur canevas harmonique est lapidairement écrit sur un aide-mémoire, la *grille*, et permet à un interprète de jouer un morceau qu'il ne connaît pas.

Outre celle du blues (en 12 mesures), nombre de standards utilisent la structure intitulée *I Got Rhythm* (du nom d'une chanson de Gershwin très en vogue) : AABA (A = thème ou *chorus* en 8 mesures ; B = pont ou *bridge* en 8 mesures).

Dans les années 1940 et 1950, nombre de grilles sont compilées dans les *fake books* (« to fake » = lire la musique). Dans les années 1970, les standards sont édités dans les *real books* (jeu de mots sur la seconde définition de « fake » = faux, « real » = vrai) qui deviennent la bible de tout jazzman.

Le musical

Dans les années 1920, la comédie musicale (*musical*) américaine s'émancipe de son modèle anglais, la revue de music-hall. Une intrigue mince est prétexte à un enchaînement de numéros musicaux de grande qualité dont certains deviendront des standards. Le grand répertoire américain de la chanson regorge de chansons du compositeur et parolier **Cole Porter**, et des frères **Gershwin**, **George** (musique) et **Ira** (paroles).

Interprété dans des théâtres de la célèbre avenue new-yorkaise *Broadway*, les scénarios s'étoffent autour de sujets légers ou graves. On doit au compositeur **Richard Rodgers** et à son librettiste **Oscar Hammerstein II** des chefs-d'œuvre du genre : *Oklahoma !* et *La Mélodie du bonheur* qui seront adaptés au cinéma.

La collaboration la plus remarquable se fait entre le chorégraphe **Jerome Robbins** et le compositeur **Leonard Bernstein** en 1957. Inspiré de *Roméo et Juliette* de Shakespeare, *West Side Story* est un pur joyau musical, chorégraphique et littéraire. L'adaptation cinématographique de 1961 n'a toujours pas pris une ride.

Musical à l'heure anglaise

Capitale de la pop et du rock, Londres est aussi une place forte du *musical*. Les innombrables représentations des *musicals* d'**Andrew Lloyd Webber** dans les théâtres du West End londonien et Broadway témoignent de l'attachement du public pour ses œuvres : *Jesus Christ Superstar, The Rocky Horror Show, Evita, Cats, The Phantom of the Opera, Love Never Dies*.

Musical et grand écran

Les grandes réussites du *musical* peuvent être adaptées au cinéma et inversement : l'adaptation du dessin animé de Disney *Le Roi lion*, rencontre un succès international sous forme de comédie musicale et *Billy Elliot* connaît une seconde jeunesse sur les planches new-yorkaises et londoniennes.

La comédie musicale *Chicago* (**John Kander** et **Fred Ebb**, **Bob Fosse**), qui est porté en triomphe encore aujourd'hui à Broadway et Londres, s'inspire de faits divers qui passionnèrent les Américains dans les années 1920. Elle vous plongera dans l'ambiance musicale nocturne du Chicago de la prohibition. Le film éponyme est un bijou à ne rater sous aucun prétexte. Musique, danse, meurtre, corruption, sexe et alcool de contrebande : tous les ingrédients nécessaires sont réunis pour s'encanailler à moindres frais le temps d'une soirée, *and All That Jazz !*

Cocorico !

Le compositeur français **Claude-Michel Schönberg** réussit l'exploit de surpasser les maîtres du genre en nombre de représentations avec sa comédie musicale *Les Misérables* (1980). Son adaptation anglaise (1985) est toujours à l'affiche aujourd'hui (2011), ce qui fait des *Miz* la comédie musicale connaissant la plus longue exploitation en continu à Londres.

Le virage be bop (années 1940)

Bop !

Dans les années 1940, certains musiciens s'ennuient dans les orchestres de jazz qui, pourtant, divertissent un public de plus en plus nombreux. Ils rêvent d'une musique plus élitiste et attendent avec impatience de se retrouver entre initiés *after hours* (après le travail) dans des clubs new-yorkais comme le Minton's Playhouse et le Clark Monroe's Uptown House. Avec une vitesse et une virtuosité époustouflantes, le trompettiste **Dizzy Gillespie**, le pianiste Bud Powell, le contrebassiste Oscar Pettiford, le batteur Kenny Clarke et le saxophoniste alto **Charlie « Bird » Parker** expérimentent leurs idées nouvelles lors de *jam-sessions* titanesques. Ils revisitent des standards en explorant des paysages harmoniques nouveaux : c'est le be-bop.

Charlie Parker : « Koko », « Parker's Mood », « Ornithology ».
Dizzy Gillespie : « A Night in Tunisia ».

Si les improvisations savantes du bop ne sont pour l'instant pour vous qu'un affreux tintamarre, la magnifique interprétation de Forest Whitaker dans le rôle de Charlie Parker, et la délicate caméra de Clint Eastwood devrait vous faire entrer à pas feutrés dans le subtil univers de *Bird* (1988).

Le fantasque Dizzy Gillespie ne passe pas inaperçu avec ses énormes joues gonflées comme la grenouille de la fable et sa trompette au pavillon coudé vers le haut ! Laissant un jour traîner sa trompette sur une chaise, il la retrouve tordue par un postérieur indélicat. Le son qu'elle procura lui plut tellement qu'il fit construire une réplique de l'épave : le « Bent Horn ».

En marge du bop

Les voix de charme

Le pianiste de jazz et chanteur noir **Nat King Cole** rencontre un immense succès auprès d'un public blanc en enregistrant « Sweet Lorraine », « Straighten Up and Fly Right », « Nature Boy » et « Unforgettable ». Les chanteurs de charmes accompagnés par un big band, les crooners, profitent des progrès techniques de prise de son et utilisent le microphone comme vecteur du timbre sensuel de leur voix. **Bing Crosby** (« White Christmas ») et **Frank Sinatra** (« A Stranger in the Night ») sont aussi des acteurs récompensés et adulés.

Piano

L'excellent pianiste autodidacte **Erroll Garner** est réputé pour son swing inimitable (ses mains sont en décalage rythmique permanent) et ses ballades telle « Misty ».

Le pianiste et pédagogue Lennie Triano compte de nombreux disciples dont Lee Konitz. Son esthétique originale mêle rigueur formelle de Bach, jazz traditionnel et bebop.

ÉCOUTEZ ÇA

Lennie Tristano : « Intuition ».

Le retour des papis stars

Toute avant-garde produit en réaction un retour à un conservatisme rassurant. Les années bop virent le retour en grâce des vétérans du jazz des années 1910 (Louis Armstrong, Sidney Bechet, Kid Ory, etc.) : c'est le *New Orleans Revival.*

Les années 1950

Cool !

Antithèse du bop, le *cool* (« calme », « frais ») des années 1950 est une voie qui correspond parfaitement à nombre de jazzmen blancs. Mais son icône est noire : le trompettiste **Miles Davis**. Avec ses enregistrements de 1949-1950 (compilés plus tard sous le titre *Birth of the Cool*), il signe l'acte de naissance du cool. L'arrangeur **Gil Evans,** le saxophoniste baryton Gerry Mulligan et le saxophoniste alto Lee Konitz, inspirés par Lester Young et Ravel, créent pour lui un univers tout en retenue : les sonorités feutrées prennent le temps de se développer dans le medium où les timbres du nonette (neuf instruments : piano, contrebasse, batterie, saxophones alto et baryton, trombone, trompette et, rarissimes pour du jazz, cor et tuba) fusionnent tout en douceur.

Sur la côte ouest des États-Unis, ce son nouveau fait des émules : c'est le *West Coast Jazz* dont les ambassadeurs, Stan Kenton, Woody Herman, le saxophoniste **Stan Getz**, le pianiste **Dave Brubeck** sont fortement influencés par la musique savante européenne (Bach, Milhaud). Le visage d'ange du trompettiste et chanteur **Chet Baker** complète en partie ce tableau romantique des idoles de la Beat Generation qui rejette l'Amérique du maccarthysme.

Miles Davis : « Israel », « Moondreams ».
Stan Getz : « Early Autumn ».
Shorty Rogers & His Giants : *Modern Sounds.*
Dave Brubeck : « Take Five », « Blue Rondo a la Turk ».
Chet Baker : *Chet Baker Sings* (la voix du playboy sur « My Funny Valentine »), *Chet* (accompagné par le pianiste Bill Evans).

Hard bop !

À la génération de précurseurs du *bop*, fauchés dans les années 1950 par la drogue, la misère ou la folie, succède celle du *Hard bop* qui affiche fièrement ses racines noires du blues et des spirituals (jazz *churchy*) : les batteurs Art Barkley et Max Roach, l'organiste Jimmy Smith, les saxophonistes ténors John Coltrane et Sonny Rollins, les contrebassistes **Charles Mingus** et Paul Chambers, et le trompettiste Clifford Brown. Les boppers aiment déconstruire les standards. Les hard boppers préfèrent créer les leurs. Le public noir, parfois décontenancé par l'intellectualisme du bop, se déhanche et sue de nouveau sur le hard bop (ou jazz *funky* = puant).

Le « moine » s'absente

Inclassable explorateur, **Thelonius Monk** aime prendre son temps entre deux accords qu'il plante frénétiquement sur son piano. Beaucoup de temps ! Croyant le pianiste assoupi, Miles Davis s'impatiente et lui vole son solo lors de l'enregistrement de « The Man I Love » (1954). L'intervention du trompettiste sort Thelonius de son apathie qui continue comme si de rien n'était.

Art Blackey : « Blues March ».
Clifford Brown et Max Roach : « Joy Spring ».
Horace Silver : « The Sermon ».
John Coltrane : « Giant Steps ».
Thelonius Monk : « 'Round Midnight », « Blue Monk ».

Autour de minuit (B. Tavernier / Musique de H. Hancock) 1986, avec le saxophoniste Dexter Gordon (inspiré de la vie de Lester Young et Bud Powell).

Les années 1960

Le jazz modal : la révolution tranquille

Bill Evans est un des rares pianistes blancs du hard bop. À partir de la fin des années 1950, il utilise un vocabulaire nouveau pour les jazzmen : les nombreux modes (autres que « mineur » et « majeur ») dont il puise les couleurs dans les œuvres des compositeurs français du début du XXe siècle.

Bill Evans : « Peace Piece ».
Bill Evans, Scott LaFaro (contrebasse) et Paul Motian (batterie) : « Waltz for Debbie ».

Kind of Blue de Miles Davis reste à ce jour l'album de jazz le plus vendu de tous les temps. Entouré de musiciens exceptionnels tels John Coltrane (saxophone ténor), Julian « Cannonball » Adderley (saxophone alto), Bill Evans (piano), Wynton Kelly (piano), Paul Chambers (contrebasse) et Jimmy Cobb (batterie), il explore de nouvelles échelles musicales pour le jazz (les modes). Des titres tels « So What » ou « Flamenco Sketches » auront une influence considérable sur nombre de musiciens.

L'empreinte que laisse le saxophoniste **John Coltrane** sur l'histoire du jazz est encore bien visible aujourd'hui. À « pas de géant », comme nombre de ses disciples, suivez son parcours initiatique, de l'harmonie du *bop* aux cris du *free* en passant par l'expérience modale : « Giants Steps », « My Favorite Things », « Impressions », « A Love Supreme », « Ascension ».

Le free fait fi du rififi

Le titre de la pièce « Free Jazz » (1960) du saxophoniste alto **Ornette Coleman** résume parfaitement l'état d'esprit de cette décennie qui brûle d'un désir d'émancipation du corps et des contraintes. Il donnera son nom à ce courant musical à travers lequel les revendications politiques et la contre-culture noires apparaissent en filigrane. Le pianiste **Cecil Taylor** aussi s'émancipe de toutes conventions : la technique instrumentale est obsolète (on invente des bruits), le thème, la grille et même le swing sont balayés. Seules comptent l'énergie et l'écoute dans des improvisations collectives déroutantes pour un non-initié. L'AACM (Association for the Advancement of Creative Musicians), permet aux musiciens de jazz expérimental des collaborations fructueuses.

Ornette Coleman : « Free Jazz ».
Don Cherry : « Complete Communion ».
Cecil Taylor : « Conquistador ».
Arshie Shepp : « The Magic of Ju-Ju ».

ANECDOTE

Vous avez cru voir un musicien aveugle soufflant en continu dans trois saxophones à la fois tout en utilisant nombre d'accessoires hétéroclites et en chantant ? Vous n'avez pas rêvé, vous venez de vivre une expérience avec Roland Kirk !

Une musique sous influences : des années 1970 à nos jours

Années 1970 : Un soupçon de soul + un zeste de rock + beaucoup de Miles = le jazz fusion

Si le jazz *mainstream* (le courant principal) était apprécié et savouré par la génération précédente, celle des baby-boomers n'y prête guère attention et préfère le rock et le folk. De jeunes jazzmen tels les claviéristes **Herbie Hancock**, **Chick Corea** et Joe Zawinul, le guitariste John McLaughlin et le batteur Tony Williams participent aux nouvelles explorations musicales de Miles Davis en enregistrant *In a Silent Way* ou *Bitches Brew*. Ils poursuivent l'expérience et s'inspirent du nouveau son de James Brown ou Sly Stone (voir le chapitre 26). Ils domptent les sonorités des instruments électriques (guitare, basse, piano) et électroniques (synthétiseurs) à la mode, et les intègrent à leur jazz. C'est le *jazz fusion*.

ÉCOUTEZ ÇA

Miles Davis : « In a Silent Way », « Bitches Brew ».
Frank Zappa : « Hot Rats », le jazz-rock potache et cultivé.
Herbie Hancock : « Chameleon ».
Chick Corea : « Song to the Pharoah Kings ».
Weather Report : « Birdland » (avec **Jaco Pastorius**, le « Jimi Hendrix » de la basse électrique).

Regain d'intérêt pour les anciens maîtres

Dans les années 1980, le jazz, que les innovations jusque-là permanentes avaient progressivement coupé du grand public, revient sur le devant de la scène internationale. Des musiciens comme le trompettiste **Winston Marsalis** – merveilleux trompettiste classique par ailleurs – excellent dans l'exploration du passé et de leurs maîtres (be bop, Miles Davis, Swing et Dixieland). Signe de cet intérêt grandissant, nombre de classes de jazz s'ouvrent dans les conservatoires ou les universités.

À la fin des années 1980, le jazz des années 1950, 1960 et 1970 revient à la mode et retrouve une de ses fonctions premières, la danse. Dans les discothèques londoniennes, un cocktail vitaminé de hard bop, funk et hip-hop, est mixé et servi par les DJ et prend le nom d'*acid jazz*. À la fin des années 1990, le *Nu-jazz* (ou *électro-jazz*) du français **St Germain** apporte une touche française en mêlant musique électronique et jazz.

ÉCOUTEZ ÇA

Jamiroquai : « Too Young to Die ».
The Brand New Heavies : « Dream Come True ».
St Germain : « Easy to Remember ».
Erik Truffaz : « Sweet Mercy ».

La planète jazz

Né aux États-Unis, le jazz conquiert tous les continents et se teinte au passage des sonorités locales et des patrimoines culturels qu'il traverse. Des quelques facettes du jazz naît une infinité d'esthétiques qui s'enrichissent les unes les autres au gré des rencontres et des voyages. Il n'y a plus seulement un courant principal, gardien des traditions (*mainstream*), et un courant d'avant-garde, mais une infinité de voies nouvelles ouvertes qui s'entrecroisent dans la *terra incognita* du monde du jazz.

Les cordes

Déjà dans les années 1930, le guitariste rom **Django Reinhardt** rêvait en écoutant Louis Armstrong et devenait en France le pionnier du *jazz manouche* toujours à la mode aujourd'hui. Son fidèle alter-ego, le violoniste français **Stéphane Grappelli** est le premier d'une longue liste de violonistes jazz éclectiques tels **Jean-Luc Ponty** et **Didier Lockwood**.

ANECDOTE

Django Reinhardt a perdu l'usage de deux doigts dans un incendie qui a ravagé sa roulotte en 1928. Au bout de six mois d'une rééducation « maison », sa nouvelle technique guitariste est au point : il n'utilise que trois doigts à la main gauche, ce qui ne l'empêche pas d'être l'un des plus grands virtuoses de tous les temps !

Le jazz rencontre dans son pays d'origine la *country* et le *folk* américains avec les guitaristes Pat Metheny et Bill Frisel, le *flamenco* avec le guitariste espagnol Paco de Lucia et la musique indienne avec le violoniste Lakshminarayanan Shankar.

ÉCOUTEZ ÇA

Django Reinhardt : « Les Yeux Noirs », « Minor Swing » et « Nuages ».
Al Di Meola, John McLaughlin et Paco de Lucia : *Friday Night in San Francisco.*

Latin jazz

Les musiques latines laissent aussi leur empreinte sur le jazz. Dans les années 1950, on danse au son des rythmes afro-cubains du *mambo* de Machito, ou du percussionniste portoricain-américain **Tito Puente**. Dans les années 1960, la collaboration fructueuse entre le saxophoniste **Stan Getz**, le chanteur brésilien **João Gilberto** et le compositeur et musicien **Antônio Carlos Jobim** lance la mode de la *bossa nova* dans le monde entier.

Nombre de musiciens latins émigrés à New York ajoutent encore aujourd'hui une touche caribéenne au jazz (le trompettiste cubain Arturo Sandoval ou le pianiste de Saint-Domingue Michel Camilo).

Machito : « Cannonology ».
Tito Puente : « Hong Kong Mambo ».
Getz, Gilberto et Jobim : *Getz/Gilberto*, « The Girl from Ipanema », « Desafinado » (les titres emblématiques de la bossa nova).
Ray Barretto : « Tin Tin Deo ».
Arturo Sandoval : « The Latin Trane ».
Michel Camilo : « Caribe ».

Orfeu Negro (1959) (M. Camus), musique d'Antônio Carlos Jobim et Luiz Bonfá.

La musique classique

Le clarinettiste et saxophoniste français **Michel Portal** apporte au jazz sa science de la musique contemporaine et n'hésite pas à se mettre au bandonéon pour lui donner des accents argentins.

Keith Jarrett s'inspire de la musique classique dans son vaste répertoire jazz pour piano et le trompettiste Wynton Marsalis réussit l'exploit de briller dans les deux répertoires.

Sol ré do la...

L'enregistrement live *The Köln Concert* (1975) par Keith Jarrett a initié un très large public au jazz. Mais les millions de possesseurs de l'album savent-ils qu'ignorant jusqu'à la dernière minute s'il allait jouer, Keith Jarrett commence le concert en improvisant sur les quatre notes de la sonnerie de rappel de la salle de Cologne. Le public d'abord amusé tombe sous le charme.

Un monde pluriel

Depuis longtemps, le jazz n'est plus exclusivement américain. Il est universel. Pour preuve le contrebassiste danois Niels-Henning Ørsted Pedersen, le pianiste sud-africain Dollar Brand, le pianiste japonais Masahiko Sato. Ils revisitent leur patrimoine ou en fantasment un nouveau. Quand l'accordéoniste français Richard Galliano invente le *new musette*, le batteur

Aldo Romano, le clarinettiste Louis Sclavis et le contrebassiste Henri Texier écrivent un « carnet de route » musical africain.

Zakir Hussain, John McLaughlin, Jan Garbarek et Hariprasad Chaurasia : *Makin' Music.*
Aldo Romano, Louis Sclavis et Henri Texier : *Carnet de Route.*

Nouvelles stars

De beaux et jeunes artistes talentueux n'hésitent pas à franchir les frontières entre pop et jazz. Ils ont le mérite de faire découvrir et aimer le jazz au grand public grâce à leur joli minois et leurs réelles qualités de musiciens. Dans les années 1980, les acrobaties vocales élégantes et spectaculaires de **Dee Dee Bridgewater** ou Bobby « The Voice » McFerrin laissent les mélomanes… sans voix !

Plus récemment, les pianistes et chanteurs(euses) Harry Connick Jr, Diana Krall, Jamie Cullum, et Katie Melua remettent le style des crooners et des belles voix jazzy au goût du jour. Même les rockeurs se découvrent une passion soudaine pour le jazz à l'ancienne en écoutant les reprises de leurs idoles par le pianiste Brad Meldhau. Du haut de ses 24 ans, la délicieuse **Norah Jones**, fille de Ravi Shankar, se paye le luxe en 2003 de rafler cinq *Grammy Awards* pour son album *Come Away with Me.*

Dee Dee Bridgewater : « Medley Blues ».
Bobby McFerrin : « Don't worry Be Happy ».
Diana Krall : « I'm An Errand Girl For Rhythm ».
Brad Meldhau : « Paranoid Android » .
Norah Jones : « Don't Know Why ».
Jamie Cullum : « These Are The Days ».

Chapitre 26

Musiques noires et pistes de danse

Dans ce chapitre :

- Découvrez la musique de l'âme noire
- Avec des plateforme-boots *funky*, une casquette à l'envers façon *hip hop* ou avec un tee shirt *fashion*, choisissez votre style vestimentaire pour aller danser ce soir

Dans les années 1940, la ségrégation est visible jusque sur le marché du disque : les *race records* font référence aux enregistrements conçus par et pour les Afro-américains.

En 1949, la revue musicale américaine *Billboard* remplace ce terme par *R'n'B* (*rhythm and blues*). Cette catégorie comprend :

- le *rhythm and blues* : les balbutiements du rock 'n' roll (voir le chapitre 27),
- le *blues* (voir le chapitre 25),
- le *jazz* (voir le chapitre 25),
- le *gospel* (voir le chapitre 25),
- le *doo woop* : des ensembles vocaux masculins composés d'un soliste accompagné par un chœur chantant des onomatopées tel les **Platters** (« Only You »),
- la *soul* music.

La soul music

Les précurseurs : les années 1950

Si leur musique est très influencée par le gospel, les précurseurs de cette musique de l'âme chantent davantage l'amour charnel que mystique. Par leurs timbres de voix envoûtants, Sam Cooke et **Ray Charles** – le bien nommé « The Genius » – rencontrent un succès grandissant auprès d'un public aussi bien noir que blanc.

L'âge d'or : les années 1960

La *soul music* est l'arrière-fond sonore identitaire idéal pour la communauté noire des années 1960 qui voit en ses artistes unanimement appréciés (**Aretha Franklin**) des raisons d'être fiers de leurs origines. Le label de Memphis *Stax* laisse carte blanche à son poulain **Otis Redding**. Le label de Detroit *Tamla-Motown* fondé par Berry Gordy Jr. a une politique éditoriale différente. Son objectif est de séduire l'Amérique entière avec des titres accessibles. Il produit nombre de groupes vocaux féminins, des *girl groups* (Chantels, Marvelettes, Crystals, Supremes), des groupes vocaux masculins (Miracles, Temptations) et lance de prestigieux artistes : les **Jackson Five**, **Marvin Gaye** et **Stevie Wonder**.

Ray Charles : « I Got a Woman », « What's I Say ».
Sam Cooke : « You Send Me », « A Change is Gonna Come ».
Aretha Franklin : « Respect ».
Otis Redding : « (Sittin'On) The Dock of the Bay ».
Jackson Five : « ABC ».
Marvin Gaye : « What's Going On ».
Stevie Wonder : « Superstition ».

Ray (T. Hackford), 2005.
Dreamgirls (B. Condon), 2007.

Le producteur **Phil Spector** est l'inventeur d'un son nouveau particulièrement dense et flatteur (*wall of sound*). Avec de nombreux musiciens, des enregistrements multiples et l'utilisation d'une réverbération (chambre d'écho), ses productions sont d'une présence inégalée lorsqu'elles passent sur les ondes radio ou dans les juke boxes. Il emploie cette recette lucrative avec ses *girl groups* les Ronettes (« Be My Baby ») ou les Shangri-Las (« The Leader Of The Pack »), ainsi qu'avec Ike & Tina Turner (« River Deep Mountain High »).

La soul moderne : fin des années 1990 à nos jours

Dans les années 1970 et 1980, les artistes de soul n'occupent plus le devant de la scène. À partir des années 1990, une nouvelle génération d'artistes remet ce style au goût du jour. Parfois influencée par le jazz, le hip-hop ou l'électro, la soul moderne (désignée par le terme vague *nu soul* à partir de la fin des années 1990) affiche des visages divers : les Américaines Lauryn Hill (« Doo Wop [that thing] ») , Macy Gray (« I Try »), Alicia Keys (« Fallin' »), les Britanniques Seal (« Crazy »), Amy Winehouse (« Rehab »), Duffy (« Mercy ») et les francophones Corneille, Tété et Ben l'Oncle Soul (« Soulman »).

« I'm Black and Proud » : le funk

La soul optimiste de la fin des années 1960 semble loin de la réalité des Noirs : leurs leaders charismatiques sont assassinés (Malcom X en 1965, Martin Luther King en 1968) et les ghettos grandissent aux abords des grandes métropoles. Les racistes prétendent que leurs odeurs corporelles sont dérangeantes ? Les noirs reprennent à leur compte le terme *funk* (« puant ») et en font une musique revendicative. Ils sont noirs et fiers de l'être.

James Brown, est une figure tutélaire de la musique noire. Auteur d'un succès du *rhythm and blues*, « Please, Please, Please », proclamé *Godfather Of Soul* (« parrain de la soul »), il devient le père du funk. Il se fait connaître des publics noirs et blancs avec ses interprétations hors normes captées dans l'enregistrement du concert mythique de 1962 à Harlem : *Live At The Apollo*. Avec ses hurlements, mélodies brisées, grands écarts, sa section rythmique musclée, ce funk en devenir est l'énergie sexuelle traduite en musique. « I Got You (I Feel Good) » et « Cold Sweat » posent les bases du funk des années 1970 (« Sex Machine »). Avec « Say It Loud – I'm Black And I'm Proud », le funk devient le porte-parole de la communauté afro-américaine.

James Brown, alias « Mister Dynamite » est un véritable chef d'orchestre. Pendant son show, chaque partie de son corps donne des indications précises à ses musiciens qui se voient infliger une retenue sur salaire en cas d'erreur.

La rythmique particulière du funk est appelée le « *on the one* » : les accents sur les temps pairs caractéristiques de la musique noire (voir le chapitre 25) sont déplacés sur le premier temps.

Sly Stone et son groupe **Sly & the Family Stone** teintent le funk de rock psychédélique et de pop avec « Dance To The Music ». Ils poursuivent l'œuvre revendicatrice du maître James Brown avec « Stand ! » et « Don't Call Me Nigger, Whitey ». Les deux formations du P-Funk de George Clinton, Funkadelic et les Parliament(s) (*Mothership Connection*), associent les exubérances vestimentaires et théâtrales d'un glam rock spatial au funk. S'éloignant progressivement de l'esprit contestataire de leurs prédécesseurs, Kool & the Gang (« Celebrate ») et Earth Wind & Fire sont de véritables réussites commerciales qui annoncent la mode *disco* (Donna Summer : *Love To Love You Baby* ; Bee Gees : *Saturday Night Fever*). Les années 1980 sont bercées par le funk très personnel de **Prince** (« 1999 »).

Le rap

Rap Old School

Dès les années 1970, lors de fêtes de quartiers (*bloc parties*) organisées dans le Bronx, le DJ jamaïcain Kool Herc est le premier à mixer plusieurs éléments rythmiques (*breaks*) de disques de funk pour le plus grand bonheur des participants s'improvisant danseurs (c'est la *break dance*). Le DJ utilise simultanément deux platines pour créer l'accompagnement instrumental (*l'instru*) sur lequel le MC (*Master of Ceremony*) scande sa prose rimée d'une manière personnelle (son *flow*) dans un micro : c'est le *rap*. **Afrika Bambaataa** (« Planet Rock ») et son mouvement Zulu Nation sont les précurseurs de cette culture hip-hop offrant aux jeunes des quartiers défavorisés une alternative à la violence des gangs avec comme leitmotiv *Peace, Love & Unity*. Avec des paroles plus violentes et des textes engagés, Run DMC et Public Enemy rencontrent un public de plus en plus large.

N'OUBLIEZ PAS

La culture hip-hop regroupe différentes expressions artistiques :

- la musique (*rap* du MC et *deejaying* du DJ),
- la *street dance* : debout (*smurf, locking, Poppin* ou *Boogaloo*) ou au sol (*break dance*),
- les graffitis, les *tags*.

POUR LES VIRTUOSES

Entre les mains des DJ, la platine est devenue un instrument à part entière. Des nombreuses techniques inventées, celle du *scratch* (Grandmaster Flash : « The Adventures of the Wheels of Steel ») est la plus célèbre. Elle consiste à modifier rapidement la vitesse et le sens de lecture du disque vinyle avec la main. Sans platine, un DJ peut se spécialiser dans le *human beatbox*, une pratique vocale virtuose permettant d'imiter boîte à rythmes, scratch et mélodies.

Grandmaster Flash (« The Message ») doit son surnom à sa dextérité époustouflante : il peut changer de disque les mains derrière le dos ou avec les pieds.

Le hip-hop à la conquête du monde

Le sampler permet d'isoler et de répéter un passage d'un enregistrement. Avec la boîte à rythmes, ces deux nouveautés technologiques permettent une évolution rapide du phénomène rap.

États-Unis

Au début des années 1990, sur la côte ouest des États-Unis, un rap très médiatique prône les sombres valeurs des gangs : le *gangsta rap* (**NWA**, **Dr Dre**, **Ice Cube**, **Snoop Dogg**). La compétition stylistique entre les deux côtes américaines atteint son apogée avec la rivalité entre **2Pac** (ouest) et **Notorious B.I.G.** (est), assassinés respectivement en 1996 et 1997. Les rappeurs-producteurs **Jay-Z**, **Puff Daddy** et **Eminem** placent régulièrement leurs albums parmi les meilleures ventes et gèrent des fortunes colossales. Plus récemment, en 2007, la guerre médiatique entre **Kanye West** et **50 Cent** fut une excellente opération marketing très lucrative pour les deux protagonistes.

À l'opposé des thèmes du *gangsta rap*, les **Arrested Development** (« Tennessee ») prônent la tolérance et la simplicité.

8 Mile (C. Hanson), 2001.

France

En France, deuxième marché mondial du rap, la culture hip-hop est popularisée en 1984 par l'émission *H.i.p. – h.o.p.* (TF1), puis diffusée sur les ondes de Radio Nova. Au début des années 1990, trois groupes très médiatisés, **NTM**, **M.C. Solaar** et **IAM**, font découvrir le rap (violent, sage ou conscient) à un large public. Les MC's tels **Sako** et **Akhenaton** puisent leur inspiration dans leur quotidien ainsi que dans le patrimoine de la chanson française (« Seul » de Jacques Brel). Les femmes sont très minoritaires dans le paysage hip-hop. Si **Diam's** ou **Kenny Arkana** rivalisent avec les meilleurs rappeurs, la plupart sont cantonnées à chanter des refrains R'n'B entre les *seizes* (couplets de seize mesures) de MC's masculins.

La dénonciation (ou l'apologie selon les cas) de la violence, les discriminations (raciales ou sexuelles), les déviances (drogues, délits) sont les thèmes favoris d'un rap qui a depuis longtemps débordé le cadre des banlieues difficiles dont il décrit une réalité théâtralisée. Loin des clichés des *egotrips* (rappeur se ventant en musique face à ses concurrents) ou du rap *bling-bling* (argot hip-hop faisant référence au cliquetis des imposants bijoux qu'arborent les rappeurs hardcore) et commercial largement diffusé dans les médias, les **Chiens de Paille** explorent une large palette de sentiments et de situations. D'autres groupes de rap militant (**Assassin**) gardent leur indépendance en fondant leur propre maison de production.

IAM : *L'École du micro d'argent*.
Faf La Rage : *C'est ma cause.*

Michael Jackson

Le nom de **Michael Jackson** figure à plusieurs reprises dans le livre Guinness des records. Il est l'artiste le plus célèbre et le plus primé au monde. Son album *Thriller* (1982) est le plus vendu de toute l'histoire de la musique (110 millions d'exemplaires). Quatre autres de ses albums figurent parmi les 60 plus grosses ventes de l'histoire de l'industrie du disque : *Off the Wall*, *Bad*, *Dangerous*, et *HIStory.*

Auteur, compositeur, chanteur, danseur, chorégraphe, acteur et réalisateur, cet artiste éclectique mérite sans contexte son surnom de *King of Pop* (« Roi de la pop »). Faisant et défaisant les modes musicales (soul, funk, new jack swing, rock, pop, R'n'B) et chorégraphiques, il s'entoure toujours des meilleurs musiciens (Van Halen), producteurs (Quincy Jones) et réalisateurs (Martin Scorsese) du moment. Il allie un talent inné pour la musique et sa production, avec une capacité rare à rester à l'avant-garde des techniques de diffusion de masse : il est le premier à concevoir ses clips musicaux comme des courts-métrages (« Beat It », « Billie Jean », « Thriller » ou « Bad ») qui révolutionnent le genre.

Son caractère original d'éternel enfant (qui lui vaut le surnom de Bambi), ses excentricités, ses nombreuses opérations chirurgicales lui valent autant d'adulation que de détracteurs zélés dans les magazines à scandale. Il soutient nombre d'œuvres humanitaires et compose à leur intention plusieurs titres mondialement connus (« We Are The World » co-écrit avec **Lionel Ritchie**, « Heal The World »).

Habitué des tournées marathons depuis l'âge de 12 ans avec les Jackson Five, il décède en 2009 à 50 ans quelques jours avant le début de sa dernière tournée, « This Is It ». Les images du film documentaire éponyme montrent un quinquagénaire au meilleur de sa forme physique, d'un professionnalisme à toute épreuve et d'un altruisme rare dans le milieu du show-business. Elles laissent deviner le retour sur scène éblouissant qu'il aurait effectué sans les prescriptions présumées fatales de son médecin. L'année suivante, le F.B.I. publie les rapports secrets des investigations menées sur lui, le disculpant par la même occasion des soupçons d'affaires de mœurs qui avaient entaché sa carrière.

Un quart de siècle sur les pistes de danse

Électro

House Music

Au milieu des années 1980, le DJ **Frankie Knuckles** ajoute à ses mixes (soul, funk, disco, salsa) des sons de batterie électronique. Ce son nouveau connaît un succès mondial sur les pistes de danse, où la fièvre du disco était retombée, et porte le nom de la boîte de nuit de Chicago (le *House*) où son inventeur officie : la *house music*.

Un échec commercial devenu mythique

Destinée aux guitaristes souhaitant se passer de bassiste, la *BassLine TB303*, est un échec d'ingénierie. Si les musiciens traditionnels boudent le son irréaliste produit par la machine, certains DJ tels **DJ Pierre** apprécient son timbre acide et l'utilisent dans leur *house music* : c'est l'*acid house* qui embrase Manchester, rebaptisée « Madchester » (« mad » = fou) et l'Europe.

Papa schultzcroute

Les précurseurs allemands de la musique électronique populaire (années 1970) Can, Tangerine Dream et Kraftwerk (« Autobahn ») ont hérité d'une appellation dédaigneuse de la part des critiques de rock anglo-saxons de l'époque : le *krautrock* (rock « choucroute »). Ces pères de la musique électro sont respectés par leurs descendants des années 1980 à aujourd'hui.

Techno

À la fin des années 1980, dans le club *Music Institute*, des musiciens s'inspirent de l'environnement industriel et mécanique de leur ville natale (Detroit). Comme les pièces automobiles usinées à *Motor Town*, les sons électroniques que sculptent Derrick May, Kevin Saunderson et Juan Atkins sont assemblés pour réaliser le meilleur moteur à danser conçu depuis des années : la *techno*.

Entre rave et réalité

Dès la fin des années 1980, les autorités britanniques, inquiètes des inévitables réseaux de drogues qui gravitent autour des clubbers, ne prennent pas la peine de séparer le bon grain de l'ivraie : toute fête où l'on danse sur des musiques répétitives (*rave*) est interdite en 1994. Dans toute l'Europe, les danseurs organisent donc des fêtes clandestines dans des endroits insolites (champs, parkings...) pour assouvir leur passion.

Famille nombreuse

Confidentielle aux États-Unis, la techno et la house s'expatrient et hypnotisent les danseurs européens dans les clubs ou dans des lieux clandestins lors de *raves*. Au contact d'autres styles musicaux, ces musiques électroniques (*electro*) se scindent en d'innombrables courants dont :

- le *trip-hop* : Massive Attack, *Blue Lines* ; Portishead, « Glory Box »,
- la *jungle* : Goldie, « Timeless »,
- le *big beat* : The Prodigy, « Smack My Bitch Up » ; Fat Boy Slim, « Right Here, Right Now » ; The Chemical Brothers, « Block Rockin' Beats »,
- la *trance* : Paul van Dyk, « For An Angel »,
- l'*electronica* : Aphex Twin, « Windowlicker »,
- la *French Touch* : Daft Punk, « Around the World » ; Saint-Germain, « Tourist ».

Succès

En 1989, 150 personnes participent à la première parade techno (*Love parade*) à Berlin. Elles sont un million en 1999. Signe d'une assimilation rapide des musiques électro par le grand public, les Victoires de la Musique intègrent une nouvelle catégorie en 1998 : « Album de musique électronique, groove, dance de l'année », dont le premier lauréat fut **Laurent Garnier** (*30* ▶). En 2011, la renommée mondiale de DJ's tels **Armin van Buuren** et **David Guetta** dépassent de loin le cadre des aficionados de l'électro.

Provoc et Marketing Pop

Les filles prennent le pouvoir

Queen of Dance (« reine de la *dance* » et de la pop) depuis 25 ans, **Madonna** se fait connaître en mélangeant érotisme et religion (« Like a Virgin », « Like a Prayer »). **Britney Spears** (« Baby One More Time ») choque en incarnant une adolescente sexuée. En août 2003, avec la participation de **Cristina Aguilera** (« Genie In A Bottle »), les trois chanteuses relancent leurs carrières en échangeant des baisers lesbiens devant les caméras des MTV Video Music Awards. En 2010, la nouvelle prétendante au titre de reine de la pop et de la dance **Lady Gaga** (« Just Dance ») tire les enseignements de ses prédécesseurs et ses clips sont visionnés… un milliard de fois sur la toile.

Boys et girls bands

Dans les années 1990, le marketing musical est rodé : les producteurs sélectionnent de beaux jeunes danseurs-chanteurs pour interpréter des titres à destination des adolescents. Ces groupes de trois ou quatre chanteurs-danseurs, des *boys bands* (avec un s fautif en graphie française) tels que les Backstreet Boys (« I Want It That Way ») ou *girls bands* telles que les Spice Girls (« Wannabe ») connaissent des succès éphémères. Seuls l'Américain **Justin Timberlake** et le Britannique **Robbie Williams** (« Feel », 2002) après son expérience avec le groupe Take That embrassent des carrières solo internationales.

R'n'B II, le retour !

Le *R'n'B contemporain* (des années 1990 à nos jours) garde de son ancêtre le nom et les voix influencées par le gospel mais s'est émancipé en tentant des mariages musicaux et chorégraphiques avec le hip-hop et la pop. Ce genre destiné à la danse, très majoritaire sur les radios aujourd'hui, fait la part belle aux femmes : Whitney Houston (« I Will Always Love You »), Mariah Carey (« Without You »), Mary J. Blige (« Family Affair »), Rihanna (« SOS »). Enfin, l'ex Destiny's Child (« Say My Name »), **Beyoncé** (« Baby Boy ») est l'artiste la plus diffusée sur les radios américaines lors de la décennie 2000-2010. Dans les années 1990 et 2000, les voix R'n'B masculines sont principalement incarnées par Usher (*Confessions*) et R. Kelly.

Chapitre 27

Le rock

Dans ce chapitre :

- Succombez au charme sauvage d'Elvis
- Devenez hystérique à la simple évocation de quatre jeunes garçons de Liverpool
- Soignez votre acné avec une dose quotidienne de rock
- Expérimentez différentes façons de maltraiter une guitare électrique

Rock : késako ?

Avertissements

Les auteurs avertissent les lecteurs les plus prudes qu'il sera question dans ce chapitre de musique bruyante, de sueur, de rébellion et parfois de sexe, d'alcool, de drogues ainsi que de quelques morts violentes. Car le rock 'n' roll n'est pas une simple affaire de musique, c'est l'énergie et les expérimentations adolescentes. Bien plus qu'un rocher, le rock est une montagne que chaque génération s'évertue à gravir en empruntant des versants différents de ceux découverts par leurs aînés. Certaines voies sont étranges, d'autres grandioses, choquantes ou loufoques, mais toutes ont comme point commun l'énergie créatrice de la jeunesse. Lorsqu'une génération s'essouffle ou se trahie en adoptant une attitude complaisante avec l'industrie du disque, la suivante la balaye sans remords. Ce ressac perpétuel entre les côtes américaines et britanniques ne cesse pas depuis soixante ans.

Évolutions

L'histoire du rock se confond avec celle de l'évolution des mœurs, des progrès techniques de facture d'instruments électriques (amplificateurs, micros, guitares, basses, claviers…), de diffusion de masse (radio, télévision, MTV, Internet), des supports musicaux (vinyle, jukebox, cassette, CD, supports dématérialisés), des modes de production (majors, autoproduction), et enfin d'enregistrements (studios, home-studio).

Un langage ancien

Les auteurs ne jugent pas de la valeur d'une esthétique par rapport à une autre. Le génie musical transparaît à travers les rares œuvres qui transcendent une esthétique musicale – si simple soit-elle –, noyées dans un corpus d'œuvres médiocres.

Les pionniers du rock 'n' roll

Du rhythm and blues noir au rock 'n' roll blanc

Dans les États-Unis d'avant-guerre, la musique a une forte connotation raciale. Les noirs écoutent du blues (Howlin' Wolf, Muddy Waters) et les blancs un dérivé du folklore musical de leurs ancêtres anglais et irlandais, la *country & western* (**Hank Williams**). Dès les années 1940, un style de blues très dansant, le *rhythm and blues* (**Fats Domino**) séduit un jeune public blanc. Très vite, les deux cultures, noire et blanche, se fécondent l'une l'autre et engendrent un genre nouveau qui devient l'emblème de la première génération d'adolescents à se voir offrir une musique leur étant exclusivement destinée : le *rock 'n' roll* (appelé *rockabilly* lorsque sa part de country est importante), dont le nom est issu de l'argot des bluesmen et traduit l'acte sexuel de manière imagée.

Issu de la country, **Bill Haley**, reconnaissable à son accroche-cœur sur le front, se spécialise d'abord dans les reprises de *rhythm and blues* avant de signer, sinon le premier titre de rock 'n' roll, le premier succès du genre en 1955 : « Rock Around The Clock ».

Il ne fait pas bon être noir dans l'Amérique de la ségrégation. Certaines villes du Sud interdirent à Fats Domino de jouer. En 1956, lors de son passage au *Ed Sullivan Show*, on demande à ses musiciens de se cacher derrière un rideau afin de ne pas montrer à l'Amérique trop de Noirs à l'écran.

Fats Domino : « Ain't That A Shame » .
Bill Haley : « Rock Around the Clock ».

Verres de lunettes

Impensable aujourd'hui, dans les années 1950, il est envisageable pour un jeune homme réservé flanqué d'un physique de premier de la classe, de lunettes à verres épais et de vêtements pas vraiment dans le vent, de devenir une icône du rock 'n' roll. Encore faut-il avoir du talent ! C'est le cas de **Roy Orbison** et de **Buddy Holly** qui inspireront les générations suivantes de rockeurs. Armés de leur guitare électrique, ils chantent de leurs voix délicates les amours adolescentes.

Buddy Holly : « Peggy Sue ».
Roy Orbinson : « Oh, Pretty Woman ».

Le romantique Buddy Holly possède une voix raffinée dont il use avec dextérité. Ses coups de glotte originaux entendus dans premières secondes de « Rave On » ou dans « Peggy Sue » lui permettent de donner du relief à ses textes. Elvis Presley en personne utilise ce procédé (« Don't Be Cruel ») mais, dans la bouche du séducteur, l'effet devient… sauvagement érotique !

La brillante carrière de Buddy Holy n'aura duré que 18 mois. Le 2 février 1959, l'avion de location qu'il emprunte s'écrase, tuant tous les passagers (dont Richie Valens, l'interprète de « la Bamba ») sur le coup.

Affaires de mœurs

À des années-lumière de ces Blancs propres sur eux, l'excentrique Noir ouvertement homosexuel **Little Richard** représente à lui seul tous les débordements du rock et ce que l'Amérique blanche bien pensante abhorre. Ses hurlements, ses paroles débridées, ses cheveux dressés et son maquillage généreux lui valent un succès immense et mérité. En 1958, au faîte de sa gloire, il annonce renoncer à sa vie de débauche et se consacre à la religion. Il reviendra vite à la seule musique.

Jerry Lee Lewis, n'a pas usurpé son surnom de « The Killer » (le tueur). Sur scène, il fait subir de nombreux sévices à son piano. Honni par les parents, les jeunes en revanche adorent sa fougue et ses paroles osées… Cependant, sa carrière est brisée lorsqu'un journaliste révèle qu'il est marié à une jeune fille de 13 ans, sa cousine.

Vexé de devoir passer en première partie de Chuck Berry, il enflamme son piano avant de passer la main à la tête d'affiche.

Jerry Lee Lewis : « Great Balls of Fire ».
Little Richard : « Tutti Frutti » et « Lucille ».

Affaire de postures

Patte de canard

L'auteur-compositeur guitariste et chanteur noir **Chuck Berry** rencontre un immense succès auprès de la jeunesse blanche. De futures stars du rock tels Mick Jagger, Keith Richard, George Harrison ou John Lennon s'inspireront de ses chansons qui mêlent malicieusement blues et country. Sa *duck walk* (« pas de canard ») déclenche l'hystérie du public, sensible à sa bonne humeur.

Chuck Berry vire les Stones de la scène

En 1972, les Rolling Stones, Mick Jagger et Keith Richards, s'invitent sur scène lors d'un concert donné par leur idole. Craignant de se faire voler la vedette, Chuck Berry leur fait quitter la scène. Pas rancunier pour une livre sterling, le volcanique Keith Richards supporte respectueusement les critiques de Chuck Berry, qu'il nomme son « père spirituel » qui le reprend 14 ans plus tard sur sa façon d'exécuter l'introduction de sa chanson «Carol ».

Patte folle sans gêne

La posture du prince du rockabilly **Gene Vincent**, est reconnaissable entre toutes. Lors d'un accident de moto, il est grièvement blessé à la jambe gauche qu'il garde sur scène tendue sur le côté.

Chuck Berry : « Johnny B. Goode » ▶.
Gene Vincent : « Be Bop a Lula ».
Eddie Cochran : « Summertime Blues ».

Le 17 avril 1960, le taxi qui emmène Gene Vincent et le chanteur guitariste et compositeur Eddie Cochran heurte un réverbère. Cochran décède sur le coup. Vincent, de nouveau blessé à la jambe, est très marqué par la disparition de son ami et sombre dans l'alcoolisme.

L'affaire du pelvis d'Elvis

Le blanc qui chante de la country comme un bluesman noir

Toutes ces icônes font pâle figure à côté du rock incarné dans le corps d'un jeune camionneur fan de blues et au physique d'Apollon. En 1953, pour faire une surprise à sa mère, **Elvis Presley**, originaire de Tupelo dans le Mississippi, enregistre des chansons aux studios Sun à Memphis. Leur propriétaire, le producteur Sam Philips, tombe sous le charme et lui fait enregistrer des titres qui lui valent une grande réussite commerciale (« That's All Right Mama »).

Le King (surnom d'Elvis), s'il n'est pas l'auteur-compositeur de ses chansons, les interprète comme personne jusqu'alors. Il diffuse la « bonne parole » du rock dans le monde entier. Sa voix suave, son énergie, ses pincements de lèvres qui semblent brûler de désir avant de mordre et son célèbre déhanché très suggestif font fondre les jeunes filles. Les jeunes hommes rêvent de lui ressembler. Elvis, le « King », devient l'idole absolue de toute une génération.

La légende veut que lors de son passage au *Ed Sullivan Show* en 1956, les cameramen prennent soin de filmer Elvis au-dessus de la ceinture pour ne pas choquer les prudes familles américaines avec ses coups de rein torrides.

L'acteur

Sa carrière est, par la suite, dirigée par le pseudo « Colonel » Parker qui lance sa carrière de chanteur-acteur pour le meilleur (« Love Me Tender » et « Jailhouse Rock » dans ses deux premiers films) et pour le pire (des rôles dans des navets dans les années 1960).

Fin de règne

Son ascension vertigineuse est stoppée en 1958 par son incorporation pour deux longues années dans l'armée. À son retour, il se consacre exclusivement à sa carrière cinématographique et n'apparaît plus sur scène.

Retour en grâce(land)

Le 3 décembre 1968, après 8 ans d'absence, des millions de fans (42 % des téléspectateurs américains !) ont le bonheur de voir scintiller à nouveau la couronne du King sur scène. Jamais elle ne sera ternie lors des 1 500 concerts (dont 600 à Las Vegas) qu'il donnera jusqu'à sa mort.

Le 14 janvier 1973, son concert de Hawaï est retransmis par satellite et visionné par plus d'un milliard de téléspectateurs !

Malgré un physique bedonnant prématurément vieilli par les excès de médicaments et les tournées harassantes, il gagne le respect des plus récalcitrants. Le 21 juin 1977, en *showman* accompli, il masque ses trous de mémoire, son émotion et ses défaillances en jouant tour à tour avec son public la carte de la sincérité et du rire. Il décède quelques semaines plus tard à l'âge de 42 ans. Sa dépouille repose dans sa propriété *Graceland* (Memphis) qui est devenue un mausolée et un lieu de pèlerinage incontournable pour tout fan de rock 'n' roll.

« Hound Dog ».
« Blue Suede Shoes ».
« Heartbreak Hotel ».
« My Way ».

King Creole (M. Curtiz)
Elvis, '68 Comeback Special.

Les sixties : entre invasion britannique et souffle libertaire

L'invasion britannique

Les Beatles

Jamais un groupe n'aura autant marqué de son empreinte l'histoire du rock. Le succès titanesque que connurent leurs membres – et connaissent encore plus de 40 ans après leur séparation – est à mesurer à l'aune de leur talent et de la quantité phénoménale d'innovations musicales qu'ils ont apportées.

À la fin des années 1950 à Liverpool, la mode est au *merseybeat*, une variante locale du rock 'n' roll, et au *skiffle* (Lonnie Donegan, « Rock Island Line »), un mélange de blues, de jazz et de musique folklorique qui peut se jouer sans expérience sur des instruments de fortune. C'est le cas de **John Lennon**, **Paul McCartney** et **George Harrison** qui forment les Quarrymen. Épaulés par des musiciens occasionnels, ils font leurs premières armes au *Cavern Club*, puis dans des salles malfamées de Hambourg sous le nom de **The Beatles**. Afin de tenir des *sets* (prestations) quotidiens six heures durant, ils reprennent des compositions de leurs idoles, les rockers américains.

À leur retour à Liverpool, leur nouveau manager Brian Epstein leur fait signer un contrat avec le producteur George Martin (le « cinquième Beatle ») en 1962. C'est l'année du changement pour les Beatles : nouveau batteur (**Ringo Starr**), nouveau look (costume gris *Burton's Multiple Taylors* et coupe de cheveux *moptop*) et premier single (« Love Me Do »). Leur personnalité, leur répartie, leur humour et les compositions subtiles de Lennon et McCartney font de leurs deux premiers albums *Please Please Me*, et *With The Beatles* des succès jamais rencontrés en Angleterre. Des milliers de jeunes filles hystériques hurlent et s'évanouissent à leur arrivée. C'est la *Beatlemania* qui gagne l'Amérique l'année suivante. La « British Invasion » vient de commencer.

En novembre 1963, les Beatles se produisent devant la famille royale au Prince of Wales Theatre. Le facétieux John demande à ceux qui occupent les sièges les moins chers de taper dans leurs mains et aux autres d'agiter leurs bijoux. Malgré cette entorse au protocole, la reine mère est enchantée et affirme que c'est l'un des meilleurs spectacles auxquels elle a assisté.

On retrouve les « Fab Four » (contraction de « quatre fantastiques ») sur grand écran dans *A Hard Day's Night*, *Help*, *Magical Mystery Tour* et même dans les personnages de dessins animés de *Yellow Submarine*.

« Yesterday ».
« Help ».

Si les albums et singles précédents sont impressionnants par leur fraîcheur et le gigantisme de leur réussite commerciale, à partir de 1965, tous leurs albums sont à classer parmi les meilleurs albums jamais produits. Les quatre Anglais se lassent progressivement de l'hystérie collective qui accompagne leurs déplacements. Les salles ne sont plus assez grandes pour accueillir le public survolté. En août 1965, c'est dans un stade de base-ball, le Shea Stadium que les Beatles essayent de se faire entendre au milieu des hurlements. Ils trouvent le calme et l'inspiration en se réfugiant de plus en plus en studio. À partir d'août 1966, ils quittent définitivement la scène pour se consacrer exclusivement aux séances de studio où leurs expérimentations savantes et leur imagination fertile, parfois aidée par le LSD, se retrouvent dans les bijoux *Rubber Soul* (1965) et *Revolver* (1966). Curieux de toutes les musiques (classique, indienne, psychédélique, folk de Dylan, etc.) qu'ils intègrent élégamment dans leur vocabulaire musical, ils accouchent de nombreux chefs-d'œuvre sans renier leurs origines : en 1967, Paul puise dans ses souvenirs d'enfance avec « Penny Lane », John avec « Strawberry Fields Forever » et ils font la fierté des habitants de Liverpool.

La même année *Sgt Pepper's Lonely Hearts Club Band*, que beaucoup considèrent comme le meilleur album rock de tous les temps, fait l'effet d'une bombe. Un fil conducteur lie les chansons de l'album (on parle de *concept album*) : par un jeu de mise en abîme, les Beatles jouent le rôle d'un groupe fictif, celui du sergent Pepper, qui part en tournée à leur place. La pochette *pop art* de Peter Blake, probablement la plus célèbre de l'histoire du disque, réunit de nombreux personnages admirés par les Beatles.

« Lucy in the Sky with Diamond »

C'est alors qu'ils écoutaient cette chanson que des paléontologues exhumèrent les ossements de notre plus ancienne ancêtre connue. Ils la baptisèrent Lucy. Les initiales de cette chanson psychédélique sont les mêmes que la drogue favorite de John à l'époque, le LSD. Coïncidence selon lui, il se serait inspiré d'un dessin de son fils. Mais oui… et les sous-marins sont jaunes peut-être ? Ah, mais si… !

Entre autres innovations techniques, les ingénieurs des studios Abbey Road conçoivent un magnétophone dont la vitesse de défilement de la bande peut varier (le *varispeed*). Le timbre si particulier de la voix de John dans « Lucy in the Sky » est un exemple de son utilisation.

Ouaf !

Faites écouter les dernières secondes de « A Day in the Life » à votre chien. Il se mettra à aboyer sous l'effet d'un ultrason intégré par John dans ce but.

Le 25 juin 1967, les Beatles envoient un message d'amour au monde entier, « All You Need Is Love ». 400 millions de téléspectateurs assistent à cette diffusion en mondovision et découvrent, dans le chœur, les voix prestigieuses de Mick Jagger, Keith Richards, Keith Moon et Eric Clapton.

Sans se complaire dans le psychédélisme qu'ils ont contribué à lancer, ils offrent des pépites pop, rock (« Helter Skelter ») et d'avant-garde (« Revolution 9 ») dans le double album suivant, communément nommé *White Album* (1968).

« Hey Jude »
« Revolution ».

Début 1969, leur nouveau projet initialement intitulé *Get Back* est filmé pour un documentaire (l'album ne sortira qu'en mai 1970 sous de nom de *Let it Be*, remanié par le producteur Phil Spector). L'ambiance est très tendue. John invite sa compagne Yoko Ono aux sessions d'enregistrement et lui demande son avis, ce qui a le don d'énerver Paul au plus haut point. Cette situation ne les empêche pas de donner un concert improvisé (très vite interrompu par la police) le 30 janvier 1969 sur le toit de l'immeuble londonien Apple. Huit mois plus tard, sort leur dernier album, et non des moindres, *Abbey Road*. En avril 1970, les routes des quatre Beatles se séparent. Les sixties s'achèvent dans les larmes.

Les carrières solo de trois ex-Beatles sont constellées de quelques trésors : George avec *All Things Must Pass*, John avec *Imagine* et *Double Fantasy*, et Paul avec *Band on the Run* et *Memory Almost Full*.

« Les Beatles sont plus célèbres que Jésus-Christ »

Cette phrase que prononça John en 1966 lui sera fatale quatorze ans plus tard. Se prenant pour le bras armé de la justice divine, M. D. Chapman abat John de cinq coups de revolver devant sa résidence new-yorkaise le 8 décembre 1980. Cet illuminé ne devait pas être devant son poste de télévision le 25 juin 1967… (voir plus haut)

Crème anglaise : le British Blues Boom

Bercés dès leur enfance par leurs idoles noires américaines, B.B. King, John Lee Hooker, Sonny Boy Williamson, et Howlin' Wolf, une génération d'anglais talentueux donne un second souffle au blues : les Bluesbreakers de John Mayall, puis les Fleetwood Mac, les Yardbirds, et Cream, groupes que des guitaristes exceptionnels tels Peter Green, Mick Taylor, **Eric Clapton**, Jeff Beck et Jimmy Page ont honoré de leur présence.

Les Yardbirds : « For Your Love », « Train Kept A-Rollin' ».
Cream : « Sunshine Of Your Love ».
Fleetwood Mac : « Black Magic Woman », « Albatross ».
Free : « All Right Now ».

Rhythm and blues à la « mod » anglaise

Inspirés par le *rhythm and blues* de leurs aînés d'outre-Atlantique, les groupes anglais tels les Animals (« The house of the Rising Sun »), les Kinks (« You Really Got Me »), le Spencer Davis Group (« Keep On Running ») et Them (« Gloria »), dans le sillage des Beatles, partent à l'assaut de l'Amérique qui les accueille à bras ouverts. Des années avant leurs opéras-rock *Tommy* et *Quadrophenia*, et leur mythique *Who's Next*, les **Who** composent l'hymne de la génération *mods* : « My Generation ». Soutenu par la guitare agressive de son compositeur Pete Townshend, la batterie frénétique de Keith Moon et par l'impassible et puissant bassiste John Entwistle, le chanteur Roger Daltrey y interprète un jeune homme craintif bégayant face à sa vie d'adulte (ou à cause de sa consommation d'amphétamines ?) et espère « mourir avant de devenir vieux ».

Au milieu des années 1960, la jeunesse anglaise doit choisir son camp. La classe ouvrière choisit le rock et son attirail : moto, perfecto de cuir, banane et alcool. La classe moyenne, les *mods*, préfère le scooter, le parka de l'armée et les amphétamines.

Le jeune compositeur, chanteur et organiste surdoué Steve Winwood quitte le Spencer Davies Groupe, à 18 ans, pour former **Traffic** avec le guitariste Dave Mason. Ils offrent au monde du rock des bijoux de subtilité teintés de soul, rock, jazz, musiques du monde : « Paper Sun », *Mr Fantasy* et *Traffic*.

Les Rolling Stones

Quel paradoxe ! Avant de s'autoproclamer « plus grand groupe de rock du monde », le charismatique multi-instrumentiste **Brian Jones,** le pianiste **Ian Stewart,** bientôt rejoints par le guitariste **Keith Richards,** le chanteur **Mick Jagger,** le batteur **Charlie Watts** et le bassiste **Bill Wyman** n'ont que faire du rock 'n' roll des stars blanches des fifties. Ils vénèrent les icônes noires du blues et du *rhythm and blues*, au point de baptiser leur groupe avec le titre d'une chanson du bluesman Muddy Waters : « Rollin' Stone ».

Leur manager Andrew Loog Oldham, écartant Ian Stewart au passage, s'applique à accentuer leur style de mauvais garçons libidineux en inventant une guerre fictive les opposant aux « gentils » Beatles. Ils enregistrent des reprises de stars afro-américaines, et une chanson composée pour eux par Lennon et McCartney (« I Wanna Be Your Man ») avec une arrogance, une misogynie et une fougue juvénile dévastatrice qui restera leur marque de fabrique. La réussite commerciale est telle qu'ils deviennent le groupe phare de la British Invasion.

Le succès de la chanson « (I Can't Get No) Satisfaction » est significatif de l'état d'esprit de la jeunesse rejetant la société de consommation. Elle s'empare de ce titre pour en faire son credo. Son boycott par certaines radios ou télévisions à cause des termes crus employés pour évoquer l'acte sexuel et les menstruations ne fait qu'amplifier le phénomène.

Fuzz !

Au moment d'enregistrer le riff (motifs mélodico-rythmiques structurant une composition par leur répétition) de « Satisfaction », Keith Richards se rappelle qu'il vient de recevoir une pédale pour guitare offerte par la société Gibson. Le son produit par cette pédale fuzz Maestro est si nouveau que les cuivres prévus initialement pour enregistrer le motif ne seront jamais convoqués. Quelques jours après la sortie du 45 tours, tous les vendeurs de fuzz sont en rupture de stock.

Avant de sombrer dans la drogue, d'être écarté du groupe et de mourir noyé dans sa piscine, Brian Jones passe à la postérité avec ses interprétations de l'incroyable instrumentarium qu'il maîtrise dans *Aftermath*, le premier album intégralement composé par Richards et Jagger et par le single « Paint It Black ». Il est remplacé par le talentueux guitariste **Mick Taylor**, auquel succèdera **Ron Wood** en 1975.

Les Rolling Stones deviennent, de par leur mode de vie, la cible de la presse à scandale et sortent des albums inégaux, certains sublimes, d'autres banals, mais toujours accueillis avec enthousiasme par les fans qui se pressent en masse à chacune de leurs tournées colossales. Un demi-siècle après leurs débuts, la jeune génération arbore fièrement le célèbre et lucratif logo (une langue licencieuse) des papis du rock.

Le prince de l'anticonformisme, Mick Jagger, pilier de la jet-set de Saint-Tropez dans les années 1970, est le propriétaire d'un château français près d'Amboise, et a été fait chevalier par la reine d'Angleterre en 2003… De l'eau a coulé sous le London Bridge depuis « Satisfaction » !

« Jumpin' Jack Flash ».
Beggar's Banquet : « Sympathy for the Devil », « Street Fighting Man ».
Let it Bleed : « Gimmie Shelter », « Love in Vain », « You Can't Always Get What You Want ».
Get Yer Ya-Ya's Out !
Sticky Fingers : « Brown Sugar ».
Sex, drug and rock 'n' roll pris sur le vif

Cocksucker Blues est un documentaire réalisé par R. Frank en 1972 et interdit par les Stones. Âmes sensibles s'abstenir !

All You Need Is Love !

Engagement politique et guitare acoustique : le folk

Depuis la fin du XIXe siècle, des chanteurs syndicalistes comme **Joe Hill** utilisent leurs poèmes comme une arme : il est écrit « cette arme tue les fascistes » sur la guitare du chanteur *folk* **Woody Guthrie** qui parcourt les États-Unis avec ses textes engagés.

ÉCOUTEZ ÇA

Woody Guthrie : « House Of The Risin' Sun » (1941).
Leadbelly : « In New Orleans » (1943). Les lecteurs mélomanes reconnaîtront dans ces deux versions la même chanson d'origine incertaine. Si celle des Animals (1964) est mondialement connue, les Français la fredonnent plus volontiers sur les paroles des « Portes du pénitencier ».

Au début des années 1960, le quartier de Greenwich Village (New York), devient le lieu de débat politique et de renouveau pour cette musique *folk*. En avril 1962, du haut de ses 21 ans, **Bob Dylan**, y compose l'hymne contestataire d'une génération. Pour la première fois aux États-Unis, une chanson politiquement engagée rencontre un succès phénoménal. Magnifique invitation à un engagement dans le combat pour les droits civiques, « Blowin' in the Wind » connaît de nombreuses versions dont celles de Peter, Paul & Mary et **Joan Baez**.

ANECDOTE

Le 23 août 1963, Dylan participe à la Marche sur Washington avec 200 000 pacifistes. Après le discours « I have a dream » de Martin Luther King, il interprète « Only a Pawn in Their Game » et « Blowin' in the Wind » est entonné par Peter, Paul and Mary.

En 1965, Dylan électrifie sa musique. Une trahison pour les adeptes du folk pur et dur qui ne se remettent pas de voir passer leur porte-étendard dans le camp des rockeurs. D'icône du folk, Dylan entre, avec les **Byrds**, et **Crosby, Stills, Nash & Young** au panthéon du *folk-rock*.

ÉCOUTEZ ÇA

Bob Dylan : « The Times They Are a-Changin' », « Like a Rolling Stone », « Hurricane ».
Les Byrds : « Mr. Tambourine Man ».
Simon & Garfunkel : « The Sounds of Silence », « Mrs. Robinson ».
Leonard Cohen : « Suzanne ».
Crosby, Stills and Nash : « Suite: Judy Blue Eyes ».
Crosby, Stills, Nash and Young : « Almost Cut My Hair ».
Neil Young : « Harvest ».

Surfin' U.S.A.

Avec leurs guitares très inspirées par Chuck Berry et leurs harmonies vocales masculines, les **Beach Boys** fêtent l'insouciance de la jeunesse californienne (« Surfin' U.S.A. », « I Get Around »). En 1966, le leader **Brian Wilson** achève un album qui impressionne les Beatles par son originalité et sa finesse : *Pets Sounds*.

Beach Boys : « God Only Knows », « Wouldn't It Be Nice ».

Le génial mais fragile compositeur Brian Wilson mettra 37 ans pour achever l'album *Smile* (2004) ! Il regorge de véritables joyaux (« Good Vibrations », « Heroes & Villains ») dont certains étaient déjà apparus sur des albums précédents des Beach Boys.

Expériences sous acide

En vente libre jusqu'en 1966, le LSD est utilisé pour traiter des troubles psychiatriques graves. De Carnaby Street à Londres au quartier Haight-Ashbury de San Francisco, en passant par celui de Venice Beach à Los Angeles, des millions de personnes en consomment pour ses propriétés hallucinogènes pour atteindre un niveau de conscience modifié. Le rock qui les accompagne dans leurs voyages est teinté de sitars et de tablas (attrait pour la philosophie indienne oblige) et se drape de nombreux effets (*reverb, delays, echos…*) : c'est le *rock psychédélique* (du nom de l'album *The Psychedelic Sounds of the* 13th *Floor Elevators* des texans **13th Floor Elevators**).

En 1967, la jeunesse du *Swinging London* s'habille avec des vêtements aux couleurs acidulées, reflet des expériences psychédéliques qu'elle vit en écoutant *Sgt Pepper* des Beatles et *The Piper at the Gates of Dawn* des **Pink Floyd** de Syd Barret.

Dans le quartier hippie de San Francisco, des dizaines de milliers de jeunes adoptent la coiffure unisexe longue et se réunissent en prônant la suppression des carcans de la société consumériste, la non violence, la tolérance et l'amour libre. Certains, à l'instar des Dead Heads, se réunissent en communauté et suivent pas à pas les tournées du groupe qu'ils vénèrent : les **Grateful Dead**.

La communauté hippie de Los Angeles se fait ouvrir les portes de la perception par les **Doors** et leur chanteur et poète Jim Morrison. Véritable chaman au physique d'Adonis, ses prestations musicales érotiques enflamment les esprits (« Light My Fire ») et invitent à un parcours initiatique (« The End ») avec les drogues (« Break on through [to the Other Side] »).

Cette utopie généreuse atteint son apogée à l'été 1967 lorsque 100 000 personnes originaires du monde entier, attirés par la contre-culture hippie, se réunissent à San Francisco : c'est le *Summer of Love* dont « Someboby to Love » des **Jefferson Airplane** et « All You Need Is Love » des Beatles illustrent parfaitement l'état l'esprit.

Jefferson Airplane : « White Rabbit ».
Scott McKenzie : « San Francisco ».
Les Zombies : « Time Of The Season ».
Les Grateful Dead : *Live Dead*.

Cet élan communautaire se traduit par l'organisation de festivals géants passés à la postérité tels Monterey (1967), Newport (1968 et 1969) et Woodstock (1969) aux États-Unis, et l'île de Wight (1968, 1969 et 1970) en Angleterre. Point d'orgue de ces rassemblements hippies, le troisième festival de l'île de Wight achève les sixties en grande pompe avec 600 000 spectateurs.

Woodstock (M. Wadleigh). Ces extraits du légendaire festival vous feront (re)vivre certains des plus grands moments de l'histoire du rock : « Freedom » (Richie Havens), « Soul Sacrifice » (Santana), l'interprétation de « With a Little Help from My Friends » par Joe Cocker, la guitare supersonique de « I'm Going Home » (Ten Years After), Country Joe McDonald haranguant la foule (« Give me an F !... »).

Les expériences de Jimi Hendrix

Unanimement reconnu comme le meilleur guitariste électrique de tous les temps, **Jimi Hendrix**, pendant sa très courte carrière, impressionne les plus grands (Miles Davis, Paul McCartney, Eric Clapton) comme le commun des mortels. Les hippies l'adulent et voient (à tort) des allusions à la drogue dans « Purple Haze » et entendent (à raison) des hymnes pacifistes dans « Machine Gun » et dans sa version irrévérencieuse de l'hymne américain « Star Spangled Banner » lors de la clôture du festival de Woodstock.

« Machine Gun »

Dans les mains du célèbre gaucher, la guitare Fender Stratocaster (pour droitier) fait entendre les bombardements américains et les cris des victimes au Vietnam.

L'imagerie populaire retient souvent sa titanesque prestation au festival de Monterey où l'enfant vaudou (« Voodoo Child [Slight Return] ») noir au sang cherokee sacrifie sa guitare en la livrant aux flammes (« Fire ») sur « Wild Thing ». Défricheur boulimique de sonorités nouvelles (il sait jouer de la guitare avec les dents…), il manie avec une dextérité inégalée les effets pour guitare et multiplie les acrobaties et les effets scéniques. En solo ou avec le **Jimi Hendrix Experience**, loin d'être un simple musicien tape-à-l'œil, il revisite le blues (« Voodoo Chile »), le rock (« Manic Depression »), les reprises folk (« Hey Joe » et « All along the Watchtower «), la soul (« Remember »), la pop (« The Wind Cries Mary »), le funk (« Foxy Lady »), le jazz (« 1983…[A Merman I Should Turn to Be]») d'une manière inouïe qui donnera des ailes (« Little Wings ») à ses successeurs.

Live at Monterey.

Electric Jimiland

Ses pédales d'effet sont légendaires : Fuzz Face (« Foxy Lady »), Octavia (chorus de « Purple Haze »), Univibe (chorus de « Little Wing »), et surtout sa wha-wha Cry Baby (riff de « Voodoo Child »). Loin d'être des gadgets, il en a exploré toutes les possibilités. C'est dans son utilisation du larsen (dû à la boucle micro/ampli marshall/micro...) asservie par son vibrato ou sa wha-wha qu'Hendrix montre toute sa virtuosité : c'est le *feedback* (« Like a Rolling Stone », version Monterey).

De nombreuses icônes de cette période haute en couleurs ne survivent pas à leur dépendance aux drogues : Brian Jones en 1969, Hendrix et Janis Joplin en 1970 et Jim Morrison en 1971. Tout comme le cerveau de Syd Barret à 22 ans (1968), les illusions du *flower power* se dissolvent dans un grand bain d'acide lysergique.

Et en France ?[1]

Deux groupes talentueux s'inspirent de leurs idoles américaines et conquièrent les foules entre rock 'n' roll et twist : les chaussettes noires d'**Eddy Mitchell** (« Daniela ») et les Chats Sauvages de **Dick Rivers** (« Twist à Saint-Tropez »). Le rocker anglais **Vince Taylor** (« Brand New Cadillac ») est plus connu en France que dans sa patrie. Enfin **Johnny Hallyday**, du rockabillly à la variété en passant par le twist, le yé-yé, le *rhythm and blues* et le hard rock, connaît une carrière inégalée de longévité et de diversité dans l'Hexagone où il est considéré comme le Elvis francophone.

Chevelus et grosses guitares (des seventies à nos jours)

Le heavy metal

Des cheveux plus longs, un jeu guitaristique virtuose, des voix plus puissantes et plus aiguës, plus de décibels, plus méchant, plus dur, plus lourd, le *heavy metal* est le rock au superlatif. Les précurseurs anglais assument volontiers une image (réelle ou fantasmée) de voyous, et flirtent volontiers par provocation (plus rarement par conviction) avec l'occultisme,

1 Vous voulez en savoir davantage sur le rock français ? Lisez donc le chapitre qui lui est consacré dans *Le Rock pour les Nuls*.

l'horreur et les thèmes sataniques. La vie *backstage* du **Led Zeppelin** de Jimmy Page (guitare) et Robert Plant (chant) fait passer les Stones pour des enfants de chœur. Les fans de **Deep Purple** et **Black Sabbath**, puis du NWOBHM (New Wave Of British Heavy Metal) de Judas Priest, Iron Maiden, Motörhead et Def Leppard agitent frénétiquement leurs longs cheveux (*headbanging*) en brandissent fièrement le poing, index et auriculaire relevés telles les cornes du diable.

Contrairement au reste du monde, les Français nomment « hard rock » (les amateurs de ce genre, sont les « hardos ») la genèse du « heavy metal ». Ce terme n'est pas usité ailleurs dans ce sens restrictif. Même si certains se plaisent à les distinguer, on trouve souvent les appellations « hard rock », « heavy rock », « heavy metal » et « metal » employées indifféremment pour désigner la musique dont il est question ici.

Le manager de Led Zeppelin, Peter Grant, a horreur des enregistrements illégaux (« bootleg ») des concerts de ses protégés. En 1971, il prend deux agents fédéraux pour des pirates et leur détruit mâchoires et matériel. Sa méprise lui coûta 2 500 dollars.

Spınal Tap (Bob Reiner). Cette parodie de documentaire musical est truffée de scènes cultes bien connues des amateurs de rock. Tout guitariste se reconnaîtra dans le passage du musicien montrant fièrement son amplificateur *Marshall* muni d'un bouton de volume spécial : ordinairement gradué de 1 à 10, le sien monte jusqu'à 11.

La technique de guitare qu'utilise le guitariste de Black Sabbath, Tommy Iommi, est simple et efficace : il joue les accords (*power chords*) avec seulement trois (voire deux) cordes (il a perdu deux doigts en travaillant à l'usine). La saturation de l'amplificateur se charge de remplir le spectre harmonique. Les *riffs* sur lesquels sont construits les titres sont diaboliquement entraînants.

La fièvre du « heavy metal » se propage à travers le monde : **Alice Cooper, Mötley Crüe** (États-Unis), **ACDC** (Australie), **Scorpion** (Allemagne), **Thin Lizzy** (Irlande).

Steppenwolf : « Born to Be Wild ».
Led Zeppelin : « Whole Lotta Love », « Rock 'n' Roll », « Stairway to Heaven », « Kashmir ».
Black Sabbath : « War Pigs », « Paranoid ».
Deep Purple : « Black Night », « Child in Time », « Smoke on the Water ».
Alice Cooper : « I'm Eighteen », « School's Out ».
ACDC : « Highway to Hell ».

Mamans s'abstenir

Dans les années 1980, encore plus rapide, encore plus violent (si c'est possible !), l'esprit du « trash » est bien résumé par le nom des groupes ou les titres de leurs albums : **Metallica** (*Kill 'em All*), Megadeath, et les peu recommandables Slayer (*Show No Mercy*). Les voix haut perchées sont remplacées par des grognements rauques. Les plus téméraires se risqueront à écouter aussi des dérivés du trash aux appellations joyeuses de « death metal », « doom metal ». Les auteurs déclinent toute responsabilité en cas de perte d'audition.

Certains chanteurs de *metal* s'inspirent de la scansion du rap : Rage Against the Machine (« Killing In The Name »), Korn, Limp Bizkit (« Break Stuff »), Linkin Park (« In the End ») ou les effrayants Slipknot (« Before I Forget »). C'est le *rap core* (ou *nu metal*).

Dans la galerie de portraits de bruitistes, Cabaret Voltaire, Thobbing Gristle, puis Ministry, Nine Inch Nails et les Allemands Rammstein sont les hérauts d'un *rock industriel* qui oppresse son public avec force synthétiseurs et effets scéniques.

Fusion

À la croisée des chemins, les **Red Hot Chili Peppers** (« Give It Away ») et Faith No More (« Epic ») créent des cocktails musicaux originaux : les premiers en mélangeant rock et funk, les seconds metal avec des influences musicales diverses.

Blues, country et boogie woogie sous hormones de croissance

En dignes héritiers américains des Stones, **Aerosmith** (« Walk This Way ») puis les **Guns N' Roses** (« Welcome to the Jungle ») recyclent une formule gagnante : chanteur charismatique, mauvais garçon et guitariste solo. Les rockeurs sudistes du Allman Brothers Band (« Jessica ») et les Lynyrd Skynyrd (« Sweet Home Alabama », « Freebird ») électrifient blues et country, **ZZ Top** (« La Grange »), le boogie, et les **Eagles** californiens (« Hotel California »), la country. De Stevie Ray Vaughan (« Pride and Joy ») à Joe Bonamassa (« The Ballad of John Henry »), le blues blanc a toujours ses surdoués.

Les as de la six cordes

À la fin des années 1970, **Van Halen** (« Eruption ») occupe la place de plus grand explorateur de la guitare laissée vacante par Hendrix. Ses solos inspirés par la musique classique sont d'une virtuosité inouïe et inspirerons les générations suivantes de *shredders* (« déchiqueteurs de manche ») : Joe Satriani (« Surfing With The Alien »), Yngwie Malmsteen (« Heaven Tonight ») et Steve Vai (« Tender Surrender »).

Expérimentations, table rase et retour aux sources (des sixties à nos jours)

La pochette à la banane

N'OUBLIEZ PAS

Produit par la Factory d'Andy Warhol, le groupe new-yorkais **Velvet Underground** de Lou Reed avait quinze ans d'avance (*Velvet Underground & Nico*, 1967) : du punk à la New Wave, en passant par le rock alternatif, nombreux sont ceux qui s'en réclament les héritiers.

ANECDOTE

La pochette culte de leur premier album a été conçue par Andy Warhol. Une banane rose au symbolisme évident est recouverte d'une peau de banane autocollante.

Rock progressif

Du bouillon de culture expérimentale du psychédélisme anglais émerge, à la fin des années 1960, un rock qui se réclame plus de la musique classique et du jazz que du blues. Cherchant une crédibilité, ce *rock progressif* se complexifie (techniques instrumentales virtuoses et parfois paroles d'une grande qualité littéraire) et intègre un nouvel instrument dans ses rangs : le clavier (piano électrique rhodes, orgue hammond, moog et mellotron).

Pendant les années 1970, les groupes Emerson, Lake & Palmer (« Lucky Man »), Jethro Tull (« Aqualung »), Yes (*Tales of Topographic Oceans*), Genesis (*Selling England by the Pound*), King Crimson (*Starless and Bible Black*) enregistrent des *concept albums* ambitieux et des titres à rallonge.

N'OUBLIEZ PAS

Les **Pink Floyd** de David Gilmour et Roger Waters connaissent le plus grand succès du genre en 1973 avec *Dark Side of the Moon* et en 1979 avec *The Wall.*

ANECDOTE

En 1972, les deux faces du disque sont nécessaires pour contenir le titre de 42 minutes « Thick as a brick » de Jethro Tull.

ÉCOUTEZ ÇA

Supertramp : « Logical Song ».
Alan Parsons Project : « Eye in the Sky ».
Toto : « Africa ».

« Du rock 'n' roll avec du rouge à lèvres » : le glam rock

Initié en Angleterre par T-Rex de Marc Bolan (« Ride a White Swan », « Get It On »), le *glam rock* joue sur l'aspect théâtral poussé à l'extrême : garde-robe pailletée, talons démesurés, ambiguïté sexuelle et visages androgynes maquillés comme un camion volé. Artiste aux multiples facettes, le « caméléon du rock » **David Bowie** traverse les styles en changeant de personnage (Major Tom dans « Space Oddity ») et vole la vedette du glam rock à Bolan dans la peau de Ziggy Stardust (« Starman ») et celle d'Halloween Jack (« Diamond Dogs »). Roxy Music, **Queen** (« Bohemian Rhapsody »), Elton John (« Your Song »), les Américains Lou Reed (*Transformer*), Alice Cooper, **KISS** (« Rock 'n' Roll All Nite ») et les New York Dolls, dans des styles musicaux différents, en sont de dignes représentants.

Punk attitude : « I hate Pink Floyd » (Johnny Rotten)

En 1976, suivant la voie ouverte par les Stooges d'**Iggy Pop** et les MC5, quatre New-Yorkais à l'humour potache dégainent leur manifeste musical à contre-courant : le *punk*. Avec leurs guitares bon marché, les **Ramones** recherchent l'énergie primitive du rock. Dans leur album éponyme, on ne trouve aucune virtuosité instrumentale (donc pas de solo titanesque à la mode au début des années 1970), des titres courts et des paroles simples porteuses des thèmes chers aux adolescents. L'écho de la déflagration punk américaine de Patti Smith (« Gloria »), Television (*Marquee Moon*), Richard Hell (*Blank Generation*) et des Talking Heads est perçu jusqu'en Angleterre où le phénomène devient culturel.

À Londres, le manager Malcom McLaren forme le groupe les **Sex Pistols** avec des jeunes marginaux sans aucun talent musical. Johnny Rotten (« Johnny le Pourri ») a cependant un don exceptionnel : il est capable de cracher sa haine (dans tous les sens du terme) avec une arrogance provocante qui fait trembler la royauté avec « Anarchy in the U.K. » (1976). L'année suivante, rejoint par Sid Vicious (« le vicieux »), ils gratifient la reine d'une version destructrice de l'hymne national (« God Save the Queen ») et inventent une expression devenue culte : « no future ». Les auteurs laissent le loisir aux lecteurs de chercher la traduction de leur album *Never Mind the Bollocks*.

Le **Clash**, avec une vision plus réfléchie et plus idéaliste, offre au punk anglais son chef-d'œuvre : *London Calling*. Souvent rattaché à la famille punk, les **Police** mélangent savamment bien d'autres influences (« Message in the Bottle ») parmi lesquelles le reggae.

La Californie offre sa version du (néo)punk avec Green Day (« Basket Case »), Weezer (« My Name Is Jonas »), The Offspring, Rancid (« Ruby Soho ») et NOFX.

En 1991, la réussite commerciale de l'album de **Nirvana** *Nevermind* popularise le nouvel esprit punk venu de Seattle : le *grunge*. Soundgarden (« Black Hole Sun ») et Pearl Jam en sont les autres fers de lance.

Nirvana : « Smells Like Teen Spirit ».

Pour tous les goûts

Les adeptes du synthétiseur

L'ouragan punk a fait table rase des apports de la génération précédente. Tout est à reconstruire. Les *majors* des années 1980 investissent dans la pop synthétique (*new wave*) de Depeche Mode, Eurythmics, Duran Duran ou des Français d'Indochine qui remplacent les guitares par des synthétiseurs.

Les stades

Dans les années 1980, d'autres groupes remplissent des stades entiers dans leurs tournées mondiales grâce à leurs compositions efficaces : Bruce Springsteen (« Born in the USA »), Simple Minds (« Don't You Forget about Me »), Dire Straits (« Money for Nothing »), U2 (« With or Without You »).

Les indépendants

R.E.M. (« Everybody Hurts »), les Smiths (« The Queen is Dead ») et les groupes de *noise rock* les Pixies (« Where is My Mind ? »), Jesus & Mary Chain (« Some Candy Talking »), Sonic Youth (« Teen Age Riot »), My Bloody Valentine (Loveless) et Placebo (« Nancy Boy ») préfèrent de loin un public plus restreint et ne cèdent pas aux diktats commerciaux : cette démarche est celle du *rock indépendant* (ou « alternatif », ou « indie »), ce qui ne les empêche pas de vendre beaucoup d'albums.

Les corbeaux

Les adolescents de l'ère Thatcher ont des raisons d'être dépressifs. Les sombres textes de Ian Curtis de **Joy Division** ou de Robert Smith de **Cure** sont coordonnés avec leurs habits noirs comme des corbeaux. C'est la *cold wave*. Plus attirés par le médiéval fantasmé des films d'horreur, les *gothiques* Sister of Mercy et Marylin Manson effrayent encore plus les mamans, pour le plus grand bonheur des adolescents.

Les nostalgiques

Au début des années 1990, la *Brit Pop* de **Blur** (« Parklife ») et **Oasis** (« Wonderwall ») remet au goût du jour les mélodies accrocheuses des groupes anglais des sixties.

L'originalité islandaise

La solide technique vocale et la parfaite maîtrise des technologies musicales font de **Björk** (« Bachelorette ») une figure tutélaire du rock. Oscillant harmonieusement entre jazz, trip-hop et pop, elle prend des risques osés couronnés par des réussites artistiques. Avec sa voix de fausset, sa guitare électrique jouée à l'archet et sa culture de la musique classique, Sigur Rós (« Hoppípolla ») est un excentrique envoûtant qui tranche avec l'homogénéité navrante diffusée par les médias de masse.

Les surdoués d'Oxford

N'OUBLIEZ PAS

Avec une inventivité, une élégance et une humilité rare, les **Radiohead** sont des surdoués flirtant avec toutes les facettes du rock, de l'électro et de la musique contemporaine. D'aucuns considèrent leur album mythique *OK Computer* (1997) comme le meilleur de la décennie. Loin de se complaire dans une formule performante de leur cru (que reprendront avec talent **Coldplay** et **Muse**), ils n'hésitent pas à surprendre leurs fans en explorant de nouveaux espaces musicaux à chaque album. En 2007, un nouveau pas vers l'émancipation des maisons de disques est franchi lorsque leur album auto-produit *In Rainbow* est publié directement sur Internet. La contribution est à la discrétion de l'acheteur. Au grand dam des majors, ce nouveau système économique se révèle très rentable : l'industrie musicale est en mutation.

ÉCOUTEZ ÇA

Radiohead : « Paranoid Android » , « Karma Police », « Idioteque », « Reckoner ».

La relève

Au début du XXIe siècle, un vent de fraîcheur juvénile est apporté par les Strokes (« Is This It »), les Whites Stripes (« Seven Nation Army »), Franz Ferdinand (« Take Me Out »), les Libertines (« Can't Stand Me Now ») de Pete Doherty, Arcade Fire (« Rebellion [Lies] ») et les Artic Monkeys (« I Bet You Look Good on the Dancefloor »). Ils ravivent les braises du rock qui était laissé pour mort.

Chapitre 28

Le tour du monde en 80 titres

Dans ce chapitre :

- Entrez dans la peau de Phileas Fogg et parcourez le monde en musique

La croisière musicale proposée dans ce chapitre se veut simple d'accès pour des oreilles occidentales. Elle s'apparente à un voyage organisé qui demande peu d'effort au touriste musical. Ce guide fera papillonner l'auditeur d'un pays à l'autre en prenant soin de ne jamais lui faire perdre pied totalement : chaque titre puise ses racines dans les traditions musicales locales tout en les réinterprétant avec une couleur actuelle. Puissent-ils vous donner l'envie de poursuivre par vous-même ces découvertes en vous immergeant plus profondément dans des cultures autres que la vôtre.

Bon voyage !

N'OUBLIEZ PAS

Les termes « musiques du monde » ou « world music » désignent les métissages de patrimoines musicaux variés. Les expériences aussi différentes que celles de **Manu Chao** (« Clandestino ») ou des ensembles multiethniques tels que **Afro-Celt Sound System** (« Saor (Free) ») ou **L'Héritage des Celtes** (« Green Lands ») sont la preuve que la mondialisation musicale, malgré une prédominance incontestable des musiques populaires anglo-saxonnes, peut produire des mariages féconds sans cesse renouvelés.

Afrique

- **Afrique du sud :** Amampondo, « Cumbelele »
- **Algérie :** Khaled, « Didi » (rai)
- **Cameroun :** Manu Dibango, « Soul Makossa »
- **Cap Vert :** Cesária Evora, « Sodade » (morna)
- **Congo :** Papa Wemba, « Matebu » (rumba zaïroise)
- **Côte d'Ivoire :** Amadou et Mariam, « Je pense à toi »
- **Égypte :** Hakim, «Esma Yalli » (sha'bi)

- **Éthiopie :** Gigi Shibabaw, « Mother is Sent Away »
- **Kenya :** Suzanna Owiyo, « We kelo Koko ka »
- **Madagascar :** D'Gary, « Betepotepo »
- **Mali :** Ali Farka Touré, « Diaraby » (blues africain)
- **Maroc :** Gnawa Njoum Experience, « Byrika / Red Eyes »
- **Nigéria :** Fela Kuti, « Zombie » (afrobeat, musique traditionnelle Yoruba, jazz et *rhythm 'n' blues*)
- **Sénégal :** Baaba Maal, « Africans Unite »
- **Tunisie :** Amina, « Ya Baba »

Asie

- **Afghanistan :** Ahmad Zahir, « Ahista Ahista » (pop, harmonium et tablâ)
- **Cambodge :** Chalermpol Malakham, « Kard Ter Kard Jai » (kantrum khmer)
- **Chine :** Wu Man, « From A Distance » (pipa, luth traditionnel chinois)
- **Inde :** Ravi Shankar, « Máru-Bihár » (sitar)
- **Indonésie :** Bondan Prakoso & Fade 2 Black, « kroncong protol » (kroncong façon hip-hop)
- **Iran :** Sussan Deyhim, « Navai Savage Bird » (musique électro et chanson soufie perse)
- **Israël :** Wally Brill, « A Loop In Time » (chant religieux hébreux et trip-hop)
- **Japon :** Anzenchitai, « Wine Red no Kokoro » (Jpop, pop japonaise mâtinée de enka)
- **Laos :** Jintara Poonlarp, « Faen Ja » (mor lam traditionnel laotien et instruments électriques)
- **Liban :** Fairuz, « Zourouni »
- **Mongolie :** Borte, « Divaajin » (chant diphonique, instruments traditionnels des steppes et jazz)
- **Ouzbékistan :** Sevara Nazarkhan, « Yol Bolsin » (maqôm)
- **Philippines :** Philippine Madrigal Singers, « Sana Maulit Muli » (chœur a cappella)
- **Sumatra :** Les Marsada, « Marmasak Sandiri » (musique batak)
- **Syrie :** Abed Azrie, « Suerte »

- **Thaïlande :** Fong Naam, « Busted Balloon » (khong wong, petits gongs accordés disposés en arc de cercle)
- **Turquie :** Aziza A, « Takil Bana » (hip-hop oriental)
- **Vietnam :** Trinh Thanh Duyên + Awaken, « Chú Mèo Ngū Quên »
- **Yémen :** Al-Yaman, « Si-Raa » (fusion de traditions du monde arabe et électro)

Amérique du Nord

- **Canada... :** Blou, « Two Step en Acadie » (racines acadiennes)
- **... dont le Québec :** Les Charbonniers de l'Enfer, « Au Diable les Avocats » (chanteurs et podorythmistes)
- **États-Unis :** Alan Jackson, « Where Were You » (country)

Amérique du Sud

- **Argentine :** Gotan Project, « Santa Maria [Del Buen Ayre] » (tango et musique électro)
- **Brésil :** Roberto Carlos, « Não quero ver você triste » (Jovem Guarda, pop rock brésilien des années 1960)
- **Chili :** Angel Parra, « Compañero Presidente » (chanson chilienne engagée)
- **Colombie :** Aterciopelados, « Rio » (rock aux influences latines)
- **Mexique :** Vicente Fernández, « Estos Celos » (chanson ranchera mexicaine)
- **Paraguay :** Los Koyas, « Cascadas » (harpe paraguayenne)
- **Pérou :** Perú Negro, « Jolgorio de los Negritos » (musique créole péruvienne)
- **Vénézuela :** Los Amigos Invisibles, « Yo No Se » (gozadera, cocktail d'innombrables styles latins et américains)

Caraïbes

- **Cuba :** Asere, « Tumbao Sangreao »
- **Haïti :** Emeline Michel, « Moso Manman »
- **Jamaïque :** Buju Banton, « 'Til I'm Laid to Rest »

Le reggae

Né en Jamaïque, souvent lié au mouvement Rastafari, le reggae devient un des genres majeurs de la musique populaire du XXe siècle grâce son ambassadeur **Bob Marley** (« Get Up Stand Up »). L'influence de ce genre est considérable sur nombre de musiciens européens et américains (voir le chapitre 27).

Alpha Blondy (« Jerusalem ») et Tiken Jah Fakoly (« African Revolution ») se font les porte-parole des peuples opprimés et font passer leur message bien au-delà des frontières de l'Afrique.

Pas besoin de consommer de ganja pour avoir l'impression de flotter dans les airs : la basse, la batterie et les accords de guitare ou de clavier accentuent le contretemps (*skank*) et créent cette atmosphère nonchalante propre au reggae.

- **Martinique :** Kali, « Nou tro pré pou nou si loin » (zouk, reggae)
- **Puerto Rico :** Roy Brown, « Oubao Moin » (nueva cancion)
- **Trinidad & Tobago :** Trinidad Oil Compagny Steel Band, « Bananaboat » (steel bands)

Océanie

- **Australie :** Yothu Yindi, « Djäpana » (rock aborigène avec didgeridoo)
- **Fidji :** Laisa Vulakoro, « Au Rai Ki Wai » (vude, musiques actuelles et rythmes traditionnels meke)
- **Hawaï :** Israel Kamakawiwo'ole (IZ), « Over the Rainbow / What a Wonderful World » (chant et ukulélé)
- **Nouvelle Calédonie :** Edou, « Wanga », (kaneka, musiques actuelles et rythmes mélanésiens)
- **Polynésie :** Tahititalk, « Island » (electro-house polynésienne)

Europe

- **Bulgarie :** Toshko Todorov, « Vale, vale » (chalga)
- **Espagne :** Ojos de brujo, « Todos Mortales » (flamenco)
- **Finlande :** Gjallarhorn, « Suvetar »
- **Grande-Bretagne :** Capercaillie, « The Old Crone [Port Na Caillich]» (musique gaélique et celtique)
- **Grèce :** Angélique Ionatos « Mygdalia l'amandier »
- **Irlande :** Clannad, « Of This Land »
- **Islande :** Björk, « Vokuro »
- **Italie :** Argia, « Larere Bombo »
- **Pologne :** Urszula Dudziak & Grażyna Auguścik, « Kukułeczka kuka »
- **Portugal :** Dead Combo, « Putos a Roubar Mação » (fado)
- **Roumanie :** Fanfare Ciocarlia, « Asfalt Tango »
- **Russie :** Elena Frolova, « Hirondelles »
- **Serbie :** Boban Markovic Orkestar, « Balkan Fest » (fanfare des Balkans)
- **Suède :** Garmarna, « Nio År »

Et pour ceux qui préfèrent les balades en France

- **Auvergne :** Trio DCA, « Heu n'ai cinc sos »
- **Béarn :** Verd e Blu, « Jo n'èi nau polas a vénder »
- **Berry :** Thierry Pinson, « Voleur de lune »
- **Bourbonnais :** faubourg de boignard, « Debout les sarkophages »
- **Bretagne :** Denez Prigent, « Evit netra »
- **Corse :** Zamballarana, « So tempi di sumenti »
- **Dauphiné :** Les violons du rigodon, « mazurka »
- **Pays basque :** Beñat Achiary « Canço de Pigat »
- **Sud-Est :** Lo còr de la plana, « La vielha »
- **Vendée :** Arbadetorne, « Le coq Martin »

Huitième partie

La partie des Dix

Chapitre 29

Les Top 10 (10x10)

Dans cette brève partie, vous trouverez nos préférences ! Elles sont simplement listées pour vous donner le goût d'aller en savoir plus !

Écrits

- Le catalogue des éditions Fayard contient de très nombreux titres « musicaux » consacrés qui à un compositeur, qui à un genre musical, qui à une période de la musique. Une mine !
- Le catalogue des éditions First contient également de très nombreux titres « musicaux » consacrés au solfège (traduit et arrangé par Jean-Clément Jollet) ou à des approches de la musique par différentes entrées. Ne pas hésiter !
- La série des « Vocabulaires de la musique », un volume par période de la musique aux éditions Minerve.
- Marc Vignal, *Dictionnaire de la musique*, Larousse, 2005.
- Alain Perroux, *L'Opéra mode d'emploi*, Premières loges, 2001.
- Ignace Bossuyt, *De Guillaume Dufay à Roland de Lassus, les très riches heures de la polyphonie franco-flamande*, Cerf, 1996.
- Philippe Beaussant, *Vous avez dit baroque ?,* Actes Sud, 1994.
- Franck Bergerot, *Le jazz dans tous ses états*, Larousse, 2011 (1re éd. 2001).

Pour les pros :

- Jean-Jacques Nattiez et Jean Molino (sous la direction de), *Musiques – Une encyclopédie pour le XXIe siècle* (5 vol.), Actes Sud, 2003 à 2007.

Pour les esprits curieux :

- Pierre Brévignon et Olivier Philipponnat, *Dictionnaire superflu de la musique classique*, Le Castor Astral, 2008 (1re éd. 2004).

Sur la toile

- www.instrumentsmedievaux.org
- http://operabaroque.fr
- www.virtualmuseum.ca
- www.famdt.com (musiques traditionnelles)
- www.cite-musique.fr
- http://instrumentsdumonde.com/
- http://artsalive.ca/fr/mus/greatcomposers/
- www.jazzbreak.com

Pour les pros :
- www.ircam.fr

Pour les esprits curieux :
- http://musicmavericks.publicradio.org/features/feature_partch.html#

Lieux de la musique

- Festspielhaus (Bayreuth, Allemagne)
- Musikverein (Vienne)
- Carnegie Hall (New York)
- Scala (Milan)
- Opéra de Sidney
- Les studios Abbey Road (Londres)
- L'Olympia (Paris)
- La Cité de la musique (Paris)

Pour les pros :
- Walt Disney Concert Hall (Los Angeles)

Pour les esprits curieux :
- La maison parisienne de Pierre Henry avec ses pièces enroulées autour d'un escalier de donjon, bourrées du sol au plafond de diodes, hauts parleurs, platines, fils, bobines, pianos mis en pièces, archives de toutes sortes, génial capharnaüm qui lui sert de studio et de lieu de concerts.

Festivals

- Les Folles Journées de Nantes (par la suite déclinées dans de nombreuses autres grandes métropoles dans le monde)
- Le festival de Salzbourg
- Les Francofolies de La Rochelle
- Montreux Jazz Festival
- Les Chorégies d'Orange (lyrique)
- La Roque-d'Anthéron (piano)
- Les Proms (Londres)
- Les Eurockéennes de Belfort

Pour les pros :

- Le festival Présences (musique contemporaine)

Pour les esprits curieux :

- Le festival des Traversées Tatihou (Manche) : on accède au site uniquement à marée basse.

Formations célèbres

- Doulce Mémoire
- Les Arts Florissants
- Orchestre du Concertgebouw d'Amsterdam
- Orchestre philharmonique de Berlin
- Orchestre philharmonique de Boston
- Le Quatuor Rosamonde
- Les Beatles
- Golden Gate Quartet

Pour les pros :

- Ensemble InterContemporain

Pour les esprits curieux :

- Simon Bolivar Youth Orchestra (dir. G. Dudamel)

Émissions radio et télé

- *Le mot du jour* de Pierre Charvet (France Musique)
- *La boîte à musique* de Jean-François Zygel (France 2)
- *Making Of* de Marc Ysaye sur Classic 21 (RTBF)
- *Histoire de…* par Anne-Charlotte Rémond (France Musique)
- *Taratata* de Naguy (France 2)
- *Later with Jools Holland* (BBC2)
- *Top of the pops* (BBC)
- *Les vendredis de la musique* par Jeanne-Martine Vacher (France Culture)

Pour les pros :
- *Les lundis de la contemporaine* (France Musique)

Pour les esprits curieux :
- *Zebra rock 'n' soul* (Le mouv')

Instruments pas ordinaires

- L'orgue Hammond
- Le thérémin
- Le serpent
- Le reactable
- Le Persephone
- La lira da braccio
- L'arpeggione
- Le Chapman stick

Pour les pros :
- Les ondes Martenot

Pour les esprits curieux :
- L'instrumentarium de G. Hoffnung

Films

- *Mort à Venise* (L. Visconti, 1971)
- *Les Blues Brothers* (J. Landis, 1980)
- *Sonate pour alto* (A. Sokourov, 1981)
- *Amadeus* (M. Forman, 1984)
- *La Note bleue* (A. Zulawski, 1991)
- *Tous les matins du monde* (A. Corneau, 1991)
- *Le Pianiste* (R. Polansky, 2002)
- *Le silence avant Bach* (P. Portabella, 2007)

Pour les pros :

- *Ludwig van* (M. Kagel, 1969)

Pour les esprits curieux :

- *On connaît la chanson* (A. Resnais, 1997)

Playlists

Une Histoire de la musique trouve sa principale justification à travers l'écoute des œuvres. Ont été sélectionnées dans les playlists suivantes les musiques les plus significatives, en puisant dans l'immense et généreux réservoir proposé par Deezer, même si l'on peut déplorer l'absence de certains titres essentiels, notamment dans les musiques récentes. Aucune esthétique n'a été privilégiée. Au contraire, les genres musicaux et les interprétations sont aussi variés que possible. Enfin, ces listes peuvent subir des modifications au gré des accords entre le serveur et les maisons de disques, modifications que l'on peut être contraint de subir. Il s'agit là de propositions qui vous invitent à prolonger la découverte de la musique par l'audition d'œuvres intégrales ou, mieux encore, par le concert.

Première partie

- Moyen Âge : `http://www.deezer.com/music/playlist/61418791`
- Renaissance : `http://www.deezer.com/music/playlist/62581248`

Deuxième partie

- Baroque : `http://www.deezer.com/music/playlist/62580965`

Troisième partie

- Classique : `http://www.deezer.com/fr/music/playlist/61337371`

Quatrième partie

- Romantique : http://www.deezer.com/fr/music/playlist/61495855

Cinquième partie

- Musique des pays et des nations : http://www.deezer.com/music/playlist/62581179

Sixième partie

- XXe I : http://www.deezer.com/fr/music/playlist/61865153
- XXe II : http://www.deezer.com/music/playlist/62620940

Septième partie

- Jazz : http://www.deezer.com/music/playlist/61333319
- Rock&Co : http://www.deezer.com/music/playlist/61333566

Le tour de France en 10 étapes

- **Charles Aznavour**, « Emmenez-moi »
- **Yves Montand**, « À bicyclette »
- **Serge Gainsbourg**, « Harley Davidson » interprétée par Brigitte Bardot
- **Barbara**, « Nantes »
- **Charles Trenet**, « Route nationale 7 »
- **Georges Brassens**, « La route aux 4 chansons »
- **Jacques Brel**, « Vesoul »
- **Claude Nougaro**, « Toulouse »
- **Édith Piaf**, « Sous le ciel de Paris »
- **Alain Bashung**, « L'arrivée du tour »

Annexe A

Glossaire des termes musicaux

***A cappella* (ou *a capella*) :** « à la chapelle ». Se dit de toute musique vocale qui ne nécessite aucun accompagnement instrumental.

Accompagnement : Partie secondaire instrumentale ou vocale destinée à soutenir la partie principale (la mélodie).

Accord brisé : Voir *arpège*.

Accord : 1) Ensemble d'au moins trois notes jouées simultanément. 2) Action d'accorder un instrument.

Accorder : 1) Régler la hauteur du son d'une corde d'un instrument. 2) Par extension, régler toutes les notes d'un instrument par rapport au diapason ou entre plusieurs instruments qui jouent ensemble.

Acoustique : Qualifie un instrument qui n'est pas électronique. On l'emploie notamment pour la guitare sèche en comparaison avec la guitare électrique.

***Allegro* :** « allègre ». Indique un mouvement à jouer dans un tempo rapide.

Altération : Signe (dièse, bémol ou bécarre) utilisé pour *monter le son*, l'*abaisser* d'un demi-ton ou le *réinstaller à sa hauteur précédente.*

Alto : 1) Voix de femme la plus grave (parfois nommée contralto). 2) Instrument de la famille des cordes, intermédiaire entre le violon et le violoncelle.

***Anthem* :** « hymne ». Hymne propre à la liturgie anglicane qui utilise des versets bibliques en langue anglaise. On distingue le *full anthem* choral et le *verse anthem* dans lequel les solistes alternent avec le chœur. Le premier chœur du *verse anthem* est introduit par une *symphony*, ouverture souvent « à la française », plus rarement « à l'italienne » ; on y trouve aussi des interludes instrumentaux.

Aria da capo : Pièce vocale en trois parties clairement définies : à une première partie (A) grandement développée et souvent virtuose succède une seconde partie (B) de dimension plus brève, sur des paroles et dans un contexte musical différent, puis le retour intégral de la partie A qui, suivant les époques, peut être revêtue d'ornements musicaux improvisés. En général, la partition ne donne que les parties A et B, le retour de A n'étant signalé que par l'indication D.C. (*Da capo*) signifiant la reprise du début jusqu'à l'indication de fin.

Armure : Groupe de dièses ou de bémols indiqué au début de chaque portée, à la droite immédiate de la clé. Une altération ainsi signalée est valable pour tout le morceau sauf indication contraire (altération accidentelle).

Arpège : « comme une harpe ». Notes d'un accord égrenées successivement. On parle aussi d'*accord brisé*.

Arrangement : Adaptation d'une œuvre musicale pour une formation instrumentale donnée.

Atonalité : Système musical rejetant toute référence à la tonalité. S'applique principalement à certaines musiques composées à partir du début du XXe siècle (*Pierrot Lunaire* de Schönberg).

Baroque : Qualifie la période de l'histoire de la musique qui va de 1600 à 1750. Monteverdi, Purcell puis Vivaldi, Haendel et Bach en sont les principaux repères.

Baryton : Voix d'homme intermédiaire entre la voix de basse et la voix de ténor.

Basse : 1) Voix d'homme la plus grave. 2) Note la plus grave d'un accord. 3) Désigne familièrement les instruments graves d'un ensemble instrumental comme la guitare basse ou la contrebasse.

Basse continue (ou *continuo*) : 1) Dans la musique baroque, partie grave d'une partition confiée à deux instruments : un instrument mélodique grave (violoncelle, viole de gambe, basson…) et un instrument polyphonique (clavecin, orgue, luth) qui joue la même partie mais enrichie des harmonies indiquées sous forme de chiffrages dûment codifiés par le compositeur. 2) Par extension, désigne les instruments qui la jouent.

Basse obstinée : Motif qui se répète inlassablement à la partie grave, sur lequel les compositeurs s'ingénient à superposer des parties tellement variées que la basse finit par se faire oublier de l'auditeur. La chaconne et la passacaille, deux danses anciennes très proches l'une de l'autre, sont édifiées sur une basse obstinée. Voir *ostinato*.

***Blues* :** Style de musique impliquant généralement des séquences de douze mesures, des progressions d'accords spécifiques et des rythmes plutôt lancinants.

Cadence : 1) Ponctuation de la phrase musicale marquée par des enchaînements harmoniques précis. 2) Dans une œuvre impliquant un soliste et un orchestre, se dit d'un passage situé vers la fin d'un mouvement durant lequel l'orchestre cesse soudainement de jouer pour laisser libre cours au soliste qui poursuit en solo, destiné à le mettre en valeur. La cadence est parfois improvisée. 3) Synonyme, un peu à tort, du *tempo* (prenez la cadence !).

Cantate : « qui est chanté » (s'oppose à *sonate* « qui sonne »). Œuvre vocale (souvent chorale) et instrumentale. Une cantate prend appui sur un texte latin ou en langue vernaculaire, ce texte pouvant être d'essence sacrée ou plus rarement profane. Les cantates sacrées de Bach étaient destinées à accompagner le culte, ce qui est unique dans l'histoire de cette forme.

Chapelle : Ensemble des chantres qui assurent le service musical de la liturgie dans une chapelle privée (celle d'un grand prince, d'un roi ou d'un pape).

Choral : 1) Pièce liturgique à quatre voix mixtes spécifique des églises de la Réforme ou de celles qui en sont issues (protestantisme, anglicanisme). Instauré par Martin Luther, le choral présente la particularité d'être homorythmique et syllabique : chaque syllabe est chantée par les quatre voix en même temps et sur une seule note. Le résultat est une parfaite compréhension du texte. 2) Désigne aussi des œuvres instrumentales (souvent confiées à l'orgue) qui paraphrasent une mélodie de choral.

Chromatique : 1) Qui évolue par demi-tons successifs. 2) Se dit d'un demi-ton entre deux notes de même nom mais altérées différemment, comme *fa - fa #* ou *si - si b*. Voir *diatonique*.

Classique : Qualifie la période de l'histoire de la musique qui couvre la deuxième moitié du XVIIIe et le début du XIXe siècle, trait d'union entre la période *baroque* et la période *romantique* (voir ces deux mots). Haydn et Mozart au XVIIIe puis Beethoven au tournant du siècle en sont les figures de proue.

Clé : Symbole placé sur la portée pour indiquer quelles notes sont placées sur les lignes et dans les interlignes. On distingue la **clé de sol**, la plus usuelle, utilisée principalement pour les sons les plus aigus, la **clé de fa** pour les sons graves, enfin la plus rare **clé d'ut** pour des parties intermédiaires.

Cluster : Bloc de sons conjoints joués simultanément (appuyez votre avant-bras sur une partie du clavier de votre piano, et voilà un beau cluster ! Vous pouvez aussi utiliser une règle pour ne pas fatiguer votre précieux membre supérieur).

Codex : Livre manuscrit dont l'assemblage des pages par une reliure permet, contrairement au rouleau de parchemin, une consultation aisée.

Concerto : *Concertare* = rivaliser. Composition pour un ou plusieurs solistes confrontés à un orchestre.

Concerto grosso : Composition fréquente au début du XVIIIe siècle qui superpose un petit groupe de solistes à une formation instrumentale plus étoffée. Les *Concertos brandebourgeois* de Bach en sont les exemples les plus aboutis. Ce genre musical disparaîtra après 1750 pour réapparaître timidement au XXe siècle.

Continuo **:** Voir *basse continue.*

Contralto : Voir *alto.*

Contrepoint : Technique académique d'écriture musicale qui consiste à faire progresser simultanément plusieurs voix.

Diatonique : 1) Se dit de la succession naturelle des tons et des demi-tons à l'intérieur d'une gamme. L'échelle *diatonique* est la gamme de sept sons naturels, *do, ré, mi, fa, sol, la, si,* séparés entre eux par des tons ou des demi-tons diatoniques. 2) Se dit d'un demi-ton placé entre deux notes de noms différents (*mi-fa, la-sib, fa#-sol*) en opposition à *chromatique.*

Dissonant : « qui ne sonne pas avec ». Se dit d'un rapport de notes jouées ensemble qui « sonnent mal ». Impression qui pour certains passe pour dérangeante à l'oreille, ce qui est trop réducteur, une dissonance jouant un rôle particulièrement expressif dans un contexte consonnant. D'autre part, une œuvre composée dans un langage volontairement « dissonant » peut paraître familière et « bien sonner » dès lors que l'oreille s'y est accommodée.

Dynamique : Rapport des intensités sonores entre les passages les plus doux et les passages les plus forts d'un fragment musical.

Esthétique musicale : Discipline d'ordre philosophique qui étudie le sens, la perception et le beau dans le domaine de la musique.

Forme : Structure interne à un mouvement d'une composition musicale. Se confond parfois, mais à tort, avec *genre.*

Forme cyclique : Procédé musical qui consiste à réunir les différents mouvements d'une œuvre par des thèmes ou des éléments communs.

Forme sonate : Forme musicale souvent bi-thématique (= à deux thèmes complémentaires) qui possède une structure très codifiée.

Fugue : « fuite ». Composition à plusieurs parties régie par des lois particulièrement strictes, dans laquelle chacune des voix semble poursuivre les autres.

Gamme : Succession ascendante ou descendante de sons la plupart du temps conjoints.

Genre musical : Catégorie qui regroupe des œuvres de même nature et de même destination (symphonies, sonates, opéras, etc.). Se confond parfois, mais à tort, avec la *forme musicale.*

Harmonie : Rapport sonore de plusieurs sons émis simultanément.

Harmoniques : Succession de notes apparaissant dans la vibration d'un son appelé *fondamentale*. On peut émettre des sons harmoniques en effleurant les cordes (guitare, violons) ou avec des doigtés factices (vents).

Indication de la mesure : Fraction numéraire placée au début de la portée pour préciser le contenu de chaque mesure.

Intervalle : Distance entre deux notes.

IRCAM : Institut de recherche et coordination acoustique/musique. Organisme créé en 1974 par Pierre Boulez au sein du Centre Pompidou, dont la mission est de coordonner les recherches musicologiques et techniques nécessaires à la création musicale. À l'IRCAM est adossé l'Ensemble InterContemporain spécialisé dans l'interprétation des musiques contemporaines.

Lied (au pluriel, des lieder) : « chanson ». Pièce vocale sur un poème en allemand, accompagnée au piano, très prisée au XIXe. Schubert s'en fera le chantre avec plus de 600 lieder à son actif.

Mélodie : 1) Ligne musicale que l'on peut suivre à l'oreille. 2) Par extension, synonyme d'air. 3) Genre musical vocal désignant une œuvre pour voix accompagnée illustrant un poème principalement – mais pas exclusivement – en langue française. Dans cette acception, se rapproche du *lied*.

Menuet : Danse de cour très… courue – notamment sous Louis XIV –, d'origine populaire. Elle est à trois temps, plutôt modérée, quoique le tempo puisse varier selon l'époque et le lieu. Un menuet est tripartite : au menuet proprement dit (joué avec reprises) succède un trio de caractère différent (joué aussi avec reprises) avant le retour du menuet initial, cette fois sans reprise.

Métronome : Appareil qui répète à intervalles réguliers un bip sonore (souvent intempestif !) pour imposer et maintenir le tempo. La vitesse des battements est estimée en nombre de battements par minute.

Mezzo soprano : Voix féminine dont la tessiture se situe légèrement au-dessous de celle de soprano. Ce substantif est du masculin, alors qu'on dira *une* basse pour parler de la voix d'homme la plus grave. Comprend qui peut !

Micro-intervalle : Intervalle inférieur au ½ ton.

MIDI : Pour « Musical Instrument Digital Interface ». Désigne un protocole permettant la communication entre un clavier électronique et un ordinateur, un séquenceur ou un autre clavier électronique.

Mode : Organisation des intervalles à l'intérieur d'une octave. La musique savante du XVIIe au début du XXe siècle a privilégié deux modes (l'un majeur, l'autre mineur) alors que le chant grégorien et les musiques populaires en utilisent de nombreux, ce qui interpellera nombre de compositeurs du siècle dernier, qui iront jusqu'à façonner les leurs (Messiaen).

Modalité : Voir *mode.*

Modulation : Changement de tonalité, ou transition entre deux tonalités.

Monodie : En opposition à polyphonie, se dit d'une musique écrite pour une voix seule, sans accompagnement. Avant que n'apparaisse la polyphonie vers la fin du Moyen Âge, toute musique occidentale était monodique. C'est une banalité que de le dire mais il fallait le faire !

Motet : « petit mot » Forme vocale polyphonique (avec ou sans instruments), connue dès le XIIIe siècle, généralement brève et religieuse.

Motif : Courte mélodie répétitive ne comportant que quelques notes.

Notation : Écriture de la musique pour permettre de la reproduire. La notation a considérablement évolué pendant les onze siècles qui nous précèdent, et les exigences des œuvres contemporaines ont initié la nécessité de nouvelles notations.

Nuance : Indication de l'intensité nécessaire pour jouer une ou plusieurs notes. L'échelle s'étend du *ppp* au *fff*, du plus doux au terriblement tonitruant.

Octave : 1) Intervalle de huit degrés qui rejoint deux notes de même nom. 2) Par extension, note supérieure de cet intervalle par rapport à la note inférieure.

Œuvre cyclique : Voir *forme cyclique.*

Œuvre ouverte : Œuvre qui laisse à l'interprète une part de liberté plus ou moins encadrée.

Opéra : Œuvre lyrique souvent dramatique convoquant des solistes, un chœur, un orchestre et parfois un ballet, et destinée à être mise en scène.

Opéra-bouffe : Terme utilisé principalement dès Offenbach pour désigner ses opéras parodiques, et repris plus tard par d'autres compositeurs pour des sujets légers, voire débridés. Exemple : *Les Mamelles de Tirésias* de Francis Poulenc.

Opera buffa **:** Avec ses défilés de personnages comiques et de situations cocasses, il servait à l'origine d'intermède dans l'*opera seria*, avant de s'en émanciper à partir du XVIIIe siècle.

Opéra-comique : 1) Salle parisienne dont la façade se trouve place Boieldieu – aussi appelée salle Favart – où étaient à l'origine représentés ces opéras. 2) Terme d'origine française désignant des ouvrages lyriques dans lesquels les parties chantées sont entrecoupées de dialogues. *Carmen* de Bizet est un opéra-comique… pas si drôle quand arrive la fin tragique.

***Opera seria* :** Contrairement à ce qu'on pourrait penser, ce terme ne désigne pas des œuvres écrites en série, mais des opéras italiens sérieux généralement inspirés de sujets mythologiques.

Opérette : Depuis le XIXe siècle, ce terme désigne une forme d'opéra-comique souvent français dont le sujet est carrément populaire.

***Opus* :** « œuvre ». Terme utilisé dans les catalogues des compositeurs. Le numéro d'opus suit généralement la chronologie des œuvres. Pour certains compositeurs, le catalogue a été établi après leur mort par des musicologues de manière thématique et non chronologique, engendrant des appellations différentes : BWV pour Bach, HWV pour Haendel, Hob pour Haydn, K ou Kv pour Mozart, D pour Schubert, Sz pour Bartók, etc.

Oratorio : Pièce musicale pour solistes, chœurs et orchestre utilisant le plus souvent des paroles tirées ou inspirées de la Bible.

Oreille absolue : Aptitude à entendre et reconnaître une note sans l'aide d'aucun accessoire.

Ostinato : « obstiné ». 1) Synonyme de basse obstinée (voir ce mot). 2) Par extension, se dit de tout motif mélodique, rythmique, voire harmonique qui se répète inlassablement, même s'il n'est pas à la basse.

Paratexte : Indications internes à la partition destinées à orienter l'interprétation.

Partition : 1) Texte d'une œuvre musicale. 2) Partie jouée par un instrument.

Poème symphonique : Œuvre symphonique en une partie unique qui suit musicalement une œuvre dramatique sans que celle-ci ne soit déclamée ou chantée.

Polyphonie : « plusieurs voix ». Une œuvre polyphonique fait entendre plusieurs parties différentes simultanément.

Polytonalité : Superposition simultanée de plusieurs tonalités (Milhaud).

Quatuor : 1) Œuvre musicale écrite pour quatre instruments ou quatre chanteurs. 2) Abréviation d'usage pour *quatuor à cordes*.

Quatuor à cordes : 1) Ensemble constitué de deux violons, un alto et un violoncelle. 2) Dans un sens plus large, désigne aussi l'ensemble des cordes d'un orchestre, chacune des quatre « parties » du quatuor étant jouée par plusieurs instrumentistes (afin d'équilibrer les volumes sonores par rapport aux instruments à vent) et auxquelles s'adjoint une partie de contrebasse.

Quintette : Pièce musicale écrite pour cinq instruments ou cinq chanteurs.

Récitatif : Partie narrative monodique d'une œuvre vocale ou chorale (cantate, opéra) qui se singularise par sa grande liberté d'interprétation, proche du débit de la parole. Un récitatif permet de débiter beaucoup de paroles en un rien de temps, en sorte de faire avancer l'action. En vogue dès le XVIe siècle, il apparaît sous deux formes principales : le *récitatif sec* dont le chant n'est soutenu que par quelques interventions ponctuelles de la basse continue et le *récitatif accompagné* qui, comme son nom l'indique, prévoit un accompagnement beaucoup plus conséquent, souvent réalisé à l'orchestre. Dans *La Passion selon saint Matthieu* de Bach – chef-d'œuvre absolu – les récitatifs confiés à l'Évangéliste sont « secs » et ceux confiés au Christ sont « accompagnés ».

Renaissance : Période de l'histoire couvrant environ le XVIe siècle.

Requiem **:** « repos ». Premier mot de la messe des morts dans la liturgie latine qui donne son nom à la messe dans son intégralité.

Romance : Genre musical de forme brève conçu la plupart du temps pour voix et piano, utilisant un support littéraire et une musique d'abord immédiat, dont la naïveté est la plus grande des qualités. L'archétype en est *Plaisir d'amour.*

Romantique : En musique, s'applique à une période couvrant une grande partie du XIXe siècle voire le début du XXe, caractérisée par une expressivité marquée et une libération des émotions.

Rubato **:** Avec une certaine liberté dans le tempo et l'organisation rythmique laissée à la discrétion de l'interprète.

Scherzo : Forme musicale qui a remplacé le menuet dans les œuvres instrumentales, pendant la période romantique, tout en en conservant la structure. Si le mot issu de l'italien contient l'idée de jeu, de badinage, certains scherzos n'ont de badin que le nom, se trouvant au contraire des accents dramatiques et parfois violents.

Sérialisme : Système de composition reposant sur des « séries ». Dans un premier temps, les séries ne concernent que la hauteur des sons (dodécaphonisme de l'École de Vienne) avant de concerner d'autres paramètres musicaux comme les durées, les intensités, les timbres (musique sérielle avec Boulez, Stockhausen).

Singspiel : « jeu chanté ». Genre théâtral germanique où alternent dialogues et musique (*La Flûte enchantée*).

Sonate : « qui sonne ». Genre musical pour un ou deux instruments. 2) Forme musicale (« forme sonate ») qui possède une structure très codifiée.

Sonate en trio : Formation instrumentale en usage dans la période baroque qui malgré son nom réunit quatre musiciens : deux dessus (instruments mélodiques comme le violon, le hautbois ou la flûte), une basse (violoncelle, basse de viole) et un clavier (clavecin ou orgue) ces deux derniers constituant la *basse continue*. Il n'y a donc que trois parties écrites par le compositeur, ce qui en justifie le nom. Néanmoins, il peut arriver que les trois hauteurs soient récapitulées par un seul instrument (l'orgue).

Soprano : Catégorie de voix féminine la plus aiguë.

Suite : Succession de mouvements de danses, fréquente dans la période baroque.

Swing : Impression rythmique par laquelle tout rythme binaire paraît ternaire (par exemple deux croches paraissent jouées noire/croche ternaires). C'est sans doute l'une des caractéristiques intrinsèques au jazz les plus difficiles à acquérir. Rien à voir avec l'élégant mouvement du golfeur !

Symphonie : « qui sonne ensemble ». Genre musical pour orchestre symphonique. Désigne une œuvre en trois ou quatre mouvements parfois davantage, chacun des mouvements ayant sa structure propre.

Symphonie concertante : Genre musical très couru à Paris et à Mannheim dans les années 1770-1780, qui tient à la fois du concerto de soliste et de la symphonie. Un ou plusieurs solistes émergent de l'orchestre sans toutefois entrer en conflit avec lui.

Syncope : Rythme émis sur la partie faible du temps et se prolongeant sur le temps suivant.

Temps : Division régulière de la mesure.

Ténor : Catégorie de voix masculine élevée.

Ton : 1) Hauteur d'une note. 2) Synonyme de *tonalité*. 3) Intervalle de seconde majeure (*do* - *ré*).

Tonal : Système indiquant qu'une œuvre est écrite dans une tonalité identifiable.

Tonalité : Système d'organisation des intervalles à l'intérieur d'une octave en partant d'une première note qui devient la tonique et qui donne son nom à la gamme. La tonalité se signale par le nom de sa tonique suivie d'une indication (*majeur* ou *mineur*) qui précise de quelle organisation d'intervalles est composée la gamme.

Tonique : Le premier degré de la gamme utilisée, qui donne le *ton*.

Transposition : Modification de la hauteur d'un morceau sans pour autant modifier les intervalles.

Trio : 1) Pièce musicale écrite pour trois instruments ou trois chanteurs. 2) Partie centrale d'un menuet ou d'un scherzo.

Unisson : 1) Exécution simultanée d'une ou plusieurs notes de même hauteur par plusieurs musiciens (instrumentistes et/ou chanteurs). 2) Intervalle nul entre deux notes identiques.

Index général

C

G

H

I

J

K

L

M

N

S

T

U

V

W

Y

Z

Index des musiciens

Parties 1 à 6

D

E

F

G

H

I

J

K

L

Partie 7

Crédits

Figure 1-1 : Jean d'Afflighem, *De musica*. © Bayerische Staatsbibliothek.

Figure 1-2 : *Liber Magnus Organi*, Notre-Dame-de-Paris. © Firenze, Biblioteca Medicea Laurenziana, Ms. Plut. 29.1, c.lv Su concecessione del Ministero per i Beni e le Attivita Culturali E' vietata ogni ulteriore riproduzione con qualsiasi mezzo.

Figure 2-3 : Notation messine. © Bibliothèque municipale de Laon.

Figure 2-4 : Notation sangallienne. © Stiftsbibliothek St. Gallen.

Figure 2-5 : *Visitare palatium uteri*. © Stiftsbibliothek St. Gallen.

Figure 2-7 : Notation alphabétique et notation neumatique. © Bibliothèque interuniversitaire de Montpellier.

Figure 2-8 : Musica Enchiriadis. © Bamberg Staatsbilbiothek.

Figure 2-11 : J. Ockeghem dirige ses chantres. © Bibliothèque nationale de France.

Figure 2-13 : Chansonnier cordiforme. © Bibliothèque nationale de France.

Figure 2-14 : Claudin de Sermisy, *Vous perdez temps*. © British Library.

Figure 4-1 : Denijs van Alsloot, *Procession*. © akg-images.

Figure 6-1 : Valentin de Bourgogne, *Le Concert*. © akg-images / Erich Lessing.

Figure 6-2 : Jacques-Martin Hotteterre, *Principes de la flûte*. © IMSLP.

Figure 6-3 : Monteverdi, *Orfeo*. © IMSLP.

Figure 6-4 : Campra, *Idoménée*. © IMSLP.

Figure 8-1 : Jean-Martial Frédou, *Portrait de Forqueray*. © Wikicommons.

Figure 8-2 : Louis XIV en costume d'Apollon. © Bibliothèque nationale de France.

Figure 9-1 : Caravage, *Le joueur de luth*. © akg-images.

Figure 9-2 : Virginal, Parthenia. © IMSLP.

Figure 10-1 : Orgue Gabler de l'abbaye de Weingarten. © akg-images.